权威·前沿·原创

皮书系列为
"十二五""十三五""十四五"时期国家重点出版物出版专项规划项目

BLUE BOOK

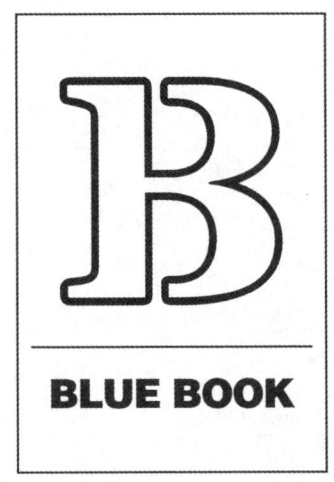

智库成果出版与传播平台

印度洋地区蓝皮书
BLUE BOOK OF THE INDIAN OCEAN REGION

印度洋地区发展报告
（2024）

ANNUAL REPORT ON THE DEVELOPMENT OF THE
INDIAN OCEAN REGION (2024)

主　编／朱翠萍

社会科学文献出版社
SOCIAL SCIENCES ACADEMIC PRESS (CHINA)

图书在版编目(CIP)数据

印度洋地区发展报告 . 2024 / 朱翠萍主编 . --北京：社会科学文献出版社，2025.5. --（印度洋地区蓝皮书）. -- ISBN 978-7-5228-5031-3

Ⅰ. D735

中国国家版本馆 CIP 数据核字第 2025A00G99 号

印度洋地区蓝皮书
印度洋地区发展报告（2024）

主　　编 / 朱翠萍

出 版 人 / 冀祥德
责任编辑 / 郭白歌
责任印制 / 岳　阳

出　　版 / 社会科学文献出版社·区域国别学分社（010）59367078
　　　　　　地址：北京市北三环中路甲 29 号院华龙大厦　邮编：100029
　　　　　　网址：www.ssap.com.cn
发　　行 / 社会科学文献出版社（010）59367028
印　　装 / 天津千鹤文化传播有限公司

规　　格 / 开　本：787mm×1092mm　1/16
　　　　　　印　张：20.75　字　数：311 千字
版　　次 / 2025 年 5 月第 1 版　2025 年 5 月第 1 次印刷
书　　号 / ISBN 978-7-5228-5031-3
定　　价 / 158.00 元

读者服务电话：4008918866

版权所有 翻印必究

印度洋地区蓝皮书
编委会

主　编　朱翠萍

编　委（以姓氏笔画为序）

　　　　　王缉思　卢光盛　叶海林　朱翠萍　刘　务
　　　　　杜幼康　李　莉　李向阳　杨怡爽　宋德星
　　　　　张文木　张家栋　陈利君　郑永年　荣　鹰
　　　　　胡仕胜　黄仁伟　楼春豪

主要编撰者简介

朱翠萍 云南财经大学印度洋地区研究中心主任、教授，博士生导师。中国南亚学会副会长、印度洋学会会长。《印度洋经济体研究》编辑部主任、执行主编。《印度洋地区发展报告》（蓝皮书）主编。近年来出版专著 India's Ocean: Can China and India Coexist?（2018年，斯普林格出版社）、《印度洋与中国》（2014年，社会科学文献出版社），译著《莫迪的世界》（2016年，社会科学文献出版社）、《国民志愿服务团如何重塑印度?》（2020年，社会科学文献出版社），以及中英文编著《孟中印缅合作机制：中印视角》（2016年，社会科学文献出版社）。研究专长为印度洋战略、南亚问题与中印关系。近年来，在 Geoforum，China and World Economy，以及《当代亚太》《南亚研究》《经济学家》《世界知识》《世界经济文汇》《中国社会科学报》等发表论文60余篇。

摘 要

当前全球经济处在震荡期，世界政治中冲突性质的复杂程度与冲突的波及范围已经达到了冷战结束以来的高点，新矛盾、新问题层出不穷，各种不确定性明显上升。美国在中东的战略收缩、美国倚重印度在印度洋发挥制衡中国的作用、美国霸权护持进入"瓶颈期"等导致大国在印度洋的战略竞争加剧，俄乌冲突叠加新一轮巴以冲突引发的安全局势升级，成为推动印度洋政治经济格局演变的加速器。尤其是，新一轮巴以冲突不仅反映了中东地区不断加剧的权力博弈，而且包括美国、俄罗斯和印度等不同程度和不同方式的介入，将为中东地区安全带来多重挑战，并助推印度洋地区权力格局的加速演变。

2024年是全球大选之年。从全球视角看，美国大选最受关注。在印度洋地区，东南亚最大的国家——印度尼西亚举行了总统选举。在南亚，包括不丹、孟加拉国、巴基斯坦、斯里兰卡和印度在内的多个国家举行选举，显然世界人口大国印度的选举最为吸引眼球。目前来看，一系列选举不仅引发了部分国家政治动荡，而且延伸至国际政治领域又加强了政治经济形势的不稳定性，进而引致了国家间关系的不确定性。选举政治与权力政治叠加又进一步催生了一些国家的政治极化现象，也助推潜在的地缘政治风险呈扩大化趋势。由于传统地缘政治回归，受美西方经典现实主义权力政治思维的影响，以贸易合作与相互投资为主的经济相互依赖不仅不能对国家间冲突构成约束，而且难以成为国家间政治关系的"压舱石"。这使经济制裁成为外交政策的重要工具，"安全泛化"成

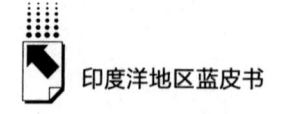

为地缘政治博弈的主要议题，权力成为谋取经济利益的重要手段。在印度洋，印度与澳大利亚对华政策中的"经济政治化"特征尤为突出。本质上，"经济政治化"既是以经济手段实现政治目标，也是体系压力之下战略焦虑的具体表现。

值得重视的是，美国继续以"印太战略"制衡中国，目的是发挥印度在印度洋制衡中国的作用。从目前来看，美国"印太战略"对华影响至少体现在四个方面。一是"印太战略"不仅提升了印度在印度洋的影响力，而且进一步助长了印度追求使印度洋成为"印度之洋"的野心，印度借助于己有利的国际环境对冲中国在印度洋影响力的意愿更加强烈，施展印度洋"抱负"的战略自信更加坚定，中国拓展在印度洋方向的海外利益面临更多挑战。二是美国"印太战略"助推印度的印度洋战略观发生变化，致使中印关系中的印度洋问题更加突出。"印太战略"不仅赋能印度，使得印美联合制华趋势更加明显，而且推动印度对华采取"不合作"甚至进攻性策略，中印关系正常化的动能依旧不足。三是"印太战略"背景下不仅周边国家在中美之间"选边站队"的压力上升，印度洋主要行为体（尤其是南亚国家）也在中印之间采取"骑墙策略"，不仅增加了国家间合作的成本，而且投资政治化也使得中国对南亚项目投资的经济成本上升，不确定性增大。四是"IPEF"或将对地区供应链安全产生负面影响。

展望未来，印度洋局势演变可能呈现以下三个趋势。第一，美国在中东地区的战略收缩不仅引发中东地区更为激烈的权力竞争，而且中东地区传统安全威胁与非传统安全威胁的边界日益模糊并相互交织，将进一步加剧印度洋安全局势的动荡。第二，印度的印度洋战略思维与策略选择对印度洋地区秩序演变具有积极或消极两方面的影响，但中美战略博弈与中美关系的走向无疑是影响印度洋秩序演变的一个重要因素。虽然印美具有联合制衡中国的一致战略诉求，但两国之间的战略分歧也在不断扩大。第三，印度洋局势将越来越成为影响印度对华政策以及中印关系走向的一个重要因素。虽然受实力限制，印度不得不接受美国在印度洋地区的存在，但印度对于在印度洋地区除美国之外再增加一个战略竞争对手是不愿接受的。因而，印度对中国在印度洋影响力上升的制衡趋势是不变的。当然，中国在印度洋拥有合法的利益，印度也阻止不了中国经略印度洋以及深化与印度洋国家的合作。

关键词： 印度洋　"印太战略"　大国博弈　中印关系

目 录

Ⅰ 总报告

B.1 中东局势与大国在印度洋战略博弈新趋向 ………… 朱翠萍 / 001
B.2 对印度经济成就与前景的再认识
　　——兼议印对华经济政策心理动机
　　………………………………… 叶海林　吴　俊　张展毓 / 046

Ⅱ 专题报告

B.3 战略文化视角下印度的近邻政策及其限度 ………… 楼春豪 / 073
B.4 印度应对印美价值观分歧的策略变化、动因及影响 …… 谢　超 / 097
B.5 大国战略互动下印度洋地区秩序变迁：现状、特征与趋势
　　………………………………………………………… 李红梅 / 122
B.6 印度洋地区蓝色经济的发展、前景与挑战 …… 李艳芳　张琳奇 / 154

Ⅲ 国别报告

B.7 莫迪政府第二任期的变与不变：印人党政府如何重塑印度社会
　　………………………………………………………… 杨怡爽 / 189

B.8　2024年印尼大选与新政府政策取向分析 …………… 李致斐 / 235

B.9　印度教民族主义强势崛起对印度内政外交的影响及发展趋势
　　 …………………………………………………… 钟　爱 / 258

附　录

印度洋地区大事记（2023年6月~2024年5月）…………… 胡文远 / 284

Abstract ………………………………………………………… / 303
Contents ………………………………………………………… / 306

总报告

B.1
中东局势与大国在印度洋战略博弈新趋向[*]

朱翠萍[**]

摘　要： 2022年2月持续至今的俄乌冲突不仅对国际安全局势造成了前所未有的冲击，而且对大国博弈和国家间关系产生了深远影响。其中，印度在美俄之间的外交政策选择尤为吸引眼球。无独有偶，2023年10月爆发的巴以冲突又为大国在印度洋的战略博弈与印度洋安全局势动荡注入了新的不确定性。新一轮巴以冲突造成的红海危机，对倚靠海洋运输通道的全球贸易与供应链安全造成冲击，安全风险外溢叠加不断加剧的权力竞争正加速着传统地缘政治的回归，或将成为美国在印度洋霸权走向衰落的加速器。2024年是全球大选之年，民粹主义思潮暗流涌动，"政治极化""经济政治化""安全泛化"等叠加，使得国际事务中政治、经济、安全等领域议题之间的交集更加明显，国际格局呈现更加多元化与复杂化特征。目前来看，新一轮巴以冲突外溢效应对中东地区安全局势造成的影响

---
[*] 本报告是国家社科基金研究专项（24VHQ012）的阶段性成果。
[**] 朱翠萍，云南财经大学印度洋地区研究中心教授、博士生导师。

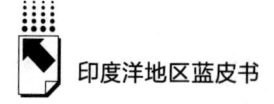

难以估量，冲突造成中东地区传统安全威胁与非传统安全威胁之间的界限更加模糊，二者相互交织，必将加剧地缘政治的两极分化。同时，"基地"组织和"伊斯兰国"等恐怖组织或将抬头，不仅全球反恐面临新挑战，而且将加剧印度洋安全局势的不确定性、地缘政治的紧张态势以及地缘经济的碎片化趋势。显然，这些变局不仅使印度洋安全合作面临前所未有的冲击，也将加速国际体系的演变与国际秩序的深度调整。虽然美国主导下的印度洋地区秩序并未发生根本性变化，但不确定性下主要行为体的战略选择与印度洋地区安全局势走向，将成为观察国际体系演变与世界格局走向的窗口。

关键词： 印度洋　中东地区　战略竞争　"经济政治化"

20世纪90年代和21世纪的第一个十年，东西方意识形态与地缘政治的对抗性思维逐渐瓦解，国家发展经济与国家之间开展经济合作成为优先事项，经济相互依赖与地缘经济的重要性不断上升，政治与安全领域的竞争与冲突得以弱化，传统意义上大国追求权力政治导致的地缘战略竞争走向缓和。正如布热津斯基所言，由于全球形势的变化，与过去相比，直接运用权力往往受到更大的限制。不仅核武器大幅度降低了战争作为政策工具或威胁手段的效用，而且国家间经济相互依赖程度的加强使得为政治目的而使用经济讹诈不再那么有效。①

进入21世纪的第二个十年，以中印为代表的新兴市场经济体的群体性崛起，尤其是2010年中国经济总量超过日本成为世界第二大经济体，地缘经济发展中的逆全球化思潮开始涌现，地缘政治的现实主义特征亦逐渐显现。进一步地，2022年2月21日爆发并延宕至今的俄乌冲突，触发了地缘

---

① 〔美〕兹比格纽·布热津斯基：《大棋局：美国的首要地位及其地缘战略》，中国国际问题研究所译，上海人民出版社，2007，第31页。

政治的紧张态势。美西方基于权力政治的现实主义思维不仅加剧了国际冲突与国家间矛盾，而且正在将冷战思维与大国对抗重新带回世界政治，导致全球地缘政治格局的动荡与地缘经济的碎片化，加速着传统地缘政治思潮中的"现实主义回归"。2023年10月7日新一轮巴以冲突爆发，在中东地区又引发了新的结构性对抗，冲突产生的溢出效应以及红海危机之于恐怖主义与极端主义的示范效应，加剧了印度洋地缘政治的紧张态势并加强了安全局势的不稳定性。印度洋地区不仅出现"政治极化"现象，而且"经济政治化"与"安全泛化"的特征亦十分明显。

2024年是全球大选之年。从全球视角看，美国大选最受关注。在印度洋地区，东南亚最大的国家——印度尼西亚举行了总统选举。在南亚，包括不丹、孟加拉国、巴基斯坦、印度在内的多个国家举行选举，显然世界人口大国印度的选举最为吸引眼球。目前来看，全球大选之年，一系列票仓政治成为激发民族主义与激化各种矛盾的催化剂，将不可避免地对地区安全局势产生影响，也会给国家间关系带来更多不确定性，加大地缘政治风险。

一　乱局：新一轮巴以冲突对中东局势的影响

中东是全球君主制国家最为集中的区域，也是全球政教关系最为复杂的地区，还是外国军事干预的最大受灾区。近几年，大国战略博弈推动中东地缘政治的新变局初现端倪。从长远看，中东回归国际政治现实是好事；从近中期看，现实非常残酷，中东必将面临更大的挑战、更动荡的局面。[①] 2023年3月10日，在中国积极的外交斡旋之下，沙特和伊朗这两个对抗多年且被外界普遍认为已经成为"宿敌"的国家实现了"握手言和"，受到了国际社会的普遍赞誉。此次中国通过发挥桥梁和建设性作用，推动沙伊两个不同民族、不同教派国家搁置分歧而达成和解，对改善两国关系无疑意义非凡。

---

① 牛新春：《中东政治演进的特点》，《现代国际关系》2021年第2期，第1页。

这也为中东局势朝着和平方向发展注入了正能量。[①] 但是，好景不长。中东不仅未能迎来地区稳定的"海湾时刻"，新一轮巴以冲突的爆发，使得"暖流"骤然变为"寒流"，中东局势再起波澜。大国在中东千丝万缕的利益纠葛与变幻莫测的权力较量，美国与伊朗的暗中博弈以及以色列和伊朗之间明枪暗箭的争斗，使得中东安全局势走向充满了变数。

（一）新一轮巴以冲突是中东乱局的一大增量

2023年10月，哈马斯与以色列军事冲突全面爆发。以色列不仅空袭了叙利亚两大机场，更与黎巴嫩真主党在边界激烈交火，也门胡塞武装也在红海通过无人机和反舰导弹对驶往以色列的货船进行攻击，导致巴以冲突的升级与外溢。随着哈马斯与以色列之间的军事冲突愈演愈烈，中东局势在血雨腥风之中再度恶化并延宕至今，引发了人们对国际金融市场动荡、石油危机以及能源政治化的担忧。不过，人们更为担心的恐怕还是巴以"互殴"是否会演变为以色列与中东国家之间的"群殴"，从而导致中东战争的爆发？

2024年4月1日，伊朗驻叙利亚大使馆遭遇以色列突然空袭，不仅领事部门建筑垮塌，而且造成7名伊朗伊斯兰革命卫队人员死亡，其中包括两名"圣城旅"指挥官。作为报复性回应，4月14日伊朗伊斯兰革命卫队发表声明，称其向以色列发动大规模导弹和无人机袭击并成功打击了以色列重要军事目标，这也是从伊朗本土对以色列领土的直接攻击。以色列此举显然是想拉美国"下水"，而伊朗的回应显然是报复性威慑，双方的军事行动将中东局势推向大战边缘。美国则保持了战略"定力"，不仅表明不会参与针对伊朗的进攻性行动，而且不希望以色列采取进一步的报复行动以使局势升级。为此，美国加大外交斡旋力度并通过对以色列施压等方式避免事态扩大。但是，以色列恐难以就此善罢甘休。而且，基于以色列与美国的盟友关

[①] 参见朱翠萍《印度洋局势主要特点与大国战略竞争新动向》，载朱翠萍主编《印度洋地区发展报告（2023）》，社会科学文献出版社，2024，第12页。

系以及以色列之于美国中东霸权的重要性，美国也难以真正撇清关系或者完全坐视不管。目前来看，以色列可能不会轻易放弃报复性军事打击，加沙地区形势持续恶化，哈马斯和以色列之间的冲突也难以得到有效控制。从中东地区来看，如果巴以冲突持续外溢，伊朗、土耳其、沙特等地区国家的战略选择必然会对局势走向产生重要影响。

一是伊朗的策略与选择很重要。从伊朗发表的声明和行动来看，伊朗虽然对以色列采取了报复性行动，但依然是克制的，并不想局势失控。但伊朗对巴勒斯坦的支持也是显而易见的，而且黎巴嫩真主党和也门胡塞武装（什叶派）都是哈马斯的坚定支持者，只要伊朗用"代理人"方式支持巴勒斯坦，冲突就难以降温。目前来看，虽然伊朗从主观上并不愿继续升级与以色列之间的冲突，一旦以色列执意拉美国"入局"，或者让伊朗为此次导弹和无人机袭击付出代价，伊朗被迫继续采取报复性行动，中东局势将会失控，而美国也将陷入极大的战略被动。

二是土耳其的作用不容忽视。土耳其虽然是北约国家，但与俄罗斯也保持着友好关系。在俄乌冲突之中，土耳其在美俄之间"左右通吃"的情况下，采取了倾向俄罗斯的策略。新一轮巴以冲突激起了土耳其民众反对以色列和美国的强烈民族主义情绪，土耳其政府多次谴责以色列对加沙地区的暴行，埃尔多安总统也强硬抨击以色列，令土耳其与以色列之间本就紧张的关系降到冰点。伊朗在 4 月 14 日袭击以色列之前，将行动计划告知了土耳其。土耳其虽然在背地里支持巴勒斯坦，但中东国家和北约成员国的"双重身份"，使得土耳其也面临两难选择，只能通过海上军演进行威慑以及人道主义援助等方式支持巴勒斯坦，并在适当的时候在伊朗和美国之间斡旋。毕竟，在中东地区，土耳其拥有独特的地缘优势，属于地缘政治支轴国家。同时，其经济总量紧随沙特之后，在中东排名第二，其军事力量也不容小觑，这使土耳其也成为布热津斯基笔下的"地缘战略棋手"。[①] 在巴以冲突期间，土耳

---

① 〔美〕兹比格纽·布热津斯基：《大棋局：美国的首要地位及其地缘战略》，中国国际问题研究所译，上海人民出版社，2007，第 39 页。

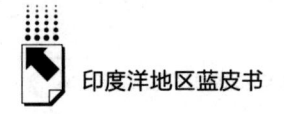

其不仅对库尔德武装控制的叙利亚东北部发动了军事行动,而且也空袭了伊拉克北部库尔德工人党武装目标。土耳其对叙利亚和伊拉克这两个邻国的袭击举动,使中东的动荡局势进一步升级。显然,基于土耳其的实力和地缘影响力,其战略选择对中东局势走向也有重要影响。

三是沙特和伊朗是否会在巴以冲突问题上选择合作。虽然长期以来什叶派占多数的伊朗和以色列一样,长期受到逊尼派占多数的阿拉伯国家的排挤,但近两年阿拉伯国家与土耳其和伊朗的关系渐趋缓和,沙特、阿联酋与伊朗的关系也有所改善。尤其是2023年3月在中国的斡旋之下,沙特和伊朗"握手言和"。新一轮巴以冲突爆发之后,沙特和伊朗领导人在和解后首次通话,时任伊朗总统莱希还访问了沙特,这也是伊朗总统2012年以来首次访问沙特,双方致力于共同努力改善地区局势。巴以冲突升级以来,沙特和伊朗保持着外交上的沟通,且敦促各方保持最大限度的克制。由于沙特的实力不容小觑,其在中东的博弈中发挥着一定的作用。

目前来看,巴以冲突的持续还没有对能源经济造成大的影响,更没有波及能源市场的稳定性。但如果冲突持续外溢,红海局势持续紧张,红海航道风险进一步扩散,则有可能蔓延至曼德海峡、霍尔木兹海峡甚至更广泛的地区,可能影响能源供应并加剧通胀风险,进而对世界能源安全产生影响。

(二)地区固有矛盾是中东乱局的一大常量

"二战"之后,中东国家摆脱殖民统治而纷纷独立,不仅种族矛盾与教派纷争导致各国之间冲突不断,而且域外势力对该地区的干涉也从未停止。可以说,在中东这张错综复杂的棋盘上,不仅棋手较多,而且几乎所有国家都有可能成为棋子,这也是为什么几乎所有国家都被卷入过战争或不同程度地参与过战争。尤其是进入21世纪以来,中东地区先后经历了阿富汗战争(2001~2021)、伊拉克战争(2003~2011)、利比亚战争(2011)、叙利亚战争(2011~)、也门战争(2015~)等。其中,阿富汗战争持续了20年,而叙利亚战争与也门战争的热度虽有所下降并出现了一些缓和迹象,但冲突似乎并未结束。中东局势一直处于此起彼伏的冲突与动荡之中,既有域内国家历史纠葛和新旧矛盾导致的冲突,也有海湾地区能源之于地缘政治重要性而引起的大国战略竞争。

首先,巴以冲突是历史纠葛的产物,宗教信仰与地缘政治的交织使得巴以和谈一直难以推进。雪上加霜的是,特朗普政府奉行的偏袒以色列的政策,使得巴以问题的解决朝向更有利于以色列而严重损害巴勒斯坦利益的方向发展,直接导致以色列和加沙地带的紧张局势,双方之间频繁发生激烈的武装冲突。据统计,仅2017年从加沙地带射向以色列的火箭弹就有35枚,几乎是2015年和2016年的总和。2017年,以色列国防军轰炸了加沙地带59个军事目标。[①] 历史地看,悲剧在于以色列和巴勒斯坦之间的矛盾不可调和,在"一块土地、两个国家、三种宗教"的局面下和平共处极为困难。[②]

其次,过去多年沙特与伊朗之间的矛盾与冲突,也是影响中东乱局的一个主要变量。抛开两国历史恩怨以及1978年伊朗爆发伊斯兰革命引发沙特安全忧虑,从而使两国关系陷入"安全困境"之外,近年来沙伊两国之间明枪暗箭的争斗从未间断。2011年,叙利亚内战爆发,沙特和伊朗是最早介入的国家。在也门问题上,沙特和伊朗也一直处于对立状态,两国于2016年断交,致使双边关系陷入僵局,对地区安全局势产生了复杂性影响,这甚至被外界认为两国在叙利亚和也门发动了"代理人战争",加剧了利雅得与德黑兰之间的对立。尤其是,2016年1月6日,沙特处决了包括什叶派神职人员奈米尔在内的47名囚犯,引发了伊朗对沙特的报复性行为并导致两国断交。沙特与伊朗之间根深蒂固的矛盾,使得两国关系未来的发展依旧存在很大不确定性。

最后,"基地"组织和"伊斯兰国"(ISIS)始终是中东地区安全局势的潜在冲突源。虽然2017年伊朗总统鲁哈尼宣布极端组织"伊斯兰国"已

---

① 王建:《白衣问题的新进展与和平前景》,载李新烽主编《中东发展报告(No.21·2018~2019):变化中的海湾格局》,社会科学文献出版社,2019,第95~96页。
② 张信刚:《大中东行纪》,广西师范大学出版社,2011,第353~357页。

被剿灭，但"伊斯兰国"的"余温"尚存，时而也会宣称对一些恐怖袭击事件"负责"。2022年8月"基地"组织头目艾曼·扎瓦希里被击毙，但"基地"组织的余党仍然潜伏在中东地区甚至世界各地。当前，随着美国在中东地区的战略收缩，"基地"组织和"伊斯兰国"卷土重来的可能性依旧存在，这也是中东地区安全局势的最大隐患之一。

无论如何，新一轮巴以冲突是中东地区固有矛盾的外在体现，是多年来积聚的潜在风险的爆发，凸显了地区安全局势的脆弱性、治理面临的巨大困境以及地缘政治博弈的新态势，预示着中东地区已然成为撬动全球地缘政治格局的一个"杠杆"，当然也有可能成为地缘政治的"陷阱"。

（三）域外势力干预是中东乱局的一大变量

中东地区历来是大国博弈的主战场。冷战时期，美苏对抗使得中东主要行为体之间的博弈呈现阵营化对立。冷战结束之后，美国不仅重视经营与以色列、埃及、土耳其、沙特等盟友的关系，而且在中东培植代理人，加剧了地区国家之间的矛盾与地缘政治的复杂化。长期以来，伊朗支持的"抵抗轴心"与美国、以色列和海湾阿拉伯国家构成的"美国轴心"之间的两个敌对阵营在中东地区展开博弈。虽然中东地区主权国家之间在过去的15年没有发生大规模的战争，但两大轴心之间的较量从未停止，导致地区矛盾不断累积。[1] 近年来，美国围绕核武器问题对伊朗进行制裁，致使双边关系僵持不下。虽然拜登执政之后希望改变特朗普执政时期对伊朗的强硬政策，并试图恢复与伊朗的核谈判，但新一轮巴以冲突的爆发使伊朗与美国之间的关系进一步紧张并呈现对抗态势。而且，围绕伊朗核问题和争夺地缘政治利益，伊朗与美国、以色列等国之间的关系亦不断恶化。目前来看，域外国家的干预也影响着中东局势的走向。

第一，虽然美英等西方国家支持以色列，但并不希望冲突升级。新一轮巴以冲突爆发后，美国派遣了"福特号"和"艾森豪威尔号"两艘航母

---

[1] 牛新春：《加沙冲突的背景与前景》，《现代国际关系》2023年第11期，第38~39页。

前往中东，英国派遣了两艘海军舰艇，北约国家也向以色列提供了军事和情报支持，似乎中东战争的硝烟正在逼近。但美国"拱火"巴以冲突也迫使自己陷入两难困境。2024年1月28日，在约旦的美军基地遭遇无人机袭击，导致3名美国士兵死亡。美国认为伊朗负有责任，伊朗强势回应"与己无关"，双方虽"火药味十足"，但都极为克制，努力避免引发更大规模的冲突甚至中东战争。因此，美国虽然支持以色列助推冲突升级，但冲突升级并不是美国想要看到的，且远离战火的"鞭长莫及"也限制了美国对中东局势的操控，冲突的延续必将使美国的全球战略陷入一定程度的被动。

第二，巴以冲突不仅使得俄罗斯在乌克兰危机中的困境有望得到缓解，而且俄罗斯也将成为影响中东局势的一个重要变量。毕竟，巴以冲突导致美西方尤其是以色列方面对乌克兰援助的大幅减少，乌克兰的处境可能更加艰难，俄罗斯将成为影响欧亚变局的一个重要因素。虽然俄罗斯在中东的战略利益有限，且无力与美国争夺在中东的战略主导权，但俄罗斯一直积极参与中东事务，重视经略与伊朗和土耳其等国的关系，以期在混乱的秩序与美国战略收缩带来的权力真空中寻找战略机遇。而且，正是由于美国在中东的战略收缩，俄罗斯才能在审时度势后介入叙利亚内战，并在影响叙利亚局势方面占据了主导地位。

第三，巴以冲突令印度再次陷入选择的"十字路口"，其偏向以色列的外交政策表明，印度不仅将国家利益置于原则立场之上，而且风险偏好的机会主义特征更加明显。2023年10月7日新一轮巴以冲突爆发以来，印度不得不努力在阿拉伯国家（尤其是海湾国家）、伊朗和以色列之间保持平衡，三者对印度而言都非常重要。毕竟，印度一直以来重视经营与阿拉伯国家关系，阿拉伯国家的印度劳工人数超过700万。印度与以色列在意识形态上较为契合，印度国内对以色列的立场分为两派：右翼强烈支持以色列，左翼同情巴勒斯坦，共情于巴勒斯坦人对于人权与独立的执着追求。在巴以冲突中，印度认识到以色列对印度长期战略利益至关重要。毕竟，以色列是印度重要的防务伙伴，是印度第四大军事装备供应国。2022

年7月14日，印度与以色列、美国、阿联酋共同成立"四国集团"（I2U2）。2023年9月在新德里举办G20峰会期间，印度倡议建设"印度-中东-欧洲经济走廊"（IMEC）。不管这一机制与经济走廊倡议能否落到实处，至少说明印度重视深化与沙特阿拉伯、阿联酋和其他海湾阿拉伯国家之间的关系，并借以加强与以色列之间的合作，以对抗中国在中东日益增长的影响力。此外，伊朗的战略位置对于印度在阿富汗和中亚的利益极其重要。如果印度倾向于跟随美西方国家实质性地支持以色列，不仅会使印度与阿拉伯国家之间经营多年的关系受挫，更为重要的是，印度将再次面临在美俄之间的两难选择。

总体上，俄乌冲突中印度做到了在"摇摆"之中"两面通吃"，既保持了对美国"印太战略"的迎合又从俄罗斯方面获得了巨大的经济利益。也就是说，印度的中立态度和战略选择既维持了其与俄罗斯的传统关系，也没有让印美关系受到负面影响。在新一轮巴以冲突中，印度采取了表面平衡实则偏向以色列的立场，而且印度在与以色列交往时也表现出了不同寻常的大胆与坚定，其追求战略影响力的风险偏好与机会主义行为尽显无余，甚至将战略利益置于原则立场之上，试图在中东实现复杂的平衡。印度对以色列的支持，也说明印度的利益与美西方一致，而非其所声称的印度的利益与"全球南方"发展中国家一致。这将不可避免地对印度与阿拉伯国家尤其是与穆斯林占多数的国家的关系造成冲击。如果巴以冲突不断外溢，印度能够在以色列和阿拉伯国家之间保持平衡吗？恐怕没那么容易。此外，以美国为主的西方国家虽然对中东局势走向发挥着主导作用，但美西方国家难以掌控中东局势，中东地区的中等强国以及非国家行为体在塑造地区格局走向方面的主体性作用正在不断增强。由于近年来美国对海湾能源依赖度的下降以及反恐议题不再居于美国安全战略的中心，中东地区逐渐退出了美国全球战略的重点区域。但是，美国的搅局却从未停止，而且俄罗斯和印度一直以来也都努力对中东地区的地缘政治施加影响力，促使这一地区的域内中等强国沙特、伊朗、以色列、土耳其和阿联酋等国之间的地缘政治竞争明显加剧。

二 变局：印度洋地区局势变化的主要特点

近年来，受美西方权力政治的影响，以贸易合作与相互投资为主的经济相互依赖不仅不能对国家间冲突构成约束，而且难以成为国家间政治关系的"压舱石"，反而潜在地助推以供应链安全为主要考量的"安全泛化"与供应链政治化趋势。经济制裁成为外交政策的重要工具，"安全泛化"成为地缘政治博弈的主要议题，而权力也成为谋取经济利益的首要手段。

（一）"政治极化"：选举政治与权力政治催生政治两极分化

2024年，全球迎来了历史上最大规模的超级大选年。据统计，包括美国、俄罗斯、印度、印尼、伊朗等在内的全球70多个国家和地区在这一年迎来总统或总理选举，覆盖近42亿人口。[①] 一系列选举不仅引发了部分国家政治动荡，而且延伸至国际政治领域又加强了国际政治经济的不稳定性，进而引致了国家间关系的不确定性。除了欧洲议会选举、美国和俄罗斯等全球重要角色的大选吸引眼球，在印度洋的南亚和东南亚地区，选举不仅引发了一些国家内政及其周边形势的动荡，也对国际关系产生了影响。2024年，在南亚地区，包括孟加拉国、不丹、巴基斯坦、斯里兰卡和印度在内的多个国家举行大选。[②] 在东南亚地区，除了印尼大选备受瞩目，缅甸因2021年大选引发政局动荡并持续至今亦引发国际社会关注。本报告以南亚的印度和巴基斯坦，以及东南亚的印尼和缅甸为例进行分析。

第一，印度大选不仅导致国内出现"政治极化"现象，而且也加剧了

[①] 《全球"大选年"牵动世界"大变局"》，《中国青年报》2024年1月5日，第6版。
[②] 2024年1月7日，孟加拉国总理谢赫·哈西娜领导的人民联盟在大选中轻松获胜，开启了第五个为期五年的总理任期。2024年1月10日，不丹选举委员会公布选举结果，人民民主党（PDP）赢得多数席位胜出，将组建政府，洛塔·策林再次就任总理。2024年3月3日，巴基斯坦国民议会举行总理选举，穆斯林联盟（谢里夫派）主席夏巴兹·谢里夫以压倒性优势（在336名议员中获得201票）当选巴基斯坦新一届政府总理，并于次日宣誓就职。2024年9月21日，斯里兰卡举行总统选举，迪萨纳亚克当选第9任行政总统。印度大选情况见下文。

社会动荡。自 2019 年 5 月莫迪领导的印度人民党（以下简称"印人党"）赢得连任以来，印度大肆宣扬"印度教至上主义"，不遗余力地通过煽动印度教民族主义意识形态和捍卫印度教占多数的族群的利益，拉拢和扩大印度教选民基础。莫迪领导的印人党强势推行"印度教特性"，短短几年就实现了过去几十年国民志愿服务团（RSS）所追求的印度教民族主义目标。2023 年 12 月 11 日，印度最高法院裁定支持莫迪政府 2019 年 8 月做出的废除宪法第 370 条关于"查谟和克什米尔地区特殊地位"的决定，并要求政府恢复查谟和克什米尔地区"邦"的地位。2024 年 1 月 22 日，莫迪在北方邦阿约提亚出席并主持罗摩神庙揭幕仪式，RSS 负责人莫汉·巴格瓦特出席仪式，多位部长和印人党高级领导人参加祈祷与庆祝活动，此次活动也被视为 2024 年莫迪竞选活动的序幕。2024 年 3 月 3 日，印人党发布首份人民院参选人员名单。其中，表列部落、表列种姓和其他落后种姓（OBC）参选人员占比高达 52%，但仅有一位穆斯林候选人。这意味着印人党为了实现选举目标，以扩大印度教选民基础和提高印度教徒的投票率为主要考量，并没有把国内接近 2 亿人口的穆斯林纳入其选举考量，无视这个国家的种族、语言和宗教多样性。这使我们看到，印人党以塑造"印度教民族主义"叙事有效地巩固了印人党"一党独大"选民基础，由 28 个反对党组成的新联盟统一战线也难以凝心聚力而改变选举结果，但大选期间印人党与国大党之间"不择手段"的相互攻击，加剧了印度国内的"政治极化"现象。据媒体报道，2024 年 3 月 31 日，印度反对党联盟的多个领导人与上千名支持者在新德里举行集会，谴责莫迪政府的"专制"并抗议在大选前逮捕德里首席部长、反对党联盟的关键领导人阿温德·凯杰里瓦尔（Arvind Kejriwal）。①

　　莫迪领导的印人党极力以塑造印度教民族主义意识形态为大选"攻城略地"。虽然印度教选民基础得以巩固，但种族矛盾与教派冲突的风险不断累积，印度多元化社会矛盾凸显并导致社会动荡，未来有可能对印人党的执

---

① "India Opposition Protests in Capital over Kejriwal's Arrest Before Election," Al Jazeera, March 31, 2024, https://www.aljazeera.com/news/2024/3/31/india-opposition-protests-in-capital-over-kejriwals-arrest-before-election.

政地位构成挑战。而且，以经济发展巩固执政地位的莫迪政府，受困于制度自身的矛盾性与局限性，很难对目前印度多元化社会面临的挑战有所作为，而指望经济增长来解决由此涌现出来的各种社会问题，更是不切实际的幻想。多元化社会的困境无法改善，也就意味着印度政府的执政方略带来的治理成本将会越来越高，最终必然会反噬到增长本身。我们不应当忘记，瓦杰帕伊当政期间印度也曾实现多年的高速增长，并因此自信地将大选提前至2004年举行，还打出了"印度大放光芒"的竞选旗号，但最终却因为其执政期间的经济增长助长了族群之间的不平等与分裂而招致了失败。莫迪政府上台以来，既是印度经济快速增长的机遇期，又是印度社会矛盾重重与分裂加剧的挑战期，高速经济增长无法解决印度社会固有的社会矛盾。一个典型的例子是，2020年9月，莫迪推出了意在推动农业市场化改革的"农改三法"，通过废除中间人，允许农民将农产品自由出售和由市场决定农产品价格等措施向农民阶层赋权，但引发了来自旁遮普邦、北方邦和哈里亚纳邦等以农业为主要生计的西北部地区的大规模农民抗议活动。正是由于持续一年多的农民抗议活动，"农改三法"最终于2021年11月宣告失败。有学者分析莫迪暂时撤销这三部法律的原因在于担忧由此造成在北方邦和旁遮普邦大选的失利。2024年2月开始，旁遮普邦（锡克教）农民因农产品价格问题再一次开着拖拉机进入新德里游行，引发新一轮农民抗议。这不仅进一步扩大了印度中央与地方之间利益分歧，而且对社会稳定造成潜在的负面影响。可以说，印度涉及"三农"问题的社会改革的失败，是"大脑指挥不动四肢"的典型表现，也一直是制约印度改革发展的重要顽疾，凸显了印度社会内部结构的复杂性。当前，莫迪打出的"印度教民族主义"旗号以票仓政治追求权力政治，是否会最终制造出一个"政治极化"、社会治理碎片化的印度，这显然值得印度警醒与思考。

第二，巴基斯坦大选定局结束了政治危机，但政治动荡的潜在风险、经济增长的压力以及安全问题的挑战依旧并存。2024年2月8日，巴基斯坦举行国民议会（议会下院）选举，是2018年以来巴基斯坦的首次大选。大选结束还未公布选票结果之前，互为竞争对手的两位前总理伊姆兰·汗和纳

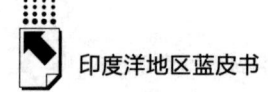

瓦兹·谢里夫双双宣布胜选。2024年3月3日，巴基斯坦正式公布大选结果，穆斯林联盟（谢里夫派）主席、前总理夏巴兹·谢里夫当选新一任总理并于次日宣誓就职，这是夏巴兹2023年8月卸任巴基斯坦总理之后再次当选。巴基斯坦政治危机结束，但政坛动荡折射出巴基斯坦当前政治生态的复杂性与国内政局的诡谲多变。

首先，巴基斯坦大选定局虽结束了政治危机，但权力竞争使得政局稳定的隐忧犹存。2022年4月，巴基斯坦反对联盟对时任总理伊姆兰·汗提出不信任动议并获得国民议会批准，伊姆兰·汗成为巴基斯坦历史上首位被国民议会罢免的总理，夏巴兹·谢里夫当选新一任总理。5月，伊姆兰·汗被捕并于2023年8月5日因腐败问题被判处三年监禁。随后，巴基斯坦选举委员会宣布取消前总理、正义运动党主席伊姆兰·汗未来五年的竞选资格。10月28日，伊姆兰·汗发起了被称为"长征"的大规模抗议游行，强烈要求议会提前举行选举。2024年1月10日，伊姆兰·汗因"泄露国家秘密罪"被法院判处10年监禁。在伊姆兰·汗被议会解除总理职务之后，他一直反对夏巴兹·谢里夫政府，认为自己是美国所支持的"阴谋"的受害者，新政府是美国强加给巴基斯坦的。目前来看，由于伊姆兰·汗在巴基斯坦国内拥有一定的支持率，其创建的正义力量党的影响力并未完全消失，其卷土重来的可能性还是存在的。

其次，巴基斯坦经济出现复苏迹象，但增长压力还未得到有效缓解。2022年，巴基斯坦发生经济危机又遭遇毁灭性洪灾，经济陷入崩溃边缘。全球评级机构惠誉将巴基斯坦的主权信用评级从"B-"下调至"CCC+"，理由是其流动性和外汇储备持续下降。穆迪也将巴基斯坦的主权信用评级从B3下调至CAA1，接近违约。全球知名经济学家史蒂夫·汉克（Steve Hanke）表示，夏巴兹·谢里夫政府未能挽救"正在下沉的船"。[①] 2022～2023财年（2022年7月至2023年6月）巴基斯坦经济增长率仅为0.29%，

---

① "Pakistan on Brink of Debt Default," *The Express Tribune*, October 14, 2022, https://tribune.com.pk/story/2381558/pakistan-on-brink-of-debt-default.

失业率上升至7%，通货膨胀率高达27%，创历史新高。而且，巴基斯坦对外贸易长期呈现逆差状态。2021~2022财年巴基斯坦对外贸易逆差达396亿美元，2022~2023财年贸易逆差虽然缩小为240亿美元，但外汇短缺这一紧迫性难题并未得到解决。经常账户赤字与财政赤字不断上升，"双赤字"导致外部融资需求增大且无力偿还贷款。据报道，2023年巴基斯坦外汇储备一度不足30亿美元。① 根据世界银行2024年4月的分析，农业产出强劲，加上民众对经济增长的信心，促使了一些行业复苏，预计2023~2024财年巴基斯坦GDP增长率为1.8%。但是，缓慢的经济增长仍不足以减少贫困，40%的巴基斯坦人仍生活在贫困线以下。在债务负担沉重、外汇储备有限的情况下，宏观经济风险仍然很高。② 总体上，巴基斯坦经济复苏虽现曙光，但由于通货膨胀率上升、卢比贬值、外汇储备严重不足以及2022年持续至今的国际收支危机，经济下行的压力依旧很大。

最后，巴基斯坦依旧面临安全形势严峻带来的社会动荡。近几年，巴基斯坦恐怖主义与反政府组织活动频繁，致使安全形势每况愈下，并引发持续的社会动荡。自2003年以来，巴基斯坦国内饱受恐怖主义之苦。2021年8月以来，巴基斯坦境内的恐怖主义袭击事件增加了60%，共造成2200多名巴基斯坦人死亡，仅2023年巴基斯坦与恐怖主义相关的死亡人数就达到了1438人。③ 2024年，巴基斯坦开普省达苏水电站项目车辆遭遇恐怖袭击，造成5名中方人员和1名巴方人员遇难。巴基斯坦恐怖主义活动此起彼伏，空袭手段也是层出不穷，各种暴力活动加剧着社会动荡与种族撕裂，成为巴基斯坦安全局势的最大隐患。

---

① 尤铭：《巴基斯坦：在困境中迎接希望的曙光》，光明网，2024年1月8日，https：//baijiahao. baidu. com/s？id = 1787471882432651658&wfr = spider&for = pc。

② "Pakistan: Implementing and Ambitious, Credible and Clearly Communicated Economic Reform Plan Critical for Robust Recovery, Poverty Reduction, Says World Bank," World Bank, April 2, 2024, https: //www.worldbank. org/en/news/press-release/2024/04/01/pakistan-implementing-an-ambitious-credible-and-clearly-communicated-economic-reform-plan-critical-for-robust-recovery-p.

③ "Terrorist and Other Militant Groups in Pakistan," Congressional Research Service, December 1, 2023, https: //crsreports. congress. gov/product/pdf/IF/IF11934.

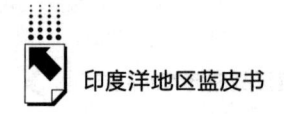

第三，在东南亚地区，印尼大选开启了全球选举年的首场重头戏，成为世界瞩目的焦点。2024年的印尼大选，共有18个全国性政党和6个地方性政党参加角逐。大选结果与外交政策走向不仅与东南亚地区政治经济格局以及安全局势稳定性密切相关，还影响着东盟的对外战略选择以及在全球的影响力。这是因为，作为世界最大的群岛国家和东南亚地区面积最大的国家，印尼一直以来都稳居东南亚第一大经济体地位，2022年印尼GDP为1.3万亿美元。2023年印尼GDP以1.42亿美元保持世界第16大经济体地位。印尼拥有约2.77亿人口，是东南亚人口最多的国家，也是世界第四人口大国。其中，87%的人口信奉伊斯兰教，是世界上穆斯林人口最多的国家。作为东盟经济一体化发展的领头羊，印尼的外交政策以及在大国地缘政治博弈中的选择，不仅影响东盟的凝聚力以及经济一体化的发展前景，而且也会对东盟作为一个整体的对外政策选择产生影响。在佐科执政的10年，印尼不仅通过加快基础设施建设、吸引外国直接投资以及推进一系列经济改革举措实现了印尼经济的持续稳定增长，而且奉行不结盟和独立自主的外交政策，将经济外交置于对外战略的优先地位，以避免受到更多地缘政治因素的干扰。基于"改革开放"的执政理念，在佐科执政的10年，中国一直是印尼最大的贸易伙伴，是印尼第一大出口目的地，也是印尼第二大外资来源地。

2024年3月20日，现任印尼国防部长、大印尼行动党主席普拉博沃·苏比延多当选印尼新一届总统，佐科年仅36岁的长子吉布兰·拉卡布明·拉卡赢得副总统选举。由于普拉博沃是退役将军，还曾担任印尼特种部队司令，其硬汉形象与坚毅风格鲜明，使得舆论颇为关注普拉博沃是否能够延续竞选时所承诺的寻求政治连续性与外交中立性的政策走向，佐科留下的政治遗产以及相关政策能否得到延续。虽然在多大程度上延续"政治遗产"以及彰显"个性化执政风格"方面还存在不确定性，但目前来看，普拉博沃遵守了竞选承诺并展现出了对佐科内政外交政策的延续，毕竟佐科拥有较为坚实的民众基础，而民众对佐科的支持也是普拉博沃胜选的一个重要因素。

当前新政府能否推动印尼进入8%的年均增长率"快车道"，从而实现在2045年成为全球第四大经济体的"2045黄金印尼"战略目标,既是对普拉博沃的执政考验,也是新政府面临的最大挑战。中国和印尼互为重要邻居,中国与东盟互为最大贸易伙伴,印尼也是中国在东盟的第二大投资目的地。而且,连接印尼首都雅加达和第四大城市万隆的雅万高铁,是中国与印尼合作的标志性也是示范性项目,意味着未来中国"一带一路"倡议与印尼"全球海洋支点"愿景拥有巨大的战略合作空间。2024年11月8日至10日,印尼总统普拉博沃访问中国,这是他当选总统之后的首次外访,不仅为密切两国经济联系释放了积极信号,也是两国政治互信的体现。同时,佐科执政的10年,也是中国与印尼建立全面战略伙伴关系的10年。普拉博沃此访,将为中印尼开启下一个10年的战略合作伙伴关系注入正能量,也是深入推进中国-东盟合作以及《区域全面经济伙伴关系协定》(RCEP)发展的契机。

第四,缅甸国内政局动荡,大选不断延期,民主化转型陷入停滞。2021年2月1日,缅甸军方接管政权,国防军总司令敏昂莱成立缅甸国家管理委员会并出任委员会主席。之后,缅甸国家管理委员会对外宣称,在未来重新举行公平公正的大选之后,会向胜选政党移交权力。由此,民盟强硬派组成了"民族团结政府"(NUG)并组建了"人民国防军"(PDF),与亲民盟的少数民族武装一起与军政府对抗,这使缅甸不仅产生了缅甸国家管理委员会和民族团结政府并行的"双政府",而且出现了缅甸国家管理委员会、"人民国防军"和民地武"三股力量"争权夺利的乱局。2022年9月,缅甸国家管理委员会宣称将于2023年8月举行新的选举,但选举并未如期举行。2023年1月,缅甸国家管理委员会宣布了新的选举法。3月28日是缅甸新的《政党登记法》规定的参加大选各政党重新登记的最后期限,昂山素季领导的全国民主联盟因未根据新选举法重新登记,将"作为一个政党被自动取消(参加大选资格)"。[①] 据报道,缅甸国家管理委员会宣布将在

[①] 《因未根据新选举法重新登记,缅甸民盟失去合法政党资格》,环球网,2023年3月29日,https://baijiahao.baidu.com/s?id=1761651239451953636&wfr=spider&for=pc。

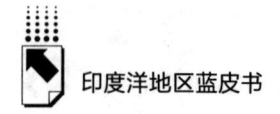

2024年人口普查结束之后，采取比例代表制方式进行大选。① 缅甸大选依然存在很大的不确定性。缅甸政局发生变化至今，国内政治动荡与军事冲突此起彼伏，目前来看虽然有望出现和解与缓和，但缅甸局势依旧充满变数，内部军事冲突的可能性依然存在。

缅甸政局持续动荡与困局难以纾解，既是缅甸政治、社会和历史等复杂因素共同作用的结果，也与外部势力的干预密切相关。拜登执政以来虽然并没有调整对缅政策的目标，但是在调整实现目标的手段，开始重视缅甸的地缘战略价值并首次将缅甸纳入美国国家安全战略。我们似乎看到，与之前美国对缅"接触中制衡"与"制衡中接触"的政策有所不同，拜登政府将对缅政策调整为"制裁"与"支持"的"双轨并行"，即一方面孤立和制裁缅军方，另一方面支持包括"民族团结政府"和少数民族武装在内的反对派。具体手段体现在2022年12月21日美国国会通过的修改版《缅甸法案》（Burma Act），该法案是美国年度《国防授权法案》（NDAA）的一部分，旨在加大对缅甸国家管理委员会和军政府下属企业的制裁力度，并防止军政府获得武器以及执政合法性。同时，向亲民主的政府——缅甸"民族团结政府"及其附属组织"人民国防军"提供为期五年（2023~2027年）的战略援助计划，包括各类技术援助和非武器支持，并向"人民国防军"和少数民族武装组织提供各类培训。12月23日，白宫宣布《国防授权法案》已经由拜登签署而成为法律，其中涉及的《缅甸法案》被视为拜登政府对缅甸军政府的威胁和最后通牒。在拜登政府看来，美国对缅甸的"摇摆"政策所造成的推进缅甸民主化改革方面的"无效"以及对美国发展与东盟关系造成的"被动"，已经影响到了美国与东盟的关系，到了必须采取措施加以解决的时候。拜登政府对缅甸"制裁"与"支持"的"双轨并行"政策手段，如同一枚硬币的两面，也注定无法实现其政策目标。与此同时，拜登政府对缅甸军政府的针对性制裁能否取得预期的成效还存在很

---

① 《缅甸计划在2024年人口普查结束后举行大选，选举制度将采用PR制度》，缅甸中文网官方账号，2023年10月21日，https://view.inews.qq.com/k/20231021A06E0B00?no-redirect=1&web_channel=wap&openApp=false。

大不确定性，但美国对缅甸事务的赤裸裸干涉则不可避免地加剧了缅甸的内部冲突，增加了缅甸卷入大国竞争的风险，对缅甸的国家安全构成威胁。对于缅甸来说，无论是军政府，还是"民族团结政府"，都不希望缅甸的主权受到威胁。此外，拜登政府试图干涉缅甸内政，表明美国将中国的邻国缅甸纳入制衡中国的战略考量之中，以此制造紧张局势并破坏中国的周边环境从而对中国形成战略上的压力，造成中国的被动局面。当前美国搅动缅甸局势，不仅中缅关系的不确定性上升，中国周边安全与战略压力也逐渐增大。

（二）"经济政治化"：地缘经济碎片化加速传统地缘政治回归

20 世纪 90 年代，以罗伯特·基欧汉、约瑟夫·奈为代表的新自由制度主义者看到了在一个相互依赖的世界，相互依赖会催生基于某些规则与制度的国际机制，国际机制之于促进合作与维持秩序具有重要性。基欧汉和奈认为，全球化是相互依赖的表现形式，但权力在相互依赖中具有重要的作用。"相互依赖和全球主义也会带来成本与限制。由于相互依赖是各方都付出代价的结果，它们可能会降低成本，提供收益，也可能增加成本，因而调整往往是痛苦的。"[①] 正因为相互依赖需要各方付出代价且在这个过程中相互影响，所以它也为合作与全球化的持续提供了可能。同时，罗伯特·吉尔平强调了自由主义理论往往忽视经济发展时的政治框架，实际上经济发展是离不开政治因素的，国内和国际的权力结构、国家和权势集团的利益，都是经济发展的重要因素。[②] 经济相互依赖存在非对称性特征，而且容易受到政治因素的影响，因而每个国家都倾向于努力加强自身改造经济的能力从而增加他国对自身的依赖性。如今，我们进一步看到，随着美国霸权的相对衰落，"二战"以后建立起来的解决冲突与推进世界政治经济合作的国际机制在各

[①] 〔美〕罗伯特·基欧汉、约瑟夫·奈：《权力与相互依赖》（第四版），门洪华译，北京大学出版社，2012，第 261 页。

[②] 〔美〕罗伯特·吉尔平：《国际关系政治经济学》，杨宇光等译，上海人民出版社，2011，第 247 页。

类现实问题面前显得"力不从心"。不仅相互依赖并不一定导致合作，而且在肯尼思·华尔兹（又译为肯尼思·沃尔兹）看来，对高级政治与低级政治的区分本身也是错误的，国家可以利用经济手段来实现军事或政治目的，也能够利用军事或政治手段来获取经济利益。① 当前，整个世界范围呈现"经济政治化"的趋势，不仅出现了以经济手段解决人权、意识形态等低级政治议题的现象，更有诉诸经济手段解决政治冲突的高级政治经济化现象。2024年1月2日，国际货币基金组织（IMF）总裁格奥尔基耶娃警告说："全球经济碎片化可能导致全球GDP损失7%。"② 随着大国在印度洋地区博弈态势的加剧，"经济政治化"作为大国博弈的手段正成为该地区政治经济关系发展中的一个显著特征，日益侵蚀着国家间关系的互信基础。在印度洋沿岸，印度与澳大利亚对华政策中的"经济政治化"特征尤为突出。

首先，"经济政治化"导致印度与中国"脱钩断链"意愿强烈，经济合作基础与合作潜力难以为稳定政治关系发挥"压舱石"作用。一直以来，印度的当权者和精英阶层习惯以基于地缘政治想象构建的"地理事实"为依据而展开战略应对与国际政治的实践活动，而地缘政治想象是造成认知错位甚至导致安全困境与地区冲突的一个主要因素，也是中印之间无论政治关系还是经济关系都存在误解和不信任的一个主要原因。同时，受美国对华制衡中的"脱钩断链"思维影响，印度也产生了与华"脱钩断链"的强烈心理并辅之以政策实践。2021年，虽然受新冠疫情影响，但是中印双边贸易额不降反升，首次突破了1000亿美元。然而，这一利好似乎并不妨碍印度采取具体举措与中国进行经济"脱钩"。一是印度主动寻求在"四方安全对话"（Quad）经济议题中发挥作用以对冲中国的经济影响力。2021年以来，为了弥补Quad机制在经济领域发挥作用的"短板"，美印日澳还在Quad框

---

① 〔美〕肯尼思·华尔兹：《国际政治理论》，信强译、苏长和校，上海人民出版社，2008，第100页。
② 《IMF总裁警告全球经济碎片化代价巨大》，光明网，2024年1月3日，https://m.gmw.cn/2024-01/03/content_303619836.htm。

架下构建"全球弹性供应链"方案，企图寻找替代方案以减少对中国供应链的依赖。印度对此表现积极，以期能够抓住机遇取代中国而成为全球弹性供应链和产业链中的重要一环。2022年5月，美国推出"印太经济框架"（IPEF），积极寻求搭建与中国"脱钩"的印太供应链，不断加大对中国周边国家尤其是东盟在经济领域的布局，以削弱中国在全球产业链和供应链领域的地位。虽然Quad和IPEF都是美国企图以经济手段达到地缘政治目的的工具，但是与印度一心想成为制造业大国的目标非常契合，毕竟经济议题的敏感性和对抗性较弱，而且美国及其盟友的支持对印度替代中国供应链和产业链地位具有赋能作用。二是印度通过多种方式减少对华贸易。为了缩小对华贸易逆差，印度对中国进口产品增加反倾销税的同时，努力通过贸易多元化和寻找第三方市场，减少对中国的进口贸易依赖。例如，印度已增加从其他国家的电子和机械产品的进口。2015~2022年，中国商品在印度进口总额中所占的份额由16.34%降至15.82%，下降0.52个百分点。按照SITC分类法，印度所进口的粮食及活动物，饮料及烟叶，矿物燃料、润滑油及有关原料，未列明的化学品及有关产品这四类产品中，来自中国的占比均有所下降。三是印度努力推进本土化生产以减少对华进口依赖。2020年5月，莫迪正式推出"自力更生"计划，7月推出原料药/关键起始材料和电子产品生产关联激励（PLI）补贴，帮助本土企业扩大产能，尤其是重点提升空调、电视机、皮革、化学品、家具等领域产能，除了推进"印度制造"的目标，更想通过促进国内生产以减少对中国产品的进口依赖。印度将中国视为"可以追赶的对象"和"最大的竞争对手"。因此，印度对华战略即便是双边贸易合作，也会建立在对"威胁"的判断和战略环境的评估基础之上，难以离开地缘政治因素进行考量。印度的当权者和精英阶层对于所谓"中国威胁"的认知，伴随着各种事件的变化而此消彼长。这也是为什么印度对于中印之间具有极强互补性的贸易合作也明显持有戒心。此外，印度常常高估自己的能力，这使印度与中国竞争的意愿更加强烈，"经济政治化"趋向也更加突出。不仅相互投资缺乏信任基础，而且"贸易的猜忌"使其过度敏感于"逆差"和"进口依赖度"而选择不合作，哪怕为此不仅要损失

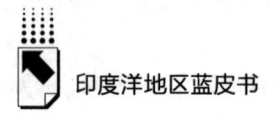

收益，更要付出成本。

其次，受传统现实主义思维影响，澳大利亚对华政策中的"经济政治化"导致中澳关系陷入低谷。澳大利亚是一个典型的中等强国，地理上毗邻亚洲，历史与文化价值观更接近西方的地缘环境，地理因素带来的不安全感与地缘政治环境的变化始终影响着其外交政策的走向。从传统的外交实践来看，澳大利亚的国家安全长期依赖于世界强国，先是英国，现在是美国。一方面，对于澳大利亚来说，澳美联盟是澳大利亚国家安全的基石，是外交政策的首要选择。另一方面，澳大利亚试图发挥中等强国的作用，提升澳大利亚在地区和世界的影响力，但这需要在外交和战略上保持一定的独立性。自2010年中国成为世界第二大经济体以来，如何看待和应对中国崛起，成为澳大利亚学术界和政策界一个广为关注的话题。面对中国的崛起，澳大利亚一方面与中国在经济上保持接触，另一方面又努力使中澳经济关系不至于影响到美澳同盟的稳定性。2013年工党吉拉德政府制定的《国防白皮书》对中国崛起持正面观点和积极认知，认为中国经济持续增长，不仅为澳大利亚和其他国家经济做出了贡献，还对缓解欧洲经济困境以及帮助美国经济走出低迷具有积极影响。[1] 2013年，中澳两国建立了"战略伙伴关系"。2014年11月，习近平主席应邀访问堪培拉并与时任总理托尼·阿博特（Tony Abbott）举行会谈，两国领导人决定将中澳关系提升为"全面战略伙伴关系"，这为深化两国政治互信奠定了坚实基础，也是中澳关系的"高光时刻"。2015年6月17日，中澳签署自由贸易协定。2015年3月，澳大利亚加入亚洲基础设施投资银行（AIIB）。

尽管中澳双边关系在贸易投资、教育文化、战略对话、地区安全等领域的多个方面都得到了发展，但是自2017年开始，澳大利亚不断渲染所谓"中国威胁论"。"经济政治化"不仅使双边贸易与投资合作受到极大的干扰，而且导致双边政治关系不断恶化。2017年12月，特恩布尔指责中国正

---

[1] Australian Government Department of Defence, *Defence White Paper 2013*, Commonwealth of Australia, 2013, p. 11, https：//www.defence.gov.au/sites/default/files/2021-08/wp_2013_web.pdf.

在干预澳大利亚事务,并声称"澳大利亚站起来了",导致中澳关系骤然降温。[1] 2018年,澳大利亚宣布禁止华为参与5G建设;2020年新冠疫情发生之后,澳大利亚更是在病毒溯源问题上抹黑中国;2021年4月,莫里森政府单方面撕毁维多利亚州与中方签署的"一带一路"文件,致使中澳关系滑向谷底。[2] 追根溯源,造成中澳关系下滑的一个主要原因在于,澳大利亚国内的保守主义学派更多地从意识形态和冷战思维角度审视中国崛起,将中国崛起视为澳大利亚国家安全的威胁,尤其是对中国军备现代化感到焦虑。[3] 从保守主义学派的分析中,能更多看到汉斯·摩根索的经典现实主义以及约翰·米尔斯海默的进攻性现实主义色彩。这也突出表现在2016年特恩布尔时期的《国防白皮书》中。该书不仅强调澳大利亚安全环境的"急剧变化",重申了美国作为其"最重要战略伙伴"的意义,而且表达了对中国实力增长的担忧。[4] 虽然澳大利亚2017年发布的《外交政策白皮书》积极评价并肯定了中澳关系,但是也充满了对中国日益上升的影响力有可能改变地区规则和秩序的担忧。

本质上,"经济政治化"既是以经济手段实现政治目标,也是体系压力之下战略焦虑的具体体现。在现存的全球体系里,"中等强国"的地位有明显的二重性:相对于超级大国而言,它们通常居于"从属"地位;但相对于底层国家,甚至是"二流中等强国"(Tier-two Middle Power)而言,它们通常又居于"主导"地位。[5] 西方国际关系学者认为,在通常情况下,"中

---

[1] "Turnbull Says Australia Will 'Stand up' to China as Foreign Influence Row Heats Up," *The Guardian*, December 9, 2017, https://www.theguardian.com/australia-news/2017/dec/09/china-says-turnbulls-remarks-have-poisoned-the-atmosphere-of-relations.

[2] 《中澳关系,为何接连取得重要突破?》,《中国新闻周刊》2024年第12期,https://baijiahao.baidu.com/s?id=1794414850826254608&wfr=spider&for=pc。

[3] Australia Government Department of Defense, *Defending Australia in the Asia Pacific Century: Force 2030*, Canberra: Commonwealth of Australian, 2009, p. 16.

[4] Australian Government Department of Defense, *2016 Defense White Paper*, Commonwealth of Australia, 2016, https://www.defence.gov.au/sites/default/files/2021-08/2016-Defence-White-Paper.pdf.

[5] 于镭、〔澳〕萨姆苏尔·康:《"中等强国"在全球体系中生存策略的理论分析——兼论中澳战略伙伴关系》,《太平洋学报》2014年第1期,第50页。

等强国"的一项战略目标是维护现有的全球体系和等级架构的现状,以巩固和维护自身的既得利益。与此同时,"中等强国"面临的另一个战略性目标是,如何将维护国际体系现状的战略性目标与维护自身在现有国际体系中的"中等强国"地位的战略目标相统一。[①] 作为"中等强国",澳大利亚的对外战略有两大目标：一是维持体系现状；二是维持"中等强国"现状。澳大利亚为了实现这两大目标的契合而采取的一个策略,就是与现行国际体系里的超级大国结盟,从而享受随之而来的基于话语权和影响力的国际"声望"并巩固"中等强国"的地位。澳大利亚自建国以来的大部分时间里就是采取这种策略,即所谓的"孟菲斯主义"来提升自身在国际体系里的地位。[②] 一直以来,澳大利亚不仅对外战略思维充满了矛盾,而且对崛起国是否会利用其所获得的权力和影响力改变现行的国际秩序充满了担忧。

2024年,中澳关系迎来转机。3月20~21日,中共中央政治局委员、外交部长王毅对澳大利亚进行正式访问,并与澳方举行第七轮中澳外交与战略对话。这是自2017年来,中国外长首次访澳,对改善中澳关系具有重要意义。事实上,中国并非在改变现有的秩序,而是努力为防止国际秩序的失序与推动国际秩序的稳定发挥建设性作用。澳大利亚对中国崛起的担忧与战略意图的猜测,更多源于中美相对实力差距缩小而可能带来的地区权力格局的改变,从而使澳大利亚的国际环境面临不确定性,国家安全存在受到威胁的可能性,而并非中国崛起本身,更非战略意图使然。在国际政治演变过程中,战略意图的衡量是一个"最不靠谱"的因素。战略意图本身具有不易直接观察和可能被隐蔽的因素。而且,在对意图进行判断时,多数理论和分析都立足于假设,而不是事实。不确定性是国家意图的一个基本特征。一国行为是高度不确定的,决定了一国难以评估他国未来的意图。如果国家之间过度解读所谓"意图",则不免会产生过度的担忧

[①] 于镭、〔澳〕萨姆苏尔·康：《"中等强国"在全球体系中生存策略的理论分析——兼论中澳战略伙伴关系》,《太平洋学报》2014年第1期,第51页。

[②] 于镭、〔澳〕萨姆苏尔·康：《"中等强国"在全球体系中生存策略的理论分析——兼论中澳战略伙伴关系》,《太平洋学报》2014年第1期,第51页。

和防范，其结果是销蚀国家之间的战略互信，强化安全竞争，限制合作空间并降低合作的可能性。

（三）"安全泛化"：安全赤字正在加剧印度洋地区动荡

当前，以美国为主的西方国家赋予经济议题以安全特征，甚至将经济议题塑造为安全战略议题，不仅将投资问题"安全化"，甚至将正常的贸易往来也进行安全话语的塑造与渲染，赋予经济合作以"不安全"意义。以需求为导向的贸易自由主义产生的经济相互依存被冠以新的"安全威胁"之名，不仅造成相互依赖的脆弱性，而且"脱钩断链""供应链安全""经济去风险化"的逆全球化思潮正在冲击着国家间政治互信与经济合作的信心，成为推进经济一体化进程的最大阻碍。

当前，伴随着美国对华战略竞争的常态化，国家间的关系正经历着历史性的变化。应该认识到，国家间的猜疑和互不信任是国际政治中的一种常态，并不必然导致冲突。但过去的几年，受新冠疫情、俄乌冲突、美国对华遏制等因素影响，"安全泛化"导致的各种消极因素不断累积并正在持续地增加地区冲突的潜在可能性。"安全泛化"是一些国家以"国家安全"为由而干涉国家之间正常的经济合作与人文交流的一种地缘政治手段，从而导致安全概念与安全行为的泛化甚至泛滥，是全球地缘政治与地缘经济演化过程中形成的一种不正常现象。[1]"安全泛化"导致国际冲突的本质正在发生变化，不仅传统安全与非传统安全之间的界限更加模糊，而且军事冲突、经济冲突与安全冲突之间的交互影响，使得代理人战争、经济战、信息战等成为冲突中战胜对手的优先手段。"安全泛化"的特点及其产生的影响集中表现在以下两个方面。

第一，以"国家安全"为由干预投资的"安全泛化"现象，有可能造成国际投资重回政治主导。在国际投资领域，美国作为传统资本输出大

---

[1] 叶海林、吴俊、张展毓：《泛安全化现象与南亚东南亚政治经济形势演进》，《印度洋经济体研究》2024 年第 1 期，第 21 页。

国，在制定新的双边投资协定时，一直将安全利益作为例外条款为本国经济设立安全阀。[①] 目前来看，"安全泛化"在国际投资领域已经成为一种普遍存在的现象。以印度为例，莫迪执政以来，针对印度在国际投资与仲裁中的被动表现，着手进行了一系列改革。其中，2016年《印度双边投资协定示范文本》是一个重要的标志。自此以后，印度在国际投资规则中的保护主义色彩愈加浓重，着重强调东道国的绝对主权与管制权，在多个方面体现了弃用主流的国际投资原则而回归传统的政治主导模式的考量。表面上，外国投资者可以独自或者通过合资企业形式在印度进行直接投资，除了极少数领域禁止外资进入之外，几乎所有行业都可以进行投资。实际上，印度在很多领域以国家安全为由设置了投资障碍，在外资准入审查的基础上出台了一系列政策进行安全审查，以期在促进经济增长、保护民族工业和维护国家安全之间实现平衡。不难发现，莫迪政府的外资政策表现出明显的矛盾性。一方面，印度出台一系列吸引外资的政策，并围绕吸引外资进行国内的制度改革；另一方面，在吸引外资的环节中又设置了重重障碍，包括具有针对性的"歧视性"政策。在允许外国投资者通过自动审批路径或者政府审批路径进行实体投资的同时，又针对"敏感行业""敏感地区""敏感投资者"设置了安全审查程序。尤其是，2019年莫迪再次赢得大选连续执政之后，进一步改革外商直接投资（FDI）政策。中国投资被印度以"国家安全"为由置于政府审批的首要位置，也集中反映在印度投资法律制度制定、修改过程中对中国的针对性，以及专门针对中国投资者的歧视性条款。印度在投资政策的2020年版本中，将"敏感国家"改为了"与印度接壤的国家"。在与印度接壤的国家中，中国是最主要的投资国，其他印度的陆地邻国对印度或基本没有投资或投资数额非常有限，显然这一政策是专门针对中国的，以限制中国在印度的投资。新冠疫情发生以来，为防止国内优质产业被外资并购，印度政府对待外资表现出更为审慎的态度，对来自中国的投资更是"另眼

[①] 沈伟：《以总体国家安全观应对国家安全泛化挑战》，《中国社会科学报》2023年1月13日，第A06版。

相看",投资印度的中国企业频繁遭遇印度设置的所谓"国家安全"问题的阻碍。尤其是2020年4月以来,印度接二连三地以"国家安全"为由对中国投资进行特别限制,致使中国对印投资大幅下降。中国在印度的投资不断受到印度内政部与安全部的拖延与阻挠,"安全泛化"导致的投资"政治化"趋势更加明显。

印度对"国家安全"的界定是模糊和宽泛的,对与"国家安全"相关行业和活动的阐释也是不清晰的,故而印度能够灵活地通过外资准入条件、禁止性和限制性领域,以及"敏感行业""敏感地区""敏感投资者"等方式限制外国投资,以维护"国家利益"和"国家安全"。这种出于地缘政治考量,借助"国家安全"之名阻止投资,甚至对已经在印度投资的企业冠以危害"国家安全"之名而进行干扰,对"国家安全"的滥用导致的投资问题"政治化"甚至"安全泛化",也是当前中印关系难以回温的重要原因。

第二,"安全泛化"现象促使更多国家追求绝对安全,反过来又加剧地区安全赤字。1987年耶鲁大学保罗·肯尼迪在《大国的兴衰:1500—2000年的经济变迁与军事冲突》一书中写道:"在一种令人担忧的环境中,大国往往会自觉不自觉地以比两代人之前多得多的费用用于国防,但仍然感到国际环境不安全……大国在下坡路时的本能反应是,将更多的钱用于安全,因而必须减少经济投资,从长远看,会使自己的处境更为困难。"[1] "安全泛化"的一个主要来源是对威胁的感知与有意建构。由于感知威胁,一些政治家和决策者进一步将建构威胁作为反威胁或者是回应威胁感知的首要选择。因为感知威胁而相互之间产生误解,为了加强防范进一步建构威胁,而由于建构威胁又感知新的威胁,如此反复,从而导致误解不断加深和威胁不断升级。[2] 从这个角度看,威胁不威胁是一回事,是否具备威胁能力则是另

---

[1] 〔美〕保罗·肯尼迪:《大国的兴衰:1500—2000年的经济变迁与军事冲突》,陈景彪等译,国际文化出版公司,2006,前言,第42页。
[2] 参见朱翠萍《感受威胁、建构威胁与美印海洋战略延伸》,《南亚研究》2013年第2期,第3页。

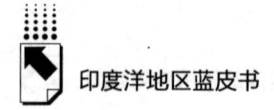

外一回事。只要具备威胁能力，就很可能会被视为潜在的威胁，并进一步以建构威胁来应对。换句话说，对"威胁""冲突""敌人"的社会建构可以在政治上发挥至少两个方面的作用：一是通过制造这类想象的外来"危险"，政府可以转移国民关注某个社会事件或政策行为的视线，因为国民所关注的问题，往往是政府不想或不愿意解决的问题；二是通过把建构起来的安全"威胁"或"敌人"视作政治上的替罪羊，回避真正需要应对的社会及政治难题。① 由此，建构威胁就变成了一种地缘政治想象抑或是一个观念问题，导致相互猜疑、信任缺失，如果"威胁感"进一步加剧，必然陷入"安全困境"。不仅建构的"威胁"加剧了大国之间的不信任，而且"安全泛化"增加了周边中小国家在大国之间选边站队的压力，致使小国的机会主义倾向更加明显。尤其是，印度对南亚邻国外交政策中的"安全泛化"现象更加突出，主要表现在以下几个方面。

首先，印度利用地缘优势"不惜代价"地牵制部分南亚小国，并采取一定措施对小国施加安全压力。南亚地理上的一个特点是，印度与南亚邻国要么陆地相邻，要么海上毗邻，但南亚小国彼此之间并不相邻。加上历史原因以及印度在国土面积、人口和经济上都具有"大象"体量的特征，使得南亚小国不同程度地对印度存在经济上的依赖以及安全上的担忧、忌惮甚至畏惧。例如，孟加拉国的东西北三面与印度毗邻，造成印孟两国边界地区人口流动频繁，双方时常相互指责。特别是，印度认为孟加拉国的非法移民已经改变了其边界地区的人口比例并造成了巨大的安全挑战，因而对孟加拉国施加安全压力。又如，印度和尼泊尔之间长期存在领土争端，2022年11月印度发布新版地图，将印度和尼泊尔存在争议的卡拉帕尼地区划为印度的一部分，引发尼泊尔大规模抗议活动。此外，尼泊尔东南西三面被印度包围且边界相互开放，居住在尼泊尔境内特莱地区的印裔马德西人数量众多，一直以来都受到印度暗中支持而寻求"自治"，这使尼泊尔"心有余悸"，必然充

---

① 刘永涛：《建构安全"威胁"：美国战略的政治选择》，《世界经济与政治》2010年第6期，第123页。

满戒备。可以说，马德西人是尼泊尔安全面临的一大挑战，但鉴于地理环境与实力限制，尼泊尔不得不在经济与安全上受制于印度。

其次，由于印度对部分南亚小国的经济影响力有限，因而将经济政策与外交政策安全化以对小国施加压力。一直以来受地缘因素和历史因素影响，印度对南亚次大陆具有传统意义上的政治影响力，但印度对南亚小国的经济影响力有限。在南亚地区，尼泊尔、孟加拉国、马尔代夫和斯里兰卡努力实施"小国的大国平衡"策略以寻求在中印之间保持"中立"，即一方面与印度在政治关系上保持良性互动，另一方面则与中国在经济上深化合作，以保障国家安全和最大限度地获得经济利益。南亚小国的"骑墙"战术加剧了印度的担忧，印度不仅担心中国进一步削弱其在南亚的影响力，而且担心南亚小国出现更大的"离心"倾向，因而在加强与中国竞争的同时，进一步强化对南亚小国的建设性干预。虽然这些干预手段也存在一定的局限性，但"安全泛化"现象已然对中国与南亚邻国的经济合作产生了负面影响，也对中国与南亚邻国的政治关系造成了干扰。

最后，印度利用南亚邻国政党的复杂性，干预小国政局引发局势动荡。南亚国家大多数存在政党繁多、意识形态路线摇摆、政党之间的力量对比明显以及政治联盟存在诸多变数等特征，这使政党之间联合、支持、背叛随时发生，政治机会主义下政党分化组合频繁，各党派之间分分合合造成了"悬浮会议"常态化的局面，为印度塑造小国政局与插手小国内政提供了机会。这从近年来巴基斯坦、斯里兰卡、马尔代夫和尼泊尔等国发生的"政治风暴"以及"选举乱象"中可大致窥见其貌。仔细观察，小国政局动荡背后都能或多或少地看到印度的介入与干预，印度往往是这些小国政局和社会动荡的"幕后推手"。

三 新局：主要行为体印度洋战略新趋向

面对地缘政治形势呈现的紧张态势、俄乌冲突的长期化趋势、巴以冲突难以遏制的外溢趋势，未来世界政治格局演变中的大国对抗与争端、地区冲突的热点恐难降温，美西方阵营化趋势的升级或将进一步引发全球范围的政治极端主义并可能激化地缘政治冲突。① 尤其是，新一轮巴以冲突不仅反映了中东地区不断加剧的权力博弈，而且包括美国、俄罗斯和印度等不同程度和不同方式的介入，将为中东地区安全带来多重挑战，并助推印度洋地区权力格局的加速演变。其中，印度与美国在印度洋的战略调整与变化，凸显了地缘政治中权力与利益之间错综复杂的关系，也将对印度洋地缘政治格局走向与国家间关系产生深远影响。

（一）印度在印度洋的战略自信与政策实践

莫迪执政以来，印度内政的变化与成效也进一步延伸至外交领域，不仅外交政策更加自信与大胆，而且正努力在国际地位和印度洋影响力提升方面实现"四两拨千斤"的效果。2022年2月俄乌冲突爆发以来，印度在美俄之间展现了表面"中立"实则倾向于俄罗斯的立场，不仅得到了美国的理解，而且收获了巨大的经济利益。印度在美俄之间以微妙平衡取得的外交成功，极大地增加了印度在中东、印度洋地区乃至全球事务中发挥积极作用的自信。当然，印度的战略自信还来源于近年来印度经济的快速增长、"印度教特性"意识形态的不断固化以及对印度洋"规则塑造者"与"净安全提供者"的不懈追求。

第一，虽然印度增长潜力能否转化为现实依然存在很多不确定性，但毫无疑问地激发了其追求印度洋影响力与更高国际地位的战略自信。2019年莫迪开启第二任期以来，印度在世界主要经济体中经济增速第一，亮点可圈可点。首先，根据2023年国际货币基金组织和世界银行的数据，2022年印度GDP总量超过其昔日的宗主国英国而成为世界第五大经济体。其次，根据2023年联合国数据统计，印度人口超过中国而成为世界第一人口大国。最后，2024年1月29日，印度财政部发布报告称，2023~2024财年印度GDP增速有望超过7%。这将是印度连续3年实现7%的经济增长率。并据

---

① 朱锋：《全球地缘政治格局与态势》，《人民论坛》2023年第24期，第15页。

此预期印度GDP或将从2023年的3.57万亿美元上升至2027年的5万亿美元，成为全球第三大经济体。①

印度经济崛起的潜力主要表现在以下几个方面。首先，印度经济增长的关键驱动因素是内需，即私人消费与私人投资增长稳定且强劲，且从短期来看，私人消费与私人投资具有持续的稳定性。其次，虽然贸易不是印度经济增长的主要动力源，但近年来印度的贸易平稳增长。虽然2022年贸易逆差为2735亿美元，但逆差在波动中逐渐呈现减小趋势。同时，印度政府债务水平虽不断上升，但没有对外的债务风险。再次，印度吸引外资潜力较大。尽管外资流入出现下滑，但印度仍然是2024年吸引外资最多的全球十大国家之一。当然，未来印度吸引外资的多少还取决于投资环境的改善以及外资政策的稳定性。最后，美西方主导的"印太经济框架"对印度经济具有赋能作用。当前国际供应链已经进入了洗牌期。虽然印度物流基础设施不足、跨邦运输商品困难等因素限制了印度吸引外资潜力的释放，但凭借巨大的市场潜力、不断增长的中产阶级以及中美地缘政治博弈带来的"利好"，印度仍将是最受投资者关注的国家之一。

但是，印度经济的不俗表现并不意味着其崛起潜力一定能够发挥出来，其经济增长的前景还取决于印度能否突破经济发展的瓶颈。首先，过去十年中，印度的国内消费一直是经济增长的主要驱动力。虽然经济增长率也呈现波动性，但印度成为主要经济体中增长最快的国家，这无疑增强了国内消费者与投资者的信心。同时，印度政府通过减税、增加支出和其他措施刺激内需，但未来能否延续这些有效刺激举措还需要观察。其次，尽管FDI在印度经济增长中发挥了作用，但相比印度内需的作用还较小。印度经济增长率和FDI流入在过去十年中呈现上升趋势，虽然相关性并不一定表现为因果关系，但未来FDI流入也可能是印度经济增长的一个重要驱动因素，只不过目

---

① "India to Become Third Largest Economy in the Next Three Years, Says Jefferies in a Note," Business Today, February 22, 2024, https：//www.businesstoday.in/latest/economy/story/india-to-become-third-largest-economy-in-the-next-three-years-says-jefferies-in-a-note-418454-2024-02-22.

前看还存在很大不确定性。一方面，外资政策的限制性调整增加了在印外企的经营风险。近年来，印度在投资额度、持股比例、技术转让、税收、市场准入等方面调整了政策，使得印度的投资环境变得相对复杂。受此影响，不少亚洲资本纷纷撤离，减少了对印度的投资。另一方面，持续的保护主义措施限制了FDI的流入。目前，印度的营商环境虽有所改善，但受基础设施匮乏、官僚主义、严格的贸易保护政策等因素的影响，外国企业在印度的发展面临着不确定性和经济风险。同时，印度是世界主要经济体中关税征收率最高的国家。为了鼓励本土制造业，印度政府常常采取排斥外国商品和服务的特殊标准和法规。此外，印度政府经常突击进行税务调查、罚款和资产冻结等，这已成为外国企业尤其是中国企业近年来在印度面临的最大问题。最后，印度经济发展遇到一系列障碍。一是制造业发展严重滞后，"无就业式增长"特点明显。一方面，不仅制造业发展停滞不前，而且贸易账户减少，难以通过出口贸易增加而助力经济增长；另一方面，制造业滞后，致使印度政府面临巨大的就业压力，"人口红利"不仅难以释放，反而有可能转化为"人口压力"，中长期会对私人消费和投资产生负面影响。二是通货膨胀压力大。莫迪第二任期，通货膨胀率由第一任期的5%左右上升至6%左右，2022年和2023年印度的通货膨胀率分别上升为7%和6.8%。而且，受卢比持续贬值以及农产品价格抬升的影响，印度的通货膨胀率继续呈现高位徘徊的态势。三是除了土地等生产要素的制约，用水用电问题也是印度经济增长的一大障碍，工业用水用电不仅总量达不到，在全国的分布还极不均衡。四是印度财政赤字令人担忧，债务水平较高。印度的财政赤字近年来呈现上升趋势，政府增加了基础设施和民生方面的支出，但税收增速赶不上支出的增速。同时，印度的经常账户赤字维持在一个较高水平，导致了外债的增加。印度政府的公共债务从2014年占GDP的68.5%增长至2023年占GDP的84.5%。而且，印度企业的债务水平也相对较高，这加剧了整体债务问题。不过，目前来看虽然存在风险，但是印度的债务掌控性尚好，毕竟印度的债务绝大多数是国内贷款，外资占比相对较低。

虽然印度经济可持续增长面临巨大挑战，但莫迪第二任期以来印度经济的亮眼表现以及发展潜力,极大地增强了印度追求更大影响力和更高国际地位的战略自信,印度甚至寄希望于借助于己有利的国际环境实现经济实力的快速增长与世界影响力的迅速提升。

第二,印度对内强推"印度教民族主义",对外塑造"全球南方领导者"形象,使印度对其对外战略更加自信。2014年5月,莫迪领导的印人党赢得大选。虽然2015年印度经济增速超过了中国,2014~2018年印度的平均经济增长率也达到了7%,但是"高增长低就业"现象、制造业停滞不前、农民生活困难等问题对印人党的支持率构成威胁。在第一任期未能实现竞选承诺以及2018年五邦选举失利的情况下,莫迪政府以"印度教民族主义"为工具,通过发挥RSS的作用,不仅成功赢得第二任期,而且大选结果"超出预期"。显然,RSS大力宣传的"印度教特性"意识形态发挥了"推波助澜"的作用。由于RSS具有强烈的右翼民族主义性质和极端倾向,RSS与印人党关系也因为此次大选变得更加密切,意味着"印度教民族主义"与印度政治产生了不可分割的关系。[1] 同时,受"印度教特性"意识形态影响,印度对建设一个"印度教"国家以及实现具有世界影响力的大国目标的追求更加迫切。[2] 由此,莫迪政府的外交政策也被打上了"印度教民族主义"的烙印,从印度对"全球南方"概念的炒作与发展中国家"领导人地位"的追求过程之中可见一斑。2023年1月12~13日,莫迪邀请120多个发展中国家参加"全球南方之声"线上峰会。同年11月17日,莫迪又迫不及待地在新德里举办了第二届"全球南方之声"峰会。"全球南方"不仅为印度追求在印度洋的影响力提供了新的地缘政治视野,也成为印度努力寻求获得联合国安理会常任理事国的身份认同的一个重要"抓手"。"全球南方"成为印度从南亚走向印度洋甚至全球地缘政治舞台的一个重要概念,这使莫迪政府不遗余力地形塑"全球南方"的身份认同并努力推进

---

[1] 〔美〕沃尔特·安德森、史利德哈尔·达姆勒:《国民志愿服务团如何重塑印度?》,朱翠萍译,社会科学文献出版社,2020,译者序第5页。
[2] 〔美〕沃尔特·安德森、史利德哈尔·达姆勒:《国民志愿服务团如何重塑印度?》,朱翠萍译,社会科学文献出版社,2020,译者序第7页。

"全球南方"议程。2023年6月21~24日，印度总理莫迪访问美国，虽然他此前多次访美，但此次访问是他首次对美国进行正式的国事访问。在此次访问中，印美之间不仅进行了深化科技与防务合作的磋商，美国也投其所好地精心安排了"政治秀"，让莫迪充分享受到在国际舞台上的被尊重与被认可，似乎印度与美"平起平坐"也指日可待，进一步激发了"印度教民族主义"的热情。一方面，正如沃尔特·安德森所言，RSS正在重塑印度。也许印人党最重要的挑战是其"印度教特性"意识形态是否具有足够的灵活性与可控性。① 另一方面，印度的民族主义情绪已经外溢到了外交政策层面。带有浓厚民族主义色彩的外交政策，必将压缩其对外政策的转圜空间，成为当前被印度视为"于己有利"的国际环境的最大挑战。2023年，美国先后发布《2022年印度人权报告》和《2022年国际宗教自由报告》，均批评印度存在"严重的人权问题"，这显然触及莫迪政府的敏感神经。2023年6月，加拿大著名的锡克教领袖尼贾尔遭遇枪杀，根据"五眼联盟"共享的情报，印度特工可能参加了对加拿大锡克教领袖的刺杀。② 2023年，在美西方纵容和扶持下，加拿大、澳大利亚、英国和美国等日趋活跃的"卡利斯坦运动"③，也让印度压力倍增，印美之间的不信任增强，战略分歧呈扩大趋势。总体上，印度正朝向建立一个"印度教特性"国家方向发展。所谓"成也萧何，败也萧何"，由于右翼印度教民族主义的"极端"特性，作为权力政治的工具，必然隐藏着遭到反噬甚至一触即发的风险。印度对内以强化"印度教民族主义"身份叙事巩固权力，对外以塑造"全球南方"的

---

① 〔美〕沃尔特·安德森、史利德哈尔·达姆勒：《国民志愿服务团如何重塑印度？》，朱翠萍译，社会科学文献出版社，2020，译者序第11~12页。
② 《美驻加大使：五眼联盟情报显示印度特工或涉暗杀锡克教领袖》，中国青年网（百度百家号），2023年9月25日，https://baijiahao.baidu.com/s?id=1777961958200102632&wfr=spider&for=pc。
③ "卡利斯坦运动"是20世纪40年代印度和巴基斯坦独立时期的印度锡克教民族分离主义运动，目的是在印度北部旁遮普邦建立一个锡克教国家。其中，"卡利斯坦"一词意为"纯洁的土地"。1984年，印度政府军对锡克教圣地金庙发起大规模攻击，造成了包括锡克教激进派领袖在内的1000多人死亡、7000多人被逮捕。之后，"卡利斯坦运动"陷入低潮。近年来，随着印度国内印度教民族主义情绪的不断高涨，锡克教分离主义活动在美国、加拿大、澳大利亚等国家频繁发生，呈现抬头趋势。

话语叙事追求更高国际地位，两种叙事叠加，刺激了印度对"全球南方"领导者地位的诉求，也进一步强化了印度与中国竞争的战略自信。但是，莫迪政府需要考虑"印度教民族主义"延伸至外交政策领域带来的风险与后果。

第三，印度在印度洋塑造"净安全提供者"和"规则塑造者"形象，努力巩固并提升在印度洋的影响力。一直以来，印度拥有对追求印度洋制海权的强烈愿望。在强烈愿望的驱使下，印度以多种方式追求扩大在印度洋的影响力，在增强战略自信的同时，也不断加剧着印度洋沿岸国家尤其是岛国的安全困境。近期从新一轮巴以冲突引发的"红海危机"，印度与包括斯里兰卡、马尔代夫和毛里求斯在内的印度洋岛国的频繁互动与关系变化的各种现象之中，我们不难发现，印度不仅想成为印度洋的"净安全提供者"，而且也开始追求"规则塑造者"。正如哈什·V.潘特所言："莫迪执政十年，印度国内政治的结构性变化与在全球舞台上的外交成功，正在为印度在全球治理中发挥更大作用以及成为'规则塑造者'的愿望产生助力，印度已经做好准备为印度洋航运安全以及具有战略意义的重要航道的航行自由承担责任。"[1] 在"红海危机"发生之后，印度在红海附近部署了大量军舰。印度国防部表示，印度已经在吉布提、亚丁湾、索马里东海岸以及阿拉伯海北部和中部的战略水域加强了海军部署。[2] 在印度洋，印度的战略雄心正从"净安全提供者"转向"规则塑造者"，甚至效仿美国在印度洋充当"警察"和玩权力游戏。一直以来，受深厚的"门罗主义"情结的影响，印度将南亚邻国和印度洋岛国视为其安全体系的组成部分，不仅通过政治外交手段影响小国的国内政治发展进程，而且以各种手段干涉和牵制小国的对外政策。与此同时，印度在印度洋岛国不断塑造"净安全提供者"形象，尤其体现在

---

[1] Harsh V. Pant, "10 Years of Modi's Foreign Policy: Aspiration Meets Self-Assurance," NDTV, March 21, 2024, https://www.ndtv.com/opinion/10-years-of-modis-foreign-policy-aspiration-meets-self-assurance-5281335.

[2] "How India Is Challenging Chinese Influence with Unprecedented Naval Might Near Red Sea," India Shipping News, February 3, 2024, https://indiashippingnews.com/how-india-is-challenging-chinese-influence-with-unprecedented-naval-might-near-red-sea/.

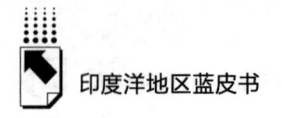

印度对包括斯里兰卡、马尔代夫和毛里求斯等印度洋岛国的政治干预甚至军事介入。

首先，斯里兰卡在国内经济危机与印度外交干预的双重压力之下，对外政策出现"摇摆"。2022年以来，斯里兰卡经历了独立以来最为严重的经济危机与政治危机的双重困扰。① 由于政党纷争犹存，推动陷入泥潭中的经济走上正轨就成为执政党面临的最大挑战。印度则"乘虚而入"，利用其一以贯之的"胡萝卜+大棒"的手段对斯里兰卡的内政外交和对外经济活动进行干预。斯里兰卡爆发经济危机之后，印度政府声称支持斯里兰卡的债务重组并向斯里兰卡提供40亿美元的人道主义援助，印度阿达尼集团分别在斯里兰卡曼纳尔（Mannar）和普纳林（Pooneryn）投资了两个耗资4亿~5亿美元的风力发电项目。2024年1月，印度总理访问拉克沙群岛（Lakshaweep）② 引发印度和马尔代夫之间的外交风波之后，印度外交部大力宣传和鼓励印度游客前往斯里兰卡旅游。在印度的干扰与施压之下，2024年初斯里兰卡被迫对外界发表声明称，自2024年1月起一年内暂停任何外国科考船进入其领海，致使中国科考船在2024年1月未能按原计划在斯里兰卡港口补给休整。

实际上，印度对斯里兰卡的投资和援助对于斯里兰卡恢复经济只是"杯水车薪"，既不能帮助斯里兰卡解决债务危机，也难以帮助斯里兰卡摆脱经济增长的困境。斯里兰卡努力在中印之间寻求平衡，争取本国利益最大化。2024年3月25~30日，斯里兰卡总理古纳瓦德纳对中国进行了为期6天的访问。访问期间，古纳瓦德纳不仅出席了博鳌亚洲论坛2024年年会，强调"米胶之情"之于中斯关系的重要性，而且两国还签署了九项合作协议。这在一定程度上说明包括斯里兰卡在内的小国在国内政局与地缘政治影响之下，选边站队的压力不断上升，但依旧竭力在中印之间采取对冲策略，

---

① 详见朱翠萍《印度洋局势主要特点与大国战略竞争新动向》，朱翠萍主编《印度洋地区发展报告（2023）》，社会科学文献出版社，2024，第13~14页。
② 拉克沙群岛是印度最小的联合属地（中央直辖区），群岛陆地面积32万平方公里，包括12个珊瑚岛和3个珊瑚礁。该群岛有6万多居民，大部分是穆斯林。

以获得更大利益。同时，斯里兰卡外交政策的变化也折射出大国博弈之下国际关系的复杂性与不确定性显著上升。

其次，基于多年来印度对马尔代夫的军事干预，马尔代夫新政府为维护国家主权发起的"印度退出"（India Out）运动，引发印马关系日趋紧张。2023年11月17日，穆罕默德·穆伊兹战胜前总统萨利赫成为马尔代夫新一任总统。穆伊兹上台之后，明确要求印度于2024年3月10日前撤出第一批印度军事人员，并要求剩余人员在5月10日之前全部撤离。虽然马尔代夫方面同意了印度以"文职人员替换驻军"的建议，但印马两国围绕撤军问题僵持不下导致两国关系紧张。实际上，这不是马尔代夫首次针对印度在马尔代夫驻军这一敏感议题发起"印度退出"运动。1988年马尔代夫发生政变之后，印度派出特遣队帮助马尔代夫政府平息叛乱之后，保留了一支小规模军队。2009年，时任马尔代夫总统穆罕默德·纳希德与印度签署了全面安全协议，允许印度在马尔代夫驻军。2013~2018年，马尔代夫时任总统阿卜杜拉·亚明为了维护马尔代夫的独立与主权，曾多次发起"印度退出"运动，但均因印度强势拒绝而未能实现印度从马尔代夫的撤军。2018年马尔代夫新任总统易卜拉欣·穆罕默德·萨利赫以"印度优先"替代"印度退出"，进一步与印度签署了军事合作协议，甚至给予印度在马尔代夫驻军以特权，使印度有机会持续干预马尔代夫内政外交。此次穆伊兹在竞选中以"印度退出"赢得了选民支持，成功击败萨利赫而成为马尔代夫新总统。新政府上台之后，发起"印度退出"运动并成功推动印度从马尔代夫撤军，使得马印关系迅速降温。而且，马尔代夫声称除了要将印度军队驱逐出境之外，还计划收复被印度侵占的南部阿杜环礁海域。阿杜环礁是进入印度洋中部地区的战略要塞，近年来印度想方设法地进行军事介入，以增强印度在该地区的影响力。作为报复，2024年3月6日，印度启用与马尔代夫"隔海相望"的拉克沙群岛最南端的米尼科伊岛（Minicoy）为海军基地，声称该基地的启用"具有重要战略意义"。印度正式启用新基地的同时，还将拉克沙群岛现有海军小队打造成"独立海军部队"。米尼科伊岛距离马尔代夫130公里，印度启动该基地旨在加强对马尔代夫的监视。2024年1月10日马尔代夫总统穆伊兹访问中国，打破了马尔代夫新任总统首访新德里的传统，双方签署了20项合作协议。3月5日，中国与马尔代夫举行双边军事合作会谈，签署援助协议。尽管双方宣称，"中马致力于建立全面战略合作伙伴关系，中马合作不针对任何第三方"，但中马关系的升温令印度"如鲠在喉"，也成为印度对华姿态进一步强硬的一个借口。

最后，印度对印度洋岛国的战略重心转向毛里求斯，以加强在西印度洋的战略存在。在西印度洋，毛里求斯所处的地理位置、潜在的脆弱状态以及对地缘战略棋手产生影响的可能性，使得印度一直重视经营与毛里求斯的关系。在近期印度和马尔代夫关系恶化的情况下，印度将印度洋岛国战略的重心移向毛里求斯，印毛安全合作进一步深化。2024年2月29日，印度总理莫迪与毛里求斯总理普拉温德·库马尔·贾格纳特共同为毛里求斯阿加尔萨格群岛①上的一个新机场和码头举行了落成典礼，强调了印度作为印度洋"净安全提供者"能够和需要发挥的作用。双方签署的合作协议还包括在目前的防波堤附近建造一个港口，建立情报和通信设施机构以及安装一个应答器系统，以识别穿越印度洋的船只。此外，印度希望能够在毛里求斯的阿加莱加群岛建立军事基地，使印度军舰、大型飞机能够停靠休整，以加强印度在西印度洋的战略存在。由于毛里求斯人口的70%以上是印度后裔，印度人对毛里求斯这个岛国具有很大的传统影响力。除了毛里求斯之外，印度还致力于加强与塞舌尔、马达加斯加等印度洋岛国的外交与军事关系。

（二）美国在印度洋的战略调整及其影响

2021年1月拜登入主白宫之后，加快了在中东的战略收缩，不仅停止了两场战争并减少军事存在，而且强调以外交手段解决问题，不希望中东生乱或动荡局势进一步扩大。为此，美国积极介入利比亚、也门和巴以地区热

---

① 阿加尔萨格群岛位于毛里求斯主岛以北1100公里处，由两个岛屿组成。北临塞舌尔，东临马尔代夫、迪戈加西亚岛美军基地，西临马达加斯加、莫桑比克海峡和整个非洲东海岸。

点与争端。① 2021年8月美国从阿富汗全面撤军，但撤军并不意味着美国要离开中东，反恐依然是美国在中东的主要议题。当前，无论是美国在新一轮巴以冲突中的态度和行为，美国在中东整体上的战略收缩，还是美国利用印度的地缘政治潜力以各种手段推进"印太战略"，都在加剧着印度洋安全局势的不确定性并加速着印度洋地缘政治格局的演变。

第一，美国的中东政策是造成中东安全局势动荡的一个主要原因，而新一轮巴以冲突则加剧了美国的战略困境。在美国染指中东的20多年时间里，伊拉克、叙利亚、阿富汗、利比亚等多个中东地区都曾遭遇美国的"空袭"。据媒体报道，美国20年来向中东及北非地区投放32.6万枚导弹，仅在叙利亚和伊拉克这两个国家境内，就投下了超过15.2万枚导弹及炸弹，死伤人员不计其数。②

叙利亚被认为是中东冲突的"风暴之眼"。关于中东变局中的叙利亚因素，不得不提及叙利亚特殊的地理位置以及美国与俄罗斯在这一区域的明争暗斗。叙利亚东部是伊拉克、伊朗，南部是沙特阿拉伯，这三个国家均为石油大国，对于世界大国尤其是美国与俄罗斯这样的大国而言具有重要的战略价值。叙利亚西北部为欧洲国家土耳其与希腊，西临地中海，这使得叙利亚成为连接欧洲与中东地区的重要地理枢纽。从中东运往欧洲的石油基本都需要经过叙利亚，其中俄罗斯与伊朗合建的石油管道从伊朗出发，途经伊拉克，最后由叙利亚的港口输送至欧洲国家。这条由俄罗斯、伊朗和叙利亚控制的管道是石油由中东运往欧洲最为经济实惠的管道，因此对于欧洲各国来说是石油资源的咽喉要道。由于逊尼派的沙特与什叶派的伊朗之间关系不睦，促使与伊朗隔海相望的沙特意欲与美国合作新建一条石油管道，从沙特穿过土耳其再到希腊，最后由希腊运往欧洲各国。但是，无论如何规划，新的石油管道都必须经过叙利亚。因此倘若美国想建成新的石油管道，就必须

---

① 唐志超：《2021~2022年中东安全形势与展望》，王林聪主编《中东发展报告（No.24·2021~2022）：中东国家的发展规划及其前景》，社会科学文献出版社，2022，第31页。
② 《害人害己！美20年来向中东地区投放32.6万枚导弹，成世界最大乱源》，网易，2021年3月11日，https://www.163.com/dy/article/G4Q8LMT40514C6GR.html。

推翻叙利亚现亲俄政府，而俄罗斯为了保护其在该地区的重要利益，当叙利亚亲俄政府受到威胁时便会毫不犹豫地进行支援，包括提供武器装备。因此，叙利亚战火不断的背后实则是美俄之间对于石油资源话语权和规则权的争夺。当前，叙利亚局势变化将极大地影响大国博弈的态势与中东局势的走向。

新一轮巴以冲突引发的中东局势动荡正加剧着美国在中东的战略困境。2024年4月1日，以色列空袭伊朗驻叙利亚大使馆，也是以色列在中东权力竞争与地区冲突压力之下，希望美国能够以盟友关系保护以色列的安全利益。如前所述，虽然伊朗的报复性空袭并未引发以色列与伊朗正面激烈的军事冲突，但以色列希望得到盟国美国对其打击哈马斯的进一步军事支持，甚至拖美国下水。对于美国来说，一方面要维持同盟关系，另一方面又无意激怒伊朗。虽然以色列多年来与美国保持高度利益上的统一，但在阿拉伯国家问题上却与美国的战略考量相冲突。美国希望用以色列来制衡中东国家，一边拉拢部分阿拉伯国家对抗俄罗斯和伊朗，一边则利用以色列对无法拉拢的国家进行打压，使中东地区无法出现一个有能力抗衡美国的国家，从而保障美国在中东的战略存在与影响力。但是，美国并不希望以色列过分侵犯部分阿拉伯国家利益而使其将不满转移到美国。美国从奥巴马时期就想从拖得太长的中东战线中脱身，经历了特朗普政府从叙利亚北部毫无预兆地撤军而遭盟友反对，又以保护油田的理由重返叙利亚，在犹豫中美国失去了大片控制地区，俄罗斯则乘机加大在中东地区的影响力。之后，特朗普政府实施中东外交，迫使以色列和沙特建交以联合对抗伊朗，从而将矛盾逐步转移，以期自己能够成功抽身。拜登政府上任后同样秉持从中东抽身的目标，所不同的是将希望放在伊核协定上，通过重返伊核协定缓和与伊朗的对抗。美国眼前的困境是，如何能够在支持以色列与防止被以色列拖入地区冲突甚至导致中东战争的爆发之间寻求平衡。对美国来说，中东政局虽然因历史冲突短期内难以实现和平，大国围绕石油资源的博弈不会停息，但眼下更要紧的是从中东抽身来更好地对抗中俄。在以色列空袭伊朗驻叙利亚大使馆事件发生之后，中国外交部谴责以色列对伊朗驻叙利亚使馆的袭击行为，并表示反对任何导致局势紧张升级的行为。① 美国不应为叙利亚和巴以冲突添加更多使局势更加复杂的因素，目前巴以冲突不断外溢，而美国又难以把控中东局势，不仅中东局势可能会走向失控，美国在中东的霸权地位也将会受到前所未有的挑战。

第二，美国继续以三大手段推进"印太战略"，对印度洋政治与安全局势产生持续影响。美国在战略上"押注"印度，将印度定位为美国"印太战略"的支柱，利用印度从印度洋方向压缩中国的战略空间，也防止中印形成联合之势加速美国霸权的衰落；美国在安全上"押注"澳大利亚，以"AUKUS"增加安全威慑，增加周边国家对安全的担忧与选边站队的压力；美国在经济上"押注"东盟国家，以"IPEF"等弱化东盟国家对中国的经济依赖，推动中国的主要经济伙伴与华"经济脱钩"。② 由于经济与安全"押注"具有很大的制约性与不确定性，美国"印太战略"的重心是基于中国在印度洋能源通道的安全利益与不断扩大的贸易利益，利用印度一直以来与华竞争的强烈心态以及追求印度洋是"印度之洋"的惯性思维，努力塑造印度在"印太战略"中的角色并促使其发挥积极作用，从印度洋方向给中国制造麻烦并从印度洋侧翼对华施加战略压力，最终实现全方位制衡中国的战略目标。既然美国在战略上"押注"印度，那么印度在"印太战略"上之于美国的作用主要是战略性价值。虽然中国高度依赖印度洋海上通道，但可以肯定的是，印度从印度洋方向对中国难以造成攻势性安全威胁，也可以基本排除印度洋海上交通线被长时间阻断的可能性。但印度可能利用自身的海军力量从东印度洋侧翼的环孟加拉湾对中国捍卫在台湾和南海的主权施加战略压力，包括做出阻断通道的威慑姿态甚至不排除短时间阻断的可能，并对美国东西合纵对华战略围堵态势产生助力。这一点虽然可能对中国形成战略压力并对周边安全构成挑战，但也会引发新加坡、印尼和马来西亚甚至

---

① 《伊朗大使馆遭袭！中方发声》，搜狐网，2024 年 4 月 2 日，https：//www.sohu.com/a/768746609_162758。
② 朱翠萍：《印度洋局势主要特点与大国战略竞争新动向》，朱翠萍主编《印度洋地区发展报告（2023）》，社会科学文献出版社，2024，第 18~22 页。

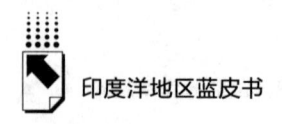

澳大利亚的担忧,反过来又会对印度的战略行为形成钳制。此外,印度加大力度经略印度洋战略支轴国家并利用其对印度洋岛国的传统影响力,遏制中国的影响力向印度洋岛国延伸。

从目前来看,美国"印太战略"对华影响至少体现在以下四个方面。一是"印太战略"不仅提升了印度在印度洋的影响力,而且进一步助长了印度追求使印度洋成为"印度之洋"的野心,印度借助"于己有利"的国际环境对冲中国在印度洋影响力的意愿更加强烈,施展印度洋"抱负"的战略自信更加坚定。我们看到,即便在俄乌冲突延宕的情况下,美国也没有放松推进遏制中国的"印太战略",尤其是印度与美西方的互动更加频繁,印美从印度洋方向制衡中国的趋势更加明显,而印度在边界问题上的姿态也更加强硬,以海制陆的战略意图更加清晰。这使"印太战略"不仅是美国的一个战略抓手,而且成为印度在印度洋战略上的一个重要抓手,对中国周边安全局势稳定与经略印度洋均造成了不可忽视的负面影响。二是美国"印太战略"助推印度的印度洋战略观发生变化,致使中印关系中的印度洋问题更加突出。过去,印度几乎对所有域外大国在印度洋的存在保持高度警惕,排斥域外大国在印度洋的存在。在美国推进"印太战略"背景下,印度面临大国竞相拉拢的有利国际环境,且拥有与美国一致的制衡中国影响力的战略诉求,助推印度的印度洋战略观发生变化,对大国在印度洋的排斥性思维只针对中国。印度不仅试图通过以海制陆策略取得在边界问题博弈中的最优解,而且对在印度洋与中国相关的任何活动都表现得极为敏感,想方设法通过经济和政治手段进行干扰。"印太战略"不仅赋能印度,使得印美联合制华趋势更加明显,而且推动印度对华采取"不合作"甚至进攻性策略,中印关系正常化的动能依旧不足。三是"印太战略"使得周边国家在中美之间"选边站队"的压力上升,印度洋主要行为体(尤其是南亚国家)利用中印在印度洋的战略竞争而采取"骑墙策略",在与中国经济合作中打"印度牌"进行讨价还价,这不仅增加了国家间合作的成本,而且投资政治化也使得中国对南亚项目投资的成本上升,不确定性增大。四是"IPEF"或将对地区供应链安全产生负面影响。根据美国商务部发布的消息,日本等

14国参加的2022年5月启动的"IPEF"中,有关强化供应链的协定从2024年2月24日起生效。这意味着当出现无法获得半导体和矿物等重要物资的危机状况时,各国将协调处理。"IPEF"主要就供应链、清洁能源、脱碳和基础设施、税收和反腐败,以及贸易四个领域进行磋商,目前已谈妥除贸易之外的三个领域。

结　语

当前全球经济处在震荡期,世界政治中冲突的复杂程度已经达到了冷战结束以来的高点,新矛盾、新问题层出不穷,各种不确定性明显上升。美国在中东的战略收缩、美国倚重印度发挥"净安全提供者"作用、美国霸权护持进入"瓶颈期"等导致大国在印度洋的战略竞争加剧,俄乌冲突叠加巴以冲突引发的紧张态势升级,也成为推动印度洋政治经济格局演变的加速器。尤其是红海危机,不仅对印度洋海上运输通道安全与全球供应链安全造成冲击,安全风险外溢叠加不断加剧的权力竞争正加速着传统地缘政治的回归,或将成为美国在印度洋霸权走向衰落的加速器。目前来看,新一轮巴以冲突加剧了中东局势的整体动荡,且紧张与动荡的态势还在持续。在中东地缘政治的旋涡之中,外部势力在中东的博弈将加剧地区国家以及国家之间内部派别的斗争,新旧矛盾交替出现导致中东地区的安全问题依旧尖锐,不排除爆发新的热点与冲突的可能。展望未来,印度洋局势演变可能呈现以下三个趋势。

第一,美国在中东地区的战略收缩不仅引发中东地区更为激烈的权力竞争,而且中东地区传统安全威胁与非传统安全威胁的边界日益模糊并相互交织,将进一步加剧印度洋安全局势的动荡。虽然美国依然是影响印度洋秩序演变的最大变量,但自2021年8月美国从阿富汗撤军以来,美国的中东战略也在加速收缩。从2023年10月爆发的新一轮巴以冲突来看,美国应对中东局势"心有余而力不足",必将引发地区主要行为体围绕权力的地缘政治竞争,甚至以战略透支为代价竞争中东的地缘影响力。一方面,不仅非传统安全加剧着地区冲突的风险，传统安全风险的隐忧亦逐渐被放大；另一方面，随着中东传统秩序的崩塌与地区局势的变化，地区主要行为体对外政策的内生性有所增强，并开始寻求发展与包括中国和俄罗斯在内的多元化关系，合纵连横的方向变化与阵营之间的分化组合，加剧着中东地区地缘政治的碎片化，致使地区安全赤字不断扩大。

第二，印度的印度洋战略思维与策略选择对印度洋秩序演变具有积极或消极两方面的影响，但中美战略博弈与中美关系的走向无疑也是影响印度洋地区秩序演变的一个重要因素。虽然印美有联合制衡中国的一致战略诉求，但两国之间的战略分歧也在不断扩大。尤其在印度洋，美国的战略目标与印度的战略目标并不一致，印美关系的热度并不能掩盖印度的战略压力，也不能减缓印度对美国对印外交政策不确定性以及美国对华外交政策走向的担忧。而且，印度在美国主导的"印太战略"中能够发挥多大作用，还极大地受制于国际局势变化与中美关系的走向。因而，面对百年未有之大变局加速演进以及地区安全挑战的日趋增大，印度无力真正充当印度洋的"净安全提供者"，更无法成为"规则塑造者"，需要回归"以合作实现共同安全"的制度性安排，并与主要利益相关者进行必要的协调与合作，从而实现印度洋安全秩序的稳定。

第三，印度洋局势将越来越成为影响印度对华政策以及中印关系走向的一个重要因素。印度无疑是北印度洋最具实力的国家，而迪戈加西亚岛美国军事基地在印度洋的存在是印度追求印度洋制海权的最大威胁。虽然受实力限制，印度不得不接受美国在印度洋的存在，但印度对于在印度洋除美国之外再增加一个战略竞争对手是不愿接受的。因而，印度对中国在印度洋影响力上升的制衡趋势是不变的。当前，印度对施展印度洋"抱负"的战略自信更加坚定，对于中国在印度洋活动的排斥心态更加强烈，这显然与美国"印太战略"的加持密不可分。虽然印度的潜在能力应该受到重视，但无论是充当"净安全提供者"还是美国在印度洋的"副警长"，印度显然是力所不能及。印度洋对中国具有重要意义，发展与印度洋沿岸国家关系，有助于"一带一路"在印度洋方向的高质量建设。当前，美国以"印太战略"

制衡中国，目的是发挥印度在印度洋制衡中国的作用。印度具有争夺印度洋制海权的野心，为此不会接受中国在印度洋影响力的扩大，中印关系中的印度洋问题会更加突出。印度正努力利用其当前亮眼的经济表现、未来的经济增长潜力以及"印太战略"的赋能，努力在与华竞争中获取更大的优势。

从全球视角，美国为了维持霸权地位而压制中国，全方位限制中国影响力的上升。印度为了赶超中国，借助美国制衡中国而抬升自己并争取更高的影响力和国际地位。从印度洋看，一方面，美国为了集中力量对付俄罗斯和中国而在中东地区进行战略收缩，加剧着中东地区的权力博弈；另一方面，美国利用印度追求印度洋影响力以及与华竞争的心态联合印度制衡中国，考验着中国的外交智慧与战略能力。为此，中国应充分利用当前中国与东盟经济合作稳定向好的趋势，夯实以东盟为主的印度洋地区经济合作"存量"基础，深化与周边合作意愿强的国家之间的合作，在经济合作领域夯实"存量"并做大"增量"。此外，重视增加与印度洋沿岸国家的安全合作，以经济与安全双轨方式增加印度洋沿岸主要国家对中国的信任。

B.2
对印度经济成就与前景的再认识
——兼议印对华经济政策心理动机

叶海林　吴　俊　张展毓*

摘　要： 近年来，西方舆论根据印度GDP增速及经济总量升至世界第五的纵向变化，过度宣传印度经济的未来前景。然而，从全球GDP占比、全球财富占比以及对标中国GDP增速等横向变化来看，"印度经济崛起论"尚不具备充分论据。特别是在英国和法国等国经济增速减缓的情况下，印度经济总量世界排名虽然不断攀升，但规模扩大和质量提升并不显著。印度经济发展存在难以跨越的三大硬约束：资本主义经济制度下的财阀顽疾、无人技术进步下人口红利的虚化、全球经济低迷的大周期环境。为应对经济挑战，保持增长速度，在中印关系紧张和美西方重塑产业链供应链的背景下，印度日渐将中国视为盘剥和利用的"工具人"，本土市场的"竞争者"与"打击对象"，以及全球产业链供应链位置的"可替代者"。在多重政策目标的驱动下，印度近年来积极推进短期利用中国、长期与中国"脱轨"并与美西方"接轨"的"产业替代"政策。然而这一战略由于存在逻辑悖论，长期效果无法达到印度预期，"印度制造"取代"中国制造"在可预见的时间周期内更是一个伪命题。

关键词： 印度经济　印度制造　中印经济关系　印度产业政策

---

* 叶海林，中国社会科学院西亚非洲研究所所长、中国社会科学院大学教授、中国南亚学会会长、中国社会科学院南亚研究中心主任；吴俊，中国社会科学院大学博士研究生；张展毓，中国社会科学院大学博士研究生。

对印度经济成就与前景的再认识

近年来，印度经济表现抢眼，受到包括中国在内的全球智库与学术界、新闻传播界和评级机构广泛关注。"印度崛起论"继21世纪初的"中印共同崛起"说再次风行一时。目前，赞誉印度经济增长成就并对前景感到乐观的文章、报道主要依据来自以下三个方面：首先，印度经济总量升至全球第五，大有"坐五望三"的可能；其次，近年来印度国内生产总值（GDP）增速及新冠疫情后的恢复速度较为可观；最后，莫迪政府对印度经济现状和前景的自信与全球产业链转移相互作用，彼此借力。然而，2024年在印度国内和国际舆论场盛赞印度经济成就并看好印度人民党（简称"印人党"）竞选前景的乐观情绪下，莫迪第三次出任总理的努力却遭遇了明显挫折，非但未能取得预期的席卷七成以上议席的胜利，反而丢掉了60个席位，只能再度依靠竞选联盟地方性政党维持执政地位。印人党的选举挫折原因固然是多方面的，但选举的变数至少证明，印度经济发展近年来近乎"完美"的发展数据并未得到印度选民的普遍认可，印度是否真如莫迪政府广泛宣传的那样已经创造了前所未有的经济奇迹是存在争议的。印人党遭遇的选举挑战可以当作印度民众对其经济成就真实性或者说"含金量"的一次民意测试，而测试结果显然无法让印人党及其国际宣传者感到满意。

一方面，莫迪政府的经济数据抢眼是一个客观事实，印度的确已经取得经济总量全球第五的历史性成就；另一方面，就在印度经济规模快速扩大，工业化进程明显加速的同时，执政党的基本盘却在用选票表达不满。那么，这一反差是如何出现的？"莫迪经济神话"到底出了什么问题？在选举不利中踉蹡起步的莫迪第三个总理任期，会不会像一些分析人士所预见的那样调整其印度教民族主义色彩浓厚的内外政策取向，将精力集中在巩固经济发展成果上？印度政府又是否会对其十年来日渐偏执的对华负面认知进行反思，并做出积极调整，寻求和中国至少在经济合作领域中的相向而行？本报告试图对上述问题进行讨论。

一　对印度近年来经济发展成就的再认识

莫迪政府上台以来，一直将经济快速增长和印度教民族主义色彩浓厚的内

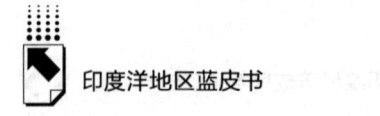

外政策作为自己的主要政绩。此二者在很大程度上构成了"莫迪神话"的主要支撑。特别是印度在莫迪执政十年内从全球第十大经济体成长为全球第五大经济体，这一傲人成就在帮助莫迪政府完成国内民众动员方面发挥了巨大作用。

特别值得注意的是，在本轮"印度崛起论"的讨论中，国际舆论，包括印度舆论在内，和更倾向于强调中印两国共同发展的中国舆论不同，往往将中国作为竞争参照对象。用印度正在爆发的发展势能反衬中国"遭遇瓶颈"的现状，预测中印经济对比关系的变化。这种舆论造势在以中美关系为核心的国际格局下起到了"唱衰"中国，配合西方"脱钩"鼓噪的作用。在国际舆论场上，印度经济总量的快速增长是近年来国际舆论"唱红"印度经济前景的核心论据支撑。自2014年莫迪执政以来，印度经济总量约增长1.45万亿美元，并超越英国、法国成为全球第五大经济体。在中美竞争，全球产业链转移的背景下，印度经济的表现成为美西方媒体和智库"唱衰"中国、"取代"中国的主要依据。

不过，需要认识到，大国崛起需要的经济支撑，不仅来自纵向比较的自我发展，更主要取决于和其他经济体横向比较出的相对位次变化。这是因为，基于横向比较的位次变化能更准确地反映出国家综合实力的相对关系，而纵向比较的结论在确定行为体经济发展成就是主要来自单体差异性政策还是全球经济发展周期的作用使然更有说服力。

观测印度经济发展数据（见图1），可以发现，自1991年印度经济自由化改革到2023年，印度GDP（以美元计价）不断攀升，从0.27万亿美元增长到3.57万亿美元。33年间，印度经济总量增长了12.2倍。纵向比，印度发展速度的确令人瞩目，但考察国家财富占世界总量（以GDP为标准）的比重变动情况，却能发现，印度综合实力的增长并不像印人党和西方媒体所宣传的那样显著。印度GDP占全球的比重从1991年的1.13%、2013年的2.39%，上升至2023年的3.41%。按照这一数据，印度GDP占全球的比重仅上升了2.28个百分点。而相同时期，被印度作为标的的中国GDP实现了从0.43万亿美元到17.66万亿美元的增长，占全球的比重则从1.73%上升至17.20%，上升了15.47个百分点。[①]

---

① 资料来源：国际货币基金组织网站，https://www.imf.org/。

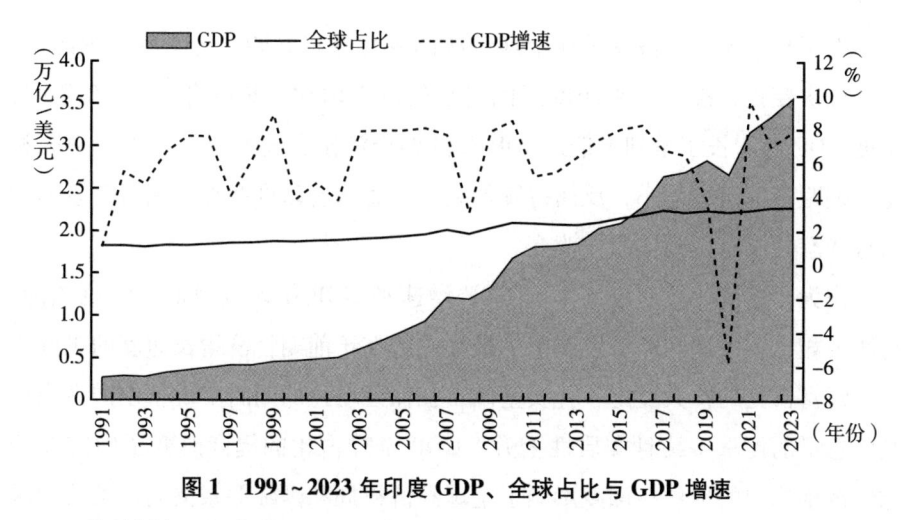

图 1 1991~2023 年印度 GDP、全球占比与 GDP 增速

资料来源：国际货币基金组织网站，https://www.imf.org/。

此外，印度经济的世界排名上升的另一种助力则为老牌资本主义国家近年来经济的下滑。通过对比英、法两个被超越者和印度的经济表现（见表1），可以看出印度经济在增速和全球经济总量占比方面表现相对平稳，未出现明显的曲线变化。印度能够超过英法，固然得益于自身发展，但也与英、法增速减缓有着密切关系。英法两国长期经济增长低迷，为印度排名上升腾挪了空间。

表 1 2014~2023 年印、英、法三国 GDP 增速与 GDP

	2014 年	2015 年	2016 年	2017 年	2018 年	2019 年	2020 年	2021 年	2022 年	2023 年
GDP 增速(%)										
印度	7.41%	8.00%	8.26%	6.80%	6.46%	3.87%	-5.78%	9.69%	6.99%	7.83%
英国	3.20%	2.22%	1.92%	2.66%	1.40%	1.64%	-10.36%	8.68%	4.35%	0.15%
法国	0.96%	1.11%	1.10%	2.29%	1.87%	1.84%	-7.54%	6.32%	2.53%	0.87%
GDP(万亿美元)										
印度	2.04	2.10	2.29	2.65	2.70	2.84	2.67	3.17	3.35	3.57
英国	3.07	2.93	2.70	2.68	2.88	2.85	2.70	3.14	3.10	3.34
法国	2.86	2.44	2.47	2.59	2.79	2.73	2.65	2.96	2.78	3.03

资料来源：国际货币基金组织（IMF）https://www.imf.org/。

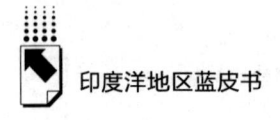

近年来，印度经济总量在全球位次的变化有目共睹，但不容忽视的是，这种位次变化并没有带来印度国民财富的巨大增加。2014年起的10年间，印度GDP净增长了不到1倍，GDP和世界经济排名前两位的美国和中国相比，差距不但没有缩小，反而持续加大。这意味着印度在综合国力竞争上的弱势状态并没有得到实质性改变。

作为印度的比较对象，中国GDP增速和GDP是印度目前无法比拟的。与印度相比，中国在经济发展中的最大优势在于前期经济增长速度的飞升为后期财富占比的扩大奠定了扎实基础，在保证增速的同时实现了中国占全球经济总量的比重持续且实质性上升。GDP全球占比的提高改变了中国在全球经济格局中的地位，深度影响了全球经济格局和国际关系格局。虽然中国作为第二大经济体与美国经济总量的差值仍然很大，但GDP排名在中国之后的国家与中国之间的差距也非常明显。因此，当下的国际经济格局形成了"三区间两断层"的中美两强之势。在质差存在的情况下，每个断层之后的段内排名竞逐实际上并不具备重大意义。

综合上述分析得出的基本判断之一是，印度是否能通过经济力量的增长改变中印间战略态势，不取决于印度全球经济排名的位次变化，而决定于印度能否跨越断层，进入和中国同一区间，实质性缩小经济总量和综合国力上的差距。基本判断之二则是，印度经济增长是否能在印度国内给印人党和莫迪政府带来长期执政的稳定基础，也不取决于印度经济全球排名的位次变化，而决定于印度经济成就在多大程度上能够改善印人党基本盘民众（可以假定为印度国内的多数印度教信众）的生活质量。显然，这不但和印人党政府的财富分配政策偏好有关，而且和印度政府能实际调动的社会资源密切相关，后者和印度GDP净增加值之间的关系是显而易见的。

2023年，印度首次跻身全球前五大经济体。印度进位全球第五取代的不是别国，恰恰是自己从前的殖民宗主国英国。英印易位对于竭尽全力推动"大婆罗多"理念实现古典印度文明复兴的印人党及其基本支持者来说，其象征意义和政治价值是不言而喻的。不仅如此，印度用了和中国一样长的时间从世界经济体量前十进到前五，至少在这一数据上，印度"复制"了中国的成就。这也是一件可以让印人党赢得大量国内外赞誉的执政业绩。理论上，2023年印度的经济排名变化将给印人党在次年举行的全国大选带来不可估量的红利，然而，印人党却在谋求第三个执政任期的选战中遭遇重大挫折。全国民主联盟缩水了63个议席，其中印人党缩水了60个议席。不仅如此，缩水最严重的地方不是少数民族少数教派低级种姓占多数的边远邦，恰恰是印度教人口最集中的腹心地区。以印人党重要票仓北方邦为例，2024年印人党在北方邦赢得了33个席位，而在2019年赢得了62个席位，2014年赢得了71个席位。①

逻辑上，耀眼的经济增长数据没有转化为选举优势，要么是由于选民的关注焦点不是经济，要么是选民怀疑数据的真实性。前者往往是因为国家存在严重的政治危机或者安全挑战，后者则更多源自选民获得感和经济数据之间的落差。印度近年来国内政治稳定，外部安全形势良好，选战开始前，印人党和竞争对手都没有意图将选民的关注焦点引向经济以外的领域。那么，印人党此次挫折就只能归因于选民获得感和经济数据之间的落差。多年来，印人党和国民志愿服务团铺天盖地的自我吹嘘极大地提升了民众的心理预期，而数字上的快速增长却没有能给民众带来足够的获得感，这一点最终使得莫迪政府付出了一定代价。2014年以来的十年，印人党和莫迪政府不遗余力地向印度国内外传递印度已经崛起为和中美平起平坐的世界大国的信息，但实际上，印度从全球第十大经济体跃升为全球第五大经济体却并不是因为印度经济规模和质量发生了巨变，而是美国以外的老牌西方国家严重衰退，导致了印度可以在GDP十年增长了不到1倍的情况下连续超越欧洲老牌强国。印度经济的增长并未改变印度人均国民收入在低收入国家区间徘徊的现实，直至2023年，印度的人均月收入也不到2800元人民币，远低于中

---

① 《印度2024年大选结果：莫迪当选印度人民党领导的联盟领导人》，半岛电视台中文网，2024年6月5日，https：//chinese.aljazeera.net/news/liveblog/2024/6/5/%e5%8d%b0%e5%ba%a62024%e5%b9%b4%e5%a4%a7%e9%80%89%e7%bb%93%e6%9e%9c%e8%8e%ab%e8%bf%aa%e5%b0%86%e4%b8%8e%e7%9b%9f%e5%8f%8b%e4%bc%9a%e9%9d%a2%e7%ab%9e%e4%ba%89%e5%af%b9%e6%89%8b%e7%ad%96%e5%88%92，最后访问时间，2024年11月15日。

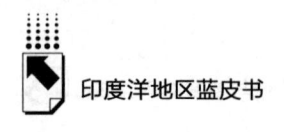

国的人均月收入。

纵向对比，中国"十进五"的过程虽然同样用了十年，但GDP增加了2倍（1995年为6万亿人民币，2005年为18.73万亿）。不同的增长质量，民众的获得感完全不可同日而语。印度民众没有像中国民众一样随着国力的提升，可支配财富明显增加。这是印人党执政十年后，部分民众开始对莫迪感到厌倦的根本原因，也是这一次选举印人党的实际成果远未达预期的关键因素。而恰恰是这次被印人党事前寄予厚望并大加张扬的选举及其远不及预期的结果，促使人们认识到，或许有必要对印度经济增长的实际状况进行再分析，并在此基础上对印度的经济增长前景和中印经济关系走势进行再思考，以避免陷入国际舆论界特别是西方和印度舆论界多年来在相关问题上设置的语言陷阱。就此，本报告将从印度经济总量、发展速度和质量入手，分析经济制度、技术进步和国际环境对印度经济发展前景的硬约束作用。并在对印经济"祛魅"的基础上，剖析印度对华经济政策的多维心理，认清印度对华经济行为的复杂心态。最后，针对印度对华的产业利用、竞争、打击和替代策略，思考相应的应对措施，以破解国际舆论场上盛行一时的印度即将甚至已经成为中国在全球产业链供应链中的替代的论断。

二 印度经济发展面临的约束与挑战

GDP虽是一个广泛使用的经济指标，但其在衡量国家经济增长时存在较多不足。仅以GDP增速映衬印度经济前景并不能准确反映其经济发展的真实态势和未来趋势。近年来，印度GDP增长持续保持较高速度，作为后发国家的印度在中美竞争和全球产业链转移的背景下迎来时代机遇，有其发挥优势的可能。不过，作为大型经济体的印度若想实现长期经济增长，需要得到三个方面的支撑，分别是具有能够促进增长且可持续性的经济制度安排、有竞争优势的国内经济要素以及有利于增长的国际环境。印度在这三个方面面临约束和挑战，甚至有些领域是与印度的历史文化传统、国家基本制度嵌套在一起的，属于结构性问题，仅仅依靠执政集团的经济政策或者执政策略调整难以改变，只能进行彻底的社会变革。

首先，印度的经济基本制度仍然是财阀发挥核心作用的大资产阶级专政的资本主义制度，制度固有缺陷没有且不可能因为莫迪的印度教民族主义路线而消除。作为遵循资本主义制度的后发国家，其现代化进程中普遍存在的财阀，在莫迪推进印度国族构建的进程中，地位反而得到了加强。多年以来，在资本主义经济运行的逻辑上，印度建立了一套财阀制度作为经济的制度性框架。自英印时期，英国殖民者为了控制管理成本在种姓社会的印度中选择高种姓群体作为其商业、工业和地方行政事务的管理者，此时的印度已经形成了"亲密"政商关系的雏形。独立以后，接管印度的主要成员大多数是英印时期的管理者，他们以"旧人穿新衣"的方式成了新国家的领导者。英国引入的资本主义制度在印度种姓社会结构中延续，限制了阶层流动性。事实上，早在英国殖民之前就已经存在的印度社会上层和底层之间的断层从未弥合，上层的特权在形式上的民主制度加持下变得更加巩固。由于以上历史和社会因素，财阀或者说大资产阶级在印度发展的过程中以符合民主制度的方式对政治经济特权加以"继承"，代际相传，成为印度国家经济发展方针、路线的实际决策者。从这个意义上来讲，财阀制度作为资本主义经济制度的弊端，不仅没有随着印度的现代化进程而逐步淡出历史舞台，反而在国民经济各个领域始终发挥着关键作用，在莫迪执政的十年，财阀的地位甚至更加突出。

财阀制度作为资本主义制度性缺陷，其弊端是显而易见的，但在经济结构不合理且人口众多、社会固化的印度，财阀仍然是各执政党在重要关头能够选择的低成本、高效率的合作伙伴。看似短期内印度财阀集团能够为执政者提供大量的财力，但财阀制度的两大结构性缺陷为印度经济发展涂上了灰调色彩。

一是财阀趋利的本性使得他们并不会真正致力于解决印度内部贫困和不平等，其经济特权对政治生活的侵蚀反而拉大了贫富差距。1991年拉奥政府开启的经济自由化改革本质上是在外汇危机下的策略性选择，从未将惠及普罗大众作为主要政策目标。曼·辛格和莫迪的经济政策也主要注重经济总量的增长，而不是经济发展成果惠及范围的扩大。根据联合国开发计划署《人类发展报告2023-2024》统计，印度2022年人类发展指数（HDI）为0.644，世界排名第134位（共193个国家），落后于其邻国，如孟加拉国（第129位）、不丹（第125位）、斯里兰卡（第78位）和中国（第75位）。同时，2022年印度的不平等调整后人类发展指数（IHDI）为0.444，低于世界平均水平（0.574）。从上述两项数据可以看出，印度的IHDI数值与HDI数值差已达0.2，反映出印度不平等程度要远高于世界GDP排名前十的国家。[①] 乐施会在《最富者的生存：印度的故事》报告中指出，印度最富有的1%的人现在拥有该国总财富的40%以上。该国的边缘化群体，如达利特人、阿迪瓦西人、穆斯林、妇女和非正规部门工人，在一个优先考虑最富者的制度中继续受苦。与富人相比，印度的穷人缴纳的税款不成比例地高，在必需品和服务上的支出也更多。[②] 这种不平等现状加之社会流动性较弱，财富聚集情况愈演愈烈，在此循环中，贫困率的减少更像是门槛的降低，而非经济发展带来的实质性改善。根据2020年《全球社会流动性报告》计算，印度社会流动性在82个国家中排名第76位，一个出生在印度低收入家庭的人要经过近七代的努力才能接近本国平均收入水平。[③] 这正是财阀为了追求其商业利益，通过对政治和经济权力控制和部署将极端贫困者"拒之门外"的结果。[④]

二是印度财团的买办型特点决定了其很难与莫迪政府强调的"印度式

---

① *Human Development Report 2023-24*, UNDP, 2024, https://hdr.undp.org/content/human-development-report-2023-24, accessed May 28, 2024.
② "Survival of the Richest: The India Story," *Oxfam India*, January 15, 2023, https://www.oxfamindia.org/knowledgehub/workingpaper/survival-richest-india-story, accessed June 1, 2024.
③ Global Social Mobility Report 2020: Inequality, Opportunity and a New Economic Imperative, *World Economic Forum*, January 2020, https://www3.weforum.org/docs/Global_Social_Mobility_Report.pdf, accessed May 31, 2024.
④ Aejaz Ahmad Wani, "Mapping the 'Indian Plutonomy': The Political Economy of Rise and Growth of the Superrich in India," *India Review*, July 31 2023, https://doi.org/10.1080/14736489.2023.2208454, accessed May 31, 2024.

自力更生"发展道路长久同行。具有买办特质的印度财阀集团，常常会借助"亲密"政商关系和既有的资本积累获取相关领域政策性倾斜。这种倾斜很容易在印度追求经济腾飞的进程中造成大量"寻租"行为。印度政商关系实质是财阀寡头和民粹主义政党的联合，但这并不意味着财阀会遵循执政党的民粹主义主张，恰恰相反，由于逐利天性，财阀更加关心的是对家族财富的无限扩大以及对国民经济的掌控。尽管莫迪认为"创造财富是伟大的国家服务。让我们永远不要怀疑财富创造者。如果财富不被创造，它就不会被分配。若财富不被分配，那么这个国家的穷人的福利就不会改善"[1]，然而印度财阀集团却丝毫没有表现出在"创造"财富后对改善穷人福利的热情。不仅如此，从全球化背景下审视一个国家的精英集团对国家经济竞争的认识水平和责任担当也会发现，印度财阀集团无意愿建立一套独立于西方的印度经济体系，构建完善且自主的经济体系从来都不是财阀的目标，他们反而认为和西方财团紧密协作相互勾结，进而融入西方乃至接受西方经济体系的控制才是印度财阀集团低成本获利的最快途径。不同国家的财阀之间也会有矛盾，这是毫无疑问的，但本质上，他们会是国际资本主导下的金融全球化的忠实支持者。和美国的金融资本一样，推动本国工业化发展、提升经济体系的健全性和稳定性从来不会是印度财阀对政府进行游说的初始动机。财阀攫取社会财富的本质决定了他们在任何时候都不会愿意支持本国工商业特别是制造业的崛起。对印度财阀来说，这一点尤其如是。毕竟他们早在殖民地时期，就和西方特别是英美资本建立了蛛网缠结的利益关系，这将给莫迪具有浓厚印度教色彩的自力更生经济发展前景蒙上浓厚的阴影。甚至在一定程度上可以预言，一旦有一天印度的财阀发现莫迪和华尔街之间存在矛盾的时候，财阀们的选择会让印度人第一时间认

---

[1] "Wealth Creators Should Not Be Eyed with Suspicion, Must Be Respected: PM Modi," *The Economic Times*, November 15 2024, https://economictimes.indiatimes.com/news/narendra-modi-speech-15-august-independence-day-2019-live-news-updates/wealth-creators-should-not-be-eyed-with-suspicion-must-be-respected-pm-modi/videoshow/70686426.cms, accessed May 28, 2024.

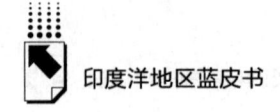

识到什么叫作"资本无国界"。

其次，在无人技术进步的大趋势下，印度人口能否转化为红利有待考量。尽管在中美竞争、全球产业链转移背景下，印度看似获得了时代转机，但此次转机所携带的无人技术改变了后发国家技术获得的难易程度和发挥自身人口优势的门槛。仅从人口数量来看，"唱红"印度经济的另一大论据是其庞大的人口数量和优秀的人口结构能够为印度提供可观的人才储备和廉价劳动力，拥有较长时间的"人口红利期"。但人口增长并不一定导致经济增长，且"人口红利"的实现需要具备劳动力规模较大和抚养负担较轻这两个基本要素。[1] 就印度而言，就业岗位持续性吸纳大量适龄人口在无人技术进步的背景下难度有所提升。就老龄人口数量来看，2022年印度65岁及以上人口共有97734540人，占人口总量7%（2014年仅为5%），老年人口抚养比从2019年8%上升到2022年10%。[2] 在这种情况下，如果无法将适龄人口有效转化为劳动力来提供可观的财政税收，迅速增长的老年人口数量将给印度医疗保健和社会保险体系造成巨大财政压力。在印度人口优势未凸显之前，此压力一旦形成将意味着印度政府在就业和老龄人口两端皆出现问题。

如果将印度人口数量置于无人技术迅猛发展的背景下，则会发现无人技术对印度劳动市场的冲击是复杂且多维的。它既带来了就业结构的变化，也促使技能需求升级，同时还影响了劳动报酬和工作性质。牛津马丁学院曾发布的一项研究成果指出，随着人工智能（AI）的发展，机器人变得越来越灵活，这可能导致许多以前被认为是不可自动化的任务的自动化。这对想要通过制造业增加就业的印度来讲将产生不利影响。[3] 2018年普华永道对印度

---

[1] 原新、高瑷、李竞博：《人口红利概念及对中国人口红利的再认识——聚焦于人口机会的分析》，《中国人口科学》2017年第6期，第24~28页。

[2] 数据来源：世界银行，https://data.worldbank.org.cn/indicator/SP.POP.65UP.TO.ZS? end=2022&locations=IN&start=2014，最后访问时间：2024年5月29日。

[3] Mani, Sunil. "Robot Apocalypse: Does It Matter for India's Manufacturing Industry?" SSRN, June 1, 2018, https://ssrn.com/abstract=3182255, p. 4, accessed May 29, 2024.

的人工智能与就业评估中也强调自动化在印度经济发展中对制造业的冲击最大。① 除了对低端就业市场的冲击，无人技术对教育的要求是持续性的，AI的快速发展对技能需求产生了显著影响。但根据世界银行数据统计，2022年印度完成中学及以上教育的人口占25岁及以上总人口的13.2%，完成硕士或同等学力教育的人口占25岁及以上总人口的3.2%。② 此外，教育成本对于印度家庭也是一笔不菲开支。2022年有一篇文章指出印度普通高等教育花费占家庭总支出的45.8%，而专业高等教育花费占比为74.5%。③ 对政府而言，根据《世界发展指标》数据计算，2019~2021年印度政府教育支出占政府总支出的比重虽有下降趋势，但占比平均为14.79%，占GDP的比重平均为4.28%。④ 由此可以看出，目前印度的人才储备和教育成本仍是比较棘手的问题。

在无人技术的工业应用成熟之前，人口超大经济体可以通过发展低端制造业，以劳动密集型产业的低人工成本为自己谋求发展的"第一桶金"，然而，随着无人技术工业化应用的成熟，制造业成本在生产环节最终由能源、原材料和加工设备运行成本共同决定，人力成本影响将会下降。劳动力成本低虽是印度自发优势，但在无人技术应用规模逐渐扩大的前提下，印度劳动力的比较优势会有其上阈阻挡，即劳动力成本优势在无人技术的冲击下逐渐缩小。劳动密集型产业作为人口规模巨大的发展中国家启动工业化进程的奠基价值在无人技术成熟以后优势将不可避免地下降，即使是有效的适龄劳动力人口依然可以大量提供，也无法保证工业化进程能在完成积累后向高质量发展阶段过渡。

---

① "How AI Is Reshaping Jobs in India," PwC India, September, 2018, https：//www.pwc.in/assets/pdfs/publications/2018/how-ai-is-reshaping-jobs-in-india.pdf, p. 16, accessed May 29, 2024.
② 数据来源：世界银行，https：//data.worldbank.org/，最后访问时间：2024年5月30日。
③ Pradeep Kumar Choudhury, Amit Kumar, "How Much do Households Spend on Professional Higher E-ducation in India? Results from a National Survey," *Indian Journal of Human Development*, May 25, 2022, https：//journals.sagepub.com/doi/10.1177/09737030221099880, accessed May 30, 2024.
④ 数据来源：世界银行，https：//data.worldbank.org/，最后访问时间：2024年5月30日。

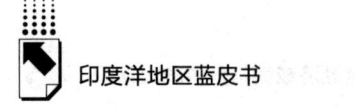

最后，全球政治经济态势将削弱印度借助国际市场实现工业崛起的可能性。表面上看，在中美竞争加速，"印太战略"加强，全球产业链转移开启5.0时代背景下，印度依托其自身地缘政治优势和自身发展优势，高调扮演"民主国家关键合作者""对华产业替代者"，积极融入"印太战略"加强区域经济合作，加速双边谈判提升贸易多元化水平，大力扶持制造业争取实现对华产业"替代"，频繁配合美国对华经贸打压"脱钩"。[①] 国内外部分学者和舆论认为，全球政治经济格局演变过程中，西方国家寻求"中国替代"将为印度的经济发展提供强大的外部助力。若干关键数据，如近年来印度吸引外资的数据，似乎表明印度把握住了机遇，以国内政策制定对接美西方国家实际需要，大力推行印度制造业发展，认真扮演全球产业链承接角色，加速了自身经济增长，成功跻身全球前五大经济体。

以上关于推动印度经济发展的外因分析不无道理。但通过数据整合则会发现所谓的战略机遇并未给印度带来更多的实际外资，印度自2015年推行的"印度制造"也并未实现制造业实质性进步。如表2所示，2019~2023年，印度外商直接投资数额整体大幅下降。排除全球经济疲软的外部影响因素，对比周边多数东南亚国家和墨西哥的外商直接投资流入额增幅与占比，至少能够说明在此次产业链转移浪潮中，印度并非完美的"承接商"。2023年印度外商直接投资仅占名义GDP的3.22%，这就打破了全球态势推动印度经济发展的绝对论断。与其他主要承接国相比，国际有利的环境所带来的外商直接投资对于印度经济的拉动作用更小。相同逻辑，当下局势对于印度制造业的推动作用也不甚明显。如图2所示，尽管有着有利的国际环境和国内政策的支持，印度在"印度制造"的口号下制造业占GDP的比重于2022年下降到13.3%，于2023年下降到12.84%，[②] 远低于至2022年（后修订为2025年）实现25%的政策目标。

[①] 王凯:《中美竞争下印度经贸战略动向及对中国的影响》，《国际经济合作》2023年第4期，第65页。

[②] 毛克疾:《冷静看待印度经济的成色和底色》，观察者网，2024年11月6日，https://www.guancha.cn/MaoKeJi/2024_11_06_754310.shtml，最后访问时间：2024年11月15日。

表2　2019~2023年主要承接全球产业链转移国家外商直接投资情况

	外商直接投资净流入额(十亿美元)					外商直接投资占名义GDP的比重(%)				
	2019	2020	2021	2022	2023	2019	2020	2021	2022	2023
印度	50.61	64.36	44.73	49.94	28.17	7.19	9.5	5.94	5.92	3.22
越南	16.12	15.8	15.66	17.9	18.5	19.2	18.11	16.95	17.35	17.1
马来西亚	9.16	4.06	20.25	15.03	7.93	10.11	4.57	21.46	14.74	7.89
印度尼西亚	24.6	19.18	21.21	24.7	21.89	8.96	7.25	7.19	7.49	6.4
越南	16.12	15.8	15.66	17.9	18.5	19.2	18.11	16.95	17.35	17.1
泰国	5.52	-4.95	15.16	11.23	2.97	4.17	-3.44	11.95	8.85	2.27
菲律宾	8.67	6.82	11.98	9.49	8.86	9.15	7.59	11.99	9.43	8.12
墨西哥	29.95	31.52	35.41	39.11	30.2	9.26	10.52	10.9	11.09	7.25

注：根据世界银行数据统计，印度2019~2022年外商直接投资占GDP比重更小，分别为1.78%、2.41%、1.42%、1.46%。

资料来源：CEIC DATA, https://www.ceicdata.com.cn/。

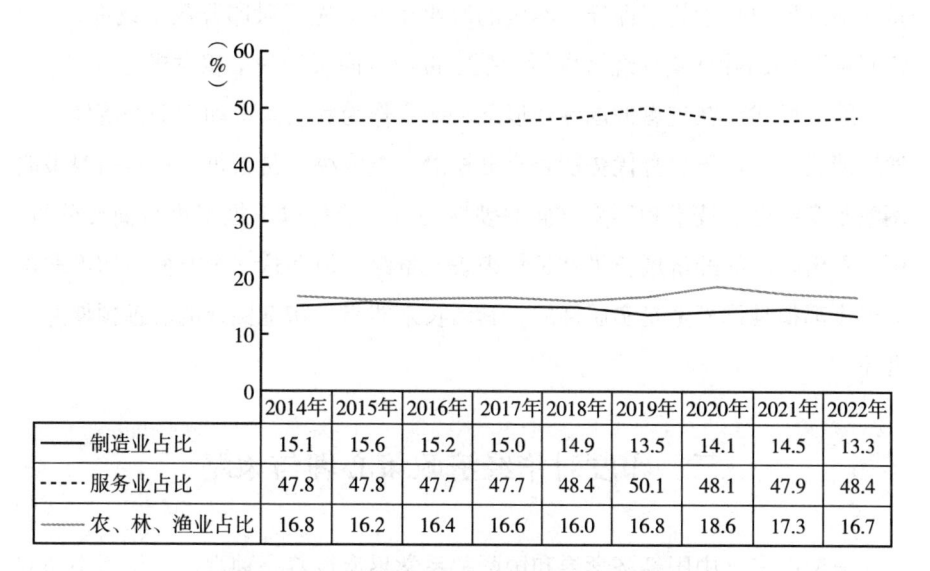

	2014年	2015年	2016年	2017年	2018年	2019年	2020年	2021年	2022年
制造业占比	15.1	15.6	15.2	15.0	14.9	13.5	14.1	14.5	13.3
服务业占比	47.8	47.8	47.7	47.7	48.4	50.1	48.1	47.9	48.4
农、林、渔业占比	16.8	16.2	16.4	16.6	16.0	16.8	18.6	17.3	16.7

图2　2014~2022年印度三大产业占GDP的比重

资料来源：世界银行，https://databank.worldbank.org/。

需要注意的是，印度制造业的疲弱除了印度财阀的投资偏好以及印度制造业自身的竞争能力相对低下以外，还需要从国际经济增长的周期寻求解释。第一，大型经济体的长期增长总会深受全球经济运行周期的影响。国际市场的客观需求是不以国际体系中处于主导地位行为体意志为转移的。尽管美西方主导的对华"脱钩断链"之策给印度提供了发展本国制造业和经济的机会，但全球经济低迷使得发达国家和跨国公司在生产要素方面从追求效率转化为追求安全。这种泛安全化的思想赋予第五次产业链转移的一大特征是双向化，即中低端产业转移和中高端产业回流。在此前提下，印度是否被美西方国家视为"安全的且可靠的产业转移对象"，取决于其产业自主和技术独立的程度。程度越低对于美西方国家来说越可靠，但这与莫迪政府"自力更生式的印度"背道而驰。第二，从宏观角度来看，美西方以最终消费者的身份控制需求端和技术端，进而实现对全球产业链的控制能力不断松动。全球经济低迷，消费能力减弱，作为产业链控制者很难再如以往那样为印度提供长期工业化的市场刺激。加之产业链转移的双向化，美西方在产业转移地选择中政策趋于保守，本国的产业复苏优先于对印开放。或许，"对印有利"的国际环境在经济发展和技术带动方面仅为一个相对概念。

综上所述，在现有的国际环境下，印度作为后发国家和大型经济体，其发展情况不仅在于自身优势能否充分挖潜，更取决于是否可以通过自身策略调整改变制度、技术和环境方面的硬性约束。依托以上框架进行简要分析，可以看出印度的经济增长虽然近年来表现抢眼，但在这三个方面，印度取得的进步都很难称得上是实质性的，其增长未能满足印度民众的心理预期并不奇怪。

三 印度对华经济政策心理与策略

长期以来，中国经济学界和国际关系学界流行着一种观点，认为中印双方都是发展中大国，有广泛的经济合作基础，中印经济关系应该是两国复杂关系当中比较具有建设性的部分。然而，不论中方如何强调自己的论点，事实是近年来随着印度经济增长，至少是表面上速度的加快和质量的提升，印度对华经济政策逐渐强硬，中印合作共赢的理想状态并没有体现在印度对华经济政策的预期目标上。自2020年以来，莫迪政府以"产业链供应链安全"和"国家安全审查"为由，积极寻求摆脱对中国供应链的严重依赖，大力推进"印度制造"本土化和印度化目标。在此背景下，印度将中国视为盘剥和利用的"工具人"，本土市场的"竞争者"与"打击对象"，以及全球供应链产业链位置的"可替代者"，积极推进短期利用中国、长期与中国"脱轨"与美西方"接轨"的"产业替代"政策。

（一）将中国视为盘剥和利用的"工具人"

由于客观上印度本土制造业对中国供应链的依赖，印度并未采取完全与华割裂的经贸产业政策，而是把中国当作可以短期盘剥和利用的"工具人"，加紧利用中国产业资源提升其自主生产能力。

第一，对在印中企坚持"本土化"战略和"共同成长"理念，不仅拒绝中企享受印度相关产业促进政策，还动辄对其百般刁难。2017年印度商务部的《对外贸易政策》中明确提出，中国是印度在东亚最重要的贸易伙伴，并鼓励中国投资印度的制造业。由于莫迪政府号召和承诺，加之印度向设立工业园的中企提供部分投资返还和税收减免等政策，中国企业纷纷到印度落实投资项目。然而，与其他国家与地区的投资企业相比，印度政府给中企的优惠力度常常缩水或不予执行。2020年以来，印度陆续出台"生产挂钩激励计划"（PLI），促进电子制造、电动汽车、光伏组件等激励政策，中国企业即使符合相关指标和条件，也无法从中受益。以中国手机企业为例，印度财政部报告显示，仅2021~2022年，包括传音、Realme、一加等在内的中国手机品牌为当地创造了7.5万个就业机会，并在印度各地雇用了8万名销售和运营人员。中国企业在印投资经营，为印度当地创造了大量就业机会，对印度经济发展作出了积极贡献。然而，未能换来中国企业在印公平、透明、非歧视的营商环境。

第二，印度政府逼迫在印中企合资化或通过制造业外包方式向印度企业让利，稀释中国企业在印度合资企业的股份。2020年加勒万河谷冲突后，印度对在印中企采取了一系列不友好政策。2023年以来，印度变本加厉，企图干涉中国企业经营，强迫其将制造业务外包给印度公司，以满足本国手机制造商在获得"生产挂钩激励计划"奖励后的制造需求。2023年6月，印度电子和信息技术部与中国手机制造商举行了会议，要求他们在当地业务中引入印度股权合作伙伴，任命更多印度高管担任公司高层职位，向印度制造商提供更多合同以支持当地制造业，并雇用当地分销商。① 在该项要求下，在印中企不得不与已申请PLI的印度本土企进行股权合作。据《印度时报》2024年6月16日报道，塔塔集团正在加快推进面向Vivo的股份采购谈判，拟收购Vivo印度多数股权。目前，Oppo也正在同印企洽谈合资事宜。其中，印度本土电子制造商迪克森科技和卡邦公司是从中国企业获得新业务的主要受益者，不仅获得了大量的制造订单，还获得了部分零部件的独家合作。据悉，Vivo还将启用位于新德里南郊新欧克拉工业发展区（Noida）的新工厂，并且计划在印本土采购摄像头稳定模块、OLED显示屏、内存模块等零部件，逐步打造稳定的印度本土产业链生态。② 进入印度市场的中国汽车品牌也陷入"要么退出印度，要么进行股权将多数股权出售给当地投资者"的两难困境，比亚迪搁置在印度投资10亿美元建电动汽车工厂计划，长城汽车遣散所有印度总部员工，暂时退出了印度市场。③ 中国上汽集团的名爵印度公司从独资变为合资，印度最大钢铁生产商金达尔西南集团（JSW）获得新合资公司（JSW-MG Motor India）35%的股份，上汽名爵印度公司被迫"国有化"。④

---

① "Appoint Indians as CEOs, COOs', Centre Tells Chinese Handset Manufacturers," *Moneycontrol News*, June 13, 2023, https://www.moneycontrol.com/news/technology/appointindians-as-ceos-coos-centre-tells-chinese-handset-manufacturers-10786141.html, accessed May 26, 2024.

② Subhrojit Mallick, "Vivo Working with Over 30 Local Component Suppliers for Its Smartphones," *The Economic Times*, July 30, 2024.

③ Amber Banerjee, "China's Great Wall Motors Abandons Rs 7895 Crore Project in India: Here's why," *The Times of India*, July 2, 2022.

④ "Chinese Companies May Be Permitted to Dilute Stakes in JVs with Indian Partners," *The Economic Times*, May 31, 2024, https://economictimes.indiatimes.com/news/economy/policy/chinese-companies-may-be-permitted-to-dilute-stakes-in-jvs-with-indian-partners/articleshow/110583169.cms?utm_source=contentofinterest&utm_medium=text&utm_campaign=cppst, accessed July 5, 2024.

第三，印度对中企员工签证实行双重标准。一方面限制中资企业关键岗位员工的工作和商务签证。2020年初，印度取消了对中国人的电子商务签证，并停止签发商务和工作签证。这导致在印度的中国员工无法轮换，高层管理人员和技术人员无法返回，致使公司缩减规模或关闭。另一方面对有助于印度产业链、与印度或西方企业合资、愿意分享技术的三类中企员工开辟"绿色通道"。例如，班加罗尔地铁的首列无人驾驶列车于2024年2月6日从中国运抵印度后，由于迫切需要中国技术人员指导组装，相关团队人员签证如期获批。[①] 为实现必要行业中国技术人员的正常流动，莫迪政府已启用面向"生产挂钩激励计划"涉及行业的中国技术人员的短期商务签审批网站，内政部正向相关部门培训网站操作流程。[②] 由此可见，印度政府只欢迎对印有利的中国人员前往印度。

（二）将中国视为本土市场的"竞争者"与"打击对象"

长期以来，印度认为，无论是想要扭转与中国的贸易逆差，还是通过"印度制造"实现"产业兴国"的目标，都必须与制造业大国中国展开竞争。苏杰生称："如果有一个像中国这样的邻国，印度必须学会竞争……如果印度加大力度发展制造业、促进经济增长，就能拥有更多外交资源和工具，真正影响全世界。"[③] 作为回应，印度实施了一系列"定向制裁"措施，旨在遏制中国制造产品在印度市场的销售。

第一，印度政府部门修改或出台新规，限制中国企业在印度的活动。如

---

① "21 Chinese Tech Staff Get Visa, First Train May Start This Week to India," *Indian Express*, December 12, 2023, https：//www.newindianexpress.com/cities/bengaluru/2023/Dec/12/21-chinese-tech-staff-get-visa-first-train-may-start-this-week-to-india-2640736.html, accessed July 5, 2024.
② Ravi Dutta Mishra, "Portal to Ease Entry of Chinese Technicians into India Has Begun Functioning: Official," *The Indian Express*, August 8, 2024.
③ "With Neighbour Like China, We Have to Learn to Compete, Says Jaishankar on Boosting India's Manufacturing," *The Economic Times*, May 12, 2024, https：//economictimes.indiatimes.com/news/india/with-neighbour-like-china-we-have-to-learn-to-compete-says-eam-jaishankar-on-boosting-indias-manufacturing/articleshow/110056554.cms?utm_source=contentofinterest&utm_medium=text&utm_campaign=cppst, accessed July 6, 2024.

表3所示，印度政府惯用"泛安全化"手段，禁止或限制中国企业在印投资和生产，迫使其离开印度市场，给中国企业造成了巨大损失。

表3 印度出台的具体限制中国企业的规定

年份	限制手段	具体案例
2020年4月	印度财政部修改《外汇管理法》（FEMA）中"外商直接投资"条款来自陆地邻国的直接投资，中资企业对印度的投资，将由先前的自动审批路径转到政府预先审批	中国长城汽车在两年内未能获得印度10亿美元FDI批准后，退出印度市场
2020年6月	印度以中国应用存在安全问题、违反数据共享和隐私规定为由，禁止在移动和非移动设备使用中国应用程序	印度政府经过五轮针对中国App的禁用行动，已有超300多款App被禁
2020年6月起	要求中国建设企业出具"安全承诺函"，明确在印度敌对国家中（如巴基斯坦）没有相关类似项目	山东电建、江西建工、中铁集团所属企业等多个招标项目被取消
2020年7月	印度电力部规定印度企业从中国进口电力设备和部件，事先需得到政府批准	
2020年7月	印度财政部修订《General Financial Rules》（财务通则），限制中资企业参与印度高速公路项目投标和建设，不允许有中国作为合作伙伴的合资企业参与投标和承担道路建设	三一重工印度公司等企业的产品已被限制进入政府和公共部门招标采购
2021年6月	印度电信部修改《电信许可证规则》，要求从2021年6月15日起只能使用来自"可靠来源"的设备，默认禁止在印度政府所有的网络中使用中国原产的电信设备	禁止国有运营商采购华为和中兴通信设备，要求印度私营电信运营商逐步更换中国设备

资料来源：笔者根据印度政府文件整理。

第二，印度通过原产地信息核查、加征关税和贸易调查等手段，对中国产品设置更高的贸易壁垒。首先，对原产自中国的产品进行严格核查，支持抵制中国产品的行动。印度商工部（Ministry of Commerce and Industry）要求私营在线零售商明确标明产品的原产国，并添加"中国制造"标签。印度贸易联合会（CAIT）公布了500多种来自中国的进口产品清单，要求这些产品全部停止销售，涉及快消品、耐用消费品、玩具、家具面料、纺织品、建筑五金、鞋类、服装和厨房用品等。同时，该协会还发起了名为"Indian Goods——Our Pride"（印度商品——我们的骄傲）的抵制中国商品运动，以减少印度卖家和消费者购买中国产品的行为。① 其次，印度上调针对中国产品的关税并加征反倾销税。自2018年以来，光伏电池片和组件的基本关税分别提高到40%和25%，座椅、灯具和床垫等家具的税率从20%上调至25%，对98种中国产品征收反倾销税。受此影响，中国光伏、家具等产品在印度市场的出口份额持续下降。印度在"印度制造"战略目标的驱动下，以各种措施强化对国内产业的保护。因此，印度一直是对中国进行贸易救济调查最多的国家之一。② 根据商务部中国贸易救济网的数据统计，2019年至2024年，印度对华发起了99起贸易救济调查，其中2023年发起了22起，超过美国成为当年全球对中国发起贸易救济调查数量最多的国家。

第三，印度税务部门经常对在印中企开展大规模进驻式税务稽查，尤其将中企作为重点审查对象。由于印度没有统一完善的外资管理制度和税收制度，为印度稽查机构提供了针对在印中企"合规审查"的空间。尤其中印关系恶化后，以在印中国手机品牌企业为例（见表4），印度税务部门常常以外汇管理和税务问题对其"突击稽查"并开具"天价罚单"。近年来，印度对在印中企的惩罚行动不断升级，不仅限于税务稽查和罚款，还包括指控其涉嫌洗钱、欺诈、逃税及经营空壳公司等行为。2023年12月，Vivo印度子公司两位高管和一名顾问以涉嫌违反印度《防止洗钱法》为由被捕。③ 2024年初，印度执法局（Enforcement Directorate）在新德里、昌迪加尔、哈

---

① Rajeev Jayaswal, "Made-in-China Labels Soon on Products Sold by E-Tailers?" *Hindustan Times*, June 25, 2020.
② 《2023年有22起！印度对华发起贸易救济调查最多》，环球网，2024年1月8日，https://m.huanqiu.com/article/4G5A8SyiL3J，最后访问时间：2024年6月6日。
③ "After ED Arrests, China Advises India to Create 'Non-Discriminatory' Business Environment," *The Wire*, December 26, 2023, https://thewire.in/diplomacy/enforcement-directorate-china-vivo-india, accessed June 6, 2024.

里亚纳邦、旁遮普邦和古吉拉特邦进行了突击搜查，调查中资金融科技公司涉嫌洗钱的活动。① 上述严苛的税务稽查活动，不仅影响了印度的投资环境，还伤害了中印两国经贸合作的信心。

表4 在印中国手机企业被追缴税款情况

单位：亿卢比

在印中企	"涉嫌逃税" 关税	"涉嫌逃税" GST	"涉嫌逃税" 合计	"追回逃税" 关税	"追回逃税" GST	"追回逃税" 合计
OPPO	440.33	68.3	508.63	47.68	73.8	121.48
Vivo	287.5	4.83	292.33	11.7	5.13	16.83
小米	68.35	16.87	85.22	1.08	8.2	9.28
传音	0.53	14.17	14.7	0	13.91	13.91
联想	0	4.24	4.24	0	0	0
Zhongfu Mobile	0	1.5	1.5	0	0.57	0.57
Inone 英望科技	0	0.55	0.55	0	0.55	0.55
步步高	0	0.35	0.35	0	0.4	0.4
总计	796.71	110.81	907.52	60.46	102.56	163.02

资料来源：印度税务局。

（三）将中国视为全球产业链供应链位置的"可替代者"

在过去五年里，中美贸易战、新冠疫情、乌克兰危机、供应链危机以及日益强硬的产业政策等一系列动荡正在深刻地重塑全球出口制造业版图。美西方国家正积极推动建立"去中国化"的产业链供应链，而印度则趁势实施与中国"脱钩"、与美国和西方国家"接轨"的"对华产业替代"政策，试图以"印度制造"取代"中国制造"，谋求成为新的全球制造中心。

第一，印度加快与中国经济贸易关系的"脱钩"步伐，以减少对中国关键原材料的依赖，实现供应链的多元化。印度认为，以中国全产业链配套

---

① Pranav Dixit, "ED Unveils Fresh Raids on Chinese-backed Fintech Firms in Money Laundering Probe," *Business Today*, January 3, 2024, https：//www.businesstoday.in/technology/news/story/ed-unveils-fresh-raids-on-chinese-backed-fintech-firms-in-money-laundering-probe-411654-2024-01-03, accessed June 6, 2024.

的集群与成本优势，印度不与中国"脱钩"，将难以将"印度制造"推向市场。在退出《区域全面经济伙伴关系》（RCEP）后，莫迪政府就以中印贸易逆差为由开始对华经贸"脱钩"，加勒万河谷冲突加速了这一进程。① 自2020年以来，中国企业赴印投资骤降。2020~2022年，印度政府收到382份来自中国的投资申请，批准的仅有80份。2019年底，印度有超过1000家中资企业，到2021年10月，这一数字减少至约700家。截至2024年2月，这一数字进一步缩减至300家。② 与此同时，为摆脱关键原料的对华依赖③，印度政府积极寻求新的合作伙伴。2024年3月10日，印度与欧洲自由贸易联盟（EFTA）签署自贸协定，取消大部分工业产品进口关税，以换取对EFTA国家对印度的医药、机械和制造业等行业的投资，成立合资企业以帮助印度实现进口多元化。2024年1月15日，印度国有企业首次涉足锂矿的勘探和开采领域，哈尼吉比迪什印度有限公司（Khanij Bidesh India Ltd.）与阿根廷企业签署了一份价值20亿卢比的锂勘探协议，开发阿根廷5个盐湖卤水型锂矿区，推动锂电池供应链多元化。④ 过去几年，印度在拒绝加入RCEP后，也积极与澳大利亚、阿联酋等国签订双边的自贸协定，扩展双边自由贸易渠道。据印媒报道，印度与阿曼之间的自由贸易协定谈判已进入最后阶段，与英国等国家和海合会、东盟、欧盟等国际组织的谈判也处于不同进展阶段。

---

① Madhu Bhalla, "The China Factor in India's Economic Diplomacy," Observer Research Foundation, April 26, 2021, https://www.orfonline.org/expert-speak/china-factor-india-economic-diplomacy, accessed June 10, 2024.
② Yin Yeping, "'Matchmaking' for Chinese, Indian Firms by New Delhi Risks Disrupting Market," *Global Times*, February 20, 2024.
③ 印度在电子产品、机械设备、化学药品、塑料及相关品、锂电池行业对华依赖颇深，印度智库全球贸易研究倡议（GTRI）数据显示，2023~2024财年，印度从中国进口上述产品分别为180亿、190亿、158亿、48亿、30.8亿美元，占该领域进口总额的比重为50%、39.6%、29.2%、25.8%、90.3%。
④ "India's State-owned KABIL Signs $24 mln Lithium Exploration Deal in Argentina," Reuters, January 15, 2024, https://www.reuters.com/markets/commodities/indias-state-owned-kabil-signs-24-mln-lithium-exploration-deal-argentina-2024-01-15/, accessed accessed June 10, 2024.

第二，印度利用美西方对华"脱钩断链"之机，配合美国、日本等打造所谓的弹性供应链，承接在华撤出产业链与投资，试图以"印度制造"取代"中国制造"。一方面，印度通过划拨土地、财政补贴等方式吸引开展"中国+1"战略的企业赴印投资建厂。早在新冠疫情暴发之时，印度政府积极联系超过1000家美国企业，准备提供多项优惠，以吸引这些企业把海外分支迁往印度。印度政府将电气、制药、医疗设备、电子等作为促进制造业发展的重点领域，要求印度驻外机构加大上述领域引资力度。① 印度政府已在全印范围内划拨出约46.1万公顷土地，以吸引并安置从中国撤离的外国企业。此前，多家外企对印投资因为在征地环节出现问题而最终失败。② 通过莫迪政府的不懈努力，印度数字领域吸引了谷歌、亚马逊、Facebook等巨头的长期投资。2020年4月下旬，Facebook、谷歌、英特尔、高通等企业向印度电信公司"吉奥平台"（Jio Platforms）投资约200亿美元。其中，谷歌还承诺预计未来5~7年相继投入100亿美元以推动印度的数字化建设，是迄今为止谷歌在印度的最大一笔投资。③ 亚马逊公司和沃尔玛则看中印度电商市场，向电商部门投资22亿美元以支持印度中小企业参与线上销售。日本政府也紧跟美企步伐，日本政府在2020财年的补充预算中，拨出2.21亿美元用于补贴将生产从中国转移到东南亚国家的公司。日本经济产业省在第二轮申请中，将印度的公司新增至"日本-东南亚国家联盟供应链弹性的名单"之中。④ 另一方面，印度积极与美西方缔结"关键和新兴技术倡议"（iCET）、贸易和技术委员会（TTC）等双边产业技术框架，与其开展半导

---

① 《印度寻求吸引超千家美企海外分支落户》，新华网，2020年5月8日，http://www.xinhuanet.com/world/2020-05/08/c_1210607831.htm，最后访问时间：2024年5月28日。
② 《想吸引安置从中国撤离的外企？美媒：印度拨出两个卢森堡面积的土地》，环球网，2020年5月6日，https://world.huanqiu.com/article/3y7ciooGlYZ，最后访问时间：2024年5月29日。
③ 《谷歌将向印电信企业投资45亿美元》，新华网，2020年7月17日，http://www.xinhuanet.com/world/2020-07/17/c_1210706101.htm，最后访问时间：2024年5月29日。
④ "Japan to Offer Incentives to Companies Shifting Base from China to India: Nikkei," *The Economic Times*, September 5, 2020, https://economictimes.indiatimes.com/news/economy/policy/japan-to-offer-incentives-to-companies-shifting-base-from-china-to-india-nikkei/articleshow/77943780.cms, accessed June 10, 2024.

体科技合作，以此在西方企业打造"排华供应链"过程中获利。在半导体行业，美印双方就半导体供应链、技术研发和人才培养等展开了长期合作。美国和印度签署了半导体供应链和创新伙伴关系谅解备忘录，美国半导体协会与印度电子与半导体协会成立工作组，从政府和私营部门促进两国商业机会和半导体创新生态系统的发展。美国存储芯片大厂美光、半导体设备大厂泛林集团和应用材料均宣布了对印度的新投资计划：美光公司与印度合资建设了一座价值27.5亿美元的半导体封装工厂，计划于2024年底投产；美晶片设备制造商应用材料公司（AMAT）计划投资4亿美元在印度建立一个新工程中心；泛林集团通过其3D仿真平台提供虚拟纳米制造环境，以帮助培训印度的下一代半导体工程师。

第三，印度通过PLT计划扶持印度制造，增强世界对印度供应的偏好。2020年，印度推出旨在为企业销售印度制造的产品提供激励的PLI计划。随后，印度政府将PLI计划扩大到14个行业，包括电信、白色家电、纺织品、医疗设备、汽车、特种钢材、食品、太阳能光伏组件、先进化学电池、无人机和药品制造业等，包含了所有印度当前从中国进口的主要产品。[①] 针对中国处于出口优势的电子移动设备行业，印度在2021年底批准了一项针对电子行业的激励计划，提供100亿美元以吸引大型全球半导体制造商在印度设立分支机构，从而将印度建设成为全球电子系统设计和制造中心。[②] 印度寻求"在全球移动电话生产市场上与中国和越南竞争"。[③] 印度为自己设定了到2025年电子产品生产达到3000亿美元的目标，其中包括1000亿美元的出口。[④] 从国际市场来看，印度对中国的同位竞争和替代挑战确有呈

---

① Rakesh Kumar, "Electronics Sector Gets Biggest PLI Allocation," *The Indian Express*, July 24, 2024.
② Sankalp Phartiyal, "India Outlines $10 bln Plan to Woo Global Chip Makers," Reuters, December 15, 2021.
③ "$300 Billion Electronics Production in Few Years a Realistic Target: IT Minister," *The Times of India*, February 10, 2024.
④ "India Set to Achieve $300 Bn Electronics Manufacturing Target: MoS IT," Business Standard, June 20, 2023, https://www.business-standard.com/economy/news/india-set-toachieve-300-bn-electronics-manufacturing-target-mos-it-123062000277_1.html, accessed June 11, 2024.

现。过去五年，印度已成为全球制造业的赢家之一。印度在全球商品出口国中的排名从第19位升至第17位，成为纺织、服装、配饰、珠宝和眼镜等行业的重要供应商。以世界最大的进口国——美国为例，2018~2022年，印度对美国的出口猛增230亿美元，增长44%，而同期中国对美国出口下降10%。美国从中国进口的机械设备减少28%，但从印度进口的机械设备增加70%。据路透社2023年11月报道，沃尔玛为美国市场进口的商品中，来自印度的占比从2018年的2%升至2023年的25%，而来自中国的占比从80%降至60%。[1] 此前超过95%的iPhone产品在中国制造，但随着苹果三大供应链伙伴富士康、和硕以及纬创不断加大对印投资力度，iPhone产品在印度的产量持续提升。苹果公司不断缩短印度与中国的"生产时差"，印度几乎与中国同时生产最新的iPhone机型。2023~2024财年，苹果供应商在印度生产的iPhone价值140亿美元，占全球总产量的14%，即全球每七部iPhone中就有一部来自印度。[2]

第四，需要强调的是，列举如上种种，并不是站在中国中心视角批判印度对中印经济合作的心态不健康或者不正常。印度莫迪政府的对华经济心理及其行为是完全可以用实用主义动机和机会主义策略来进行解释的。分析印度对华经济心理的意义也不在于试图解决中印两国的对外经济心理和行为谁对谁错的道德观问题，而在于明确一点，即印度对华经济领域中的种种行为并不是印度政府的无心之举，而是站在印度的经济发展阶段，从最大化印度利益的角度采取的阶段性策略。这种策略莫迪政府已经实施了多年，2024年大选后出现调整的可能性相当小，原因在于虽然莫迪的经济成绩单未达预

---

[1] "On American Shelves, Made-in-India Is Slowly Replacing Made-in-China," *The Economic Times*, November 9, 2023, https://economictimes.indiatimes.com/news/economy/foreign-trade/on-american-shelves-made-in-india-is-slowly-replacing-made-in-china/articleshow/105070158.cms?utm_source=contentofinterest&utm_medium=text&utm_campaign=cppst, accessed June 15, 2024.

[2] James Fox and Melissa Cyrill, "Apple's Contract Manufacturers and Component Suppliers in India," *India Briefing*, November 11, 2024, https://www.india-briefing.com/news/apple-contract-manufacturing-india-new-suppliers-getting-clearance-26947.html/, accessed November 13, 2024.

期，但是印度教民族主义在印度国内外都已经确立了牢固的根基，成为莫迪政权的主要精神支柱。在没有遇到强烈阻挠的情况下，印人党和莫迪自然也谈不上对印度教民族主义指引下的内外政策进行反思。因此，可以预判，在莫迪的第三个任期内，印人党政府不可能对自己的政策，包括其对华经济政策进行方向性调整。可能引发调整的变量仅仅只是印度政府的国内动员能力和对外行动能力。

当然，内外行动能力的变化是分析一个执政集团政策走向的重要参数。但是，首先需要看到，这种变化的方向性意义并不明显，也就是说，执政集团不太可能因为能力下降而调整内外政策方向，充其量只是会将手中的资源和预期目标重新排序而已。其次，还要看到，政府的资源总是被优先用于解决国内问题，除非国家处在全面战争状态下，用来实现对外目标的资源所占的比例必然是有限的。印度政府和任何国家政府一样，从未也不可能将有限的资源集中使用在对华或者对巴战略上。这意味着莫迪政府即使出现政策资源不足、行动能力下降，首先受到影响的也是其国内政策而不是对外战略。

更加重要的是，莫迪政府根本没有任何理由调整其对外政策。需要认识到，莫迪政府的对外政策是大选中的加分项，而不是减分项。不仅如此，从过去十年的执政历程看，印人党政权虽然在国内经济建设方面的成就远不如外界和其自身吹嘘的那样炫目，但其外交政策所取得的成功是实打实的，莫迪的确显著提升了印度的国际地位，并且其对邻国充满敌意的攻击和挑衅行为并未引发严重后果，也没有让印度因之付出足以动摇其意志的代价。在这种情况下，印度没有理由反思自己的外交政策。

未来，印人党将延续其已经得心应手的煽动策略，在国际反华舆论的配合下，在印度国内外继续大肆鼓吹"中国威胁论"，以便强化国内政治动员，通过制造"他者"认知以完善印度教"大婆罗多"话术构建，同时为自己从同样反华的美西方阵营中赢得更多支持。印人党及其宣传机器将更加频繁和肆无忌惮地利用所谓"中国威胁"和"边境问题"激起民愤，强化团结对外意识，试图通过表现对华强硬立场吸引更多国内外支持。印度一些政客借炒作涉华议题造势，尤其是继续拿中印"边境问题"做文章，并围绕所谓"边

071

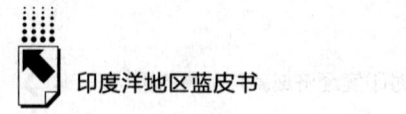

境问题"进行基建、增兵、加大投入等，"造紧张"，"壮声势"，以此服务于印度教民族主义在国内外的政治需要。在这种情况下，莫迪政府在某一个时间段内释放出的中印经济关系缓和信号，并不能作为评估印度对华政策调整的重大指标，更不能据此对印度可能的中国政策走向抱有过高期待。

专题报告

B.3
战略文化视角下印度的近邻政策及其限度

楼春豪[*]

摘　要： 印度历届政府都高度重视经略南亚，莫迪政府更是提出了主要针对南亚近邻的"邻国优先"政策。莫迪政府的"邻国优先"政策取得了一定进展，但也有一定的限度。这种限度主要体现为与邻国缺乏互信造成的"共同体困境"、未能有效推进地区一体化造成的"一体化困境"，以及在南亚地区联美遏华导致的"阵营化困境"。从战略文化层面看，导致上述困境的主要原因是主张"印度至上"的等级秩序观、追求"科学边疆"的绝对安全观和将中国视作"对手"的错误敌友观。南亚是中国和印度的"共同周边"，印度有必要与中国联手在南亚推进"中印+"合作，真正推进"邻国优先"而非"印度优先"。

关键词： 邻国优先　战略文化　中印关系

---

[*] 楼春豪，中国现代国际关系研究院副院长、研究员。

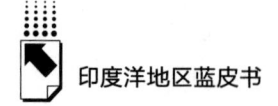

2024年是印度莫迪政府提出"邻国优先"（Neighbourhood First）政策①十周年。过去十年，莫迪政府通过高层外交、文化外交、援助外交、抗疫外交、军事反恐等多种路径，不断加强对南亚近邻的战略经营，强硬压制巴基斯坦、灵活应对阿富汗变局、着力拉拢南亚小国，图谋巩固乃至强化印度对南亚近邻的主导地位，欲将南亚近邻打造成自身崛起为全球"领导性力量"的战略依托。

不可否认的是，莫迪政府的"邻国优先"政策确实取得了一定成效，但这种成效在很大程度上是对"邻国优先"所宣称的政策价值的偏离，"邻国优先"也往往蜕变为"印度优先"，导致印度与邻国的关系不时泛起波澜。2023年，印度对巴基斯坦的持续高压遏制，或明或暗干扰斯里兰卡、尼泊尔、不丹等国与中国发展关系的进程，使印度的"邻国优先"政策效果大打折扣。有印度学者甚至认为，印度正陷入"越来越严重的邻里困境"。② 莫迪政府"邻国优先"政策出现困局的原因，并非印度对南亚近邻关注不足、投入不够，而是其对"大国沙文主义""势力范围""绝对安全"等错误战略思想的执拗，叠加印度教民族主义兴起、对华竞争心态加重等各种因素相互作用的结果。

一 印度近邻政策的演变

印度对南亚近邻的政策几经演变，大致可划分为如下四个阶段：尼赫鲁主义时期（1947~1966年）、英迪拉主义时期（1966~1991年）、古杰拉尔主义时期（1991~2014年）和"邻国优先"时期（2014年至今）。尼赫鲁

---

① 随着国家利益和影响力的拓展，印度对"邻国/周边"的理解也在不断变化。2004年，印度政府提出了涵盖中东、东南亚、中亚的"大周边/拓展周边"（extended neighborhood）概念，以区别于聚焦南亚地区的"近邻/直接周边"（immediate neighborhood），印度外交部年度报告则在不同年份曾将中国、缅甸乃至塞舌尔纳入"周边"部分论述。不过，从莫迪政府政策实践来看，其"邻国优先"政策主要聚焦南亚近邻。因此，本报告论述的"邻国"主要指南亚地区国家。

② Happymon Jacob, "India's Growing Neighbourhood Dilemmas," *The Hindu*, December 8, 2023.

主义时期，印度自诩为"英殖民继承者"，对南亚近邻秉持"家长式作风"，政策效果适得其反。英迪拉主义时期，印度大搞"印度版门罗主义"，强势干预南亚近邻内政，引起南亚近邻普遍反感。古杰拉尔主义时期，印度对南亚近邻态度趋于温和，希望"稳定周边"、服务国内发展，印度与邻国关系有所缓和。2014年莫迪政府上台后，印度提出了"邻国优先"政策，将南亚近邻置于对外政策优先位置。

（一）尼赫鲁主义时期的"家长式作风"（1947~1966年）

印度素有大国雄心，首任总理尼赫鲁声称："印度是不能在世界上扮演二等角色的。要么就做一个有声有色的大国，要么就销声匿迹。中间地位不能引动我。"① 因此，从成为自治领开始，印度就认为自己在处理全球事务中负有重要责任，在处理亚洲事务中更是负有领导责任。不过，在参与全球事务与处理南亚近邻关系时，印度展现了两种截然不同的态度。一方面，印度积极支持广大亚非拉地区的民族解放和反殖反帝运动，积极推动亚非拉国家的团结，反对美国借朝鲜战争和涉台问题对中国的打压，是不结盟运动的主要发起国、和平共处五项原则的积极赞同者。另一方面，印度在处理与南亚近邻时却采取"大国沙文主义"的做法或秉持"家长式作风"。有学者称之为"理想主义和现实主义的混合"②，亦有学者称之为"无知和乐观的混合"③。

该时期，印度对巴基斯坦政策的主基调是以军事谋安全，印巴围绕克什米尔问题在外交、军事、舆论等层面的对抗行为不断。印巴对抗的焦点是克什米尔问题，根源是印巴对国家身份构建的矛盾，始作俑者是英殖民者的"分而治之"政策。1947~1948年，印巴爆发第一次战争；1965年，印巴爆发第二次战争。虽然在国际社会特别是美苏调停下，印巴实现了停火，但两

---

① 〔印〕贾瓦哈拉尔·尼赫鲁：《印度的发现》，向哲濬、朱彬元、杨寿林译，上海人民出版社，2016，第40页。
② Amit Ranjan, "India's South Asia Policy: Changes, Continuity or Continuity with Changes," *The Round Table: The Commonwealth Journal of International Affairs*, Vol. 108, No. 3, 2019, p. 261.
③ Saroj Kumar Aryal, Simant Shankar Bharti, "Evolution of 'India's Neighbourhood First Policy' Since Independence," *Society*, Vol. 60, No. 2, 2023, p. 225.

国敌对关系并未得到改善。对于其他南亚近邻，印度更多地以英殖民主义继承者自居，期望延续英殖民者在南亚的统治地位，将"英国治下的和平"转为"印度治下的和平"。1949年8月，印度与不丹签署《印度-不丹友好条约》，规定不丹在外交事务上接受印度指导，且不得单方面终止或要求修改条约。1950年7月，印度与尼泊尔签署《印度-尼泊尔和平友好条约》，规定尼泊尔在国防、外交事务上须与印度磋商，将尼泊尔置于印度的"军事保护"之下。1950年12月，印度与锡金王公签订《印度-锡金和平条约》，规定锡金的国防、外交、交通等均由印度负责，使锡金沦为印度的保护国。

（二）英迪拉主义时期的"印版门罗主义"（1966~1991年）

该时期印度执政时间最长的是英迪拉·甘地（1967~1977年、1980~1984年），加之其政策理念和实践最鲜明地塑造了印度与邻国关系，故而用"英迪拉主义"来概括该时期的印度近邻政策。1983年，印度学者森·古普塔（Sen Gupta）提出了"英迪拉主义"，主要内容是：印度强烈反对外部势力对南亚国家内部事务的干预；任何南亚国家都不应该寻求域外国家的支持，如果需要外部支持，则应该向印度寻求支持，否则将被视为有害于印度的国家利益。[1] 英迪拉主义主张以强硬手段将南亚近邻置于印度主导的地缘政治架构之中，将印度利益凌驾于其他南亚国家之上，虽然从综合实力角度看似乎推动了南亚力量平衡向印度倾斜，但是从地缘环境角度看，南亚近邻对印度的不满和反感情绪在不断积累。

该时期，印度强势插手近乎所有南亚近邻的内部事务，影响最大的是第三次印巴战争（孟加拉国独立）和印度吞并锡金。1971年底，第三次印巴战争爆发。与前两次印巴战争主要诱因是克什米尔问题不同，这次战争的主因是印度出兵干预巴基斯坦内部事务。印度通过此次战争肢解了巴基斯坦，东巴基斯坦独立为孟加拉国，巴基斯坦国力大为削弱。此外，印度扶持锡金

---

[1] Bhabani Sen Gupta, "The Indian Doctrine," *India Today*, August 31, 1983. 转引自 Devin T. Hagerty, "India's Regional Security Doctrine," *Asian Survey*, Vol. XXXI, No. 4, 1991, p. 351.

国内的亲印势力，推动后者掌握锡金国民议会多数席位，并于1975年4月10日通过并入印度的决议。1975年4月26日，印度人民院通过宪法第36条修正案，使锡金成为印度的一个邦，正式吞并锡金。

印度在处理与其他邻国关系时也咄咄逼人。20世纪80年代初，斯里兰卡国内僧伽罗人和泰米尔人的民族矛盾激化，最终演变为流血冲突。印度先是暗中扶持泰米尔武装，后又派出维和部队压制泰米尔武装，最终在付出惨痛代价后宣告对斯里兰卡国内冲突干预失败。尼泊尔维护国家主权和独立自主意识较强，一直反对印度干涉内政。1975年，尼泊尔提出建立尼泊尔和平区的建议，得到130多个国家支持，但印度表示反对。1989年，印度突然宣布与尼泊尔之间的贸易和过境协定过期，关闭联通两国19条公路中的17条，舆论普遍猜测主要原因是印度不满尼泊尔1988年从中国进口武器。[1] 此外，印度自恃在孟加拉国独立战争中"功不可没"，在两国领土争端、跨境水资源分配等问题上立场强硬，导致其与孟加拉国的关系在经历短暂蜜月期后迅速恶化。

（三）古杰拉尔主义时期的"稳定周边"（1991~2014年）

冷战结束后，印度大幅调整对外政策，将经济发展置于优先位置，寻求通过外交政策为经济社会发展营造有利环境。在此背景下，印度开始逐步修复与邻国的关系，其对南亚近邻的政策由"强行控制"转向"怀柔拉拢"。1996年，时任外长（后出任总理）的古杰拉尔提出改善与南亚国家关系的"五原则"，后被称为"古杰拉尔主义"，即对孟加拉国、不丹、马尔代夫、尼泊尔和斯里兰卡等邻国，印度并不寻求互惠；任何南亚国家都不应允许其领土被用来损害该地区其他国家的利益；互不干涉内政；尊重彼此的领土完整和主权；通过双边和平谈判解决争端。[2] 该时期的瓦杰帕伊政府、高达政府和曼莫汉·辛格政府大体延续古杰拉尔主义。

---

[1] Barbara Crossette, "Nepal's Economy Is Gasping as India, a Huge Neighbor, Squeezes It Hard," *The New York Times*, April 11, 1989, https://www.nytimes.com/1989/04/11/world/nepal-s-economy-is-gasping-as-india-a-huge-neighbor-squeezes-it-hard.html, accessed January 31, 2024.

[2] "Gujral Doctrine," Drishti IAS, December 24, 2019, https://www.drishtiias.com/daily-news-editorials/gujral-doctrine, accessed January 18, 2024.

该时期，印度对巴基斯坦的政策展现更多灵活性和务实性。1997年出任总理后，古杰拉尔下令停止了所有针对巴基斯坦的进攻性行动，要求印度对外情报机构"研究分析局"（RAW）关闭针对巴基斯坦采取颠覆行动的部门，[①]并推进印巴就涉及克什米尔、跨境河流、反恐等议题的综合对话（Composite Dialogues）达成共识。瓦杰帕伊和辛格任内，印度和巴基斯坦因核试验、恐怖袭击、跨境水资源分配等几度交恶，甚至在1999年爆发卡吉尔冲突，印度国内对古杰拉尔主义的质疑声不断，但印度并未完全放弃与巴基斯坦的和平进程，通过巴士外交、板球外交等寻求印巴关系的总体稳定。当然，这与1998年印巴核试验之后南亚核冲突风险管控紧迫性上升不无关系。

印度还积极寻求改善与南亚小国的关系。比如，放弃军事干涉斯里兰卡国内冲突，支持斯里兰卡战后重建，与斯里兰卡签署自贸协定；与孟加拉国进行跨境水资源分享、陆地边界争端等议题的谈判；取消对尼泊尔的陆路封锁，与尼泊尔签署过境协定。特别是，印度与不丹修订了《印度-不丹友好条约》，废除"不丹外交政策接受印度指导"的条款，不丹进口武器装备时无须征得印度事先同意，"只要印度认为不丹政府保持友好意图且（武器进口）不会对印度构成危险"。[②]此外，印度对南亚区域合作联盟（SAARC，以下简称"南盟"）的态度由最初的"质疑"变成该阶段的"支持"，支持南盟通过《自贸区框架协定》和南盟发展基金宪章、吸收阿富汗为南盟成员国，并且接受中国、日本等地区外国家成为南盟成员国。

（四）莫迪主义时期的"邻国优先"（2014年至今）

2014年莫迪政府上台后，美国对华战略竞争、莫迪及其执政团队的大

[①] Subhir Bhaumik, "Raking up the MQM-RAW Link for Brownie Points," *The Hindu*, July 2, 2015.

[②] "India-Bhutan Friendship Treaty," Ministry of External Affairs, Government of India, March 2, 2007, https://www.mea.gov.in/Images/pdf/india-bhutan-treaty-07.pdf, accessed January 31, 2024.

国抱负、印度综合国力的提升等，为印度推行更加积极的对外政策提供了相对友好的外部环境和更丰富的资源。针对南亚地区，莫迪政府提出了"邻国优先"政策，提出印度外交政策的核心要件是"邻国优先"，呼吁地区国家"在贸易和投资、文化与人文等方面进行更为紧密的互联互通与整合，共同努力与贫困斗争，共同促进发展"，并强调"作为地区最大以及居于地理中心的国家，印度有责任领导此进程"。[1]

莫迪政府在政治上做出了重视南亚近邻的高姿态。2014年5月，印度总理莫迪史无前例地邀请包括巴基斯坦在内的所有南亚国家领导人出席就职典礼，并与各国领导人举行单独的双边会晤，释放将邻国置于外交优先地位的信号。此后，莫迪通过与南亚近邻频繁的高层互动，不断强化"邻国优先"的政治基础。截至2023年底，印度总理莫迪共出访尼泊尔5次，斯里兰卡3次，阿富汗、孟加拉国、不丹和马尔代夫各2次，巴基斯坦1次。[2] 莫迪对邻国的多次出访都具有极强的政治意义。比如，2014年6月，莫迪将不丹作为第一任期的首个外访对象国；2014年8月，莫迪出访尼泊尔，是印度总理1997年之后首次出访尼泊尔；2015年3月，莫迪出访斯里兰卡，是印度总理继1987年之后首次出访斯里兰卡；2019年5月，莫迪将马尔代夫作为第二任期的首个外访对象国；2021年3月，莫迪出访孟加拉国，是其新冠疫情暴发以来的首次外访。

莫迪政府大力推进与南亚近邻的经贸合作。对外援助方面，莫迪政府上台后在财年预算中剔除了印度技术和经济合作（ITEC）项目，取而代之的

---

[1] Ministry of External Affairs, Government of India, "Prime Minister Narendra Modi Select Speeches on Foreign Policy 2014-2015," p. 8, http://mea.gov.in/PM_SpeechBook_2014-25/?page=10, accessed January 28, 2024. 有学者认为，"邻国优先"政策主要包括四项内容，即将南亚近邻和印度洋岛国置于政治和外交优先地位；在资源、设备、培训等领域向邻国（如果邻国需要的话）提供支持；加强互联互通和整合，改善商品、人员、能源、资本和信息的自由流动；促进印度主导、邻国满意的地区主义模式。参见Vikash Chandra, "Modi Government and Changing Patterns in Indian Foreign Policy," *Jadavpur Journal of International Relations*, Vol. 21, No. 2, 2017, p. 104。

[2] "List of International Prime Ministerial Trips Made by Narendra Modi," Wikipedia, https://en.wikipedia.org/wiki/List_of_international_primeministerial_trips_made_by_Narendra_Modi#, accessed February 1, 2024.

是具体受援国清单，以体现对关键国家的重点援助。① 从财年预算来看，南亚近邻是接受印度援助最多的国家。以2023~2024财年（2023年4月~2024年3月）预算为例，印度向阿富汗、不丹、孟加拉国、马尔代夫、斯里兰卡和尼泊尔提供援助233.01亿卢比，约占对外援助总额449.37亿卢比的49.63%。② 投资贸易方面，印度是尼泊尔和不丹最大的贸易国和外资来源国，也是孟加拉国、斯里兰卡和马尔代夫的重要经贸合作对象。虽然印度与各国的经贸合作潜力并未得到有效挖掘，但莫迪政府上台后，持续推进与各国的贸易、投资、互联互通等合作，特别是充分利用"救灾外交"（如尼泊尔和阿富汗地震）、"抗疫外交"（新冠疫情）、"援助外交"（如斯里兰卡债务危机），以及与美国、日本联手，大幅拉紧与各国的经贸纽带。以互联互通为例，莫迪政府以孟加拉国-不丹-印度-尼泊尔倡议（BBIN）和环孟加拉湾多领域经济技术合作倡议（BIMSTEC）为主要机制，以尼泊尔、孟加拉国、不丹为重点国家，积极推动构建陆海统筹、内外整合、辐射印太的互联互通格局。③

莫迪政府还积极应对南亚地区的安全风险。莫迪政府灵活处理阿富汗变局，通过提供人道主义援助、召开阿富汗问题德里地区安全对话、重开驻阿富汗大使馆等，最大限度确保印度在阿富汗的现有利益。印度对巴基斯坦持续孤立打压，拒绝与巴基斯坦进行实质性对话，试图打造将巴基斯坦排除在外的地区合作框架，在国际上给巴基斯坦扣上"支恐"帽子。印度外长苏杰生公开指责"没有其他国家像巴基斯坦一样实施恐怖主义"，并讽刺印巴同为"IT专家"，但印度是"信息技术专家"（Information Technology），而巴基斯坦则是"国际恐怖主义专家"（International Terrorism）。④ 显然，印巴关系转圜难度较大。

---

① Angshuman Choudhury, "How India Funds the World: Financial Assistance in the Immediate Neighbourhood," *Economic & Political Weekly*, Vol. 54, No. 22, 2019, p. 3.
② Ministry of Finance, *Expenditure Profile 2023-2024*, February 2023, p. 217.
③ 楼春豪：《印度的地缘战略构想与地区基础设施联通政策》，《南亚研究》2019年第4期，第1~23页。
④ "No Other Country 'Practices Terrorism' Like Pakistan Does: EAM Jaishankar," *The Hindu*, October 2, 2022.

二 "邻国优先",还是"邻里困境"?

客观而言,莫迪政府的"邻国优先"取得了一定进展。除了与巴基斯坦僵局难破、与阿富汗和马尔代夫的关系有所回落外,对其他邻国的渗透力和影响力均有不同程度的强化。比如,莫迪政府对中国科考船停靠斯里兰卡颇有意见,2023年更是利用其在斯里兰卡经济危机时"慷慨相助"所获得的影响力,多次就中国科考船停靠事宜公开向斯里兰卡施压,最终迫使斯里兰卡于2024年初宣布暂停外国科考船停靠,为期一年。印度民众对"邻国优先"政策的效果也评价颇高。2022年11月,印度观察家研究基金会(ORF)发布的民调结果显示:79%的受访者认为"邻国优先"政策"已经得到充分定义";近78%的受访者对巴基斯坦表示不信任,但认为斯里兰卡、孟加拉国、不丹、尼泊尔和马尔代夫值得信任的受访者占比分别高达65%、57%、63%、70%和60%。[1]

不过,在印度教民族主义政治议程强势推进、外部崛起环境相对有利的背景下,印度对邻国的大国沙文主义逐渐抬头,对邻国与中国关系的疑虑和破坏越发严重,这也严重影响印度与南亚近邻的关系。从前些年印度与巴基斯坦、尼泊尔等国的领土争端,到印度2019年取消印控克什米尔特殊地位、通过《公民身份修正法案》等引发巴基斯坦、孟加拉国等国严重关切和抗议,以及尼泊尔、斯里兰卡等国对印度干涉内政的不满,可谓明证。印度的"邻里困境"并非新生事物,但莫迪政府的"邻里困境"有其独特的内外环境和表现形式,大致可从双边、地区和秩序三个层面予以理解。

(一)双边层面,印度与邻国之间普遍存在信任赤字,导致"共同体困境"

任何国家崛起都需要稳定、繁荣的周边,都需要与邻国维持较好的关

---

[1] Aditya Gowdara Shivamurthy, *How India Sees Its Neighbourhood: From the Lens of Young India*, Observer Research Foundation, January 2, 2023, https://www.orfonline.org/expert-speak/how-india-sees-its-neighbourhood, accessed January 18, 2024.

系，莫迪总理在阐释"邻国优先"政策时多次表达类似观点。2014年9月，莫迪在第69届联合国大会一般性辩论上发言称："印度渴望和平与稳定的发展环境。一个国家的命运与其周边相连。因此，印度政府将促进与邻国的友谊与合作置于最优先位置。"① 但在具体政策层面上，印度却总是倾向于将本国国家利益和考量凌驾于其他国家之上，导致印度与邻国之间始终存在介入与反介入、压制与反压制的矛盾，既有激进推进国内政治议程而损及邻里关系的情况，也有将双边关系过度安全化而加剧邻里矛盾的问题。

莫迪政府的"遏巴""弱巴"政策使印巴关系难以缓和。印巴对抗是南亚地区安全格局的突出特点。莫迪政府上台之初曾做出发展与巴基斯坦友好关系的姿态，但对巴强硬（特别是在反恐问题上）才是其政策基调。2016年9月，印控克什米尔乌里军事基地遇袭，印度越过实控线对巴基斯坦进行外科手术式打击，并抵制原计划当年底在巴基斯坦召开的第19届南盟峰会。2019年2月，印控克什米尔普尔瓦马遭遇严重自杀式爆炸袭击，印度越过实控线空袭巴方目标并引发两国空战，这也是第三次印巴战争以来双方战机首次越过实控线。2021年2月25日，印巴两军发表联合声明，同意停止在实际控制线一带和其他区域的开火行为，这是印巴自2003年签署停火协议后首次达成类似联合声明，但据巴媒披露，印度坚持在克什米尔问题上的立场，导致双方谈判陷入"死局"。② 此外，莫迪政府还搅动印巴关系中最为敏感的宗教问题，而宗教问题（及其与之相关的身份认同）恰恰是导致印巴矛盾的深层次因素。2019年第二任期开始后，莫迪政府强势推进印度教民族主义三大议程，即废除宪法第370条，取消印控克什米尔"特殊地位"、通过《公民身份修正法案》、在阿约迪亚重建罗摩庙，使得印巴关系急剧恶化。2023年12月11

---

① "English Rendering of the Statement by Prime Minister, Shri Narendra Modi at the General Debate of the 69th Session of the United Nations General Assembly (UNGA)," Press Information Bureau, Government of India, September 27, 2014, https：//pib.gov.in/newsite/PrintRelease.aspx?relid=110091, accessed January 18, 2024.

② "Pak-India 'Backchannel' Talks Hit Dead End," The Express Tribute, August 8, 2022, https：//tribune.com.pk/story/2370099/pak-india-backchannel-talks-hit-dead-end, accessed October 24, 2022.

日，印度最高法院裁定莫迪政府2019年8月废除给予印控克什米尔地区"特殊地位"的宪法第370条的做法"合法"，并要求尽快恢复"查谟和克什米尔地区""邦"的地位，① 使印巴关系继续下滑。虽然印度自恃印巴实力天平正朝着对其有利的方向倾斜，但巴基斯坦毕竟是南亚第二大国，且与中国、美国都拥有特殊关系，倘若印度无法妥善处理好印巴关系，除了会在南亚地区受到羁绊之外，也会使巴基斯坦因素影响到印美、印中关系。

  莫迪政府与其他近邻也存在互信缺失的情况。印度在古杰拉尔主义提出之后，对南亚近邻采取了相对温和的外交政策，但骨子里谋求地区霸权的思维并未改变，② 导致其高度关注南亚近邻国内政治的变化以及与域外国家（特别是中国）的关系。通过查阅印度外交部历年年度报告可以发现，莫迪政府对尼泊尔、斯里兰卡、孟加拉国、马尔代夫、不丹等国领导人上任后"是否首访印度"特别在意，并将之作为衡量相关国家与印度关系亲疏远近的重要指标。孟加拉国是印度发展援助的最大受援国（占印对外发展援助额约30%）和南亚地区的最大贸易伙伴，也是莫迪政府发展双边关系相对成功的邻国。特别是2015年6月莫迪出访孟加拉国期间，双方交换了陆地边界协议批准书，彻底解决了双方之间持续数十年的陆地边界争端，有助于改善孟加拉国对印度的认知。不过，除了水资源共享的老问题外，印度教民族主义的高涨成为孟加拉国对印度担忧关切的主要问题。印人党要员将孟加拉国非法移民称为"白蚁"的说法让孟加拉国难以接受，莫迪政府2019年通过《公民身份修正法案》更是导致孟加拉国第一时间取消外交部长、内政部长等访印计划以示抗议，时任总理谢赫·哈西娜则表示"该法案没有必要""不理解印方动机"。③

  2023年，印度与周边国家的关系屡屡拉响警报，可为印证。2023年6

---

① "Pakistan Rejects the Indian Supreme Court's Verdict on India Illegally Occupied Jammu and Kashmir," Ministry of Foreign Affairs, Pakistan, December 11, 2023, https：//mofa.gov.pk/pakistan-rejects-the-indian-supreme-courts-verdict-on-indian-illegally-occupied-jammu-and-kashmir, accessed January 18, 2024.
② Sandra Destradi, *Indian Foreign and Security Policy in South Asia*, London：Routledge, 2012, p.167.
③ Kallol Bhattacherjee, "India's New Citizenship Law Unnecessary, Says Sheikh Hasina," *The Hindu*, January 19, 2020.

月，印度新落成议会大楼的一幅描述古代印度文明的壁画，将巴基斯坦、孟加拉国和尼泊尔纳入，一些印度人民党政客将之描述为"不可分割的印度"①。印人党母体组织国民志愿服务团（RSS）在意识形态领域对莫迪总理有很强的影响力，该组织领导人莫汉·巴格瓦特（Mohan Bhagwat）在早些时候曾表示，"'不可分割的印度'是毋庸置疑的真理"，而且"将在未来几年成为现实"，② 表明其对从文化角度定义印度版图的臆想。莫迪政府的相关言行引起了邻国的担忧与不满，巴基斯坦、孟加拉国、尼泊尔都对印度新议会大楼悬挂"不可分割的印度"壁画提出抗议。③ 印度还继续对其他南亚近邻的内外政策保持较深介入，甚至或明或暗指手画脚；对中国深化与斯里兰卡、马尔代夫的海洋合作心存疑虑，质疑中国搞"珍珠链战略"。比如，2023年，中国与不丹边界谈判进展顺利，印度方面"密切跟踪谈判进展"，迫使不丹方面表示"所有决定都将考虑印度利益，始终在印度关切问题上询及印度"。④ 2023年底，支持"印度离开"（India Out）运动的进步大会联盟领袖穆罕默德·穆伊兹（Mohamed Muizzu）当选马尔代夫总统，并采取一系列举措维护国家主权安全、降低印度影响力；2024年初孟加拉国大选之后，"印度离开""抵制印度商品"的声音也不断出现。⑤

---

① 1937年，印度教大斋会（Hindu Mahasabha）领导人维纳亚克·达莫达尔·萨瓦卡尔（Vinayak Damodar Savarkar）在印度教大斋会第19届大会上提出"不可分割的印度"（Akhand Bharat）概念，地理范围包括现在的阿富汗、孟加拉国、不丹、印度、马尔代夫、缅甸、尼泊尔、巴基斯坦、斯里兰卡，甚至中国西藏地区，企图从宗教文化层面界定印度边界，为印度教民族主义者所推崇。
② The Hindu Bureau, "'Akhand Bharat' the Undisputed Truth, Says RSS Chief Mohan Bhagwat," *The Hindu*, April 1, 2023.
③ Rhea Mogul, "Why a Map in India's New Parliament Is Making Its Neighbors Nervours," CNN, June 13, 2023, https：//edition.cnn.com/2023/06/13/india/india－akhand－bharat－map－parliament-intl-hnk/index.html, accessed February 18, 2024.
④ Suhasini Haidar, "Why Are the China-Bhutan Boundary Talks Significant？" *The Hindu*, October 27, 2023.
⑤ Dipanjan Roy Chaudhury, "Opposition BNP & Radical Forces Encourage 'India Out' Campaign in Bangladesh," *Economic Times*, February 11, 2024; Faisal Mahmud, "'India Out' Campaigns Simmer in Bangladesh amid Election Fallout," Al Jazeera, February 7, 2024, https：//www.aljazeera.com/economy/2024/2/7/india－out－campaigns－simmer－in－bangladesh－amid－election-fallout, accessed February 18, 2024.

（二）地区层面，印度未能真正推进地区一体化，导致"一体化困境"

冷战结束后，区域经济一体化蓬勃发展，南亚各国也有强烈的推进区域经济一体化的动机。印度、巴基斯坦、斯里兰卡、尼泊尔、孟加拉国、不丹、马尔代夫于1993年签署《南盟优惠贸易安排》（SAPTA，1995年正式生效），2004年签署《南亚自贸区协定》（SAFTA，2006年正式生效，阿富汗2011年加入），并提出了2016年将区域内贸易关税降到零等宏伟目标。2014年第18届南盟峰会在尼泊尔加德满都举行，会议通过《加德满都宣言》，强调加快推动区域一体化建设，加强在基础设施建设、地区互联互通等领域的合作。印度作为地区最主要的经济体，是牵引南亚地区经济一体化的主要力量。不过，由于印度未能切实推进南亚一体化进程，南亚地区经济一体化蹒跚前行，南亚迄今仍是地区一体化程度最低的地区。数据显示，南亚域内贸易额只占各国贸易总额的5%，远低于东盟的30%、欧盟的60%，甚至低于非洲大陆的12%。[1] 莫迪政府虽然对促进地区一体化做出了不少高调表态，也取得了一定进展，但并未有效扭转南亚地区一体化进展缓慢、碎片化严重的情况。

地缘政治层面，印度将印巴关系与南盟发展相捆绑，导致南盟"事实停摆"。南盟是推动地区一体化的主要平台，受印巴关系影响，历史上曾多次停摆。2016年乌里恐怖袭击后，印度率先抵制原定当年在巴基斯坦举行的第19届南盟峰会，孟加拉国、不丹、阿富汗等紧随跟进，导致南盟峰会被迫取消、停摆至今；2020年，印巴关系恶化，南盟部长理事会未能如期召开，停摆至今；2021年阿富汗政权变天，阿富汗塔利班临时政府的合法性未能得到其他南盟成员国承认，故而无法参与一体化进程。因此，虽然在2023年12月8日的第39个南盟宪章日庆祝活动上，各成员国领导人承诺加强团结应对挑战[2]，但在印度继续对巴战略挤压的情况下，南盟被印巴关系

---

[1] Sagar Prasai, "South Asian Regionalism: What Hopes After SAARC Meltdown?" The Asia Foundation, November 2, 2016, https://asiafoundation.org/2016/11/02/south-asian-regionalism-hopes-saarc-meltdown/, accessed February 18, 2024.

[2] "SAARC Leaders Pledge Unity amid Challenges," The Kathmandu Post, December 9, 2023.

"绑架"的状况很难得到改变。与此同时，印度通过推进环孟加拉湾多领域经济技术合作倡议和孟加拉国-不丹-尼泊尔-印度倡议等，构建将巴基斯坦排除在外的地区互联互通网络。印度的这种政策导致了"分裂的南亚"：一边是无法有效参加地区一体化的由巴基斯坦和阿富汗构成的南亚，另一边是印度主导的将巴基斯坦和阿富汗排除在外的其他南亚国家卷入其中的南亚。这种分裂的南亚给印度的"邻国优先"政策造成了巨大的政治、安全和经济成本。

地缘经济层面，虽然印度国内战略界一直呼吁莫迪政府突出"邻国优先"政策中的地缘经济因素，但由于印度在贸易便利化、降低或取消非关税壁垒等方面进展缓慢，加之南亚各国产业能力不足、互补性不强，印度邻国普遍关注的两个诉求（即增加域内贸易、降低对印贸易赤字）均未能得到有效解决，邻国并未从印度经济发展中有效获益。[①] 印度商工部公布的数据（表1）显示，2014~2015财年至2023~2024财年，印度与南亚邻国之间的贸易额有所增加但并不明显，贸易额占印度进出口总额的比重则基本没有变化，南亚邻国关注的对印度贸易逆差问题也未得到有效解决。2023~2024财年，印度对南亚地区出口额约为256.20亿美元，占印度出口总额的5.86%，同比下降8.59%，同期印度从南亚国家进口51.69亿美元，占印度进口总额的0.77%，同比下降5.08%。

表1 2014~2015财年至2023~2024财年印度与南亚邻国贸易情况

单位：亿美元，%

财年	印度出口额	占印度出口总额的比重	印度进口额	占印度进口总额的比重	南亚国家逆差额
2014~2015	204.8002	6.5993	29.3085	0.6542	175.4917
2015~2016	185.9418	7.0891	29.7501	0.7808	156.1917
2016~2017	192.2214	6.9683	28.134	0.732	164.0874

---

① Riya Sinha, Niara Sareen, *India's Limited Trade Connectivity with South Asia*, Brookings Institutions, May 26, 2020, https://www.brookings.edu/wp-content/uploads/2020/05/Trade-Policy-Brief.pdf, accessed February 18, 2024.

续表

财年	印度出口额	占印度出口总额的比重	印度进口额	占印度进口总额的比重	南亚国家逆差额
2017~2018	231.0090	7.6108	32.0266	0.6879	198.9824
2018~2019	253.4882	7.6796	43.6302	0.8487	209.858
2019~2020	219.4138	7.0019	38.3558	0.808	181.058
2020~2021	220.7779	7.5658	33.7712	0.8562	187.0067
2021~2022	342.2880	8.111	54.8637	0.8949	287.4243
2022~2023	280.2668	6.2134	54.4603	0.7607	225.8065
2023~2024	256.2009	5.86	51.6947	0.77	204.5062

资料来源：Ministry of Commerce and Industry, Government of India, https://tradestat.commerce.gov.in/eidb/ergncnt.asp。

政策落地层面，莫迪政府的政治承诺与政策落实之间存在差距。有学者一针见血地指出，印度总是面临"兑现赤字"（delivery deficit）的问题，即"承诺过多，兑现不足"（over-promising, under-delivering）。[1] 2022年4月12日，印度政府举行首次"邻国优先"跨部委协调机制会议，而这距离莫迪政府提出"邻国优先"政策已过去8年。在这次跨部委协调机制会议上，外交部、内政部、财政部、国防部、铁道部、商工部、渔业部、内阁秘书处、国家安全委员会秘书处、边防部队等十余个部门参会，旨在加强各部门之间的统筹协调，以全政府形式推进"邻国优先"政策，涉及与南亚邻国在贸易投资、互联互通、边境基础设施、移民、发展合作、边境安全等领域的合作。[2] 不过，印度外交部2023~2024年度报告并未披露跨部委协调机制如何进一步推进"邻国优先"政策。2023年7月，印度议会秘书处发布了关于"邻国优先"政策的专题报告，侧面印证了莫迪政府"邻国优先"政策落实慢、落地难的问题。该报告指出，"政治和安全因素必须继续指导印

---

[1] Granth Vanaik, "The Problem with India's Economic Diplomacy in South Asia," The Diplomat, April 22, 2021, https://thediplomat.com/2021/04/the-problem-with-indias-economic-diplomacy-in-south-asia/, accessed February 20, 2024.

[2] "First Inter-ministerial Meet Held to Promote Ties with Neighbours," Economic Times, April 13, 2022.

度的地区政策，但印度的战略利益必须主要聚焦于促进与邻国的经济和基础设施互联互通。印度奉行经济保护主义，忽视了边境地区和邻国。有些情况下，20世纪50~60年代印度与邻国的互联互通程度甚至好于今天。比如，20世纪60年代初期，印度与东巴基斯坦的铁路线路要多于今天印度与孟加拉国的铁路线路。"①

（三）秩序层面，莫迪政府逐渐偏离战略自主，使南亚国家卷入大国博弈的风险增大，导致"阵营化困境"

莫迪政府上台后采取"全面拥抱美国"的政策，对华政策则逐渐偏离1988年双边关系正常化以来的互动范式。特别是2019年第二任期以来，受美国"拉印制华"策略、印度教民族主义情绪高涨以及2020年加勒万河谷冲突事件等多重因素影响，印度对华政策趋于强硬，日益从"第三方视角"来审视和处理对华关系。这一方面体现在印度将印巴矛盾部分转嫁于中国，认为巴基斯坦已不具备挑战印度的实力，批评中国扶持巴基斯坦对抗印度；另一方面也体现在印度图谋利用美国对华战略竞争的机会，最大限度地从中渔利。虽然中国一再表达加强"中印邻"合作的意愿，南亚各国也希望受益于中国和印度的崛起，但是印度日益从地缘政治竞争的角度来审视其南亚政策，导致南亚地区面临"阵营化对抗"的风险加剧。在具体政策层面，就是印度将对华对美政策直接传导至其对南亚邻国的政策，日益默许乃至配合美国在南亚地区对中国的战略对冲与遏制。

战略安全层面，印度默认美国将南亚纳入"印太战略"轨道。印度改变之前对美国在其周边强化军事存在的担忧，对美国与马尔代夫签署国防合作协定、推进"孟加拉湾安全倡议"等表示默许。目前，美国正敦促孟加拉国尽快签署《军事情报保护协定》（GSOMIA）和《物资劳务相互提供协定》（ACSA），莫迪政府的后续态度值得关注。地缘经济层面，印度联合美

---

① Lok Sabha Secretariat, *Ministry of External Affairs: India's Neighbourhood First Policy*, Twenty Second Report, July 2023, pp. 8-9.

国及其盟伴在南亚阻击"一带一路"。印度对"一带一路"特别是中巴经济走廊持疑虑乃至反对态度，通过渲染"债务陷阱"、抛出对冲性项目、诱逼地区国家放弃与中国合作等予以干扰阻挠。印度积极迎合美国在孟加拉国、斯里兰卡、尼泊尔等国阻挠"一带一路"建设的动作，对美国与尼泊尔签署"千年挑战计划"（MCC）协议予以认可，甚至加强与美国、日本、澳大利亚等国合作以对冲中国影响力。此外，印度在中印边界争端、涉藏等敏感问题上引入美国因素。[①]

南亚地区本来并非美国对华战略竞争的主战场，除了印度以外的其他国家也不愿意在美国对华战略竞争中"选边站队"，但由于印度在美国"印太战略"中的独特地位以及其日益强烈的"倚美制华""抗衡中巴"企图，南亚各国在中美之间、中印之间"选边站队"的压力增大，实际上不利于印度营造良好积极的周边环境。有印度学者表示："虽然印度是不结盟运动的旗手，但印度在冷战时期与苏联的经济和国防合作更紧密，给地区国家造成'选边站队'的巨大压力。现在，莫迪政府与美国走得很近，导致了相似的局面。在向美国寻求支持以对抗巴基斯坦和中国时，印度并未给予邻国足够重视。"[②]

三 印度"邻里困境"的战略文化根源

印度与南亚周边国家之间的"邻里困境"并非新现象，只不过在不同阶段呈现的形式、内容、特点有所不同，这也说明造成印度"邻里困境"的因素是长期性、深层次的。从战略文化角度看，莫迪政府面临的"邻里困境"与其对南亚地区秩序的体系观、追求绝对安全的安全观、将中国视作对手的敌友观和推崇印度教民族主义的宗教观有很大关联。

[①] Sudha Ramachandran, "With an Eye on Tibet, China Reacts Warily to Warming U.S.-Nepal Ties," *China Brief Volume*, The Jamestown Foundation, Vol. 22, No. 15, August 2022, pp. 20-24.

[②] Saroj Kumar Aryal, Simant Shankar Bharti, "Evolution of 'India's Neighbourhood First Policy' Since Independence," *Society*, p. 230.

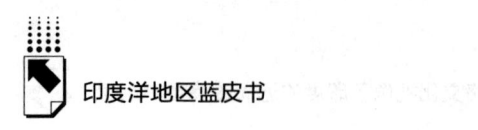

（一）印度对南亚地区的等级观，使其滋生出错误的地区秩序观

"印度中心"是南亚地缘结构的鲜明特征。地理上，南亚次大陆与外界相对隔绝，东北部有喜马拉雅山脉阻隔，东、南、西三面被孟加拉湾、印度洋和阿拉伯海所环绕，西北部的兴都库什山脉也仅留下开伯尔山口与中亚相连，形成相对封闭的地理单元。在这一地理单元中，除阿富汗外（有些学者将阿富汗划入中亚），印度与其他所有南亚国家或陆上相连，或隔海相望，但除了巴基斯坦与阿富汗之外，其他南亚国家彼此并不共享陆地边界。显然，从地缘政治角度看，南亚呈以印度为中心、其他国家环绕四周的"众星拱月"态势，印度拥有主导南亚事务的天然优势。从综合实力看，印度无疑是南亚的霸主，其大象般的体量让南亚其他国家难望项背。印度的国土面积是其他国家总和的1.6倍左右，人口是其他国家总和的近3倍，国内生产总值（GDP）约是其他国家总和的4倍。

"印度天命"是印度对外战略认知的鲜明特色。印度教中的种姓制度深刻影响了印度社会，并传导至印度对世界秩序的认识。有学者指出，"印度天命论"既是印度认识世界的起点，更深刻地影响了印度独立后历届领导人的安全及外交思想；印度精英层认为印度应居于世界等级结构的最高层，就如国内种姓制度中的婆罗门；印度在世界舞台的"一等大国"地位是与生俱来的，而非通过后天争取或者他国恩赐而来，他国对此只需承认即可。① 从首任总理尼赫鲁"有声有色的大国"的豪言壮语到政治强人莫迪寻求的"领导性力量"目标，以及"民主之母""世界导师"的自我期待，都是"印度天命论"的体现。

"印度中心"的地缘结构叠加"印度天命"的世界观，催生了印度对南亚地区错误的秩序观，即南亚秩序是"印度至上"的等级秩序，其他国家必须采取"印度优先"的政策。莫迪本人及其外交、国安团队高度推崇印度教经典文献，自然继承了将国家分为"三六九等"的秩序观。因此，虽

---

① 胡仕胜：《洞朗对峙危机与中印关系的未来》，《现代国际关系》2017年第11期，第18页。

然印度领导人声称对南亚的愿景是"同舟共济、共同发展"（Sabka Saath，Sabka Vikas），① 甚至表示"没有邻国的进步，印度的发展是不完整的。'邻国优先'不仅是战略，更是印度哲学的核心"，② 但其"邻国优先"政策的内在逻辑是要求邻国采取"印度优先"政策。

巴基斯坦自不用说，莫迪政府对国际社会将印巴同等对待的做法相当不悦。至于其他国家，印度也往往以是否采取"印度优先"政策作为衡量双边关系的重要依据，对"不尊重印度关切"的国家动辄予以"教训"。比如，2015年3月，印度总理莫迪不满当时马尔代夫总统亚明的友华政策以及对国内亲印势力的压制，临时取消对马尔代夫既定访问，而2018年11月则作为唯一的外国领导人参加亲印总统萨利赫的就职典礼（系莫迪首次访问马尔代夫），2019年第二任期更是选择马尔代夫作为首个出访国；2015年9月，莫迪政府不满尼泊尔公布新宪法，对尼泊尔进行持续近半年的封锁。有尼泊尔学者坦言，印度古典政治论著《政事论》强调国家之间地位不同，而决定不同地位的是"实力"和"幸福"，小国由于缺乏"实力"故而无法实现"幸福"，这影响了印度对南亚国家的政策，并将之概括为"新考底利耶主义"。③

（二）英殖民者战略思想遗毒叠加印度教民族主义叙事，使印度倾向于以现实主义追求"绝对安全"的安全观

19世纪下半叶开始，英殖民者围绕如何界定英属印度的边疆、如何防

---

① "My Vision for South Asia Is Same as My Vision for India-Sabka Saath, Sabka Vikas: PM," Marendra Modi, February 5, 2016, https://www.narendramodi.in/text-of-pm-s-address-at-the-inaugural-ceremony-of-12th-south-asian-games-at-guwahati--412744, accessed on February 18, 2024.
② Manali Kumar, "Modi's Neighbourhood First Promise Fails to Materialize," South Asian Voices, April 17, 2020, https://southasianvoices.org/modis-neighborhood-first-promise-fails-to-materialize/, accessed February 18, 2024.
③ Gaurav Bhattarai, Manish Jung Pulami, "The Neo-Kautiliyan Facet of Modi's Neighbourhood Policy: A Non-Western Perspective," *Stosunki Międzynarodowe-International Relations*, Vol. 56, No. 2, 2020, p. 46.

御俄国人侵以及如何对待阿富汗等问题展开激烈讨论,"科学边疆"(Scientific Frontier)的概念随之产生。在英殖民者看来,"科学边疆"不是要得到一条边界线,而是要确立一个"区域",这一区域是帝国利益的边疆部分,虽然并没有直接受到帝国的控制,却属于帝国势力的影响范围。[1] 根据英殖民者的设想,"科学边疆"是服务其殖民统治的边疆体系,由英殖民者直接控制的地区、主要由部落贵族统治但英国有巨大影响力的地区、缓冲带（如阿富汗）三个层级构成。

英殖民者的"科学边疆"和"缓冲区"思想对印度的国家安全思想产生了巨大影响,导致其过度追求绝对安全。这不仅埋下了当今中印边界争端、印巴克什米尔争端等问题的祸根,也使印度以"缓冲区"的视角来看待不丹、尼泊尔以及被其吞并的锡金。1950年1月6日,尼赫鲁在议会上称:"我们祝贺尼泊尔的独立,但我们也不能允许任何事情在尼泊尔出错,或者允许这一屏障被突破或弱化,因为那是对我们自身安全的风险。"[2] 印度战略界有将尼泊尔、不丹甚至中国西藏作为"缓冲区"的臆想,认为只有像英殖民者那样尽量将"科学边疆"前推,才能更好地维护本国安全。当尼泊尔和不丹的国内政治或对华关系出现变化的时候,印度往往会在第一时间做出反应。无论是2015年对尼泊尔的封锁、2019~2020年与尼泊尔的地图风波,还是2017年挑起洞朗对峙,抑或是2023年对中不边界谈判表现出的关切,以及近年来与达赖集团的互动升级,都有这种"缓冲区"思想作祟的因素。

此外,围绕印度国家身份认同的问题,印度民族主义者提出了"历史边界论",即印度的边界是长期历史形成的,"自古以来就存在着一个由相同文化、共同经历、风俗和地理所明确界定的国家","印度统一存在于文化而不是宗教之中","很久就存在一个名为'印度'的精神和文明实体",

---

[1] 袁剑、刘玺鸿:《"科学边疆"及其实践——19世纪后期英国围绕印度西北边疆的治理策略及其影响》,《世界历史》2018年第6期,第80页。

[2] Sangeeta Thapliyal, "India and Nepal Treaty of 1950: The Continuing Discourse," *India Quarterly*, Vol. 68, No. 2, 2012, pp. 119-133.

并将国家衰弱归于多孔边界、不统一和分裂。① 莫迪上台以来，更加重视从文化和文明角度去定义本国身份，潜藏着打着文明旗号、利用文化联系对邻国施加影响的意图。前面提及的印度教民族主义三大议程，以及印度教民族主义者宣扬的"不可分割的印度"叙事，都引起了邻国对印度教民族主义外溢以及印度大国沙文主义的担忧乃至恐惧。

莫迪政府还强调以现实主义而非理想主义、以本国利益而非国际道义作为对外政策的指导原则。印度外长苏杰生在2022年出版的《印度道路：不确定世界的战略》一书中提出要"打破德里教条""在精于算计的情况下敢于承担风险"。在2024年新著《婆罗多为何重要》，苏杰生更是严厉批判了尼赫鲁主义框架下过于理想、过于注重道义的外交政策，对萨达尔·帕蒂尔（Sadar Patel）、希亚姆·普拉萨德·慕克吉（Syama Prasad Mookerjee）等强硬派则推崇备至。② 因此，莫迪政府对涉及本国国家利益的问题更加敏感，将国内安全与外部安全更紧密地联系在一起（特别是恐怖主义问题），③ 并倾向于采取强硬手段对其主观认定的影响其国家安全和利益的情况做出反应。比如，无论是瓦杰帕伊政府还是曼莫汉·辛格政府，都担心印巴矛盾升级可能导致两个拥有核武器的国家之间爆发战争，故而即使在本国遭受恐怖袭击后会加强克什米尔前线军事部署，但在具体军事行动上保持克制，而莫迪政府则倾向于对巴控克什米尔境内目标采取外科手术式打击。

（三）"曼陀罗体系"（Mandala）叠加对华政策转向竞争，催生其错误的"敌友观"，甚至推行"以中划线"的南亚政策

"曼陀罗"是佛教用语，意译为"坛""轮圆具足""聚集"等。印度古典政治著作《政事论》提出了"曼陀罗体系"，以同心圆的形式来描述国

---

① Kanti Bajpai, Siddharth Mallavarapu, ed., *International Relations in India: Theorizing the Region and Nation*, New Delhi: Orient Longman, 2005, pp. 258-259。转引自邓红英《中印边界问题与印度对华政策》，世界知识出版社，2019，第60~61页。
② S. Jaishankar, *Why Bharat Matters*, Delhi: Rupa Publications India, 2024, pp. 161-177.
③ Shibashis Chatterjee, *India's Spatial Imaginations of South Asia: Power, Commerce and Community*, New Delhi: Oxford University Press, 2019, pp. 107-108.

家间关系。其基本假设是：世界是由众多国家所构成的一系列同心圆，国家类别包括朋友、帝国和中立国；与一国接壤的邻国是敌国，故形成"敌人-朋友-敌人-朋友"相互交替的同心圆体系。受此思想影响，印度倾向于将邻国视作"敌人"，特别是中国和巴基斯坦。1962年中印边境冲突之后，对华安全疑虑就成为印度对华安全认知的主要方面。即使双边关系正常化以后，"中国安全挑战"始终是印度战略界的重点研究议题，出现了"中国武力解决边界问题论""中国染指印度势力范围论""中国进军印度洋构筑珍珠链论""水资源威胁论"等论调。①

随着南亚战略力量对比的变化，印度在外部威胁排序中逐渐将中国置于巴基斯坦之前。印度前国家安全顾问希夫尚卡尔·梅农（Shivshankar Menon）曾忧虑地指出："中印两国战略家——虽然不是政府——都在对中印对抗的话语进行辩论。如果两国政府基于对抗性的话语行事的话，这些话语可能自我成真。"② 莫迪政府上台后更加强调中印关系的"竞争面"，更加倾向于将中印关系"安全化"，对其单方面假定的"来自中国的挑战"更加焦虑，且倾向于"强硬反击"。③ 印度的应对措施包括但不限于：反对乃至干扰"一带一路"；对中国采取限制性、歧视性的经贸政策；在一些全球治理议题上与中国唱反调；在边界问题上咄咄逼人且寻求美国支持；等等。

印度外长苏杰生指出，从印度独立之初尼赫鲁和帕特尔关于对中国应该"合作"还是"防范"时开始，印度对华政策就始终在"中印大同"（Chindia）和"印度第一"（India First）之间摇摆，而现在印方已经明确认

---

① 楼春豪：《印度对华认知初探》，《国际研究参考》2013年第10期，第1~9页。
② Shivshankar Menon, "Maritime Imperatives of Indian Foreign Policy," (Speech at National Maritime Foundation, September 11, 2009) Institute of Chinese Studies, October 8, 2017, https：// www.icsin.org/uploads/2017/10/08/12526b01066480b47a66c402282767d8.pdf, accessed February 22, 2024.
③ Vijay Gokhale, "A Historical Evaluation of China's India Policy: Lessons for India-China Relations," Carnegie Endowment for International Peace, December 1, 2022, https：// carnegieendowment.org/files/Gokhale_-_Chinas_India_Policy3.pdf, accessed February 18, 2024; S. Jaishankar, *The India Way: Strategies for an Uncertain World*, Delhi: Harper Collins India, September 2020.

为中国将对印度构成"多维度挑战",并采取现实主义政策予以应对。[1] 折射到印度的周边政策或者邻里困境,就是印度往往以"抗衡中国"作为其邻国政策的出发点,往往以"对华关系远近"来决定对邻国应该采取何种策略(Upayas),包括调和(Sama)、赠予(Dana)、制造内乱(Bheda)和惩罚(Danda)。[2] 有印度学者将中国在南亚的正当活动视作对其"邻国优先"政策的挑战,甚至叫嚣"中国在诱导印度邻国方面大有进展,印度'邻国优先'(Neighbourhood First)正在变成'邻国陷落'(Neighbourhood Lost)。"[3]

南亚地区是中国周边外交的重要组成部分,但印度总是难以摆脱将中巴合作误解为针对印度的错误认知,难以割舍将南亚小国视为"势力范围""缓冲区"的战略思维,难以消除对中国在南亚取代印度地位的担忧,因而对中国与南亚国家的务实合作"习惯性怀疑"且"选择性破坏",自然会引起南亚近邻的不满。

余 论

由于外部战略环境和国内政治环境的变化,印度对南亚近邻的政策也在不断发展演变之中,但有几点是明确的:一是无论以国土面积、人口规模、经济体量、军事实力等指标来衡量,还是从对南亚地区事务的影响程度来看,印度都是南亚地区的主导性力量,故而有足够的战略资源去推行其针对南亚近邻的政策。二是无论印度的南亚近邻政策怎么变化,印度始终将维系

---

[1] S. Jaishankar, *Why Bharat Matters*, New Delli: Pupa Publications India, 2024, pp. 120-141.
[2] Gaurav Bhattarai, Manish Jung Pulami, "The Neo-Kautiliyan Facet of Modi's Neighbourhood Policy: A Non-Western Perspective," *Stosunki Międzynarodowe-International Relations*, Vol. 56, No. 2, 2020, pp. 39-65.
[3] Arpita Biswas, "India's Neighbourhood First Policy in South Asia: A Framework for 21st Century Partnership," *International Journal of Science and Research*, Vol. 9, No. 8, 2020, pp. 1324-1325; Prosenjit Pal, "India's Neighbourhood Policy-Contemporary Trajectories," *IMPACT: International Journal of Research in Humanities, Arts and Literature*, Vol. 6, No. 4, 2018, p. 225.

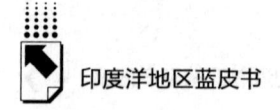

与南亚近邻的特殊关系、谋求在南亚事务中的主导作用、试图将南亚作为自身崛起的战略依托,作为其对外战略的重中之重。三是从战略文化层面看,印度始终难以打破将南亚近邻看作"势力范围"的思想桎梏,而这种追求安全化的、带有强烈控制欲(针对近邻)和排他性(针对域外国家)的近邻政策,又往往会引起南亚近邻的反感乃至反弹,使得印度的近邻政策始终难以取得预期效果,使得南亚周边始终难以成为印度崛起的战略依托。

莫迪政府高度重视"邻国优先"政策,但在实践层面经常蜕变为"印度优先"。莫迪政府对内积极推进印度教民族主义政治议程,对外更加奉行现实主义、更加强调对华政策的竞争性,都将对其南亚近邻政策造成负面影响,也使得其"邻国优先"政策存在明显的局限。南亚地区是中国和印度的"共同周边",南亚地区的和平稳定有利于中国和印度的共同崛起,印度可以而且应该与中国联手推进"中印+"合作,而不是让其南亚近邻"选边站队"。

B.4 印度应对印美价值观分歧的策略变化、动因及影响[*]

谢超[**]

摘 要: 印度是一个多族群国家,作为主导族群的印度教族群与少数族群之间的关系复杂且冲突频发,以美国为首的西方国家长期关注印度的少数族群地位问题。莫迪执政以来,其严苛的族群政策激化了印度固有的族群矛盾。由于莫迪政府加紧推行印度教民族主义的国内和国际动员,以及美国压制对印度人权问题的关切以拉拢印度支持其"印太战略"等,莫迪政府改变了应对印美价值观分歧的策略,系统呈现了构建主权叙事对抗美西方人权叙事、推动印度教民族主义的海外动员和加强印度情报部门的海外行动三大变化。莫迪政府系统加强在海外的渗透与干涉攻势,印度情报部门在海外的渗透和干涉行动日益大胆激进,其行动计划触碰美国主权,促使美国出台反制措施,莫迪政府被迫暂时缩减在美西方的海外渗透和干涉活动。美国对印政策的微妙转变,促使其西方盟友也不再压制对印人权关切,印度与西方国家在人权问题上的分歧上升,显示了美国打造所谓民主同盟战略的内在局限性。随着印美关系回归到竞争路径,未来一段时间印美价值观分歧上升和冲突增多的趋势将保持不变,印度与美国及其盟友的互动关系将更加复杂。

关键词: 印美关系 价值观分歧 人权问题 印度教民族主义

莫迪政府秉持的印度教民族主义已经发展成为印度主导的社会意识形

---

[*] 本文系 2023 年度上海市哲学社会科学规划课题"印度右翼政治思潮崛起及其内政外交影响研究"(项目批准号:2023BGJ007)的阶段性研究成果。
[**] 谢超,复旦大学南亚研究中心副研究员。

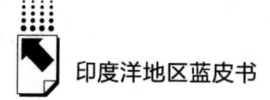

态，其族群政策日益突出强调印度教族群的主体地位，同时改变了应对与美西方价值观分歧的策略，试图扭转历届政府在少数族群问题上被动应对美西方干预的局面。在国内政治议程需求和相对有利的国际地缘环境的情况下，莫迪政府的应对印美价值观分歧的策略变得更具主动性和进攻性，已经系统加强在海外的渗透与干涉攻势，并呈现打造主权叙事对抗美西方人权叙事、推动印度教民族主义的海外动员和加强印度情报部门的海外行动三大特点。莫迪政府的应对策略本质是以空间换时间，通过扩展印度教民族主义动员的地理空间，试图彰显印度教主体地位的正当性和抵制西方干预的决心，从而为建立印度教徒的多数统治地位赢取时间。一段时间以来，莫迪政府的应对策略取得一定成效，充分利用了美国淡化印美价值观分歧以争取印度配合其全球地缘战略的契机。但2022年俄乌冲突成为美国调整对印政策的肇始，导致2023年6月以来印度与美国为首的西方国家因为印度国内锡克人地位问题的外交摩擦加剧，印美价值观分歧再度浮出水面，冲击印美关系的发展势头，也让国际社会再度关注印度的人权问题。在国内狂热的印度教民族主义情绪的裹挟下，印度情报部门的海外渗透和干涉行动不断升级，并试图在美国本土刺杀锡克教分离主义领导人古尔帕特万特·辛格·潘农（Gurpatwant Singh Pannun），美情报部门最终挫败印方企图并在掌握实质证据之后推出反制措施，引发美国反制。美国政府迫使莫迪政府暂停印驻北美情报站的运转，并以严厉言辞公开批评印宗教和人权问题，美印围绕民主和人权等价值观问题的交锋加剧。虽然美国对印政策的转变促使其西方盟友也不再压制对印人权关切，但是考虑到莫迪政府在意识形态问题上的激进立场，印度与西方国家的价值观分歧仍将持续上升，美国打造所谓民主同盟战略尚未建成已现裂痕。

一　印度族群关系现状与印美价值观分歧的由来

印度是一个多族群国家，印度教作为主导族群，与其他族群间文化差异大、历史关系复杂。印度族群间冲突频发，族群矛盾容易激化，比较突出的族群问题就包括印控克什米尔地区（以下简称"印控克区"）的族群关系问题、印度东北部地区的少数族群权益问题和旁遮普邦的锡克人问题。这些问题也是西方国家重点关注的印度人权问题，经常引发印度与以美国为首的西方国家的价值观冲突。莫迪政府上任以来，在族群问题上的政策日益严苛，导致其任内印度一些固有的族群矛盾有激化的趋势。

（一）莫迪任内印度族群矛盾出现全方位激化趋势

第一，印控克区的族群关系日趋紧张。1990年，印度政府专门通过《武装部队特别权力法（AFSPA）》，赋予武装部队在没有逮捕令的情况下在印控克区进行杀戮和逮捕的权力，[①] 自此印控克区处于严密的安全管控之下。2014年莫迪政府上台执政后，对印控克区所谓反印组织和人员采取严苛的镇压行动，印度军队对平民及和平抗议者的过度镇压活动，进一步加剧了印控克区的安全形势。2019年8月，莫迪政府下令废除宪法第370条，将印控克什米尔地区一分为二并设为"中央直辖区"。莫迪政府成立所谓"拉达克中央直辖区"，涉及将中印边界西段的中方领土划入印行政管辖范围，遭到我方强烈反对。[②] 当前印控克区的普通民众大多对分离主义武装组织和人员持同情态度，一些武装分子混迹于平民之中，进一步模糊了武装分子与平民之间的区别，印控克区的安全问题更趋复杂。2019年12月，莫迪政府推动通过《公民身份修正法案》（CAA）。该法案主要是针对2014年12月31日前因"宗教迫害"来到印度的巴基斯坦、孟加拉国、阿富汗三国的印度教徒、锡克教徒等"非穆斯林移民"，印度政府将给予这些人以印度公民身份。该法案涉嫌系统排斥和歧视印度穆斯林群体，导致包括印控克区在

[①] Ministry of Home Affairs, Government of India, *The Armed Forces (Jammu and Kashmir) Special Powers Act*, 1990, https://www.mha.gov.in/sites/default/files/The%20Armed%20Forces%20%28Jammu%20and%20Kashmir%29Special%20Powers%20Act%2C%201990_0.pdf.

[②] 《外交部发言人华春莹就印度政府宣布成立"拉达克中央直辖区"涉我领土问题答记者问》，中华人民共和国外交部网站，2019年8月6日，https://www.mfa.gov.cn/web/fyrbt_673021/dhdw_673027/201908/t20190806_5434953.shtml。

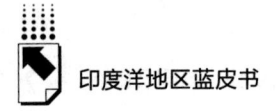

内的印度穆斯林民众的强烈抗议。莫迪任内的印度教徒与穆斯林群体之间的关系变得更加严峻。

第二，印度东北部地区的少数族群权益长期得不到保障。随着印人党的印度教民族主义动员逐渐扩张到印度东北部地区，莫迪政府在当地实施分裂性的民族主义政策，煽动当地族群之间的对立情绪以谋求选举利益，在一些印人党能够执政或联合执政的邦更是如此。例如在曼尼普尔邦（以下简称"曼邦"），信奉印度教的梅泰人占主导地位，邦议会选区总计60个，梅泰人口占多数的邦议会选区就有40个，而以基督徒为主体的库基人等少数族群占人口多数的选区只有20个。[1] 随着印人党积极扶持梅泰人开展印度教民族主义动员，当地针对少数族群的暴力事件频发，但这套炒作族群冲突的政策帮助印人党在该邦顺利取得并扩大执政优势，2017年印人党尚只能组建少数政府，2022年已能掌控当地议会多数席位并继续执政。[2] 随着印人党在曼邦执政地位日益稳固，梅泰人主政的少数族群政策日益走向极端。2023年4月，当地法院通过决议要求曼邦政府考虑给予梅泰人表列部落地位（Scheduled Tribes），而表列部落是印度宪法指定的享有专门保护和权益的弱势群体。这一决议表明占主导地位的梅泰人正全方位掠夺少数族群的权益。长期积压的矛盾被激化，当地库基人走上街头抗议和反击，梅泰人诉诸暴力，针对库基人等的族群间冲突已经导致数以千计的伤亡。当地安全形势严峻，莫迪政府随即宣布切断曼邦的互联网，在曼邦实行《武装部队特别权力法》，这意味着民众权利已经让位于安全管控，只不过莫迪政府派驻的武装部队主要在库基人所在的山区，其针对意味不言而喻。[3] 莫迪政府的应对

---

[1] "Manipur Violence: How Christianisation Widened Socio-cultural Gap Between Meiteis of Valley and Hill Tribes," *First Post*, May 15, 2023, https://www.firstpost.com/opinion/manipur-violence-how-christianisation-widened-socio-cultural-gap-between-meiteis-of-valley-and-hill-tribes-12550522.html.

[2] Amom Malemnganba Singh, "Meitei Majoritarian Politics of the BJP in Manipur," *Economic and Political Weekly*, Vol. 58, No. 2, 2023, pp. 10–12.

[3] "Manipur Government Extends AFSPA in Hill Districts for 6 Months," *The Hindu*, September 27, 2023, https://www.thehindu.com/news/national/afspa-extended-in-manipur-for-6-months-from-october-1-barring-19-police-stations-of-valley/article67352570.ece.

措施无助于缓和该邦安全形势，只能通过不断延长在当地实施《武装部队特别权力法》的方法来控制局面，导致当地人权状况持续恶化，莫迪政府面临的国内和国际压力不断上升。

第三，印度锡克人问题再度激化。锡克人问题曾经导致长时期的族群冲突，在20世纪90年代初才逐渐回归到相对和平的状态。莫迪执政以来，锡克人问题再度恶化。锡克人聚居的印度旁遮普邦是农业大邦，20世纪60年代的印度农业绿色革命期间，以农业为主的旁遮普邦迎来发展契机，锡克人勤劳肯干的品质帮助旁遮普邦农业取得大发展，旁遮普邦人均收入长期名列前茅。不过随着印度在20世纪90年代初开启经济自由化改革进程，以农业为主的旁遮普邦经济模式逐渐落后，莫迪政府发展政策以持续牺牲印度广大少数族群的福祉为代价，信仰锡克教的少数族群的境遇恶化。当前旁遮普邦人均收入在印度排名靠后，当地年轻锡克人失业率居高不下且滥用毒品问题突出。2022年2月，旁遮普邦医学教育研究生院的调查表明，旁遮普邦15.4%的人有使用毒品经历，也就是说邦内约3000万的总人口中，约400万人有使用毒品经历。① 也正是在这一年，年轻的锡克教牧师阿姆里帕尔·辛格（Amritpal Singh）开办了戒毒所，并开始公开宣传"卡利斯坦"（独立建国）思想。② 辛格的布道得到年轻锡克人的热烈响应。2022年，莫迪政府推出农业改革法案，引发印度农民群体的广泛抗议，但锡克农民仍被专门针对。一些印度教极端力量称抗议者是"卡利斯坦分子（锡克分离主义者）"和"反国家分子"。③ 莫迪政府开展声势浩大的媒体动员并为此关闭了旁遮

---

① "'One in Seven Persons in Punjab Are Dependent on Addictive Substances': Report," *The Wire*, February 22, 2022, https://thewire.in/health/one-in-seven-persons-in-punjab-are-dependent-on-addictive-substances-report.

② "Why Is India's Khalistan Separatist Movement on The Rise?" *Deutsche Welle*, March 22, 2022, https://www.dw.com/en/why-is-indias-khalistan-separatist-movement-on-the-rise/a-65081729.

③ "Sikhs No Threat to Hindutva but Politics Has Brought Back the Bogey of Khalistan," *The Print*, January 13, 2022, https://theprint.in/opinion/sikhs-no-threat-to-hindutva-but-politics-has-brought-back-the-bogey-of-khalistan/801924/.

普邦的互联网，大张旗鼓地宣布要逮捕阿姆里帕尔·辛格。① 在莫迪政府的主导之下，一起治安案件演变成一场大型猎巫行动，其反国家叙事开始扩展到整个锡克群体，锡克人问题由此再度引起印度国内和国际社会广泛关注。这也是莫迪任内印度国内少数族群问题的缩影，印度国内主导族群与少数族群之间关系日益恶化。

（二）美持续关注印度人权问题，印美价值观分歧上升

莫迪曾经因为在人权问题上的表现而被西方国家长期制裁。2002年2月27日，印度西部古吉拉特邦发生族群骚乱。根据印度政府发布的数据，骚乱导致790名穆斯林以及254名印度教徒死亡，另外还有2500人受伤，223人失踪。这也是印度独立以来死伤情况最为严重的族群骚乱之一。② 美国指责时任古吉拉特邦首席部长的莫迪消极应对甚至纵容暴力事件，应为持续扩大的伤亡负责，很长时间都禁止莫迪入境美国，并将此事件列入年度国别人权报告。③ 直到2014年莫迪就任印度总理之后，美国政府才解除禁止莫迪入境的决定。此后，美国及其欧洲盟友一度采取压制对印人权问题关切和降低对印人权状况批评的做法，以拉拢印度对中国进行地缘围堵。

实际上，美国总统拜登个人和民主党政府历来强调外交中的价值观因素，对外战略强调关注人权问题。早在2020年大选期间，尚是民主党总统候选人的拜登就公开批评莫迪政府区别对待国内穆斯林群体和强制推行《公民身份修正法案》的做法。④ 这些情况让印度各界一度对拜登任内的美印关系保持谨慎乐观。实际上拜登上任以来，美国国内也一直存在要求拜登

---

① "Amritpal on The Run As Punjab Police Launch Crackdown Against Khalistan Sympathiser, His Supporters," *The Tribune India*, March 18, 2023, https://www.tribuneindia.com/news/punjab/amritpal-evades-police-as-they-crack-down-on-waris-punjab-de-head-aides-6-associates-detained-489174.

② "Gujarat Riot Death Toll Revealed," BBC, May 11, 2005.

③ "Issue of Gujarat Chief Minister Narendra Modi's Visa Status," U.S. Department of State Archive, March 21, 2005, https://2001-2009.state.gov/p/sca/rls/rm/2005/43701.htm.

④ "Joe Biden 'Disappointed' with CAA, NRC, Seeks Restoration of Rights for People of Kashmir," The Wire, June 26, 2020, https://thewire.in/world/us-nominee-joe-biden-caa-nrc-kashmir.

政府将对印政策与其人权问题记录挂钩的主张。2021年3月27日，美国国防部长奥斯汀访印前夕，美参议院外交委员会主席致信奥斯汀，要求后者向印度政府表达美国对印度人权问题的关切，同时阐明美国将制裁印度采购俄S-400防空导弹系统。① 不过拜登政府对印政策的实用主义倾向日益明显，对印人权问题采取低调处理方式。2021年3月30日，拜登政府发布任内首份《2020年国别人权报告》（2020 Country Reports on Human Rights Practices），虽然在印度部分对印度人权状况仍表示关注，但措辞有所缓和，例如表示注意到印度政府持续采取措施恢复印控克区局势。② 此后美国的国别人权报告仍持续关注印度，但总体来说美国并没有在口头关切之外采取任何实际的行动，印美价值观分歧似乎得到有效管控，这也推动了美印关系的快速发展。

不过俄乌冲突以来，印度坚持不同于美国的立场，且在涉及民主和人权等价值观问题对外展现进攻性的姿态，以强硬立场应对美西方干涉印人权问题。作为回应，拜登政府开始加大力度涉入印度少数族群政策，印美双方价值观分歧再度出现上升态势。2023年初，莫迪政府逮捕国大党领袖拉胡尔·甘地并判处其两年监禁。两年监禁的判罚正好符合印度1951年颁布的《人民代表法》（Representation of the People Act, 1951）有关规定，即"犯有任何罪行并被处以两年及两年以上刑罚"的当选议员，将自动失去国会议员资格，并且在刑期结束后六年内不能参选国会议员。③ 考虑到只有国会议员才有资格代表所在政党角逐大选和就任总理职位，拉胡尔将有可能无法参加2024年印度大选。莫迪政府如此大张旗鼓地打压反对派的行为，引发

---

① "Menendez Urges Secretary Austin to Use Upcoming Trip to India to Discuss Democracy, Human Rights and Opposition to S-400 Missile System," U.S. Senate Foreign Relations Committee, March 17, 2021, https://www.foreign.senate.gov/press/dem/release/menendez-urges-secretary-austin-to-use-upcoming-trip-to-india-to-discuss-democracy_human-rights-and-opposition-to-s-400-missile-system.

② "2020 Country Reports on Human Rights Practices," U.S. Department of State, March 31, 2021, https://www.state.gov/reports/2020-country-reports-on-human-rights-practices/.

③ "Section 8 in The Representation of the People Act, 1951," India Kanoon, https://indiankanoon.org/doc/1662686/.

国际社会的广泛关切。此时正值美国主导召开第一届"民主峰会"的前夕，拜登政府对外表示将"密切关注"。美国务院2023年3月21日发布《2022年国别人权报告》，指出印度存在"重大人权问题"，具体侵权行为包括政府任意进行"法外处决"、警察及监狱官员对囚犯实施酷刑，以及对记者进行不正当的起诉与拘捕等，"印度出现明显的'民主倒退'"。① 美国媒体称拜登政府在此背景下仍坚持邀请印度参会是在主动削弱"民主峰会"的合法性，引发了外界对峰会真实意图的质疑。② 2023年6月，美国总统拜登邀请莫迪对美国进行国事访问。莫迪2014年执政以来，先后6次赴美，但此次访问是首次被提升到"国事访问"规格，美国媒体批评拜登政府的做法，并且提醒印度裔美国人对于莫迪的态度是两极分化的，相当一部分印度裔美国人无法原谅莫迪在2002年印度古吉拉特邦骚乱中的行为。③ 可以说，美国拜登政府坚持淡化印美价值观外交的做法，面临越来越大的国内压力，印美关系正在重回传统的竞合路径。

二 印度应对与美西方价值观分歧策略新变化及动因

美国为首的西方国家长期涉足印度少数族群问题，莫迪执政以来印度的应对策略呈现三大变化，包括主动构建主权叙事对抗美西方的人权叙事，在海外开展针锋相对的印度教民族主义动员以应对莫迪政府定义的所谓海外"反印"力量，以及推动印度情报部门加强海外渗透与干涉行动。莫迪政府这套策略方向是将国内动员攻势拓展到海外，从叙事和行动两个层面同时反击

---

① "2022 Country Reports on Human Rights Practices," U. S. Department of State, March 20, 2023, https：//www.state.gov/reports/2022-country-reports-on-human-rights-practices/.
② "Biden Holds Second Democracy Summit amid Doubts over Progress," Reuters, March 27, 2023, https：//www.reuters.com/world/us/biden-holds-second-democracy-summit-amid-doubts-over-progress-2023-03-27/.
③ "Modi's White House Visit Highlights Deep Diaspora Divides," NBC News, June 21, 2023, https：//www.nbcnews.com/news/asian-america/modis-white-house-visit-highlights-deep-diaspora-divides-rcna89275.

美西方的干涉，具备很高的主动性和进攻性。莫迪政府应对策略演变的动因来自国内和国际两个方面。国内方面，既有莫迪政府加紧推进印度教民族主义议程的刺激因素，也有国内印度教徒与锡克教徒、穆斯林等长期矛盾的历史因素。国际方面，2017年美国推行"印太战略"，国际地缘态势有利于印度，印度成为美国对中国的全球地缘围堵战略的重要一环，莫迪政府利用美国对印度的战略需求而强硬应对美西方干涉，试图彰显印度教主体地位的正当性和抵制西方干预的决心。

（一）莫迪政府应对与美西方价值观分歧的策略呈现三大变化

莫迪执政以来致力于扭转印度在锡克人问题上的外交被动局面，在应对美欧对其国内族群问题干涉时的主动性和进攻性大大增强，应对策略呈现三大变化。

第一，注重通过构建主权叙事来对抗西方国家的人权叙事。与历届政府相比，莫迪执政以来显著加大了从主权层面对美西方干涉其内政问题关切的驳斥力度，例如印度高阶官员不断在公开场合指责美欧以"卡利斯坦"运动涉及印度主权问题，对那些海外锡克人集聚的东道国政府施加压力。[1] 莫迪政府还动用外交资源加大对外施压力度，要求这些国家尊重印度主权，采取切实措施打击它们本土的所谓反印活动。莫迪政府尤其加强了对加拿大的外交攻势，印度情报部门配合其外交部门指控加境内存在锡克武装分子训练营，这些人受训后潜回印度并涉嫌策划恐怖袭击事件，印外交部门根据情报部门的指控向加方施压，要求后者采取切实措施打击其国内的反印组织。[2] 这套以主权叙事对抗西方国家人权叙事的策略，成为莫迪政府应对西方国家人权关切的惯用策略，同时也是莫迪政府压制国内反对党的有力武器，任何反对莫迪政府族群政策的反对党都不免被贴上"反印度"或"不爱国"的标签。2023年6月，加拿大锡克人尼贾尔遇刺身亡，加拿大方面指责印度

---

[1] 谢超：《论印度族群关系治理：以旁遮普问题为例（1983—1994）》，中国社会科学出版社，2021，第244~245页。
[2] "Khalistan Terror Camp in Canada Plotting Attacks in Punjab: India to Trudeau Govt," *The Times of India*, May 30, 2016.

政府在幕后策划该事件，引发激烈外交冲突。在此情况下，印度多个在野党放弃党派纷争表示赞成印人党政府在"派遣特工刺杀'卡利斯坦'分子"事件中所持的强硬态度，支持莫迪政府暂停向加公民发放签证等强硬手段。① 即便是代表全体锡克人利益的锡克教宗教政党至高阿卡利党（SAD）也对外表示，加拿大持续纵容武装分离主义分子，印政府理应维护国家主权。可以说，莫迪政府的主权叙事在国内和国际两个方面都在发挥作用，已经成为莫迪政府应对国际社会质疑其族群政策的标准叙事。

第二，针锋相对地推动海外印度教民族主义动员。莫迪执政以来，不仅加强了与美西方就人权问题的叙事对抗，在实践层面也针锋相对地加强了印度教民族主义组织的海外拓展工作。国民志愿服务团（RSS）开始大规模向海外拓展分支机构印度教徒志愿服务团（HSS），目前已经拓展至40多个国家，其中美国、加拿大、澳大利亚、英国等西方国家是重要拓展国，服务团的国际分支世界印度教大会（VHP）的海外拓展也在快速扩张，致力于将印度教民族主义话语和叙事塞入所在国的政治乃至学术议程。② 当前HSS在美国已经建立数百个沙卡（服务团的基层组织），数量仅次于尼泊尔，是HSS发展最快的国家之一；加拿大的HSS一直寻求政府承认加拿大社会存在"印度教徒恐惧症"（Hinduphobia）和系统歧视印度教徒的现象，以对抗当地锡克教徒的反印动员；印度本土的沙卡一周举办一次内部聚会，英国的沙卡一周两次聚会，其热情程度甚至超过印度本土的印度教徒。③ 莫迪政府分外看重海外印度人对其国内和国际动员的作用，莫迪每次出访都会组织所

---

① "Measured Akali Response to India-Canada Diplomatic Row Gives Way to Fiery Response：'Stop Anti-Sikh Vilification'," *Indian Express*, September 25, 2023, https：//indianexpress.com/article/political-pulse/measured-akali-response-to-india-canada-diplomatic-row-gives-way-to-fiery-response-stop-anti-sikh-vilification-8953283/.

② "Behind BJP, RSS'Diaspora Outreach：Spread of Ideology Abroad, Political Gains at Home," *Indian Express*, January 12, 2023, https：//indianexpress.com/article/political-pulse/bjp-rss-diaspora-outreach-spread-of-ideology-abroad-political-gains-8376088/.

③ "Modi's Hindu Nationalism Stokes Tension in Indian Diaspora," *New York Times*, September 30, 2023, https：//www.nytimes.com/2023/09/30/world/canada/modi-canada-hindu-nationalism.html.

在国的印度裔集会，出访期间莫迪也经常拜访当地印度教寺庙，建立自己与海外印度人之间的认同关系。2023年，这种海外动员的政治收益还在于应对海外反印活动，例如莫迪政府积极支持海外印度教徒冲到反对海外锡克人的最前线，在海外出现锡克人游行示威时，往往安排海外印度教徒同时举行针锋相对的活动，一些时候海外印度教徒和海外锡克人甚至当街冲突，通过制造社会治安事件等方式迫使东道国政府介入。① 这种方式有助于莫迪政府对东道国施加更大的外交压力，削弱海外反印活动对其内政外交政策造成的负面影响。

第三，推动印度情报部门主动加强海外渗透与干涉行动。莫迪执政以来，印度情报部门的海外干涉规模一直在扩大。实际上，印度情报部门早就制订了针对海外锡克人的定点清除计划。2023年6月加拿大锡克人尼贾尔遇刺身亡事件前后，已经有数位列名印度所谓锡克武装分离主义分子名单的锡克人被刺杀，其中就包括卡利斯坦突击队（Khalistan Commando Force, KCF）首领帕拉姆·辛格·潘杰瓦尔（Paramjit Singh Panjwar），以及卡利斯坦解放力量（Khalistan Liberation Force, KLF）英国分部首领阿夫塔尔·辛格·坎达（Avtar Singh Khanda）。② 2023年12月，The Intercept网站披露印度外交部曾于2023年4月发布的"秘密备忘录"，明确指示印度驻北美领事馆针对西方国家锡克侨民发起一项"全面打击计划"，并且列出了印度情报机构提供的重点名单，其中就包括后来遇刺的加拿大锡克人尼贾尔。③ 随后就是美国司法部发布文件指控印政府官员卷入"潘农事件"。印度情报部门

---

① "In Australia, Tensions Between Sikhs and Modi-supporting Hindus Simmer on the Back of Farmers' Protests in India," *South China Morning Post*, March 17, 2021, https：//www.scmp.com/week-asia/politics/article/3125702/australia-tensions-between-sikhs-and-modi-supporting-hindus.

② "'Plumber' to 'Terrorist': Who Was Hardeep Nijjar, Khalistan Tiger Force Chief Shot Dead in Canada," The Print, June 19, 2023, https：//theprint.in/india/plumber-to-terrorist-who-was-hardeep-nijjar-khalistan-tiger-force-chief-shot-dead-in-canada/1632474/.

③ "Secret Indian Memo Ordered 'Concrete Measures' Against Hardeep Singh Nijjar Two Months Before His Assassination in Canada," The Intercept, December 10, 2023, https：//theintercept.com/2023/12/10/india-sikhs-leaked-memo-us-canada/.

主动加大包括在美国及其盟国领土范围内的渗透和干涉行动力度，充分印证了莫迪政府在应对与美西方价值观分歧方面的主动性和进攻性。

（二）莫迪政府推动将国内印度教民族主义动员成功经验应用到海外

莫迪政府应对与美西方价值观分歧的策略出现明显变化，其动因是多方面的。从莫迪领导的印人党政府意识形态来看，印度教民族主义逐渐占据主导地位，莫迪政府开始致力于建立一种基于印度教族群多数地位的"多数统治"。莫迪在选举动员中突出强调所谓穆斯林对印度教族群多数地位的威胁叙事，来唤醒印度教徒的不安全感。这种叙事取得了更好的动员效果，当前"印度教特性"（Hindutva）思想已经变成了"印度国族主义"的同义词。[1] 印度教民族主义得益于1925年萨瓦卡尔提出的"印度教特性"思想，其核心理念是强调同一个族群拥有同一片土地，也有着共同的种族和文化特点，这三者都源自古印度吠陀（Vedic）的黄金时代，是印度教民族主义价值观的核心。[2] 国民志愿服务团是印度教民族主义的核心组织之一，这个半军事化的组织为印度教民族主义运动提供了大量的干部，戈瓦尔卡提出国民志愿服务团的愿景就是复兴印度教价值观。戈瓦尔卡强调印度的实力必须来自"坚定的排他的民族主义"，试图为提倡和发展印度教特性理论寻找现实依托。[3] 对于萨瓦卡尔和戈瓦尔卡来说，印度存在多个宗教和文化少数群体，此前的世俗主义路径并没能弥合社会分裂状况，鉴于宗教和文化的巨大差异，这些少数群体是不适合也不会真正地忠诚于印度教国家的。这种思想认知深刻影响了国民志愿服务团，也当然地塑造了印人党的意识形态。

莫迪执政以来，印度教民族主义的影响力快速上升，国民志愿服务团等代表的印度教民族主义组织在文化事业上也表现出日益强烈的排他作风。

---

[1] Eviane Leidig, "Hindutva as a Variant of Right-wing Extremism," *Patterns of Prejudice*, Volume 54, Issue 3, 2020, p. 215.

[2] Christophe Jaffrelot, *The Hindu Nationalist Movement in India*, London: Hurst, 1993, p. 27.

[3] Rahul Sagar, "'Jiski Lathi, Uski Bhains,' The Hindu Nationalist View of International Politics," in K. Bajpai et al. eds., *India's Grand Strategy: History, Theory and Cases*, London: Routledge, 2014, p. 237.

印度应对印美价值观分歧的策略变化、动因及影响

2022年9月1日上映的宝莱坞电影《印度阿甘正传》(Lal Singh Chadda)，遭到印右翼宗教和民族主义势力的阻挠；后者在社交媒体上发起抵制行动；随后上映的电影《梵天宝藏：湿婆篇》(Brahmastra Part One: Shiva) 也遭遇同样困境。① 右翼媒体《印度教徒邮报》(Hindu Post) 发表《抵制宝莱坞：印度教徒要拒绝反印度教的宣传》，强调这些电影存在严重问题，"美化伊斯兰教和伊斯兰入侵者，并仇视印度教，贬低印度教徒及其信仰"。② 印度教民族主义的进攻性和破坏性不断上升。例如2022年以来，包括北方邦在内的印度北部各邦以清除"非法建筑"为名，通过推土机铲除公民（针对以穆斯林为主的印度少数族群）的房屋建筑，以打压穆斯林发起的游行示威行动。推土机也因此成为颇受追捧的政治形象，那些深受印度教民族主义蛊惑的印度教青年将之视为印度教民族主义"领土扩张符号"和打压印度穆斯林的新手段。③ 在北方邦，约吉·阿迪亚纳特在2022年连任选举中主推"80与20之争"，即占80%的民众对抗占20%的少数群体，后者即便不反对重建罗摩神庙，也是支持恐怖分子的，目标直指占北方邦20%人口数、总量近4000万的穆斯林民众。④ 最终，约吉·阿迪亚纳特领导的印人党在邦议会占据了403个席位中的255个席位，进一步巩固了印人党在该邦的执政地位。印度教民族主义动员带来的选举收益巨大，进一步助长了莫迪政府出台更多针对少数族群的歧视甚至敌视政策。

在持续的印度教民族主义动员之下，印度民众对于印度教多数统治的接纳程度在快速上升，这也反映在他们对独裁或军事统治的支持。2023年，美国皮尤中心对印度、加拿大、澳大利亚和欧洲主要国家开展了一项调查，结

---

① "Something Is Rotten: Understanding the Bollywood Boycott Phenomenon," *The Hindu*, September 23, 2022, https://frontline.thehindu.com/arts-and-culture/cinema/something-is-rotten-understanding-the-bollywood-boycott-phenomenon/article65902023.ece.

② "Boycott Bollywood: Hindus Refuse to Sponsor Anti-Hindu Propaganda," *Hindu Post*, September 1, 2022, https://hindupost.in/media/boycott-bollywood-hindus-refuse-to-sponsor/.

③ Tusha Mittal, "Theatre of Destruction: How Bulldozers Became Part of the Hindu Nationalist Lexicon in India," *The Caravan*, May 16, 2023, https://caravanmagazine.in/politics/bulldozers-hindu-india.

④ "20% Are Those Who Oppose Ram Janmabhoomi, Sympathise with Terrorists: Yogi on '80 vs 20' Remark," *India Today*, January 10, 2022, https://www.indiatoday.in/elections/uttar-pradesh-assembly-polls-2022/story/uttar-pradesh-cm-yogi-adityanath-80-20-a-reality-assembly-polls-panchayat-aaj-tak-votes-1898390-2022-01-10.

109

果显示印度支持独裁统治的人群比例大幅增加，支持独裁或军事统治的民众比例最高，高达85%的受访者支持独裁或军事统治，其中约67%的印度人认为强有力的领导人开展独裁统治，有利于排除民选立法机构或司法机构的干扰，约18%的印度人更表示支持军事统治。① 印度国内弥漫的印度教民族主义情绪，导致印度的穆斯林、锡克教徒和基督徒等群体时常遭受极端印度教组织的迫害，并且这种印度教沙文主义情绪也被用来针对在印度的外国人身上。例如2024年3月，几十名受印度教极端主义思想影响的学生袭击了古吉拉特邦大学的国际学生，理由是反对国际学生在宿舍区域"进行伊斯兰教祈祷，要求他们在清真寺里进行伊斯兰教礼拜和祈祷"。② 事件波及古吉拉特邦大学来自阿富汗、塔吉克斯坦、斯里兰卡和非洲国家的约300名国际学生，校方不得不把国际学生紧急转移到新的宿舍楼并加强安保，防止事态进一步扩大。③ 当前印度教民族主义动员已经充斥印度社会的各个方面，莫迪领导的印人党政府借助煽动印度教徒与少数群体的对立，持续推进自身基于印度教徒多数地位的票仓策略，在中央和地方邦层次的选举中获得政治回报。

莫迪政府强调利用重要政治场合进行印度教民族主义动员，这种方式也被应用于印人党对海外印度人的动员。印度有着世界上最多的海外印度移民。根据2020年《世界移民报告》，海外印度人是世界上人数最多的移民群体，移居外国的印度人多达1750万；自2010年以来，印度也取代中国成为世界上接收移民汇款最多的国家，2018年印度收到的海外移民汇款总额达到786亿美元。④ 2021年联合国发布的一份全球移民报告显示，接纳印度

---

① "85% of Indians Support Autocracy or Military Rule, Shows Pew Survey," *Scroll*, March 14, 2024, https：//scroll.in/latest/1065168/85-of-indians-support-autocracy-or-military-rule-shows-pew-research-centre-survey.

② "Gujarat University: Foreign Students Attacked in India over Ramadan Prayers," BBC, March 18, 2024, https：//www.bbc.com/news/world-asia-india-68573279.

③ "Gujarat University Attack: Foreign Students to Be Shifted to New Hostel, Ex-army Personnel to Tighten Security," Live Mint, March 18, 2024, https：//www.livemint.com/news/india/gujarat-university-attack-foreign-students-to-be-shifted-to-new-hostel-ex-army-personnel-to-tighten-security-11710747431746.html.

④ *World Immigration Report 2020*, International Organization for Migration, United Nations, https：//publications.iom.int/system/files/pdf/wmr_2020.pdf, p.3.

移民最多的国家依次是阿联酋（350万人）、美国（270万人）和沙特（250万人），其他接纳印度移民较多的国家还包括澳大利亚、加拿大、科威特、阿曼、巴基斯坦、卡塔尔和英国等。[1] 在海外获得其他国籍身份的印度移民不仅规模大，影响力也大，这成为莫迪政府向海外推动印度教民族主义动员的现实基础。

（三）大国竞争加剧背景下印度处于相对有利的地缘位置

莫迪政府正将国内的印度教民族主义动员推向海外并取得动员效果，得益于当前印度相对有利的国际地缘态势。随着美国加大力度推行"印太战略"，印度的国际地缘优势凸显，美国为首的西方国家为了拉拢印度对抗中国，开始淡化与印度的价值观分歧，强调与印度基于所谓民主价值观的"天然盟友"关系，其拉拢意味十分明显。[2] 印度在俄乌冲突中并没有追随西方国家政策，而是坚持发展印俄关系，在联合国关于俄乌冲突的投票中投出弃权票，坚持其"微妙的挺俄立场"。[3] 在美国推动对俄大规模制裁之后，印度成功抵制了美国施加的压力并坚持进口俄罗斯石油。印度外长对外表示美国正在区别对待中印在俄乌冲突上的立场，[4] 美国不得不对外表示印度采购俄罗斯石油是其主权决定，美国同时批评中国对俄政策威胁美国安全。[5] 美国在与中国开展战略竞争时需要印度提供的地缘支持，因此即使在类似俄

---

[1] "At 18 Million, India Has the World's Largest Diaspora Population," *The Times of India*, January 15, 2021, https://economictimes.indiatimes.com/nri/migrate/at-18-million-india-has-the-worlds-largest-diaspora-population/articleshow/80290768.cms.

[2] 谢超：《印度"印太"愿景的演变、特点及制约因素》，《南亚研究》2023年第4期，第42页。

[3] Happymon Jacob, "The Anatomy of India's Ukraine Dilemma," *The Hindu*, February 28, 2022.

[4] "US Distinguishes Between India, China on Russia-Ukraine Stance Minister's Reply," *Hindustan Times*, April 14, 2022, https://www.hindustantimes.com/india-news/us-distinguishes-between-india-china-on-russia-ukrainestance-minister-s-reply-101649899486186.html.

[5] White House, "Press Briefing by Press Secretary Karine Jean-Pierre and NSC Coordinator for Strategic Communications John Kirby," The White House, June 21, 2022, https://www.whitehouse.gov/briefing-room/press-briefings/2022/06/21/press-briefing-by-press-secretary-karine-jean-pierre-and-nsc-coordinator-for-strategic-communications-john-kirby-2/.

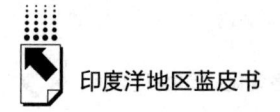

乌冲突这样重大的战略问题上，美国也可以容忍印度执行与美不同的政策。这极大地增强了印度对自身全球地缘优势的信心。

历史上，印美在人权问题的交锋颇多，但莫迪执政以来发现美国需要印度支持其对中国的全球地缘围堵，因此以美国为首的西方主动淡化与印度的价值观分歧，有意通过照顾印度外交的印度教民族主义情绪拉拢印度。一段时间以来，这种有利态势极大地缓解了莫迪政府在少数族群问题上面临的国际压力。印美在民主价值观上的认识差异巨大，双方对于民族主义、自由的边界和宗教人权等问题上的认知差别很大，例如印度人视"卡利斯坦运动"为高度敏感的国内安全问题，而美国认为印度为处理锡克人问题而在旁遮普邦关闭互联网的做法损害民众自由。① 关注印度人权问题的美国自身有着更加严重的人权问题，例如美国的枪支问题，印度人反感美国在自己面前展现的民主优越感。② 实际上，在俄乌冲突之初，美西方一度加大对印度的施压力度，试图迫使印度追随其对俄政策，美国一度担心会将印度推离美国战略轨道。在印美因对俄政策分歧上升之际，2023年1月的一份民调结果显示印度民众认为美国位列中国之后、巴基斯坦之前，已经是印度第二大安全威胁。③ 美国有理由担心继续这种施压会进一步影响到印度对美政策的配合程度。

随着印美价值观分歧上升，美国正在接受印美关系的基石不是民主价值观的事实，而是共同反华的现实需要。④ 美方的低姿态对印战略界来说是极大的鼓舞，莫迪政府将持续保持应对印美价值观分歧方面的积极性和主动性。俄乌冲突和巴以冲突以来，大国战略竞争日趋激烈，各方对印度的拉拢

---

① Akhilesh Pillalamarri, "How the US Is Pushing India Away," *The Diplomat*, April 23, 2023, https://thediplomat.com/2023/04/how-the-us-is-pushing-india-away/.

② Barkha Dutt, "The Best Way to Strengthen India's Democracy? Leave It to the Indians," *The Washington Post*, April 20, 2023, https://www.washingtonpost.com/opinions/2023/04/20/india-democracy-indians-strengthen/.

③ "Indians View US as Second Significant Security Threat Ahead of Pakistan, Shows Survey," The Wire, January 18, 2023, https://www.wionews.com/india-news/indians-view-us-as-second-significant-security-threat-ahead-of-pakistan-shows-survey-553808.

④ Daniel Markey, "India as It Is: Washington and New Delhi Share Interests, Not Values," *Foreign Affairs*, June 16, 2023, https://www.foreignaffairs.com/india/markey-modi-biden-united-states.

态势进一步加强，印度的地缘优势可谓有增无减。2023年5月24日，美众议院"美中战略竞争特别委员会"通过决议，提议将印度纳入"北约+"，并明确"北约+"机制将确保成员国领土完整。① 美国此举发出与印度结盟的明确信号，并直指中印边界问题，表明美国认可印度与中国在边界问题上的冲突和对抗政策，并有意在"北约+"机制下为印度提供更大支持。美国全球战略对印度的高定位反映了其对印度地缘政治位置的认可，但显然印度对其有利地缘态势的期望更高。印外长苏杰生公开表示印无意加入"北约+"，不会与美结盟。② 印拒绝与美结盟，美国无法实现将四国集团（Quad）机制打造为军事安全同盟的目标。在印度的坚持下，Quad向多议题合作机制发展，尤其是在印度向往的半导体、人工智能、太空等高新技术领域，四方合作进展较快。随着2024年2月4日，美驻印大使埃里克·加塞蒂（Eric Garcetti）表示印度正成为Quad的驾驶员，"印度决定Quad要做什么"，"位于副驾驶位置"的美国"主要负责纠正方向"。③ 印度作为四国集团对话机制中唯一的非美国盟友，是其他三国拉拢合作的对象，显然美国仍有动力避免在特定问题上的分歧冲击更大范围的印美合作。在国际地缘政治形势持续有利于印度的情况下，印度加强海外渗透与干涉的趋势不会改变。

三 印度海外渗透与干涉行动对印美关系的影响

莫迪政府应对印美价值观分歧的策略总体上呈现很强的主动性和进攻性，印度情报部门在美国及其欧洲盟国的本土开展的激进行动，最终触及美

---

① "US Congressional Panel on China Suggests Nato+ Status for India," *The Times of India*, May 27, 2023, https://timesofindia.indiatimes.com/india/us-congressional-panel-on-china-suggests-nato-status-for-india/articleshowprint/100542283.cms.

② "'India Capable of Countering Chinese Aggression', Refuses to Join NATO, Says S Jaishankar," *Live Mint*, June 9, 2023, https://www.livemint.com/news/india-capable-of-countering-chinese-aggression-refuses-to-join-nato-says-s-jaishankar-11686288765836.html.

③ "India in Quad Driver's Seat, US Has Corrective Wheel," *The Times of India*, February 5, 2024, https://m.timesofindia.com/india/india-in-quad-drivers-seat-us-has-corrective-wheel-us-envoy-eric-garcetti/articleshow/107408352.cms.

国为首西方国家的主权问题。目前来看，印度并没有在全球地缘竞争方面完全追随美国，而是采取了务实的竞合战略，美国对印度的战略拉拢成效有限，印度对美采取的伴而不盟战略，反而促使美国减少对印度人权问题的关切和指责。美国的揭露和反制行动迫使莫迪政府在海外渗透和干涉问题上暂时回归守势。美国在对印政策的微妙转变，促使其西方盟友也不再压制对印人权关切，印度与西方国家在人权问题上的分歧上升，显示了美国打造所谓民主同盟战略的内在局限性。

（一）美揭露印情报部门涉入"潘农事件"，印对美西方的海外渗透和干涉重回守势

莫迪执政以来，印度情报部门海外干涉计划的规模很大。实际上，印度情报部门研究与分析局（研分局 RAW）拓展了在北美地区的业务，尤其是加强了对北美地区的"卡利斯坦"分离主义势力的渗透及干预活动，组织境外"卡利斯坦"分离势力回流印度。不过随着印度情报部门先后卷入在加拿大和美国的刺杀活动，美国政府开始出手反制。2023 年 11 月 29 日，美司法部发布相关法律文件，指控印度特工涉入"潘农事件"，明确表示"不会容忍在美国领土上刺杀美国公民的行为"，美方公布的新证据认定这名特工也是策划谋杀尼贾尔的幕后黑手。① 该文件的内容表明这是美国主动布局的成果，2023 年 5 月开始行动，到 6 月 29 日破获案件，美执法部门密切跟踪了印策划在美刺杀美国锡克人潘农的整个过程。该法律文件展示了美执法部门掌握的各种证据，包括印情报人员及发展的美国线人的身份信息、印情报部门培训相关人员和提供武器的路径、策划和执行行动的通话录音和视频视讯记录等材料，可以说是锁定并建立了完整的证据链。该文件还披露了印情报部门同时期在加拿大策划并成功开展了刺杀加拿大锡克人案件。

美国还有策略、分步骤使用掌握的证据材料，展开对印度的施压和敲打

---

① United States of America v. Nikhil Gupta, S1 23 Cr. 289（VM），https：//www.justice.gov/d9/2023-11/u.s._v._gupta_indictment.pdf.

行动。首先，2023年9月初G20峰会期间，美国总统拜登联手加拿大总理特鲁多施压莫迪，试图迫使莫迪政府在峰会文件上加入谴责俄罗斯内容。峰会之后，加拿大率先就尼贾尔遇刺事件发难，印度在对加拿大外交斗争中采取霸凌策略。其次，2023年11月初，国际媒体跟进炒作，印外交部否认相关传言；11月29日，美司法部发布文件并展示证据，美占据国际舆论主动权。莫迪政府表示将成立调查委员会进行彻底调查。"潘农事件"的影响仍将持续发酵。印度邀请拜登参加2024年1月26日共和国日的庆祝活动并担任主宾，原本拜登还计划随后顺访澳大利亚并出席美日印澳"四方安全对话"峰会，在美司法部公开有关起诉文件之后，拜登政府旋即宣布取消相关出访计划。① 2024年2月1日，在印承诺彻底调查"潘农事件"后，美国国会放行31架MQ-9B无人机的对印军售订单，该订单总价约39.9亿美元。② 美国借"潘农事件"提示自己在美印关系中的主导地位，敲打印度的意味可谓强烈。

经此一番较量之后，莫迪政府开始回缩在西方国家的渗透和干预活动，短期内印度重回守势已经明确。在美国情报部门成功破获印度刺杀加拿大锡克人尼贾尔和美国锡克人潘农等案件之后，莫迪政府不得不撤回印度研究与分析局（RAW）驻华盛顿以及旧金山两个情报站的站长，而按照此前协议这些职位和人员都能在美方同意的情况以非卧底身份派驻美国。加上此前印度驻加拿大的情报官员已经被加方驱逐，印度驻北美的3个情报站全部暂停运转。③ 这也是自1968年以来首次出现印度全面暂停驻北美情报站的情况，短期内印度将不得不全面收缩对西方国家的情报收集工作。

---

① "Joe Biden to Skip Republic Day Event; Quad Summit Later," *The Economic Times*, December 12, 2023, https://economictimes.indiatimes.com/news/india/joe-biden-unlikely-to-visit-india-for-republic-day-celebrations-no-quad-summit-soon/articleshow/105935153.cms?from=mdr.

② "US Drone Sale to India Unblocked Only After Key Senator Extracts Pledge on Pannun Plot Probe," The Wire, February 3, 2024, https://thewire.in/diplomacy/us-drone-sale-to-india-unblocked-only-after-key-senator-extracts-pledge-on-pannun-plot-probe.

③ "Nijjar-Pannun Effect: RAW Downs Shutters in North America 1st Time Since Inception in 1968," The Print, November 30, 2023, https://theprint.in/diplomacy/top-officers-expelled-after-nijjar-killing-raw-downs-shutters-in-north-america-for-1st-time/1866238/.

"潘农事件"的影响仍在发展之中。2024年3月21日，莫迪政府对外表示RAW的个别"流氓官员"参与策划对美国公民潘农的刺杀案件，当前RAW已经停止该名官员的工作，并且内部有信心该事件不会继续升级，"如果问题继续升级，那么（印度）驻美大使或使馆有可能被卷入，但事情不会进展这么糟糕"。①美司法部文件已经显示印方有更多官员涉案，如果美国容忍印度仅停留在目前的处理状态，不追究更多印情报官员的刑事责任，也让印驻美使领馆外交官免遭处罚，那么莫迪政府有理由继续相信美国对印度的政策容忍度仍存在相当大的弹性空间。在这种情况下，如果印人党在2024年大选后连任，莫迪政府处理印美价值观分歧的策略仍有可能继续保持一定程度的强势态度。

（二）印与美国盟友价值观分歧上升，冲击美构建反华民主同盟

美国试图通过各种小多边机制建立针对中国的所谓民主国家联盟，但印度与美国及其盟友的价值观分歧上升，导致美国维系所谓民主国家联盟内部团结的难度加大。仅就尼贾尔事件而言，此次事件的两个当事方中印度是美日印澳四国集团核心成员，是美国最重要的地缘政治伙伴之一；加拿大是美英加澳新"五眼联盟"成员，是美国最亲密的盟友之一。近年来印度正通过"情报外交"打造地区和全球情报网络，例如年度瑞辛纳对话之前举行"志同道合国家间高级情报官员闭门会议"，试图融入美国主导的情报网络。②美国通过"五眼联盟"为加拿大提供了关键线索，帮助加拿大侦破了尼贾尔遇刺案件，③引发印度对美国情报监控和自身安全的担忧。

---

① "India's Probe Finds Rogue R&AW Agents Involved in Pannun Murder Plot: Report," *Hindustan Times*, March 21, 2024, https://www.hindustantimes.com/india-news/indias-probe-finds-rogue-r-aw-agents-involved-in-pannun-murder-plot-report-101710963571012.html.
② C. Raja Mohan, "The Rise of 'Intelligence Diplomacy' in a Time of Global Security Challenges," *Indian Express*, February 20, 2024, https://indianexpress.com/article/opinion/columns/intelligence-diplomacy-india-global-security-maritime-raisina-dialogue-9169519/.
③ "Western Intelligence Led to Canada Accusing India of Sikh Activist's Assassination, US Ambassador Says," CNN, September 22, 2023, https://edition.cnn.com/2023/09/24/americas/canada-five-eyes-india-hardeep-singh-nijjar-intl-hnk/index.html.

印度应对印美价值观分歧的策略变化、动因及影响

莫迪政府在族群问题上的争议政策导致印美价值观分歧上升，并外溢到与其他国家间关系。例如2022年6月，印人党全国发言人努普尔·夏尔玛（Nupur Sharma）在电视辩论中发表针对穆斯林先知的争议言论，在印度国内引起轩然大波并引发国际连锁反应，包括卡塔尔、伊朗和科威特等国家先后召见印度驻所在国大使，提出抗议，并要求印度政府做出正式道歉。[①] 美国重新强调莫迪政府人权问题的做法，也促使其盟友加强对印度人权问题的关注。例如在美印就印度在俄乌冲突问题上的立场出现分歧之际，美国国内开始重提对锡克人地位问题的关切。2022年5月，美国康涅狄格州议会宣布承认4月29日为"锡克人独立宣言纪念日"。[②] 随后西方国家出现大范围的反印游行。2023年初，加拿大、澳大利亚、英国等接连发生"卡利斯坦"聚会，在场的抗议人群还与当地印度裔发生暴力冲突，印度驻美国旧金山总领事馆也遭到抗议者破坏。[③] 莫迪政府在曼邦针对库基人的系统暴力引发欧洲国家广泛关注。2023年7月，欧洲议会通过"印度曼尼普尔邦冲突"动议，强烈抨击印人党政府激化族群冲突的"民族主义言论"并将曼邦局势列入"侵犯人权、民主和法制案件"讨论议程，呼吁建立"欧盟-印度最高级别人权对话"，为印人权问题制定明确、严格标准。[④] 预计未来一段时间，欧洲国家将持续提升对印人权问题的关注度，印欧价值观分歧及其影响将进入上升通道。

相比欧美，加拿大对印度的价值观的关切有更多的现实政治基础，当前锡克人占加拿大人口的比例已超过占印度总人口的比例。2021年，加拿大人口调查统计显示，锡克人数量约77万，约占总人口的2.21%，已经超过

[①] "The Full List of 20 Countries and Bodies That Have Condemned the BJP Leaders' Remarks," *The Wire*, June 7, 2022, https：//thewire.in/communalism/the-full-list-of-18-countries-and-bodies-that-have-condemned-the-bjp-leaders-remarks.

[②] "Indian Consulate Condemns US State's Citation on 'Sikh Independence'," *Hindustan Times*, May 3, 2022.

[③] "Pro-Khalistan Protesters Tried to Set on Fire India's Consulate in San Francisco," *The Tribune India*, March 21, 2023, https：//www.tribuneindia.com/news/diaspora/pro-khalistan-protesters-attempted-to-set-on-fire-indias-consulate-in-san-francisco-490025.

[④] "European Parliament Adopts Resolution on Manipur, India Says It Reflects 'Colonial Mindset'," *The Wire*, July 13, 2023, https：//thewire.in/diplomacy/european-parliament-adopts-resolution-manipur-protection-religious-minorities.

锡克人占印度总人口的比例（约1.7%）。① 加拿大关注在印锡克人待遇具备更强大现实基础。随着莫迪政府在应对海外锡克人问题上的采取积极的进攻性态势，印加价值观冲突上升到主权层面。2023年9月18日，加拿大总理特鲁多宣称已掌握"可信"证据表明印度政府涉入加拿大锡克人尼贾尔遇刺事件，并驱逐一名以外交官身份留驻加拿大的印情报机构负责人。印度对此坚决否认，并宣布对等驱逐一名加拿大高级外交官印方坚决否认。② 9月20日，印度向所有居住在加拿大的印度公民发出旅行建议，要求他们保持"高度警惕"。印度要求加拿大减少在德里的外交人员规模，理由是"干涉内政"，同时印度外交部发布针对加拿大的旅行建议，称由于加拿大出现印度外交官和部分印度社区的"威胁"，以及"反印度议程"，要求印度国民避免前往加拿大发生此类事件的地区和潜在场所。③ 特鲁多及其整个代表团因专机发生故障不得不滞留印度两天，其G20峰会返程安排受到影响。④ 双方关系因此陷入僵局。

印加外交冲突以来，美国对外表态谨慎以免过度刺激印度。印度不断升级对加拿大的外交报复，美及其盟友并没有表达对特鲁多政府的明确支持，加拿大抱怨西方盟友因现实利益而没有提供足够的外交支持。加拿大安全情报局（CSIS）近日解密报告，因干涉外国选举活动，印被加明确视为"外部干预威胁"。此前，CSIS已在2022年10月发布报告，指出"印政府特工'似乎'干预加保守党2022年的领导人竞选"。这份题为《向民主制度部长通报外国干涉情况》（Briefing to the Minister of Democratic

---

① "Here's Why the Sikh Population in Canada Surged to over 7.71 Lakh After 1991," *The Economic Times*, https：//economictimes.indiatimes.com/news/how-to/heres-why-the-sikh-population-in-canada-surged-to-over-7-71-lakh-after-1991/articleshow/103798499.cms.

② "How Hardeep Nijjar's Killing Stoked Row, Leading to India & Canada's Tit-for-Tat Diplomat Expulsions," The Print, September 19, 2023, https：//theprint.in/diplomacy/how-hardeep-nijjars-killing-stoked-row-leading-to-india-canadas-tit-for-tat-diplomat-expulsions/1768596/.

③ "India Urges 'Utmost Caution' in Canada Travel Advisory as Bilateral Crisis Escalates," CNBC, September 20, 2023, https：//www.cnbc.com/2023/09/20/india-travel-advisory-canada.html.

④ "Justin Trudeau：Stranded Canadian PM Leaves India After Plane Snag Fixed," BBC, September 12, 2023, https：//www.bbc.com/news/world-us-canada-66781931.

印度应对印美价值观分歧的策略变化、动因及影响

Institutions on Foreign Interference）的报告指出，印"外部干预行为"对加民主制度构成潜在威胁，加政府需制定"清晰明确的战略"加以应对。值得注意的是，解密报告中涉及印度的内容大多被隐去，因此无法获得具体细节。① 但印度和加拿大关系中的价值观因素将持续存在，未来双方关于锡克人地位问题的交锋将成为美国构建所谓民主同盟的一大障碍。

2024年是印度的大选年，但在2024年3月11日，莫迪政府宣布将实施搁置已久的《公民身份修正法案》，以加快给"符合条件非法移民"授予印公民身份，莫迪政府在大选投票之前再度炒作印度教徒与穆斯林关系问题，其政治动机不言而喻，不出预料也引发了国际社会的广泛关注。美国国务院随即表示"将密切关注该法案，尤其是法案执行方式"②，印方则表示"该法案的执行是印度内政"，美国涉《公民身份修正法案》的声明"不合时宜、错漏百出且毫无根据"，强调那些"对印度多元传统和分治后区域历史了解不多的人最好不要妄加说教"。③ 2024年3月21日，莫迪政府以"涉嫌腐败"为由强行逮捕德里现任首席部长、印平民党（AAP）党首凯杰里瓦尔。此前以诽谤罪逮捕国大党领导人拉胡尔·甘地已经引发各界强烈批评，莫迪政府在大选投票到来之际利用国家机器打压凯杰里瓦尔及平民党的行为，再度引发印国内各党派和国际社会强烈批评。3月25日，美国国务院表示将密切关注凯杰里瓦尔被捕事件，并鼓励印采取公平法律程序。3月27日，印外交部驳斥美方发言"诽谤印法律程序且毫无根据"。④ 不到一个月

---

① "Canadian Intelligence Said India Involved in 'Foreign Interference' Activities," The Wire, February 3, 2024, https：//thewire.in/world/canada-intelligence-india-foreign-inteference-global-news.

② "Department Press Briefing-March 14, 2024," U.S. Department of State, https：//www.state.gov/briefings/department-press-briefing-march-14-2024/.

③ "Transcript of Weekly Media Briefing by the Official Spokesperson (March 15, 2024)," U.S. Department of State, https：//www.mea.gov.in/media-briefings.htm?dtl/37712/Transcript_of_Weekly_Media_Briefing_by_the_Official_Spokesperson_March_15_2024.

④ "India Strongly Objects to the Remarks of the US State Department Spokesperson," Ministry of External Affairs, Government of Indai, March 27, 2024, https：//www.mea.gov.in/press-releases.htm?dtl/37748/India_strongly_objects_to_the_remarks_of_the_US_State_Department_Spokesperson.

时间内，印美就印内政问题多次交锋。随着美国筹划2024年"民主峰会"，印度因其人权状况以及在巴以冲突中支持以色列等引发外界关注。此前印度引进以色列"飞马"（Pegasus）间谍软件等监控反对派，使得美国媒体质疑美国是否应该邀请印度和以色列参加峰会。[1] 这也表明了在未来一段时间里，印美价值观分歧上升和冲突增多的趋势将保持不变，印度与美国及其盟友的互动关系将更加复杂。

结　论

随着莫迪执政以来印度国内族群矛盾日益激化，在国内意识形态动员需求和相对有利的国际地缘环境刺激之下，印度在应对与美价值观分歧的策略日益主动且充满进攻性，已经主动将渗透和干涉活动的阵地前推至海外。美国也开始改变此前无限扶印、支持印人党政府的做法，转而选择更加务实的对印政策：一方面深化与印战略合作共同遏制中国；另一方面借人权问题打压印度，让后者意识到其国内政策选择会影响美国对印政策。印美关系重新回到实用主义路径，双方在不同的议题上采取合作或竞争策略，印美所谓天然盟友的提法没有了现实基础。2024年是美印大选年，拜登政府在人权等问题上面临的国内压力加大，因此选择不再压制国内对印度人权问题的关切。执政的莫迪政府退步余地减少，假借外部干涉问题炒作印度国内民族主义情绪以提升选情的动力上升。不过美国处理"潘农事件"的姿态也表明，美国借人权问题敲打印度有其限度，美国会尽量控制将印美基于人权问题的交锋限制在外交层面交锋，而不会让事态失控到真正损害印美核心利益的地步。

值得注意的是，"潘农事件"或许影响印度情报部门在美国及其盟友的行动规模和力度，印度不得不暂时减小在欧美的海外渗透和干涉力度，这意

---

[1] "Background Press Call on U. S. Efforts to Counter Misuse of Commercial Spyware and the Third Summit for Democracy," The White House, March 18, 2024, https：//www.whitehouse.gov/briefing-room/press-briefings/2024/03/18/background-press-call-on-u-s-efforts-to-counter-misuse-of-commercial-spyware-and-the-third-summit-for-democracy/.

味着其海外渗透与干涉资源将更多地用于在其他地区和国家的行动，尤其是在南亚中小国家的行动。印度长期在巴基斯坦开展渗透和干涉行动。2024年1月25日，巴基斯坦外交部召开记者会指控印度情报人员在巴基斯坦参与谋杀巴基斯坦公民，称此类刺杀事件手法与印度在加拿大和美国刺杀锡克教人士事件如出一辙。多国指控并提供证据显示印在海外系统招募、资助和支持罪犯及恐怖分子从事此类刺杀活动。① 美国务院《2022年国际宗教自由报告：尼泊尔》披露与印度人民党有联系的印度教右翼组织一直向尼泊尔各党派提供资金，以让其支持尼泊尔建立"印度教国家"（Hindu statehood）。② 随着印度将更多投入对南亚中小国家的渗透和干涉活动，服务于其国内印度教民族主义动员和加强对其中小邻国的政治掌控等目标，印度将持续加强对南亚中小国家的霸权主义干预，冲击这些国家政治和经济事业的正常发展。

---

① "Remarks by the Foreign Secretary on India's Extra-Judicial and Extra-Territorial Killings in Pakistan," Ministry of Foreign Affairs, Pakistan, January 25, 2024, https://mofa.gov.pk/press-releases/remarks-by-the-foreign-secretary-on-indias-extra-judicial-and-extra-territorial-killings-in-pakistan.

② *2022 Report on International Religious Freedom: Nepal*, Ministry of Foreign Affairs, Pakistan, 2022, https://www.state.gov/reports/2022-report-on-international-religious-freedom/nepal/.

B.5 大国战略互动下印度洋地区秩序变迁：现状、特征与趋势[*]

李红梅[**]

摘　要： 当前，全球秩序处于深度转型，地区秩序面临新一轮重构。本报告认为，在大国战略互动背景下，印度洋地区秩序经历了从霸权单极主导向权力多极化方向转变，印度对区域内机制的主导地位上升。美国一方面承认印度的地区领导角色，另一方面调整对印度洋地区岛国的接触战略。法澳日等国积极对美进行"战略贴靠"。印度洋呈现大国地缘政治竞争复兴与"阵营化"发展的特征。面对地区问题，地区治理机制重叠但治理赤字。技术民族主义成为该区域秩序的一个新特征，并对逆全球化背景下快速发展的区域主义构成了挑战。未来针对印度洋地区的岛国竞争可能加剧，地缘政治竞争将以其他形式体现，人工智能未来可能成为驱动新一轮地区秩序变革的关键因素，对国家间权力关系、社会生活产生重大影响。

关键词： 大国战略互动　印度洋地区　多极化　人工智能

近年来，全球地缘政治竞争加剧，俄乌冲突、巴以冲突影响外溢，全球产业链转移，供应链和价值链重组，经济全球化遭遇逆流，区域主义迎来新

---

[*] 本报告是国家社会科学基金青年项目"印度外交战略转型及对中国的影响研究"（项目批准号：20CGJ007）的阶段性研究成果。
[**] 李红梅，上海国际问题研究院国际战略与安全研究所助理研究员。

大国战略互动下印度洋地区秩序变迁：现状、特征与趋势

的发展势头。"众所周知，全球化几乎是一个神话，现实更接近于区域化。"[①] 与此同时，国际力量分化重组，意识形态多元化与多个力量中心的出现加剧了国际政治格局的竞争性，[②] 导致全球治理的功能失效、治理碎片化，国际秩序处于深度转型，地区秩序面临新一轮重构。从历史角度来看，地区秩序与全球秩序并非总是同构的，全球霸权国并不一定主导任何地区。一种情况是，"如果全球霸权国在某个地区的军事能力较弱，那么该地区军事力量最强的国家是地区霸权国"[③]，例如1930年前，英国享有全球海军优势地位，是全球海上霸权，然而欧洲区域内的霸权不是英国而是法国。另一种情况是，全球霸权国为减少扩张成本，实行区域责任分摊，承认地区战略伙伴的区域角色地位，鼓励它们承担维护地区秩序的责任和义务，目前美国在印度洋地区的这一战略动向比较明显。印度成为美国在该地区的责任分摊伙伴，被美国纳入全球和地区议程架构。

印度洋就像一面镜子，反映了大国的历史兴衰。印度洋长期以来被域外强权国家战略主导，是大航海时代以来，全球海洋霸权进行殖民掠夺和力量投射的重要场所。当前，印度洋地区秩序正经历新一轮"历史的转折"，权力分配结构从过去的单极霸权主导走向多极化。一方面，美国承认印度的地区领导作用，进行责任推卸；另一方面，近期又进行战略重调，对该地区进行"再接触"。大国战略互动深刻影响着印度洋地区的秩序变迁，新秩序的建立反过来又塑造了国家的战略行为，尤其是作为秩序重要内容的机制与制度对国家行为具有重塑作用。本报告尝试探索大国战略互动背景下，印度洋地区秩序变迁的基本现状、新的特征与发展趋势，为理解国际秩序转型背景

---

① Shannon K. O'Neil, "The Myth of the Global: Why Regional Ties Win the Day," Foreign Affairs, June 21, 2022, https://www.foreignaffairs.com/articles/united-states/2022-06-21/myth-global-regional-ties-win.

② Charles A. Kupchan, Leslie Vinjamuri, "How to Build an Order: An International Agenda for the Twenty-First Century," Foreign Affairs, April 15, 2021, https://www.foreignaffairs.com/articles/world/2021-04-15/how-build-order.

③ 黄宇兴：《崛起国如何研判霸权国结盟的可能性》，《世界经济与政治》2022年第5期，第79页。

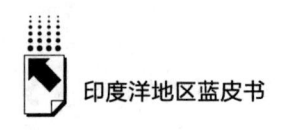

下，印度洋作为一个系统单位的内在运行过程。在此之前，有必要先对普遍意义上地区秩序变迁的内在机制进行讨论。

一 地区秩序变迁的内在机制

亨利·基辛格认为，任何对秩序的讨论都需要回答三个问题：秩序的基本单位是什么？以何种方式互动？互动的目标是什么？[①] 所谓秩序的基本单位，主要指秩序的互动主体，当下无论研究国际秩序还是地区秩序，都主要以民族国家作为互动主体。互动的方式取决于各方行为体所形成共识的机制以及制度、规则。互动的直接目标是为了追求系统稳定，但根本目标实质是为了降低交易成本、促进合作，以增进各方福祉。从秩序的研究层次来看，可以区分为国际秩序、地区秩序和社会秩序。既有研究多探讨国际秩序的演化和特征，对地区秩序的研究相对较少，而对印度洋地区秩序的系统研究则更加匮乏。

（一）地区秩序的概念与观察维度

地区秩序可以理解为在一个区域系统或地理范围内，为实现特定目标，国家间通过规范性安排并以特定方式互动而实现的持久稳定状态。通常而言，秩序的变化具有一定的稳定性和周期性，通常会经历漫长的过程，所以对秩序的研究需要放在一个长时段来进行考察。而且由于制度、规则的社会化程度高，国家往往会形成行为惯性，从而也会迟滞秩序的演变。从秩序的层次来看，国际秩序与地区秩序的区别在于地理范围或系统范畴，地区秩序主要是一个特定地理范围内的秩序，而国际秩序是全球系统范畴的秩序。能对国际秩序产生影响的行为体主要是全球性大国，但对地区秩序能产生影响的不仅包括全球性大国，可能还包括有影响力的区域内国家。所以地区秩序的基本格局可能呈现为"外主内从"、"内主外从"或"内外双重领导"等模式，即域外国家主导域内国家从属、域内国家主导域外国家从属或域内域

[①] 〔美〕亨利·基辛格：《大外交》，顾淑馨、林添贵译，海南出版社，2012，第825页。

外国家共同领导等模式。地区秩序对国际秩序存在相互影响关系，国际秩序可以对地区秩序进行"渗透"，在不同历史阶段、不同地区二者有时候具有同构性。反过来，有的地区对国际秩序具有决定性影响，尤其是在大国群集区或战略聚集区。例如，当前印太地区对国际秩序的影响可能就是决定性的，因为21世纪不再是欧洲世纪，而是亚洲世纪，确切地说可能是印太世纪。

大国战略互动深刻影响着地区秩序的变化，地区秩序变迁是大国战略互动的结果。在这个过程中，两个核心因素是影响地区秩序变迁的关键。第一，权力分配结构的变化。特定区域内行为体权力分配结构是影响地区秩序的首要因素，权力的分配是分散型的还是集中型的，是单极、两极还是多极结构，将影响秩序的基本形态。印度洋地区从大航海时代至20世纪60年代以前，基本属于帝国殖民秩序，直到英国从苏伊士运河以东撤退，权力出现转移，印度洋地区的帝国殖民秩序才寿终正寝。第二，地区机制及其合法性。秩序的维护通常需要依赖特定的机制，机制所涉及的原则、规范、规则与决策程序会影响国家间互动模式，使国家的行为具有可预见性，从而降低交易成本，使系统处于均衡稳定状态。地区机制的改变则意味着国家间互动模式的变化。任何机制的建立实质都是国家间利益分配的结果，体现了国家间的权力分配格局。系统主导国往往通过机制或制度来固化特定的利益分配格局，比如"二战"后美国主导的国际机制有利于维护美国的全球霸权地位和既得利益。但机制是否有效，取决于机制所涉及的制度与规则是否具有合法性，"合法性是国际秩序的重要来源"。[1] 合法性指行为体遵约的规范性信念，[2] 也就是机制所涉及的相关规则是否获得了区域国家的普遍认同。基辛格认为合法性暗含了国际秩序的总体框架被所有主要国家接受，[3] 同时被

---

[1] Christian Reus-Smit, "Cultural Diversity and International Order," *International Organization*, Vol. 71, No. 4, 2017, p. 853.

[2] Ian Hurd, "Legitimacy and Authority in International Politics," *International Organizations*, Vol. 53, No. 1, 1999, pp. 379-381.

[3] Randall L. Schweller, David Priess, "A Tale of Two Realisms: Expanding the Institutions Debate," *Mershon International Studies Review*, Vol. 41, No. 1, 1997, p. 11.

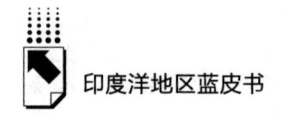

内化为这些国家的对外行为准则。

例外情况是，霸权国家靠强制建立的地区秩序尽管合法性低，但当域内缺乏崛起强国与之抗衡，违反规则代价高昂时，霸权国主导的机制仍具有效性。然而，靠规则合法性维持的秩序比靠强权实现的秩序更具持久性和稳定性。值得一提的是，规则是否获得其他国家的认同并具有合法性，其实也取决于是否能确保其他国家在现行规则中获益，因此合法性本身也体现了其他国家的预期收益。

（二）地区秩序变迁的内在机制

地区秩序变迁是权力结构变化与地区机制共同作用的结果。当权力结构发生变化，权力转移后，通常新崛起国家会抛弃衰落国主导的国际机制，重新建立有利于维护和实现自身利益分配的地区机制，从而导致秩序变迁。而权力结构变化主要取决于国家经济实力与军事力量的发展，特别是海军力量的发展。另外，如果崛起国是现行机制的受益者，维持现有机制有利于崛起国，那么现存秩序可能不会发生变化。而如果崛起国不满意现有机制时，现有机制失去合法性就可能面临被崛起国抛弃的局面，崛起国寻求"改制"或"建制"，重塑秩序。因此，权力结构变化需要经过国际机制的"过滤"作用才能影响秩序的变迁，而机制或制度的合法性是决定机制有效性的关键。

另外，如果霸权国以实力为后盾，通过高额惩罚来威慑不遵约的国家，那么出于对霸权国的恐惧，其他国家会扮演现行秩序的遵守者，一旦霸权国实力衰退，权力分配格局出现变动，这些国家可能试图改变或修正相关机制或规则，从而实现秩序的改变。还有一种情形是，霸权国通过向其他国家提供预期收益来获得地位认同和规则的合法性，从而实现机制的有效性和秩序的维护。即使是在权力结构改变的情况下，如果现行机制"有利可图"，崛起国也可能选择继续遵守而不是打破现行秩序。因此，盲目将崛起国视为秩序现状的修正者甚至预言"修昔底德陷阱"是太过绝对的，这也是权力转移理论的缺陷所在，过度强调物质性因素而忽略了作为非物质性因素的规则合法性的重要性。本报告在批判借鉴权力转移理论的基础上，将地区机制及其合法性作为影响秩序的重要考量，合法性将影响地区机制的有效性，从而影响秩序的维护或者改变。还有以下几种可能影响秩序变迁的情形。第一，秩序主导国从现行机制中获益越来越少，因此选择抛弃现行机制，例如特朗普政府时期美国的系列"退约"行为。第二，维持现行机制运行的成本高昂，秩序主导国选择转嫁成本，鼓励地区伙伴进行责任分摊，当前在印度洋地区就是如此，但这并非表明美国彻底放弃领导权。第三，区域一体化发展对地区机制的塑造作用越来越强，促使地区性机制不断产生。另外，任何地区秩序的分析都不能忽视国际权力结构的渗透作用，应将此作为地区秩序分析的背景要素。总之，理解秩序变迁的理论逻辑后，有助于我们更好地观察印度洋地区秩序变迁的现状。

二 大国战略互动下印度洋地区秩序变迁的现状

"在人类历史大部分时期，印度洋主要被利用和被看作一个统一体，它有助于把遥远的社区连接成各种复杂的经济和文化关系"。[1] 回顾历史，15世纪后印度洋开始进入国际政治的议程设置，印度洋地区的秩序经历了几轮演变。1498年，受葡萄牙资助的海洋探险家达·伽马绕过好望角，抵达南亚次大陆，印度洋开始进入欧洲统治的视野。16世纪开始，葡萄牙以武力方式叩开了印度洋的"大门"后在印度洋地区建立了长达一个多世纪的海上霸权，区域内自由航行被迫终结。[2] 从控制模式来看，葡萄牙主要控制了从好望角、非洲之角到马六甲海峡等咽喉要道，借此建立排他性的势力范围。[3] 而葡萄牙的衰落导致权力转移，从17世纪中期以来，荷兰、法国与

---

[1] 〔澳〕肯尼斯·麦克弗森：《印度洋史》，耿引曾、施诚、李隆国译，商务印书馆，2015，第209页。
[2] 〔美〕詹姆斯·R. 福尔摩斯、〔美〕安珠·C. 温特、〔美〕吉原恒淑：《印度二十一世纪海军战略》，鞠海龙译，人民出版社，2016，第37~43页。
[3] 〔美〕詹姆斯·R. 福尔摩斯、〔美〕安珠·C. 温特、〔美〕吉原恒淑：《印度二十一世纪海军战略》，鞠海龙译，人民出版社，2016，第43页。

英国开始在印度洋沿岸地区进行战略争夺。19世纪中期英国打败法国，1858年英国政府全面接管印度，同时英国以当时的锡兰为中心，[1] 对进出印度洋的各个咽喉要道进行排他性控制，将印度洋视为英国的"内湖"，并通过建立"有限航行自由"规则来进行区域治理，维护在印度洋的帝国殖民秩序。

两次世界大战后，英国综合国力加速衰退。英镑失去国际优势币种地位，英国国际收支失衡、工业竞争力与经济实力急剧下降，丘吉尔感叹道："比起强大的俄国熊和庞大的美国象，英国雄狮似乎的确弱小多了。"[2] 英国步入了"帝国的黄昏"，经济实力和海军实力被美国远远超越。英国塑造世界事务能力的衰退归咎于其相对经济实力的下降。[3] "二战"结束初期，美国出口贸易居世界首位，工业产量占整个资本主义世界1/2以上，是全球最大债权国。[4] 美国还拥有全球最强大的海军力量和空军力量，拥有海外军事基地484个，同时独家垄断了原子弹。[5] 随后英美就在迪戈加西亚岛（Diego Garcia）建立军事基地进行谈判，1971年英国撤出苏伊士运河以东，英美在印度洋地区实现了和平的权力转移。印度洋从帝国殖民秩序转变为了霸权秩序。无论是英帝国还是美国霸权，都依靠军事控制为主要手段建立区域秩序，因此都存在一个规则合法性问题。后者擅长通过提供区域公共产品的方式来换取地区国家的承认，以寻求合法性。

随着英国的撤退和冷战的发展，美苏在全球的战略角逐也蔓延到了印度洋地区。从1968年至20世纪80年代中期，苏联希望通过"南下"印度洋，与美国进行全球霸权争夺。这一时期，苏联在印度洋地区的经济活动和军事

---

[1] Ravindra Varma, "The Indian Ocean in India's Strategy and Diplomacy," *The Indian Journal of Political Science*, Vol. 25, No. 1, 1964, p. 46.

[2] David Reynolds, *Britannia Overruled: British Policy and World Power in the Twentieth Century*, New York: Longman Inc., 1991, p. 297.

[3] David Reynolds, *Britannia Overruled: British Policy and World Power in the Twentieth Century*, New York: Longman Inc., 1991, p. 18.

[4] 胡欣：《美国帝国思想的对外政策含义》，江苏人民出版社，2017，第330~331页。

[5] 方连庆、王炳元、刘金质主编《国际关系史（战后卷）》，北京大学出版社，2006，第40页。

活动频率增加。美国也在该地区主导建立了具有军事同盟性质的中央条约组织与东南亚条约组织，旨在反苏反共。印度洋地区呈现两极争霸秩序状态。为避免印度洋地区成为美苏争霸的冷战场、防止美苏军备竞赛扩散至该地区，以斯里兰卡为代表的域内国家于1964年提出了建立"印度洋和平区"的倡议。1971年12月16日，联合国大会通过决议宣布印度洋为和平区。[1] 直至苏联解体冷战结束，全球权力结构重构，美国成为全球首屈一指的霸权国家。印度洋被美国单极霸权主导，美国通过与印度洋沿岸国家合作建立军事基地，建立了广泛的前沿存在。例如冷战后，美国与海湾国家签署军事基地合作协议，"9·11"事件后加大了战略部署力度。[2] 这一时期印度洋地区非传统安全成为美进行地区安全治理的重要对象，例如恐怖主义、大规模杀伤性武器扩散、毒品与武器走私、海盗等。[3] 美国通过打击地区海盗来维护其统治的正当性。2002年美国还领导建立了由33国组成的联合海上部队（Combined Maritime Forces），作为一个多边海军合作机制，其致力于协调各国多边海上联合行动。同时，印度洋域内国家参与区域治理的意识增强，地区机制纷纷建立，例如印度主导的环印度洋区域合作联盟（IORA）的建立，旨在促进地区经济发展，目前IORA已成为全球最大的区域性合作组织之一。[4] 印度开始追求在印度洋的地区领导角色，致力于实现以印度为"一极"的亚洲"多极化"和世界大国地位。

2008年全球性金融危机后，世界权力格局出现新一轮变动，以美国霸权衰退和中国、印度战略崛起为主要特征，全球权力出现扩散态势。从奥巴

---

[1] "Declaration of the Indian Ocean as a Zone of Peace," United Nations, December 16, 1971, p. 36, https: //documents-dds-ny. un. org/doc/RESOLUTION/GEN/NR0/328/48/IMG/NR032 848. pdf? OpenElement.

[2] 徐瑶：《美国海外军事基地体系的演变》，时事出版社，2018，第155~156页。

[3] Andrew C. Winner, "Combating Transnational Security Threats in the Indian Ocean: A Focused US Regional Strategy," in Peter Dombrowski and Andrew C. Winner eds. , *The Indian Ocean and US Grand Strategy: Ensuring Access and Promoting Security*, Washington D. C. : Georgetown University Press, 2014, P. 177.

[4] Calvin H. Allen. Jr, "Regional Cooperation and the Indian Ocean Rim," *Indian Journal of Asian Affairs*, Vol. 12, No. 1, 1999, p. 1.

马政府开始，美国从印度洋沿岸地区进行战略收缩，2012年美国宣布"重返亚太"政策后，将60%的海军力量转移到了太平洋地区，[①] 以集中资源制衡中国崛起。与此同时，中印两国作为新兴国家和最大发展中国家代表，两国的战略崛起逐渐打破美国主导的单极霸权秩序，权力分配格局出现新变动。随着中美战略竞争加剧，中印自2020年6月加勒万河谷（Galwan Valley）冲突以来，两国关系持续低位徘徊，印美战略协同联合制华意图更加凸显，深刻影响了印度洋地区安全格局。同时，印度主导的区域内机制不断取得进展，不同类型的组织和机制得以确立或强化。尽管就机制化程度而言还有待提高，但从印度洋地区历史发展的进程来看，该地区已从一个机制化水平低、联系松散的区域逐步向经济、安全与文化共同体的方向发展，域内机制已从追求反帝反霸到谋求经济、安全、人文等多领域合作的方向发展。从回顾历史到总结当下，基于地区秩序变迁的内在机制，当前印度洋地区秩序变迁主要呈现以下状态。

（一）权力分配格局呈多极化发展

权力分配格局是影响秩序变迁的关键要素，也是观察一个地区秩序类型的重要指标。当前，印度洋地区权力分配呈现扩散化状态，权力分配格局正从冷战后的美国单极主导到中美印多极并存发展格局，同时，法国、澳大利亚、日本等国正加大在该区域的战略投入力度，区域性权力不断增强。

1. 美国的战略回调与策略演变

美国从20世纪60年代在印度洋地区接过英国权力转移的"接力棒"后，依靠前沿军事存在实现了对印度洋的战略控制，但美国从未制定一个系统的印度洋地区战略。随着美国综合国力的衰落，全球权力分布出现"东升西降"，美国从伊拉克、阿富汗先后完成撤军，战略力量从印度洋沿岸收缩，实行克制外交，减少政治投入，鼓励地区盟友分摊责任，[②] 并将战略重

[①] 王晓文：《美国印度洋战略的历史演进研究》，国家行政学院出版社，2017，第83页。
[②] Marc Lynch, "Obama and the Middle East: Rightsizing the U.S. Role," *Foreign Affairs*, Vol. 94, No. 5, 2015, pp. 18-27.

心聚焦西太平洋地区，重申美国的"太平洋国家"身份。

2017年特朗普上台后，美国战略重心明确从反恐转向大国战略竞争，并把中国视为最大战略竞争对手。为制衡中国的崛起，美国强化反华机制建设。2017年，在美国主导下，美日印澳四国同意恢复"四方安全对话"（Quadrilaterial Security Dialogue，简称 Quad），并实现了领导人峰会、外长级会议机制化。从"亚太再平衡"到当下的"印太战略"，美国将印度洋作为"印太战略"的一部分，正式纳入其全球大战略框架，并从过去强调单极军事主导，转变为依靠地区战略支点国家印度来维持区域秩序。面对2023年10月以来的新一轮巴以冲突，美国尽管坚定支持以色列，但仍保持了战略克制，避免重新被卷入中东地区冲突，分散美国在印太地区的战略重心。

尽管印度洋重回美国的全球大战略框架，但在执行策略上美国有所改变，更多依靠地区支点国家和盟友伙伴进行地区秩序维护，同时加强对地区小国的战略自主能力建设，避免这些国家对外过度依赖。"美国寻求机会扩大与强化和印度、斯里兰卡、马尔代夫、孟加拉国和尼泊尔的伙伴关系。"[①] 对南亚小国，美国通过经济与安全援助来增强这些国家的安全能力。对印度，美国积极进行战略扶持，通过承认印度的地区主导地位，鼓励印度承担更多地区责任。在2017年美国的《国家安全战略》报告中，美国首次明确提出"我们将深化和印度的战略伙伴关系，支持它在印度洋安全和更广泛地区的领导角色"。[②] 而在2015年的《国家安全战略》报告中，美国只是表示支持印度的地区净安全提供者的角色，[③] 因此，在2017年的报告中美国

---

① "Indo-Pacific Strategy Report: Preparedness, Partnerships, and Promoting a Networked Region," The Department of Defence (United States), June 1, 2019, p. 33, https://media.defense.gov/2019/Jul/01/2002152311/-1/-1/1/DEPARTMENT-OF-DEFENSE-INDO-PACIFIC-STRATEGY-REPORT-2019.PDF.

② "National Security Strategy of the United States of America," The White House, December 2017, p. 50, https://trumpwhitehouse.archives.gov/wp-content/uploads/2017/12/NSS-Final-12-18-2017-0905.pdf.

③ "National Security Strategy of the United States of America," The White House, February 2015, p. 25, https://obamawhitehouse.archives.gov/sites/default/files/docs/2015_national_security_strategy_2.pdf.

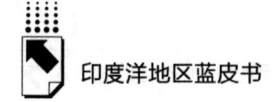

意图更加明确，希望扶持印度维护地区秩序，制衡中国在印度洋地区的影响力，帮助美国分摊战略成本。

总体来看，当前美国在印度洋的战略有三个突出特征。第一，重视印度的地区战略支点作用，继续鼓励印度承担地区责任。2024年2月9日，美国国务院发布"美国对印太地区的持久承诺"，重申支持印度的地区领导角色。[1] 美国政府、战略界精英基本形成对印度的统一共识，普遍主张提升印度的国际地位，"印度应该在任何有象征意义的高端组织或机构中拥有一席之地"。[2] 印度在美国的全球战略布局中地位日益凸显。如今，美印关系步入全方位发展阶段，两国在军事安全领域的合作虽非盟友，但胜似盟友。2020年6月中印在加勒万河谷冲突之际，美国向印方积极提供针对中国的情报共享就是典型例子。第二，扩大在印度洋地区的战略接触范围，重视西印度洋岛国的价值。美国对印度洋的关注在向西印度洋扩散，承诺要加强与西印度洋岛国如塞舌尔、毛里求斯等国的合作。2024年3月26~27日，美国国会代表团访问毛里求斯，评估"非洲增长与机会法案"（AGOA），并承诺要深化两国经贸合作，支持毛里求斯从该法案中最大化受益。[3] 另外，印度洋地区岛国如马尔代夫、斯里兰卡等将继续作为美国的战略支持重点。第三，针对印度洋地区，美国开始积极审视其政策协调性。2024年5月14日，为加强美国在印度洋的战略接触，美国国会议员发起了《印度洋地区战略审查法案》，旨在对内加强美国国务院、国防部和美国国际开发署（USAID）等多部门之间的政策协调，确保美国在印度洋地区的政策一致性，

---

[1] "The United States' Enduring Commitment to the Indo-Pacific: Marking Two Years Since the Release of the Administration's Indo-Pacific Strategy," U. S. Department of State, February 9, 2024, https://www.state.gov/the-united-states-enduring-commitment-to-the-indo-pacific-marking-two-years-since-the-release-of-the-administrations-indo-pacific-strategy/.

[2] Philip Zelikow, "The Hollow Order: Rebuilding an International System that Works," Foreign Affairs, June 21, 2022, https://www.foreignaffairs.com/articles/world/2022-06-21/hollow-order-international-system.

[3] "U. S. Congressional Delegation Visits Mauritius to Assess Implementation of the African Growth and Opportunity Act (AGOA)," U. S. Embassy Mauritius, April 3, 2024, https://mu.usembassy.gov/news-events/u-s-congressional-delegation-visits-mauritius-to-assess-implementation-of-the-african-growth-and-opportunity-act-agoa/.

对外加强与印太地区伙伴的接触和合作，重点包括印度、日本、澳大利亚和印度洋地区岛国。[1] 因此可以发现，除了与主要的盟友和伙伴合作外，开展"岛国外交"是美国在该地区的一项重要举措。

2. 中印的崛起与海洋战略转向

中印两国经济实力与海上力量的快速增长促进了印度洋地区权力结构的转变。就中国而言，2010年中国超越日本成为全球第二大经济体。2013年中国提出"一带一路"倡议后，经济影响力在印度洋地区日益上升，特别是在巴基斯坦、孟加拉国、马尔代夫、斯里兰卡等印度洋沿岸国家，中国是这些国家的主要贸易伙伴和投资伙伴。同样，印度的经济发展也取得了积极成效，根据国际货币基金组织（IMF）的国别统计数据，在过去近20年的时间里，印度的经济增速在多数年份都保持在6%以上的高速增长水平。2022年，印度超过英国，成为全球第五大经济体，仅次于美国、中国、日本和德国。而10年前，印度的GDP在全球排名第11位。IMF预测，到2027年印度将超过德国成为全球第四大经济体。[2] 在2024年大选前夕，印度总理莫迪在人民院承诺，下一个5年任期内，他领导的全国民主联盟（NDA）将带领印度成为全球第三大经济体。[3] 在莫迪的前两个任期内，由于他领导政府致力于经济改革以及奉行经济外交，印度在经济方面表现出色。在当前全球经济增长持续乏力背景下，中印同时成为全球经济增长的引擎。随着经济实力的增长，中印两国都在不断加大海上力量投入，以建立与经济体量相匹配的军事实力。从地缘分布来看，中印都具备构建海陆复合型强国的地理条件，两国在地缘禀赋与陆海战略发展方向上具有一定相似性。

---

[1] "H. R. 8378-Indian Ocean Region Strategic Review Act of 2024," Congress, Government of United States, May 14, 2024, https://www.congress.gov/bill/118th-congress/house-bill/8378/text.

[2] Martin Armstrong, "This Chart Shows the Growth of India's Economy," World Economic Forum, September 26, 2022, https://www.weforum.org/agenda/2022/09/india-uk-fifth-largest-economy-world/.

[3] Vaishnawi Sinha, "'India Will Become 3rd Largest Economy in NDA's Third Term': PM Modi in Lok Sabha," Hindustan Times, February 5, 2024, https://www.hindustantimes.com/india-news/india-will-become-3rd-largest-economy-in-ndas-third-term-pm-modi-in-lok-sabha-10170 7142145846.html.

就中国而言，随着经济实力的增长，中国开始积极重视海上力量建设。2012年11月，《胡锦涛在中国共产党第十八次全国代表大会上的报告》提出"坚决维护国家海洋权益，建设海洋强国"目标，① 这是中国当时根据国内外复杂形势与自身发展需要，首次明确提出"海洋强国"目标。根据"世界现代军事战舰名录"（WDMMW）公布的2024全球海军实力排名，中国仅次于美国，海军实力居世界第二，印度则排名第七。② 随着中国海上力量的增强以及维护自身海外利益的需要，中国在印度洋地区的参与积极性不断提升，包括与地区国家举行联合军演、海上护航、开展远海训练、海洋科考、提供国际公共产品等，中国的地区影响力不断增强。2015年，中国发布《中国的军事战略》白皮书，明确提出海军建设要"逐步实现近海防御型向近海防御与远海护卫型结合转变"，强调"必须突破重陆轻海的传统思维，高度重视经略海洋、维护海权"。③ 随着中国军事战略的调整，中国开始加大对印度洋地区的安全治理力度，致力于远海护卫。2017年，中国驻吉布提保障基地正式投用，④ 这是中国自2008年开始参与在印度洋地区护航以来建立的首个海外保障基地，其意义在于它从实践层面真正转变了中国过去的近海防御思路，使远海护卫机制化。而随着"一带一路"倡议在印度洋地区的实施和推进，中国海外利益的扩散从客观上也需要中国海上力量"走出去"，成为中国海外利益的坚定捍卫者。此外，中国还致力于促进印度洋地区海洋经济的可持续发展。

2023年12月7日至8日，中国主办了第二届中国-印度洋地区发展合作论坛（2023），会议最后发布了《中国-印度洋地区蓝色经济发展合作联

---

① 《胡锦涛在中国共产党第十八次全国代表大会上的报告》，中华人民共和国中央人民政府网站，2012年11月17日，https://www.gov.cn/ldhd/2012-11/17/content_2268826_5.htm。
② "Global Naval Powers Ranking（2024）", World Directory of Modern Military Warships, https://www.wdmmw.org/ranking.php.
③ 中华人民共和国国务院新闻办公室：《中国的军事战略》，中华人民共和国中央人民政府网站，2015年5月26日，https://www.gov.cn/zhengce/2015-05/26/content_2868988.htm。
④ 《〈新时代的中国国防〉白皮书全文》，中华人民共和国国防部网站，2019年7月24日，http://www.mod.gov.cn/gfbw/fgwx/bps/4846424_3.html。

合声明》，达成了系列成果清单，具体包括成立中国-印度洋地区蓝色防灾减灾联盟、建成并启动蓝色经济智库网络、提出"新能源印度洋"倡议等，除了这些机制性成果外，中国还积极向地区国家提供国际公共产品，包括实施200多项小而美援助项目、实施针对性领域的人才培训等。① 因此，中国对印度洋地区的参与更加多元化，涉及安全、经济、能源、渔业、灾害管理等领域，并通过发起倡议或建立新的地区机制，积极向该地区国家提供区域公共产品，践行人类命运共同体的基本理念。

就印度而言，印度在印度洋地区享有得天独厚的地缘优势，加之经济实力的增强，印度也开始转变传统重陆轻海的观念，追求构建海陆复合型强国目标，加大对海军力量的投入，致力于从"褐水海军"走向"蓝水海军"，构建以印度洋为战略核心，影响范围向南中国海、地中海辐射的基本格局。在2015年印度发布的海洋战略文件——《确保海洋安全：印度的海洋安全战略》中，印度第一次强调在印度洋地区作为"净安全提供者"（net security provider）的角色，建设强大的海军力量则是必然要求。目前，印度已实现了双航母同时服役目标，这两艘航母分别是"维克拉玛蒂亚号"（INS Vikramaditya）和印度首艘国产航母"维克兰特号"（INS Vikrant）。为展示印度强大的海上力量，2023年6月印度派出双航母战斗群在阿拉伯海海域开展军事演习，展示印度在印度洋以及更远地区的投送能力。② 此外，印度还强化海军基地建设，扩大前沿部署，提高战略拒止能力。例如，为提升在印度洋的战略存在，近年印度不断强化和升级改造相关海军基地基础设施，强化与印度洋地区岛国如塞舌尔、毛里求斯、斯里兰卡等国的军事合作，加强对印度洋的监控能力和海上控制能力。为了减少对外武器依赖，降低脆弱性和敏感性，2014年印度发布了《印度海军本土化计划（2015—

---

① 《第二届中国-印度洋地区发展合作论坛成果清单》，国家国际开发合作署网站，2023年12月8日，http://www.cidca.gov.cn/2023-12/08/c_1212312601.htm。

② Brad Lendon, "India Demonstrates Naval Strength with Dual Aircraft Carrier Exercise, a Feat China Has Yet to Accomplish," CNN, June 15, 2023, https://edition.cnn.com/2023/06/15/asia/india-navy-dual-aircraft-carrier-operations-intl-hnk-ml/index.html.

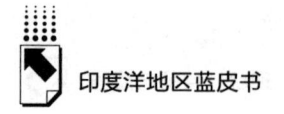

2030）》，旨在强化海军的本土研发能力和生产能力，实现国防领域自力更生。①

2020年6月加勒万河谷冲突后，中印关系跌入谷底，印度对华威胁认知进一步上升，并全面调整了对华战略，将中国视为最大战略竞争对手和最大安全威胁来源。中印关系从过去的"合作为主竞争为辅"的模式转变为"竞争为主合作为辅"的模式。两国在陆地边界和印度洋海域的竞争有增无减，印度试图将中国排挤出南亚和印度洋。②为加强对华海上竞争，印度加强了在印度洋的海军力量部署。2023年3月，据印媒报道，印度在大尼科巴岛（Great Nicobar Island）悄悄建立了一个多功能海军基地，该基地俯瞰整个马六甲海峡，距离印尼不到140公里，③从地缘上可对中国进出马六甲海峡形成战略威胁。该基地对印度的海洋战略具有重要意义，在印度看来，这个基地可对中国在中印边界的陆上优势形成反制，达到以海制陆的目的。

除加强自身安全能力建设外，印度还防范任何中国与其他南亚国家之间关系的发展。2024年3月，马尔代夫当局要求印度撤军，印度认为这是中马关系走近的结果。随后印度宣布在拉克莎群岛南端米尼科伊岛（Minicoy）建造了一个新海军基地，以加强在印度洋的战略存在。④从地理位置看，该基地靠近马尔代夫，容易对后者构成战略威慑。此外，印度还有选择性地对周边邻国实施不求对等回报的"邻国优先"政策，并寻求扩大互联互

---

① "Indian Navy Indigenisation Plan（INIP）2015-2030," Department of Defence Production（India），2014，p.2，https：//www.ddpmod.gov.in/sites/default/files/INIP%20（2015-2030）.pdf.

② Abhay Kumar Singh, *India-China Rivalry: Asymmetric to Longer*, New Delhi：KW Publishers Pvt. Ltd.，2021，p.199.

③ Raja Menon，"How India's New Naval Base at Andamans Will Force Beijing to Reassess Its Strategy," *the Indian Express*，March 21，2023，https：//indianexpress.com/article/opinion/columns/how-indias-new-naval-base-at-andamans-will-force-beijing-to-reassess-its-strategy-8495036/.

④ Anjana Pasricha, "India Sets Up New Indian Ocean Naval Base," VOA，March 6，2024，https：//www.voanews.com/a/india-sets-up-new-indian-ocean-naval-base-/7516163.html.

通与经贸往来。例如，2024年6月21~22日孟加拉国总理哈西娜对印度进行国事访问期间，印孟双方签署了10项合作谅解备忘录，其中包括加强两国的铁路互联互通，印度宣布将修建一条横贯孟加拉国并联通印度东北部地区的铁路。[1] 这条线路具有经济上与战略上的双重意义。其战略意图在于通过缩短至东北部地区的距离，加强印度联邦政府对东北部的控制，同时在必要时候有利于印度军队做出快速反应和力量部署。同时，印度还积极对印度洋沿岸国家进行安全援助，强化安全合作，增强印度的区域影响力。对有重要地缘价值的印度洋岛国，印度一如既往地有针对性开展"岛国外交"，这些国家包括斯里兰卡、塞舌尔、毛里求斯以及科摩罗等。

3. 法日澳等国进行战略重置

尽管中美印是当前印度洋地区权力结构中的主要"三极"，但其他中等强国或大国在印度洋地区不断上升的战略影响力也值得重视。在美国"印太战略"的号召下，美国的盟友伙伴也积极对美国进行"战略贴靠"，重置其对外战略，响应美国战略号召，将涵盖印度洋在内的印太地区作为重要利益区和重点战略力量投射区域。其中，法国、日本、澳大利亚等国致力于扩大在印度洋地区的多元化战略存在。法国作为一个印太国家，在该地区有着广泛的经济和安全利益，对整个印太地区充满战略关切，并致力于扩大在印度洋地区的经济和军事存在。法国主要通过部署永久性军事力量、与地区主要国家开展双边安全合作、对地区小国进行安全培训、开展多元化经济合作、支持和融入地区机制、开展联合研究等方式增强在印度洋地区的战略存在。在2019年发布的《法国在印太地区的国防战略》报告中，法国认为印太地区地缘格局呈现三大动态：中美战略竞争引发新的联盟，国家间利益分歧导致多边主义衰落，地缘战略空间缩小及局部冲突的溢出效应。在坚持战略自主的同时，法国强调联盟的重要性，希望通过多边行动来维持地区战略

---

[1] "List of Outcomes: State Visit of Prime Minister of Bangladesh to India," Ministry of External Affairs, Government of India, June 22, 2024, https://www.mea.gov.in/bilateral-documents.htm?dtl/37896/List_of_Outcomes_State_Visit_of_Prime_Minister_of_Bangladesh_to_India.

稳定和安全平衡。注重与印度、澳大利亚和日本开展在印度洋的双边安全合作，以及与其他欧盟国家联合开展行动等，并支持以印度洋海军论坛（IONS）为代表的地区安全机制的作用。[1] 法国还重视印度洋地区"蓝色经济"的发展，在2021~2022年，法国与印度洋地区国家合作开展了一项聚焦印度洋"蓝色经济"的项目，具体包括发起当地民间社会倡议、开展关于海洋和蓝色经济行动者研究项目、举办活动提高人们对发展公平和包容性蓝色经济的认识。[2] 2022年，法国更新和发布了其系统的《法国的印太战略》报告，全面阐述了法国在包括印度洋在内的印太地区的战略目标与行动计划，并再次承诺对印度洋地区安全机制和架构的支持。[3] 法国在"对标"美国"印太战略"的同时，致力于扩大其自身的区域战略影响力。与此同时，加强与印度的区域合作是其战略优先。

日本与澳大利亚作为Quad的重要成员，以及美国在印太地区的关键盟友，两国紧密追随美国的战略，将印度洋纳入"印太战略"框架，与美国及其地区盟友和伙伴积极进行战略协调和开展双边、多边合作。日本一方面在战略层面加大对印度洋地区的战略投入力度，包括积极开展军事外交、开展发展援助、提供区域公共产品等；另一方面，日本积极与美国的盟友和伙伴国家进行战略协作，通过双边或多边合作模式来增加日本在该区域的战略存在。日本重置对印度洋地区战略的一项重要举措是紧跟中国步伐，积极参与印度洋地区小国的港口基础设施建设。日本善于利用其在基础设施投资和发展援助领域的强项进行地区力量投射。近年来，日本

---

[1] "France's Defence Strategy in the Indo-Pacific," Asia Pacific Center for Security Studies, 2019, pp. 5-17, https://dkiapcss.edu/wp-content/uploads/2020/02/France-Defence_Strategy_in_the_Indo-Pacific_2019.pdf.

[2] "Meet the Stakeholders of the Blue Economy in the Indian Ocean," Ministry for Europe and Foreign Affairs (France), February 2022, https://www.diplomatie.gouv.fr/en/country-files/africa/france-in-the-south-west-indian-ocean/meet-the-stakeholders-of-the-blue-economy-in-the-indian-ocean/.

[3] "France's Indo-Pacific Strategy," Ministry for Europe and Foreign Affairs (France), February 2022, p. 49, https://www.diplomatie.gouv.fr/IMG/pdf/en_dcp_a4_indopacifique_022022_v1-4_web_cle878143.pdf.

加大了对孟加拉国、斯里兰卡、缅甸的港口投资力度。① 客观来说，日本对这些国家的接触较早，冷战时期就开始参与对这些国家的发展援助，在当地有一定社会基础，加之日本在技术、管理以及资金方面的优势，因此日本的"软介入"方式不易被视为地缘竞争行为，具有隐蔽性，既实现了其战略目的，又收获了地区国家的好感。而加强与地区大国印度的合作是日本在该区域的重点政策方向，日印合作不断深化。日本在孟加拉投资建设了靠近缅甸一侧的马塔巴里港，日本国际协力机构（JICA）副总裁中泽庆一郎表示，马塔巴里港虽然不是印度投资，但可以向印度企业提供一个进入东南亚的切入口。② 可见日印关系的紧密程度。

澳大利亚作为一个印度洋国家，将印度洋视为其天然的战略势力范围，并强调该区域对澳大利亚经济安全的重要性。近期，澳大利亚的印度洋战略有所调整。2024 年 4 月 17 日，澳大利亚发布了首份国防战略报告——《2024 年国防战略》，该报告对当前国际形势评估后认为，大国对印度洋地区战略港口的争夺以及海上航线主导权的竞争越发激烈，因此澳大利亚调整了战略部署，明确表示"东北印度洋是澳大利亚的安全中心和海上航线中心"，强调未来澳大利亚要重点加强与印度的安全合作，强化与斯里兰卡、马尔代夫和孟加拉国的联合演习与安全培训等，并通过海域态势感知、国防工业参与以及培训教育等方式深化与地区国家的防务合作。③ 该报告的另一个特点还突出在手段上，澳大利亚明确表示"拒止战略"将成为其国防战略的基石，强调澳大利亚将通过拒止战略来威慑任何威胁澳大利亚北方通道

---

① Deepa M. Ollapally, Satvik Pendyala, "Japan's Rising Role as an Indian Ocean Actor: What Do Port Stories Tell Us?" Rising Powers Initiative, February 14, 2023, https://www.risingpowersinitiative.org/publication/japans-rising-role-as-an-indian-ocean-actor/.

② Deepa M. Ollapally, Satvik Pendyala, "Japan's Rising Role as an Indian Ocean Actor: What Do Port Stories Tell Us?" Rising Powers Initiative, February 14, 2023, https://www.risingpowersinitiative.org/publication/japans-rising-role-as-an-indian-ocean-actor/.

③ "National Defence Strategy," Australian Government Department of Defence, April 2024, p. 50, https://www.defence.gov.au/about/strategic-planning/2024-national-defence-strategy-2024-integrated-investment-program.

的对手。① 这说明澳大利亚在印度洋地区的战略重心已转向以孟加拉湾为中心的东北印度洋地区，并将针对性进行"战略下注"。而在此前，澳大利亚在印度洋地区的战略关注更多放在东印度洋地区。此次澳大利亚的战略调整，既有配合美国的战略需要，也说明东北印度洋地区已成为大国战略争夺的焦点。

（二）地区机制向域内国家主导方向发展

地区机制是塑造区域国家互动行为的重要规则，也是维持地区秩序稳定的重要条件，通常区域机制体现一定的权力分配格局和利益分配格局。随着印度洋地区权力多极化发展以及美国的地区责任推卸，印度洋地区机制日益凸显出域内国家主导特色，其中印度的角色愈加显著，成为塑造印度洋地区机制的重要引领者。作为首屈一指的印度洋沿岸大国，印度的"天赋使命"以及世界大国地位目标促使印度在地区机制建设中的积极性越来越高，尤其是在莫迪政府执政时期，印度参与印度洋地区的机制建设和区域安全治理进展迅速。而地区机制特别是所涉规则的合法性是塑造一个地区秩序的关键，为此印度积极将自身塑造为地区安全维护者和利益代言人的角色，在叙事上对印度的区域角色进行道德标榜，向地区国家展示印度是"地区公共产品供给者"的国家形象，并建立了系列旨在促进地区合作发展与安全的机制。印度积极在印度洋地区进行"建制"，旨在强化印度对印度洋的秩序塑造能力。在美国积极对印度进行战略拉拢、地区责任推卸的背景下，印度在印度洋的机制建设和参与地区治理进程进一步加快，主要表现在以下三个方面。第一，强化与印度洋沿岸国家的小多边安全合作机制。例如，在2024年2月由印度、马尔代夫和斯里兰卡的海岸警卫队联合举行的代号为"多斯蒂"（Dosti）的三边军演中，孟加拉国首次

---

① "National Defence Strategy," Australian Government Department of Defence, April 2024, p. 7, https：//www.defence.gov.au/about/strategic-planning/2024-national-defence-strategy-2024-integrated-investment-program.

被以观察员身份纳入该安全合作机制，① 这意味着该安全合作机制的影响力将进一步扩大。

第二，加大对地区安全公共产品的供给力度。例如，在最新一轮巴以冲突影响外溢、红海危机背景下，印度积极发挥了地区安全保障者的角色，印度官员表示印度在红海以东部署了至少12艘军舰，以提供安全保障，打击海盗，并调查了250多艘船只。② 2024年3月26日，印度外长苏杰生访问菲律宾时，还自豪地提及了印度在红海和阿拉伯海海域护航的成效，包括印度海军成功营救货船。苏杰生还表示，印度和菲律宾应该更密切合作来塑造新兴秩序。③ 这充分表明了印度对塑造地区秩序的强烈政治意愿。此外，印度还积极与欧洲国家合作来维护印度洋地区秩序，近年印度与法国在印度洋地区的安全合作就是典型。早在2018年3月两国就通过了《印度-法国在印度洋地区合作的联合战略愿景》。2023年7月14日，在印法战略伙伴关系25周年之际，两国又发布了雄心勃勃的2047愿景路线图，进一步深化了两国的战略合作关系。④

第三，积极参与机制创建。参与机制建设是一个国家参与秩序塑造的重要手段，印度近年在这方面的积极性颇高，创建了一些具有地区影响力甚至国际影响力的区域机制。例如，2015年，印度联合法国发起了国际太阳能

---

① "India, Maldives & Sri Lanka's 'Dosti-16' Kicks off in Maldives," *The Economic Times*, March 24, 2024, https://economictimes.indiatimes.com/news/defence/india-maldives-sri-lankas-dosti-16-kicks-off-in-maldives/articleshow/107970545.cms.

② "India Deploys Unprecedented Naval Might Near Red Sea," VOA, February 1, 2024, https://www.voanews.com/a/india-deploys-unprecedented-naval-might-near-red-sea/7466220.html.

③ "Remarks by EAM, Dr. S. Jaishankar at the Joint Press Conference with Foreign Minister of Philippines," Ministry of External Affairs, Government of India, March 26, 2024, https://www.mea.gov.in/Speeches-Statements.htm?dtl/37745/Remarks+by+EAM+Dr+S+Jaishankar+at+the+Joint+Press+conference+with+Foreign+Minister+of+Philippines#:~:text=I%20take%20this%20opportunity%20to,to%20shape%20the%20emerging%20order.

④ "Horizon 2047: 25th Anniversary of the India-France Strategic Partnership, Towards A Century of India-France Relations," Ministry of External Affairs, Government of India, July 14, 2023, https://www.mea.gov.in/bilateral-documents.htm?dtl/36806/Horizon_2047_25th_Anniversary_of_the_IndiaFrance_Strategic_Partnership_Towards_A_Century_of_India_France_Relations.

联盟，推动全球气候治理，该联盟现有106名成员；2018年12月，为加强印度洋海上安全，印度海军建立了印度洋地区信息融合中心（IFC-IOR），通过信息共享和安全合作确保印度洋地区的安全与稳定。在全球气候治理领域，应该也积极发挥"领导力"。2021年，在第26届联合国气候大会期间，印度提出了"绿色电网倡议"和"韧性岛国基础设施建设倡议"。① 2023年，印度利用担任G20峰会轮值主席国的优势，成功邀请非盟加入G20，推动了G20成员的扩大，间接促进了G20机制的扩展，这在印度看来彰显了印度对国际机制的影响力。因此，总体来看，印度参与塑造地区机制的能力和意愿都在上升。随着"莫迪3·0"时代的到来，印度将继续扮演在地区机制中的"主导者"角色。而印度的这一角色在某种程度上也获得了广泛认同，域外大国纷纷参与地区机制。例如，美国作为一个域外国家，虽然没有资格成为环印度洋联盟的正式成员，但美方积极保持着对话伙伴身份，避免被边缘化。2020年法国则升级为该联盟的正式成员，2021年俄罗斯成为对话伙伴。但值得一提的是，正如前文提到的，中国近期在印度洋地区也开始积极塑造地区机制，如第二届中国-印度洋地区发展合作论坛（2023）所达成的系列成果②，表明中国的地区机制塑造能力也开始慢慢上升。

三 印度洋地区秩序变迁的新特征

印度洋地区秩序长期处于单极霸权主导，并以域外殖民帝国或霸权国家的军事控制和强制为主要手段，随着全球权利格局的演化，印度洋地区的秩序已发生变迁，步入权力结构多极化和地区机制主导权本地化的基本态势。在这一秩序演变的背景下，印度洋地区秩序变迁呈现如下新特征。

---

① 李红梅：《印度的国际秩序观——从"边缘领导"到"全球协同领导"》，《国际展望》2023年第4期，第27页。
② 《中国-印度洋地区蓝色经济发展合作联合声明》，国家国际发展合作署网站，2023年12月8日，http://www.cidca.gov.cn/2023-12/08/c_1212312600.htm。

（一）大国地缘政治竞争复兴与"阵营化"发展

当前印度洋地区秩序呈现地区权力结构多极化发展、地区机制主导权向域内国家转向的态势，这与20世纪80年代中期以来该区域长期呈现美国单极霸权主导不同，权力出现扩散化态势，同时在美国的责任推卸下，印度逐步承担起了地区机制创建者的角色。这种局面与当前中美陷入全面战略竞争、中印关系持续低迷以及中国在印度洋区域的战略影响力日渐上升紧密相关。印度洋地区的大国地缘政治竞争呈现复兴势头，地区小国对可能被卷入大国地缘政治冲突充满担忧。具体表现在以下几个方面。

第一，大国地缘政治竞争正以新的方式呈现。与传统以军备竞赛为主要内容的大国地缘政治竞争不同，当前的地缘政治竞争呈现了新的方式。例如美国为避免印度洋地区小国担忧被卷入大国冲突，在与印度洋地区国家进行接触时，美国更加小心翼翼，在叙事上避免提及对华竞争，而采取"醉翁之意不在酒"的宣传叙事。例如2023年5月，美国负责南亚和中亚事务的副助理国务卿阿弗林·阿赫特（Afreen Akhter）率领美国代表团在孟加拉国达卡参加第六届印度洋会议时表示，美国将更多地参与印度洋地区事务。但为避免地区国家担忧选边站队，阿赫特强调美国对印度洋的关注是受到该地区的经济发展和不断变化的人口构成所驱动的，[1] 并未提及中国，以降低地区国家的警惕。而在美国国务院2024年2月9日发布的"美国对印太地区的持久承诺"中，美国明确将扩大在印度洋地区的伙伴关系，特别是加强与地区组织环印度洋联盟的合作，通过在"低级政治"议题如气候变化、可持续和包容性蓝色经济等领域开展合作，[2] 增强美国的战略存在。

---

[1] Nilanthi Samaranayake, "Why the U. S. Wants to Step Up Engagement in the Indian Ocean," United States Institute of Peace, May 24, 2023, https：//www.usip.org/publications/2023/05/why-us-wants-step-engagement-indian-ocean.

[2] "The United States' Enduring Commitment to the Indo-Pacific: Marking Two Years Since the Release of the Administration's Indo-Pacific Strategy," U. S. Department of State, February 9, 2024, https：//www.state.gov/the-united-states-enduring-commitment-to-the-indo-pacific-marking-two-years-since-the-release-of-the-administrations-indo-pacific-strategy/.

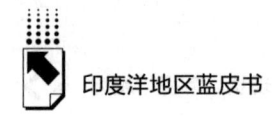

另外，"港口竞争"成为大国地缘政治争夺的新方式。无论日本、印度都在积极加强对印度洋沿岸国家具有战略性的港口进行投资建设。例如，印度致力于对伊朗的恰巴哈尔港、孟加拉国的第二大港勐拉港（Mongla Port）的投资建设与运营，主要是出于地缘争夺的需要。而日本更是发挥其自身资源优势，在整个南亚地区积极进行港口投资建设。对地区小国而言，部分国家如孟加拉国则努力在大国之间寻求平衡，孟加拉国长期遵循其国父谢赫·穆吉布·拉赫曼（Sheikh Mujibur Rahman）的外交原则——"友及天下，不树一敌"，在大国间奉行平衡政策。例如，孟加拉国让日本投资建设马塔巴里港、让印度建设勐拉港的同时，邀请中国投资建设孟加拉国南部的帕亚拉深水港。①

第二，美印日澳法等国加强战略联动。联合盟友开展地缘政治竞争是拜登政府上台以来重新恢复的对外战略竞争手段。美国不仅积极与盟友和伙伴在印度洋地区开展双边、多边合作，同时还积极鼓励其盟友和伙伴之间展开相互合作，导致不同类型小多边机制的确立，形成了相互紧密交织的关系网络。印日澳法等国则积极与美国保持战略协调。目前在印度洋地区已形成了不同双边、小多边以及不同领域的机制化合作模式。尽管在印度洋地区，权力呈分散化的多极态势，但大国战略互动呈现"阵营化"发展态势，形成以美国及其盟友和伙伴为一边、中国为另一边的相互竞争模式。例如，针对中国任何科考船访问南亚国家港口，印美等国都表现出了过度担忧。2022年8月中国的测量船停靠斯里兰卡港口后不久，2023年1月美国海军与斯里兰卡海军也在斯里兰卡港口举行了军事演习，日本自卫队也参与其中。②为战略上支援美国制华，日本在印度洋地区的军事存在取得了"突破式"发展。2023年8月，日本海上自卫队派出一艘驱逐舰低调访问印度洋，并

---

① Raheed Ejaz, "PM's Visit: China Seeks Comprehensive Strategic Cooperative Partnership with Bangladesh," Prothom Alo English, July 3, 2024, https://en.prothomalo.com/bangladesh/0k9ll8lm15.

② Deepa M. Ollapally, Satvik Pendyala, "Japan's Rising Role as an Indian Ocean Actor: What Do Port Stories Tell Us?" Rising Powers Initiative, February 14, 2023, https://www.risingpowersinitiative.org/publication/japans-rising-role-as-an-indian-ocean-actor/.

在斯里兰卡科伦坡造船厂停留了5天进行维修，这是日本军舰首次进行海外维护，未来可能常态化。该舰队随后还访问了印度安达曼和尼科巴群岛布莱尔港的重点军事设施，该地点紧邻马六甲海峡咽喉要道，具有极高的地缘战略价值。① 法印也积极加强战略协同，在2024年1月26日法国总统马克龙对印进行国事访问之际，两国同意加强在西南印度洋、印度周边海域的联合监视等合作。国防与安全合作长期以来是印法伙伴关系的基石，两国承诺不仅要加强法印三军之间战略协作，还要联合其他志同道合国家开展海上联合行动。② 同属印度洋国家，澳大利亚与印度之间的战略联动也在不断加强。澳大利亚国防军总司令安格斯·坎贝尔（Angus Campbell）2024年2月出席由印度主办的"瑞辛纳对话"时强调，澳大利亚将在印度洋地区深化与盟友、与志同道合国家的合作，印度是澳大利亚在印度洋的优先级合作伙伴。③ 基于此，中国在该地区所面临的联合制衡压力可能进一步上升，无论是在军事安全、贸易投资还是港口建设等领域。

（二）治理机制"盈余"与治理赤字加剧

尽管印度洋地区机制已转向以印度为主的域内国家主导模式，同时印度也积极扮演机制"创建者"角色，并借助对地区机制的引领来实现对区域秩序的影响。但当前印度洋地区存在地区治理的悖论：一方面，地区治理机制多元化、重叠化发展，各种不同领域、不同规模的机制并存，导致制度"拥挤"或供给剩余；另一方面，治理的有效性明显不足，地区国家对治理

---

① "Japan Destroyer Tests Sri Lanka Shipyard with Eye on Future Use," NIKKEI Asia, August 11, 2023, https://asia.nikkei.com/Politics/International-relations/Indo-Pacific/Japan-destroyer-tests-Sri-Lanka-shipyard-with-eye-on-future-use.

② "India-France Joint Statement on the State Visit of H. E. Mr. Emmanuel Macron, President of French Republic, to India（25-26 January 2024），" Ministry of External Affairs, Government of India, January 26, 2024, https://www.mea.gov.in/incoming-visit-detail.htm?37534/India++France+Joint+Statement+on+the+State+Visit+of+HE+Mr+Emmanuel+Macron+President+of+French+Republic+to+India+25++26+January+2024.

③ Angus Campbell, "The India-Australia Defence and Security Partnership in 2024 and Beyond," Observer Research Foundation, February 23, 2024, https://www.orfonline.org/expert-speak/the-india-australia-defence-and-security-partnership-in-2024-and-beyond.

的需求与有效的治理结果之间存在落差。面对国际与地区形势充满不确定性、不稳定性，印度洋地区机制存在治理滞后或治理无效的情况。

第一，地区机制功能重叠，有效性不足。比较典型的案例是孟加拉国的罗兴亚人问题、缅甸国内冲突问题、近期巴以冲突问题等，都面临治理的急迫性和治理的无效性双重困境，并造成了不同程度的安全风险外溢，给整个地区带来了安全"负担"，而现有印度洋地区机制面对这些问题时却无能为力。其中，作为当前印度洋地区最具影响力的地区机制，环印度洋联盟目前在功能上已实现了扩展，从聚焦域内国家的社会经济合作扩大为聚焦海洋安全、自然灾害管理以及科技合作等，实现了在功能上的"赋能"。尽管如此，环印度洋联盟却在上述几个地区问题上表现无力。又如，环孟加拉湾多领域经济技术合作倡议（BIMSTEC）作为一个次区域机制，它在功能上与环印度洋联盟具有一定程度的同质性，都聚焦区域经贸与投资、反恐与跨国犯罪、灾害管理、科技与人文交流等合作。只是在成员结构与地理范畴上，前者聚焦孟加拉湾地区，而后者涵盖整个印度洋地区。

BIMSTEC 近年在印度的积极推动下发展活跃，但是该机制在面临当前急迫的孟加拉国的罗兴亚人问题时，仍无法利用其机制平台有效发挥在孟加拉国与缅甸之间的协调作用。然而这一问题目前已成为地区的潜在安全风险，形势每况愈下。据联合国难民署 2023 年 6 月的统计，位于孟加拉国考克斯巴扎尔（Coxs Bazar）的难民营拥有近百万罗兴亚人，是当前全球最大的难民营，由于资金短缺，营区内居民每人每月仅有价值 8 美元的食品券。[1] 2024 年 3 月，联合国国际移民组织（IOM）呼吁国际社会向孟加拉国罗兴亚人提供 1.19 亿美元援助，[2] 以缓解当前营区居民的生存危机。由于外来援助缺乏，难民营内社会犯罪率上升，安全风险外溢加剧。另外，由

---

[1] 《三个月内口粮两次遭削减，罗兴亚难民面临饥饿与绝望》，联合国日内瓦办事处网站，2023 年 7 月 19 日，https://www.ungeneva.org/zh/news-media/news/2023/07/83149。

[2] "IOM Appeals for USD 119 Million for Rohingya Refugee Response in Bangladesh," International Organization for Migration (IOM), March 14, 2024, https：//www.iom.int/news/iom-appeals-usd-119-million-rohingya-refugee-response-bangladesh。

于资源争夺，罗兴亚人与本地居民之间的矛盾也不断上升。目前罗兴亚人问题给孟加拉国带来了巨大的财政负担和社会负担，并对整个地区安全可能存在影响，例如毒品泛滥、武器黑市猖獗、人口买卖增多等。在地区机制缺乏有效治理方案的情况下，孟加拉国长期以来希望中国在该问题上发挥更大作用，帮助遣返滞留的罗兴亚人。孟加拉国湾海洋对话机制2024年5月举行了第4届对话会。该机制尽管主要发挥交流平台作用，机制化程度不高，但参与主体与BIMSTEC高度重合，同时在议程设置上也具有一定相似性，涉及灾害管理、海洋治理与海洋危机管理等。[1] 这些机制虽然存在功能重叠，但在有效性上却供给不足，无法解决地区的棘手问题。

第二，海盗袭击重新抬头，区域安全治理滞后。印度洋地区长期以来是全球海盗袭击最为频繁和活跃的区域，严重影响了海上航线安全，这也是中国2008年远赴印度洋进行护航的原因所在。根据国际商会国际海事局（IMB）的年度海盗和武装抢劫报告，2023年全球海域出现了海盗袭击复苏现象，共发生了120起海盗和武装抢劫船只事件。[2] 而印度洋地区从2023年11月开始，索马里海盗重新猖獗，针对渔船、公海商船袭击的次数增加。[3] 2023年10月以来，新一轮巴以冲突出现安全风险外溢，导致亚丁湾、索马里海域为代表的西北印度洋地区的风险指数增高、不稳定性增强。新兴技术的发展及技术扩散，例如无人机技术的扩散，将使海盗以及海上恐怖主义事件的破坏性更强、影响范围更广。因此，各地区应该加强合作联合防范。已有研究认为，关于海盗治理问题，印度洋地区已形成了"多层次、多主体"

---

[1] "4th Bay of Bengal Maritime Dialogue co-hosted by Pathfinder Foundation and the Centre for Humanitarian Dialogue-May 2024," Pathfinder Foundation, May 19, 2024.

[2] Lori Ann LaRocco, "Somali Pirates Are Back on the Attack at a Level Not Seen in Years, Adding to Global Shipping Threats," CNBC, February 7, 2024, https://www.cnbc.com/2024/02/06/somali-pirates-are-back-on-the-attack-at-a-level-not-seen-in-years.html.

[3] "Increasing Pirate Attacks in the Gulf of Aden and the Indian Ocean: From Fishing Conflicts to the RUEN Case," Risk Intelligence, March 25, 2024, https://www.riskintelligence.eu/analyst-briefings/increasing-pirate-attacks-in-the-gulf-of-aden-and-the-indian-ocean.

的治理安排，全球层次与地区层次、多边与双边合作治理相结合。[①] 但作为印度洋地区比较有影响力的安全机制印度洋海军论坛（IONS），在该问题上也缺乏有效的预警机制和危机管控机制，无法有效发挥安全防范功能。

无论是在打击海盗还是海上恐怖主义，其实防范比事后治理更为重要。近年在大国战略竞争、地缘政治冲突以及其他传统安全议题回归的情况下，非传统安全问题尽管面临紧迫性，但似乎被降到了次要地位。因为非传统安全问题影响只是局部性和阶段性的，而不是全球性或系统性的，所以容易被相关国家所忽略。2022年4月，中国提出全球安全倡议，作为人类命运共同体的重要支柱之一，该倡议为全球安全治理提供了中国思路和中国方案。在该倡议中，中国宣布未来的重点合作方向包括"携手打击海盗、武装抢劫等海上跨国犯罪，合力维护海洋和平安宁和航道安全"。[②]

（三）技术民族主义兴起与区域主义回潮

当前，印度洋地区还出现一种充满张力的现象：一方面，国家安全泛化导致技术民族主义的兴起；另一方面，逆全球化的盛行促使区域主义的发展，各地区更加重视本区域内部的合作与协调发展。前者强调技术自主与技术在国际竞争中的核心地位，后者寻求加强区域内经贸关系，实现地区一体化发展。技术民族主义在一定程度上也是逆全球化的结果。技术民族主义强调技术关乎国家的生存、安全与发展，主张各国要独立自主掌握技术，[③] 避免对外过度依赖而在关键时候被人"卡脖子"。当前技术民族主义的一个总体特征是，不仅强调本国自主掌握技术，而且还注重防止技术对外扩散，尤其是要杜绝技术扩散至竞争对象国。例如，美国就是典型例子，当前美国对华奉行科技遏制战略，对华进行全方位科技封锁，并联合盟友对华实施技术

[①] 刘思伟：《印度洋安全治理制度的发展变迁与重构》，《国际安全研究》2017年第5期，第83页。

[②] 《全球安全倡议概念文件（全文）》，中华人民共和国外交部网站，2023年2月21日，https://www.mfa.gov.cn/wjbxw_new/202302/t20230221_11028322.shtml。

[③] 王琴、欧阳果华：《理解技术民族主义：集体记忆、身份认同与国际竞争》，《西北民族大学学报》（哲学社会科学版）2020年第3期，第61页。

制裁，遏制中国的科技发展。因为未来决胜中美竞争的关键在于高科技领域的竞争。在印度洋地区，也出现了类似的技术民族主义发展势头，同时伴随着寻求内部一体化发展的区域主义回潮。

第一，以印度为代表的技术民族主义的兴起。尽管相比较于印度教民族主义而言，印度的技术民族主义较少被探讨，但是发展势头强劲。莫迪政府的技术民族主义有两个重要表现。一是，重视科技力量的作用，提倡在各领域自力更生，把关键技术牢牢掌握在自己手里。尤其是在安全领域，印度追求国防装备的本土化研发与生产，减少对外武器依赖，把自主权掌握在自己手里。印度总理莫迪在2023年8月15日印度独立日当天发表演讲时承认，技术在塑造未来方面具有关键作用，印度重视从太空到深海、从电动车到半导体制造业的发展。① 印度致力于在技术领域追求自主发展，也是为了更好地维护其战略自主，避免受制于人。二是，以国家安全为由，阻止中国在涉及印度关键技术领域的投资。近年来，印度对华投资设限，杜绝中国涉足任何关键科技领域，并对中国企业在印生产经营奉行歧视性政策，进行政治打压。印度还通过与美国、日本以及西欧等国合作，承接如芯片、半导体等高科技领域产业链的转移，在此基础上对华开展技术竞争。

第二，区域主义的回潮与困境。与技术民族主义坚持自主性不同，逆全球化导致全球生产链、产业链和价值链重构，全球经济出现碎片化发展态势。其结果可能使全球经济损失7%的GDP。② 在此形势下，为了减少经济碎片化、地缘政治动荡带来的冲击，不同地区致力于区域内部整合，寻求近邻发展，形成一个小范围的内循环系统。在印太地区，区域全面经

---

① "Salient Features of Prime Minister Shri Narendra Modi's 77th Independence Day Address on Giant Strides India Has Taken in Electronics and IT Sector," Ministry of Electronics & IT, Government of India, August 15, 2023, https：//pib. gov. in/PressReleaseIframePage. aspx? PRID＝1949092.
② Chris Hamill-Stewart, "Regional Integration Is Key to Economic Growth. Top Business Leaders and Trade Officials Explain Why," World Economic Forum, May 3, 2023, https：//www. weforum. org/agenda/2023/05/growth－summit－regional－integration－key－economic－growth－business－leaders-trade-officials-explain/.

济伙伴关系协定（RECP）最终签署和生效就是致力于地区经济发展一体化的典型例子。印度奉行经济民族主义而宣布退出该机制，阻碍了地区一体化发展。印度洋地区由于高度多元化，国家间经济发展水平差异大、文化、种族与宗教多元发展、技术鸿沟大，要实现真正意义上的区域一体化充满挑战。以数字技术为例，有研究认为，数字技术已成为塑造国际竞争的重要手段。印度洋地区数字实力分配不均，呈阶梯状分布形态，部分国家如印度、新加坡、澳大利亚享有实力优势。[1] 印度对其数字公共基础设施发展引以为豪，在利用数字基础设施推动社会经济发展方面取得一定成就，并得到了国际社会一定程度的认可，成为一些国家学习效仿的对象。[2] 这种治理模式的扩散有利于促进区域一体化发展，但这仅限于涉及国家非核心科技竞争力的领域。在当前大国普遍采取安全泛化的形势下，针对核心技术的技术民族主义普遍盛行，例如在芯片领域。当前印度正在利用美国的战略扶持争取印度在全球芯片产业链中的位置，致力于实现核心技术领域的自力更生，以便在国际政治竞争舞台取得一席之地。这种现象的一个结果是，区域内国家之间的技术鸿沟容易越来越大，最终阻碍区域一体化的发展。

四 未来趋势

地区秩序是大国战略互动的结果。据当前印度洋地区秩序变迁的基本现状、新的特征，可以判断未来在该地区，权力分配格局多极化的状态将长期存在，同时随着印度自身综合国力的进一步增强，印度主导印度洋地区机制建设的政治意愿可能更加强烈。只要美国对华全面战略竞争的政策不变、印

---

[1] 张淑兰、刘淼：《东印度洋地区的数字秩序及演变趋势》，《印度洋经济体研究》2023年第6期，第21页。

[2] Amitabh Kant, Satwik Mishra, "The International Significance of India's Digital Public Infrastructure," World Economic Forum, August 23, 2023, https：//www.weforum.org/agenda/2023/08/the-international-significance-of-indias-digital-public-infrastructure/.

度对华战略不调整,那么该地区的地缘政治竞争以及地缘经济竞争就可能愈演愈烈,地区秩序可能充满不确定性和不稳定性。

(一)针对岛国的地缘政治竞争恐更激烈

美国、印度和澳大利亚等国当前对印度洋小国、岛国的战略重视日益加深,并有针对性地对这些国家进行发展援助、人员培训和安全能力建设,尤其是美国、印度越来越重视"岛国外交",而澳大利亚开始战略聚焦东北印度洋地区。在美国为首的大国"带节奏"下,岛国和孟加拉湾地区国家可能成为美印日澳等国拉拢的重点地区,中国的地缘风险可能增加。部分地区国家可能在大国之间左右摇摆、选边站队,导致政策缺乏连续性,变幻莫测,增加了地缘经济投资风险。而对于在大国之间寻求平衡外交的小国而言,可能在与各方大国的谈判中,借助弱势地位抬高要价。

(二)"低级政治"议题可能成为合作热点

由于担心地区小国对大国地缘政治竞争比较敏感,美日印等国可能改变"接触"策略,更多聚焦地区经济发展、能源安全、蓝色经济、气候变化、渔业、防灾减灾、医疗卫生等"低级政治"问题的合作,并提供相应的国际公共产品以满足地区国家的需要。而这些领域也是近年来中国加强在印度洋地区进行合作的领域。大国之间的地缘政治竞争,最终可能以地缘经济竞争、地缘文化竞争、治理模式竞争的形式体现出来。同时,各国将更加重视对外关系中的叙事能力建设,地缘政治竞争也将体现在舆论竞争方面。

(三)人工智能可能成为地区秩序的"新变量"

技术变革正在深刻影响着国际权力格局,成为塑造国际秩序的重要因素。新一轮科技竞争,特别是在人工智能领域的竞争,将对国家间权力关系、社会生活产生重大影响,而且人工智能领域突破了传统的地理边界和物理边界,给以物理边界来界定的特定区域秩序带来了挑战。人工智能领域的门槛高,基本形成了大国的权力和资源优势,一旦被某个区域的主要

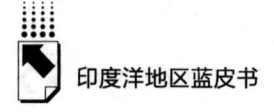

国家所技术垄断，那么它有可能促使该国对整个地区实施技术霸权或技术霸凌，而且隐蔽性强，不易察觉，对于小国、弱国而言，基本是无能为力的。现阶段，对人工智能的治理还处于"各自为政"甚至"无政府"状态，该议题尚未被纳入地区秩序议程，然而却是未来的发展之势。

结　语

　　大国战略竞争、地区冲突、逆全球化、新一轮科技革命正成为当前国际政治的"热门现象"，深刻体现了当前时代发展的基本特征。与之伴随的是，民族主义、民粹主义以及泛安全化等思潮出现世界蔓延之势。全球权力结构不断调整和重塑，正在走向以亚洲"多极化"为中心的全球"多极化"，并深刻影响着地区秩序变迁。本报告基于秩序变迁理论的普遍性逻辑，研究发现印度洋地区正经历新一轮秩序变迁，并呈现权力从单极主导到多极并存的发展态势，同时作为秩序内核的地区机制与规则呈现向域内国家主导的转向，美、俄、中、法、日等国成为区域机制的积极参与者。同时，中国近两年在该区域塑造机制的意识和能力在显著增强，然而与之伴随的是，大国战略调整以及在该区域的地缘政治竞争日趋激烈，战略联动加强，呈"阵营化"发展特征。

　　中国作为印度洋地区的重要利益攸关方和关键参与者，在该区域面临的地缘风险压力可能进一步提升，如何减轻外部阻力，转危为机，发挥中国在该区域治理中的有效性，提升中国在印度洋地区的秩序塑造能力，可以重点采取以下几个方面措施。第一，保持战略主动性和灵活性，采取"战略清晰"的策略，以展示中国在该区域的和平诚意和发展意图，并指导中国的地区实践安排，对冲美印等国的地缘政治竞争压力。第二，将印度洋打造为"三大全球倡议"示范区。印度洋地区文化高度多元化，地区国家普遍经济欠发达、传统安全与非传统安全问题突出。中国可以有效利用这一地域特征，选择典型案例来落实三大倡议，打造治理典范，缓解当前的治理赤字问题。第三，重视针对地区国家的国际传播和叙事能力建设。加强中国在地区事务中的叙事能力和话语体系建设，积极塑造和引领地区国家对华认知。第四，利用人工智能技术优势主动塑造地区秩序。虽然没有地缘优势，但中国可以发挥比较优势，利用人工智能技术优势开展人工智能外交，加强与区域国家在人工智能技术发展、规则治理等领域的合作和交流。

B.6 印度洋地区蓝色经济的发展、前景与挑战

李艳芳 张琳奇*

摘　要： 伴随着全球化的深入发展以及极端气候事件、资源匮乏和生态系统退化等问题引发关注，蓝色经济模式备受期待，并正在成为支撑人类经济社会可持续发展的重要引擎。在印度洋地区，蓝色经济模式的发展与实践具有特殊而迫切的现实意义。印度洋连接着亚洲、非洲和大洋洲的重要海域，是全球重要的贸易、能源输送通道。该地区拥有丰富多样的生物和繁荣的海洋产业，其地缘政治重要性日益凸显。但是，印度洋地区蓝色经济发展所面临的问题也错综复杂。海洋环境的脆弱性、区域内的政治经济动荡等都对该地区实施蓝色经济战略构成挑战。本报告旨在探讨印度洋地区蓝色经济的动态发展，分析现有机遇与面临的挑战，并对其发展前景进行评估，期望能为海洋资源与海洋环境的保护，以及在全球范围内推广可持续的海洋经济模式提供一些启示。

关键词： 印度洋　蓝色经济　海洋经济　可持续发展

作为地球上最大的生态系统，海洋为数十亿人提供了食物、能源以及关键的贸易、能源通道。伴随着世界经济的快速增长，人类对海洋资源的需求也与日俱增。多年来，过度捕捞、污染、生物多样性丧失及气候变化带来海平面上升等问题，对海洋的生态系统构成了严重威胁。在此背景下，蓝色经济作为一种新兴发展模式应运而生，其旨在寻求推动经济增长的同时保护和

---

* 李艳芳，云南财经大学印度洋地区研究中心副教授；张琳奇，云南财经大学经济学院世界经济专业硕士研究生。

可持续地利用海洋资源。事实上，蓝色经济的概念并非孤立的存在，其融合了可持续发展的核心要素，即在满足发展需求的同时，确保不损害海洋环境并促进人类社会的福祉。在当前的全球议程中对蓝色经济的探讨成为重点。各国政府、国际组织以及学界越来越关注并开始积极探索如何平衡海洋资源的开发与保护。蓝色经济研究对海洋国家（岛国及邻海国家）而言十分重要，因为研究成果可能直接影响到这些国家未来的发展战略/政策制定与国际合作机制的构建。总体而言，印度洋地区有其独特的地理位置、生物多样性以及政治经济格局，因此在实施蓝色经济发展战略时也展现出特有的区域特色。考虑到蓝色经济相关数据获取困难以及篇幅有限，本报告主要分析了印度洋地区蓝色经济的发展、前景与挑战。

一 蓝色经济的概念与实践

（一）蓝色经济概念的发展

1994年比利时经济学家冈特·保利（Gunter Pauli）教授首次提出了蓝色经济的概念，强调了有效利用自然资源并找到既有利于环境又有利于经济的创新解决方案的重要性。2012年，这一概念被联合国可持续发展大会写入官方文件并逐渐为人所熟知，欧盟也在当年进一步提出了蓝色增长的概念。如今，蓝色经济已经成为国际会议、各国政府工作报告以及学者研究的热门词汇，出现频率不断增加。尽管受到的关注越来越多，但蓝色经济在全球范围内尚未形成统一且权威的定义、内涵、衡量指标及其统计标准。事实上，由于认知不同以及统计难度等，许多情况下蓝色经济都被简单地视为海洋经济的同义词（或沿海经济[①]），或是被描述为利用海洋来促成的经济可持续发展。目前来看，很多机构的定义所指为后者。因为海洋经济包含了与海洋相关的各类经济活动，其中会有损害海洋与沿海环境的内容，而蓝色经济

[①] 也有学者认为沿海经济的概念范畴大于海洋经济。

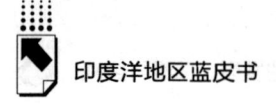

则是指不会造成损害甚至是有益于海洋与沿海环境的经济活动。[1] 据此理解，2017年世界银行将蓝色经济定义为"可持续利用海洋资源以促进经济增长、改善生计和就业，同时保护海洋生态系统健康"[2]。根据这一定义，蓝色经济实质上仍隶属于原有绿色经济概念中海洋层面可持续发展的内容。经合组织（OECD）报告在具体说明蓝色经济的概念时，就曾指出蓝色经济就是绿色海洋经济的同义词。[3] 联合国贸易和发展会议（UNCTAD）将蓝色经济或海洋经济定义为"不断发展的发展模式的一个子集，并对其进行补充，强调更绿色、更可持续和更具包容性的经济道路"。它寻求将沿海国家的经济边界扩大到其陆地领土之外。[4] 其他类似的界定有：欧盟将蓝色经济的概念界定为"与海洋、海域和海岸有关的所有经济活动，涵盖了各种密切相关的传统和新兴行业"[5]。蓝色经济中心提出"蓝色经济指海洋对经济的总体贡献、解决海洋环境和生态可持续性的需求，以及海洋经济作为发达国家和发展中国家增长机会的重点"[6]。联合国可持续发展报告则阐述蓝色经济脱离了海洋经济的狭义概念，是以海洋经济为主体，涵盖海洋发展战略规划与具体产业领域，旨在"保护海洋以及促进海洋资源可持续利用和发展"的区域经济。[7]

---

[1] 《中国蓝色经济报告2022》，世界自然基金会网站，https：//webadmin.wwf.china.org/storage/files/Reviving_China's_Ocean_Economy_2022.pdf，最后访问日期：2024年4月20日。

[2] "The Potential of the Blue Economy: Increasing Long-term Benefits of the Sustainable Use of Marine Resources for Small Island Developing States and Coastal Least Developed Countries," World Bank Group, https://documents1.worldbank.org/curated/en/523151496389684076/pdf/115545-1-6-2017-14-48-41-BlueEconomyJun.pdf.

[3] "Greening the Ocean Economy," OECD, https://www.oecd.org/greengrowth/GGSD_2017_Summary%20Report_WEB.pdf, accessed April 20, 2024.

[4] "Concept Note: Blue Economy," UNCTAD, https://unctad.org/system/files/information-document/youth_2021d02_YouthTalks_Blue-economy_en.pdf, accessed April 20, 2024.

[5] "Blue Economy Definitions," United Nations, https://www.un.org/regularprocess/sites/www.un.org.regularprocess/files/rok_part_2.pdf, accessed April 20, 2024.

[6] "Blue Economy Definitions," United Nations, https://www.un.org/regularprocess/sites/www.un.org.regularprocess/files/rok_part_2.pdf, accessed April 20, 2024.

[7] "Transforming Our World: The 2030 Agenda for Sustainable Development," United Nations, https://documents.un.org/doc/undoc/gen/n15/291/89/pdf/n1529189.pdf?token=49ovDawVSpeWxr69Vl&fe=true, accessed April 20, 2024.

与国际组织更加关注蓝色经济概念中的可持续与公平发展不同，各国更加强调将蓝色经济作为本国可持续发展的动力。如，欧盟委员会《蓝色经济报告2021年》提出了海洋已经成为欧洲经济背后的驱动力，因此释放其在可持续创新和增长方面的巨大潜力是当务之急；[1] 印度认为蓝色经济是"在保护海洋健康的同时，探索和优化印度法律管辖下的海洋的社会经济发展潜力"[2]。澳大利亚政府的蓝色经济定义则是"我们的海洋生态系统在其中带来高效、公平和可持续的经济和社会效益"[3]。

随着越来越多商业企业加入蓝色经济活动，诸如可持续商业、蓝色金融与蓝色债券等内容也成为人们定义蓝色经济的新要素。如，惠斯南特和雷耶斯就将蓝色经济定义为"依赖并影响沿海和海洋资源的一组环境和社会可持续商业活动、产品、服务和投资"[4]。而奥斯曼·古尔赛文（Osman Gulseven）则认为蓝色金融是绿色金融的一个分支，其包含蓝色债券、蓝色IPO以及蓝色投资等内容，提出蓝色金融的目的是鼓励项目实施以实现可持续发展目标。[5]

总体而言，蓝色经济是一个不断发展的概念。在传统的"棕色经济"中，海洋被当作不可持续资源开发并倾倒各种废物的媒介，而蓝色经济模式则将海洋概念拓展为一种"发展空间"，旨在将保护、可持续利用海洋资源

---

[1] "Blue Economy Report 2021," European Commission, https：//oceans-and-fisheries.ec.europa.eu/system/files/2021-05/the-eu-blue-economy-report-2021_en.pdf, accessed April 20, 2024.

[2] "India's Blue Economy: A Draft Policy Framework," Government of India, https：//incois.gov.in/documents/Blue_Economy_policy.pdf, accessed April 20, 2024.

[3] "The Aims Index of Marine Industry 2023," Australia Government, https：//www.aims.gov.au/sites/default/files/2023-05/AIMS_IndexOfMarineIndustry_24May2023FINAL.pdf, accessed April 20, 2024.

[4] Ryan Whisnant and Antonia Reyes, "Blue Economy for Business in East Asia: Towards an Integrated Understanding of Blue Economy," PEMSEA, https：//www.pemsea.org/sites/default/files/2023-12/PEMSEA%20Blue%20Economy%20Report%202011.10.15-2.pdf, accessed April 20, 2024.

[5] Osman Gulseven, "Dataset on the Marine Sustainability in the United Arab Emirates," Science Direct, https：//www.sciencedirect.com/science/article/pii/S2352340920306363, accessed April 20, 2024.

与海洋矿产开采、生物勘探、可再生能源生产和海洋运输相结合。需要强调的是,"蓝色"和"绿色"经济模式都有相同的预期,即改善人类福祉和社会公平,同时显著降低环境风险和生态稀缺性。不同之处在于,蓝色经济强调以发展中国家为主体,更加注重发展的公平原则,以更好地反映资源基础主要是海洋的国家,尤其是小岛国的情况和需求。与此同时,人们也在不断追求新技术以期为蓝色经济带来新动力。2019年经合组织评估了创新技术对可持续海洋经济的关键作用,认为科学技术将促进经济增长和保护蓝色经济中的生态系统。[1] 经济学人智库则强调了蓝色经济中的"工业化"效应,并认为"近海可再生能源、水产养殖、深海采矿和海洋生物技术经常被引用,将为海洋经济带来新的机会、增长和更大的多样性"。[2]

(二)蓝色经济的产业范畴与数据来源

根据世界银行的界定,蓝色经济涵盖了所有与海洋相关的经济活动。如,海洋可再生能源、沿海和海洋旅游、气候变化、渔业、海运交通和海洋垃圾管理。与传统的海洋经济不同,蓝色经济需要优先考虑可持续发展的三大支柱,即环境、经济和社会,其核心是指通过与海洋有关的部门和活动使社会经济发展与环境和生态系统退化脱钩。[3] 因为主流蓝色经济的理念认为海洋资源是有限的,而人类活动会导致海洋生态环境急剧恶化,特别是考虑到人口增长,这种影响在未来可能会扩大。

根据现有文献,蓝色经济概念涵盖的活动、地理位置和部门有多种解释。以下列出了一些典型部门及其主要活动:可持续渔业,如捕捞、养殖和

---

[1] "Rethinking Innovation for a Sustainable Ocean Economy," OECD, https://projects.mcrit.com/blueeconomy/images/Rethinking_Innovation_for_a_Sustainable_Ocean_Economy.pdf, accessed April 20, 2024.

[2] "Toward a Blue Economy: A Promise for Sustainable Growth in the Caribbean," World Bank Group, https://documents1.worldbank.org/curated/en/965641473449861013/pdf/AUS16344-REVISED-v1-BlueEconomy-FullReport-Oct3.pdf, accessed April 20, 2024.

[3] "Toward a Blue Economy: A Promise for Sustainable Growth in the Caribbean," World Bank Group, https://documents1.worldbank.org/curated/en/965641473449861013/pdf/AUS16344-REVISED-v1-BlueEconomy-FullReport-Oct3.pdf, accessed April 20, 2024.

水产品加工；海上运输，如货物和人员运输；海洋可再生能源，如潮汐能、波浪能、海上风能等；海洋生物技术，如海洋药物、海洋保健品和海洋化妆品等；蓝色碳，如海草床、红树林和盐沼等海洋生态系统碳汇；海洋旅游，如游轮、观光和度假；海洋空间规划，即整合海洋开发利用的各个方面，如航运、渔业、能源生产和环境保护；海洋科学研究，如海洋生物多样性、海洋气候变化和海洋污染等。①

虽然蓝色经济与海洋经济在概念与内涵上存在差异，但在现实统计中却很难将二者区分开来。事实上，海洋经济是构成蓝色经济的基本内容，因此在实践中仍以海洋经济数据为主来展开蓝色经济的相关研究。虽然一些蓝色经济发展较好或相关统计较全面的国家，已经开始设定蓝色经济指标以区别于海洋经济，如美国的国际海洋和大气管理局（NOAA）等就有系列蓝色经济的发展规划与相关统计。但是，大多数国家仍然使用海洋经济或交叉使用蓝色经济和海洋经济的概念，并赋予了海洋经济以可持续、包容性和气候友好等要素，内核是区别于传统海洋经济的可持续的海洋经济。此外，由于概念的认知与各国国情不同，"蓝色经济"相关产业内容在国际上没有统一的分类。最常见的做法是在传统的海洋活动，如渔业、旅游业和海上运输之外纳入新兴产业，如海洋可再生能源、水产养殖、海底开采活动以及海洋生物技术和生物勘探等，与此同时还包含了海洋生态系统服务，如碳封存、海岸保护和废物处理等。在更加广泛的蓝色经济定义中，还赋予了蓝色经济应对许多全球挑战，如粮食安全、气候变化、能源安全、水安全和其他自然资源供应的职能。可见，蓝色经济内涵非常庞杂，其中很多内容目前仍然是难以被量化和体察的。为了简化和方便研究，本报告采纳了联合国贸易发展委员会相关报告的产业分类，该报告没有使用广泛蓝色经济的概念，而是采用了基于海洋的可持续经济的提法。该分类建立在现有的国家和区域海洋分类的基础上，围绕商品、服务和能源等可用货币衡量的实体类别进行构建（该

---

① "Blue Economy for Bangladesh," Ministry of Foreign Affairs, https：//mofl. portal. gov. bd/sites/default/files/ files/mofl. portal. gov. bd/page/221b5a19_4052_4486_ae71_18f1ff6863c1/Blue%20economy%20for%20BD. pdf, accessed April 20, 2024.

分类主要针对贸易，但也可视为生产商品、提供服务和生产能源的三大产业分类），主要分为 A 到 M 的 13 个部门（每个部门进一步细分为三位数的细目，涵盖 52 个子部门共计 100 个行业集群），具体为：A. 海洋捕捞业；B. 水产养殖和孵化；C. 海产品加工；D. 海底矿产；E. 船舶、港口设备及其零件；F. 高科技和其他未另分类的制造业；G. 海洋和沿海旅游业；H. 渔业服务贸易；I. 海上运输和相关服务；J. 港口服务、相关基础设施服务和物流服务；K. 沿海和海洋环境服务；L. 海洋研究开发及相关服务；M. 海洋能源和可再生能源。①

根据上述海洋经济产业分类，本报告选择了几个主要的与海洋相关的生产性行业、服务性行业和能源行业来展开研究。其中，生产性行业主要是渔业和水产部门，使用各国海洋商品贸易的五类进出口数据替代各国的五类生产行业数据；服务性行业主要是以各国海洋服务贸易的六类进出口数据替代各国的六类服务行业数据；能源行业则主要是海上可再生能源行业，包括了海上风力发电、浮动太阳能光伏以及海上能源技术，如波浪能、潮汐能、海洋热能转换（OTEC）和盐差能。② 据此，本报告有关海洋产业的统计数据主要来自联合国粮农组织（FAO）对各地区各国渔业（包括水产养殖）及相关产业进行的年度统计；有关海洋与沿海旅游的数据主要引用世界旅游业理事会（WTTC）和联合国世界旅游组织的相关报告；有关海洋新兴产业贸易如海运、海洋旅游、海底矿产以及海洋研究等数据主要使用 UNCTAD 的海洋贸易数据库；有关海上可再生能源的研究和数据则主要参看国际可再生能源机构（IRENA）的相关报告。

---

① "Advancing the Potential of Sustainable Ocean-based Economies: Trade Trends, Market Drivers and Market Access," UNCTAD, https://unctad.org/system/files/official-document/ditctedinf 2021d2_en.pdf, accessed April 20, 2024.

② 《可再生能源助力蓝色经济发展》, 国际可再生能源署网站, https://www.irena.org/-/media/Files/IRENA/ Agency/Publication/2020/Dec/IRENA _ Offshore _ Renewables _ 2020 _ ZH. pdf? la = en&hash = C258D9B8E771 E9609 094CF4F68E059419A5F7FAC, accessed April 20, 2024。

（三）全球蓝色经济的发展现状

蓝色经济的产业领域非常广泛，除了可以用货币衡量的商品和服务外，还有许多暂时难以用货币衡量的内容，如珊瑚礁、红树林、海草草甸和湿地提供的生态系统服务（海岸保护和碳固存等）。[1] 考虑到数据的可获得性，本部分将仅讨论当前容易量化的内容。与此同时，蓝色经济是以海洋经济为主体，其在传统海洋经济范畴中增加新的产业领域并纳入了可持续发展的内涵。因此，本报告在探讨蓝色经济产业时，主要探讨的是海洋经济部门以及一些新的海洋经济产业。

1. 全球海洋经济的整体贡献

海洋覆盖着地球表面近3/4的面积，其对全球经济、社会和环境发展至关重要。据研究，世界上约有40%的人口居住在沿海，海洋生态系统可以保护这些地区、调节气候（包括吸收气候变化产生的90%的多余热量）、为超过30亿人提供主要的营养食品来源，并为世界提供发展所需的能源。对那些毗邻海洋的低收入和中低收入国家而言，海洋是重要的收入和福祉来源，且未来发展潜力巨大。[2] 当前，海洋经济已经成为世界经济的重要驱动力，同时也是沿海和内陆地区可持续、长期经济增长和环境稳定的推动力。世界自然基金会在其发布的《重振海洋经济——2015年行动方案》中评估得出，海洋的资产价值超过24万亿美元，海洋的年度生产总值为2.5万亿美元，对全球生产总值的贡献达到3.3%。如果将海洋年度生产总值等同于一国国内生产总值，那么海洋就相当于全球第七大经济体。当然，受评估方

---

[1] "Sustainable Blue Economy Vital for Small Countries and Coastal Populations," United Nations, https：//www.un.org/zh/desa/sustainable-blue-economy-vital-small-countries-and-coastal-populations, accessed April 20, 2024.

[2] Stuart Davies, "New Economics for Sustainable Development：Sustainable Ocean Economy," United Nations, https：//www.un.org/sites/un2.un.org/files/blue_economy_14_march.pdf, accessed April 20, 2024.

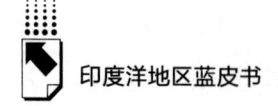

法、数据来源等限制，这个价值已经是被低估了的。[1]

2. 全球海洋经济主要部门的发展

（1）海洋渔业的发展

联合国粮农组织数据显示，海洋渔业每年可为全球生产总值贡献约1410亿美元，可持续渔业已经成为蓝色经济的重要组成部分。2020年，全球渔业和水产养殖产量为1.78亿吨，其中63%来自海洋（包括70%的海洋捕捞和30%的海洋养殖）。如果将藻类产量计入，则该产量将达到2.14亿吨的历史最高纪录。[2] 此外，根据联合国粮农组织的数据，全世界仅从事初级鱼类生产的全职和兼职雇佣工人就有5850万，其中约21%为女性。如果算上间接就业的话，全球有超过6亿个工作岗位与渔业等海洋产业相关，其中大部分工作岗位由发展中国家提供。[3]

（2）海洋贸易的发展

UNCTAD将海洋贸易分为海洋货物贸易和海洋服务贸易两大类。其中，海洋货物贸易可以具体细分为五个类别，分别是①海洋渔产品、养殖水产品；②海鲜加工品；③海洋矿产；④船舶、港口设备及其零件；⑤高科技及其他制造品等。根据UNCTAD数据分析，2021年全球海洋贸易总额为15479.35亿美元。其中进口总额为7401.87亿美元，上述五类海洋货物进口占比分别为14.51%、9.21%、0.33%、33.13%和42.82%；全球海洋货物出口总额为8077.48亿美元，上述五类海洋货物出口占比分别为12.93%、9.22%、0.20%、38.49%和39.16%。根据总贸易额排名，中国、美国和德国是全球排名前三的海洋货物贸易国家。从进口、出口情况来看，全球排名

---

[1] 《重振海洋经济：2015年行动方案》，世界自然基金会网站，https：//wwfint.awsassets.panda.org/downloads/chinese_translation_ocean_economy_report_summary.pdf，最后访问日期：2024年4月20日。

[2] 《2022年世界渔业和水产养殖状况》，联合国粮农组织网站，https：//www.fao.org/3/cc0461zh/cc0461zh.pdf，最后访问日期：April 20, 2024。

[3] "Toward a Blue Economy: A Promise for Sustainable Growth in the Caribbean," World Bank Group, https：//documents1.worldbank.org/curated/en/965641473449861013/pdf/AUS16344-REVISED-v1-BlueEconomy-FullReport-Oct3.pdf, accessed April 20, 2024.

前十位的海洋贸易进口国依次是美国、中国、德国、日本、法国、意大利、荷兰、韩国、英国和加拿大，这些国家的进口额分别占全球总进口额的14.37%、8.18%、5.96%、4.08%、3.93%、3.24%、3.01%、2.85%、2.82%和2.66%，一共占全球总进口额的51.10%；全球排名前十位的海洋货物贸易出口国家和地区分别是中国、德国、美国、韩国、日本、意大利、荷兰、法国、中国香港和英国，这些国家和地区的总出口额分别占全球总出口额的18.75%、9.54%、6.49%、4.59%、4.38%、4.37%、3.65%、3.03%、2.51%和2.29%，一共占全球总出口额的59.60%。

同样是根据UNCTAD的分类与统计，海洋服务贸易大类被进一步细分为六个类别，分别是①海洋相关服务；②海洋和沿海旅游；③海上乘客运输及相关服务；④海上货物运输及相关服务；⑤港口服务、相关基础设施服务和物流服务；⑥海洋研究与开发及相关许可。2019年全球海洋服务进口、出口总额分别为21811.65亿美元和22383.93亿美元，受疫情影响，2021年全球海洋服务进口、出口额分别下滑为17910.07亿美元和16021.40亿美元。其中，前述六大类海洋服务进口占全球海洋服务进口总额的比重分别为50.00%、10.49%、1.24%、30.41%、7.67%、0.20%，出口占比则分别为50.00%、14.93%、0.78%、27.42%、6.64%和0.23%。与此同时，在UNCTAD统计的168个国家和地区中，除了海洋和沿海旅游一项外，海洋服务进口、出口主要国家是欧美发达国家（见表1）。

表1 全球海洋服务贸易六大类别的主要进出口国家

类别	进口前十位	出口前十位
海洋相关服务	美国、印度、新加坡、丹麦、韩国、日本、法国、加拿大、意大利、荷兰	新加坡、丹麦、法国、美国、韩国、希腊、印度、意大利、土耳其、日本
海洋和沿海旅游	美国、印度、菲律宾、巴西、马来西亚、土耳其、泰国、阿尔巴尼亚、多米尼加、厄瓜多尔	美国、土耳其、多米尼加、印度、马尔代夫、摩洛哥、巴拿马、阿尔巴尼亚、泰国、巴西
海上乘客运输及相关服务	新加坡、印度、法国、挪威、比利时、芬兰、摩洛哥、阿根廷、爱沙尼亚、荷兰	新加坡、丹麦、希腊、法国、爱沙尼亚、挪威、芬兰、印度、瑞典、荷兰

续表

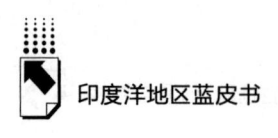

类别	进口前十位	出口前十位
海上货物运输及相关服务	新加坡、丹麦、德国、韩国、法国、希腊、日本、印度、荷兰、挪威	印度、美国、新加坡、日本、韩国、加拿大、墨西哥、丹麦、德国、埃及
港口服务、相关基础设施服务和物流服务	丹麦、希腊、韩国、法国、挪威、巴西、日本、印度、意大利、比利时	美国、印度、韩国、巴拿马、挪威、荷兰、比利时、俄罗斯、巴西、土耳其
海洋研究与开发及相关许可	美国、爱尔兰、新加坡、法国、意大利、挪威、印度、克罗地亚、澳大利亚、多米尼加	美国、法国、爱尔兰、意大利、印度、新加坡、挪威、克罗地亚、澳大利亚、多米尼加

注：UNCTAD 数据库中暂未统计中国的海洋服务贸易数据。
资料来源：UNCTAD 数据库。

（3）全球可再生海洋能产业的发展

海上可再生能源主要包括：海上风电；浮动太阳能；海洋能，如波浪能、潮汐能、海洋热能转换和盐差能。海上可再生能源产业的发展可以创造就业机会、提高健康水平、改善民生并创造更多经济机会，如为其他海上产业（如水产养殖、海水淡化和冷却）提供电力，同时减少对化石燃料的需求。根据国际可再生能源机构的数据，2011 年全球海上风力发电装机容量 3776 兆瓦、全球浮动太阳能光伏电站装机容量为 72236 兆瓦、全球海洋可再生能源技术装机容量为 502.68 兆瓦；到了 2022 年，全球的海上风力发电、浮动太阳能光伏、海洋可再生能源技术装机容量分别增至 62623 兆瓦、1055029 兆瓦和 523 兆瓦。① 2022 年全球海洋可再生能源技术装机容量与全球可再生能源技术的总装机容量（约 3381 吉瓦）相比几乎可以忽略不计。但是，该机构的研究同时表明全球海洋可再生能源技术的发展潜力巨大，到 2030 年其装机容量有望增长近 20 倍（即增长至 10 吉瓦）。②

---

① IRENASTAT Online Data Query Tool, https://pxweb.irena.org/pxweb/en/IRENASTAT/IRENASTAT__Power%20Capacity%20and%20 Generation/, accessed November 20, 2024.
② 《海上可再生能源助力蓝色经济发展》，国际可再生能源机构网站，https://www.irena.org/-/media/Files/IRENA/Agency/Publication/2020/Dec/IRENA_Offshore_Renewables_2020_ZH.pdf?la=en&hash=C258D9B8E771E9609094CF4F68E059419A5F7FAC，最后访问日期，2024 年 4 月 20 日。

二 印度洋地区蓝色经济的发展现状

本报告主要考察印度洋地区四大区域的36个国家（未包括法属和澳大利亚管辖的岛屿），即东南亚地区的东帝汶、马来西亚、缅甸、泰国、新加坡和印度尼西亚6个国家，南亚地区的巴基斯坦、马尔代夫、孟加拉国、斯里兰卡和印度5个国家，中东地区的阿曼、阿联酋、巴林、卡塔尔、科威特、沙特阿拉伯、也门、伊拉克、伊朗、以色列和约旦11个国家，非洲东岸的埃及、厄立特里亚、吉布提、科摩罗、肯尼亚、马达加斯加、毛里求斯、莫桑比克、南非、塞舌尔、苏丹、索马里和坦桑尼亚13个国家，以及大洋洲的澳大利亚。由于各国关于蓝色经济的指标与数据统计标准不一，下列数据除UNCTAD、FAO和IRENA的数据外，更多的数据来自印度洋地区各国的统计部门。

（一）印度洋地区经济发展现状

根据《印度洋地区发展报告（2023）》的分析，该地区经济发展主要呈现以下特点。第一，印度洋地区整体经济发展水平较为有限。根据UNCTAD数据库的数据，截至2022年底，该地区的36个国家在全球范围内的土地面积、人口、GDP、进口总额、出口总额、外国直接投资（FDI）流入额、对外直接投资（OFDI）流出额、外国直接投资存量流入额和对外直接投资存量流出额分别仅占全球相应总量的22.29%、37.44%、13.52%、14.26%、15.42%、30.97%、18.33%、13.35%和9.46%。与此同时，该地区的人均GDP也仅为全球平均水平的35.88%。第二，该地区的经济发展水平存在着明显的国别差异。首先是各地区的经济发展水平存在较大差异。东南亚地区和澳大利亚相对较为发达，而中东和东部非洲地区的一些国家面临较大的经济挑战。根据UNCTAD数据库的数据，从印度洋国家的GDP全球占比看，南亚地区的5个国家份额约为3.8%，而非洲的13个国家仅占1%左右。其次，虽然整体上以农业为主导，但各地区的产业结构存在差异。如，澳大利亚以矿业、农业和服务业为主导，东南亚地区以制造业、电子产品和出口导向型经济为主，中东地区以石油和天然气、金融和建筑业为支柱，南亚地区以农业、纺织和信息技术为主导，东部非洲地区以农业、矿业和旅游业为主导。第三，该地区的区域经济融合度较低。除了经济发展水平存在差异外，印度洋各地区受不同历史文化和地缘政治因素的影响很大。大多数印度洋国家加入了区域组织，但这些组织联系较松散，难以促进整合。尤其与欧盟等高度一体化的区域相比，印度洋地区的合作水平整体较低。以2022年各组织的域内贸易份额为例，印度洋地区36个国家的域内贸易份额达到了25.39%，但各区域内投资水平相对较低，东盟、南盟和海合会的域内投资占比分别为3.06%、3.55%和4.87%，而东部和南部非洲共同市场（COMESA）地区内部几乎没有相互投资的情况。第四，区域内经济集中度和对外依赖集中度较高。在印度洋地区的36个国家中，排名前十位的国家经济总量占据了该地区总量的78.76%。同时，排名前十位的贸易国家进口总额和出口总额分别占该地区总进口额和总出口额的81.63%和84.91%。

（二）印度洋地区海洋经济主要部门发展现状

印度洋面积约占全球海洋面积的20%，与海洋相关的自然资源十分丰富。该区域渔业资源捕获量占到了全球的28%，其拥有的石油储量和天然气储量也分别占到了全球已探明石油储量的50.7%和已探明天然气储量的44.5%。[①] 将海洋视为新兴蓝色经济概念中的"共享发展空间"已经成为印度洋地区国家/组织的热门话题。2014年10月，环印度洋联盟（IORA）就发表了"蓝色经济"宣言，将和平、富有成效和可持续利用印度洋及其资源作为愿景。随着该地区在全球贸易、工业、劳动力、环境和安全方面的角色越发突出，印度洋也将从"南方的海洋"逐渐转变为"中心的海洋"和

---

① Isuru Premarathna, "Blue Economy Strategically Issues and Opportunity in Indian Ocean: A Study Based on Sri Lanka," ARJHSS, https://www.arjhss.com/wp-content/uploads/2021/03/B430922.pdf, accessed April 20, 2024.

"未来的海洋",[1] 蓝色经济也将作为新的发展驱动力,推动更加契合国际社会与区域国家有关可持续、包容与公平增长的意愿。本部分主要从渔业、五类海洋货物贸易、六类海洋服务贸易以及海洋可再生能源等领域对印度洋地区蓝色经济发展状况展开分析。

1. 印度洋地区渔业部门的发展

印度洋面积为 7056 万平方公里,约占世界海洋面积的 21.1%,海洋体积也占到了世界海洋总体积的 19.8%。2021 年,印度洋渔业捕获量占全球渔业捕获量的 15.5%(居全球第三位),金枪鱼和虾类是该地区的重要物种。FAO 在该地区划定了两个捕鱼区,即东印度洋地区(全球第五大生产区,产量占全球产量的 8.4%,主要生产国家包括印度、印度尼西亚、缅甸、孟加拉国和斯里兰卡等)以及西印度洋地区(全球第六大生产区,产量占全球产量的 7.1%,主要生产国包括阿曼、巴基斯坦、莫桑比克等)。[2] 而根据 OECD 的统计数据,印度洋地区主要国家中仅印度的渔业部门就业人数就高达 1431 万人,其次分别是孟加拉国 2032 万人、印度尼西亚 525 万人、泰国 65 万人、马来西亚 15 万人。[3]

在捕捞渔业领域,印度尼西亚、印度、泰国、马来西亚、缅甸、阿曼、伊朗和孟加拉国等印度洋地区国家进入了捕捞量的全球前 25 位,仅这 8 个国家的渔业捕捞量全球占比就达到了 21%。在水产养殖产业领域,埃及(1591900 吨)、印度(8641300 吨)、印度尼西亚(14845000 吨)和孟加拉国(2583900 吨)等四个印度洋地区国家的产量就达到了 27662100 吨,占全球水产养殖总量的 22.57%。[4]

---

[1] Daniel Baldino, "The Politics of Intelligence Sharing in the Indian Ocean Rim," Taylor & Francis Online, https://www.tandfonline.com/doi/epdf/10.1080/19480881.2018.1519974?needAccess=true, accessed April 20, 2024.

[2] "Indian Ocean, The World Factbook," CIA, https://www.cia.gov/the-world-factbook/oceans/indian-ocean/, accessed March 27, 2024.

[3] "Employment in Fisheries, Aquaculture and Processing," OECD, https://stats.oecd.org/Index.aspx?DataSetCode=FISH_EMPL, accessed April 20, 2024.

[4] 《2022 世界渔业和水产养殖状况》,联合国粮农组织网站,https://www.fao.org/3/cc0461zh/cc0461zh.pdf,最后访问日期:2024 年 4 月 20 日。

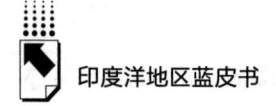

2. 印度洋地区海洋贸易的发展

根据 UNCTAD 数据库分析，2021 年印度洋地区国家海洋贸易总额为 1660.04 亿美元，其中，进口额为 911.80 亿美元，出口额为 748.24 亿美元，逆差达 163.56 亿美元。海洋货物贸易进口额、出口额的全球占比分别为 12.32% 和 9.26%，整体基本恢复到了疫情之前（2019 年）的整体水平（见表2）。

2021 年印度洋地区海洋货物贸易五大类（①海洋渔产品、养殖水产品；②海鲜加工品；③海洋矿产；④船舶、港口设备及其零部件；⑤高科技及其他制造品等）进口占比分别为 9.50%、7.87%、0.42%、42.08% 和 40.13%，出口占比分别为 11.92%、15.47%、0.36%、31.33% 和 40.92%。该地区主要贸易进口来源地是中国、美国、日本、德国、韩国、印度和英国等。2019 年、2021 年印度洋地区国家分别从中国进口 202.49 亿美元和 214.76 亿美元的海洋货物产品，分别占当年该地区海洋货物进口总额的 22.08% 和 23.55%；从美国进口分别为 95.21 亿美元和 76.40 亿美元，分别占 10.38% 和 8.38%；从日本进口分别为 63.67 亿美元和 60.89 亿美元，分别占 6.94% 和 6.68%；从德国进口分别为 49.22 亿美元和 45.80 亿美元，分别占 5.37% 和 5.02%；从韩国进口分别为 24.71 亿美元和 30.28 亿美元，分别占 2.69% 和 3.32%；从印度分别进口 21.09 亿美元和 25.21 亿美元，占比分别为 2.30% 和 2.76%；从英国进口分别为 21.76 亿美元和 22.66 亿美元，分别占 2.37% 和 2.49%。①

与此同时，该地区国家主要的海洋贸易出口伙伴国是美国、中国、日本、英国、德国、印度和法国等。其中，2019 年、2021 年该地区对美国的海洋贸易出口分别为 89.21 亿美元和 110.67 亿美元，分别占当年该地区海洋贸易出口总额的 13.16% 和 14.79%；对中国出口分别为 59.55 亿美元和 61.34 亿美元，分别占 8.78% 和 8.20%；对日本出口分别为 44.26 亿美元和

① 以上数据由笔者根据 UNCTAD 数据库的数据计算得出，参见 https://unctadstat.unctad.org/datacentre/。

41.12 亿美元，分别占 6.53% 和 5.50%；对英国出口分别为 15.62 亿美元和 14.30 亿美元，分别占 2.30% 和 1.91%；对德国出口分别为 11.08 亿美元和 13.65 亿美元，分别占 1.63% 和 1.82%；对印度出口分别为 9.51 亿美元和 10.94 亿美元，分别占 1.40% 和 1.46%；对法国出口分别为 8.85 亿美元和 9.28 亿美元，分别占 1.31% 和 1.24%。①

表 2　2019 年、2021 年印度洋地区国家海洋货物贸易情况

单位：亿美元

国家	2019 年进口	2019 年出口	2021 年进口	2021 年出口
印度尼西亚	69.10	50.17	64.26	57.16
马来西亚	59.28	60.08	67.70	62.15
缅甸	9.18	7.52	8.10	7.42
新加坡	82.89	115.39	89.61	126.51
泰国	115.88	117.74	140.89	114.12
东帝汶	—	—	—	—
孟加拉国	—	0.95	—	—
印度	118.29	161.48	131.31	161.76
马尔代夫	1.65	1.54	1.20	1.44
巴基斯坦	18.72	6.36	20.93	7.97
斯里兰卡	6.79	5.64	6.37	5.81
巴林	7.07	2.95	6.09	2.46
伊朗	15.73	8.10	—	—
伊拉克	—	—	—	—
以色列	36.41	18.65	31.38	15.67
约旦	5.88	2.36	5.41	2.35
科威特	14.49	0.79	11.79	0.69
阿曼	7.98	12.43	8.84	13.52
卡塔尔	13.43	1.92	12.92	1.78
沙特阿拉伯	100.67	6.92	65.88	47.60
阿联酋	58.48	29.67	55.40	38.80
也门	0.63	—	—	—

① 以上数据由笔者根据 UNCTAD 数据库的数据计算得出，参见 https://unctadstat.unctad.org/datacentre/。

续表

国家	2019年进口	2019年出口	2021年进口	2021年出口
科摩罗	0.07	—	0.11	0.03
吉布提	—	—	—	—
埃及	29.90	2.83	21.56	3.96
厄立特里亚	—	—	—	—
肯尼亚	6.77	1.24	8.16	1.41
马达加斯加	1.30	0.79	1.69	0.59
毛里求斯	4.42	4.39	3.80	3.57
莫桑比克	3.27	0.34	3.97	0.35
塞舌尔	4.08	4.78	7.42	18.17
索马里	—	—	—	—
南非	25.83	22.22	26.73	25.39
苏丹	2.78	0.08	—	—
坦桑尼亚	3.12	0.25	2.99	0.29
澳大利亚	93.17	30.46	107.29	27.27
总计	917.26	678.04	911.80	748.24
世界	6622.86	7033.02	7401.87	8077.48
全球占比(%)	13.85	9.64	12.32	9.26

注：巴林数据为2019年和2020年。
资料来源：UNCTAD数据库。

3. 印度洋地区海洋服务贸易的发展

根据UNCTAD数据，2021年印度洋地区海洋服务贸易进口额、出口额分别为3332.47亿美元和2051.22亿美元，进口额、出口额全球占比分别为18.61%和12.80%。贸易额虽然未能恢复到疫情前水平，但全球占比高于疫情前，说明该地区的恢复水平高于全球平均水平（见表3）。

2021年印度洋地区海洋服务贸易具体情况如下。[1]

在海上相关服务方面，印度、新加坡、埃及、马来西亚、巴基斯坦、肯尼亚进入全球进口的前50名；新加坡、印度、马来西亚、埃及、伊拉克、

---

[1] 此部分数据由笔者根据UNCTAD数据库的数据计算得出，参见https://unctadstat.unctad.org/datacentre/。

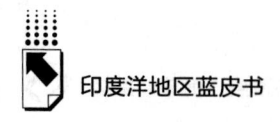

孟加拉国、巴基斯坦和毛里求斯进入全球出口的前50名。

在沿海旅游服务方面，印度、马来西亚、泰国、巴基斯坦、孟加拉国、毛里求斯、马尔代夫、澳大利亚等印度洋国家进入进口前50名；印度、马尔代夫、毛里求斯、巴基斯坦、孟加拉国、马来西亚和澳大利亚进入全球出口前50名。

在海上货物运输方面，印度、新加坡、埃及、马来西亚、孟加拉国、巴基斯坦、阿曼、肯尼亚、斯里兰卡进入进口前50名；新加坡、印度、马来西亚、埃及、吉布提、斯里兰卡、孟加拉国和伊拉克进入出口前50名。

在港口服务方面，印度、巴基斯坦、埃及、阿曼、孟加拉国、塞舌尔、伊拉克和肯尼亚进入全球进口前50名；印度、阿曼、马来西亚、孟加拉国、肯尼亚、伊拉克、缅甸进入全球出口前50名。

此外，在海上乘客运输方面，新加坡、印度进入全球进口、出口的前10位。在海洋研究与开发方面，新加坡、印度、澳大利亚进入全球进口、出口的前10位。这两项中，其他印度洋地区国家的贸易排名都非常靠后。

表3 2019、2021年印度洋地区国家海上服务贸易情况

单位：百万美元

区域	国家	2019年进口	2019年出口	2021年进口	2021年出口
东南亚	印度尼西亚	—	—	—	—
	马来西亚	27841	31038	18149	4499
	缅甸	3048	1411	1511	357
	新加坡	124989	120873	117804	132097
	泰国	4488	28078	742	1265
	东帝汶	117	55	52	18
南亚	孟加拉国	9233	483	12566	825
	印度	76632	55343	126061	47851
	马尔代夫	298	3178	71	3496
	巴基斯坦	5648	610	8522	736
	斯里兰卡	3319	4762	1267	450

续表

区域	国家	2019年进口	2019年出口	2021年进口	2021年出口
西亚	巴林	1062	—	1674	—
	伊朗	—	—	—	—
	伊拉克	10893	4014	2470	1038
	以色列	—	4869	—	—
	约旦	572	1925	148	464
	科威特	8	443	10	487
	阿曼	6102	1331	5366	1653
	卡塔尔	—	—	—	—
	沙特阿拉伯	—	—	—	—
	阿联酋	—	—	—	—
	也门	705	30	740	39
非洲	科摩罗	70	63	32	14
	吉布提	13	32	423	496
	埃及	18477	14344	20442	2910
	厄立特里亚	—	—	—	—
	肯尼亚	2458	766	3023	281
	马达加斯加	716	1444	733	224
	毛里求斯	1315	2372	613	700
	莫桑比克	1245	749	710	529
	塞舌尔	344	1118	348	430
	索马里	—	—	—	—
	南非	—	—	—	—
非洲	苏丹	2	1	2	1
	坦桑尼亚	583	—	772	—
大洋洲	澳大利亚	36697	17199	8996	4262
	总计	336875	296531	333247	205122
	世界	2181165	2238393	1791007	1602140
	全球占比(%)	15.44	13.25	18.61	12.80

资料来源：UNCTAD数据库。

4. 印度洋地区海洋可持续能源行业发展

根据国际可再生能源机构数据，印度洋地区2011年浮动太阳能光伏电站装机容量为3494兆瓦、海洋能源技术装机容量1兆瓦；到了2022年，浮动太阳能光伏电站装机容量达到121582兆瓦。在太阳能光伏发电装机容量排名中，印度洋地区的印度、澳大利亚分列全球第5位、第6位，装机容量分别为62850.3兆瓦和29676.0兆瓦。[1] 在海上风力方面，印度、澳大利亚都已经开启了海上风力风电开发计划，预计2024年拥有7.2亿兆瓦的装机容量。[2]

三　印度洋蓝色经济的区域/国别发展

印度洋地区的自然、人文、经济发展差异非常大，需要就各区域的蓝色经济发展态势进行分析。本报告将印度洋地区划分为印度洋东南亚区域、印度洋南亚区域、印度洋西亚区域和西印度洋区域（WIO）四个部分。其中，对印度洋东南亚、南亚区域国家和澳大利亚的情况分别做了简介。

（一）印度洋东南亚区域/国家蓝色经济发展现状

2021年，东盟所有成员国签署了《东盟领导人蓝色经济宣言》，旨在通过蓝色经济实现东盟经济的转型和多样化。在东盟的蓝色经济框架中，蓝色经济被定义为一种综合、全面、跨部门和跨利益相关方的方法，以包容和可持续的方式创造海洋和淡水资源的附加值和价值链，使蓝色经济成为东盟未来经济增长的新引擎。蓝色经济既是传统海洋部门的加速器，也是其他新兴部门的催化剂。[3] 海洋经济对东南亚区域国家GDP的贡献率不尽相同，低至7%，高至87%（见表4）。

印度尼西亚　印度尼西亚拥有广阔的海域，包括约18000个岛屿、300

---

[1] IRENASTAT Online Data Query Tool, https://pxweb.irena.org/pxweb/en/IRENASTAT/IRENASTAT__Power%20Capacity%20and%20 Generation/, accessed November 20, 2024.

[2] Adnan Memija, "India to Award 7.2 GW of Offshore Wind Capacity Throughout 2024 and 2025," HUSUM WIND, https://www.offshorewind.biz/2023/09/29/india-to-award-7-2-gw-of-offshore-wind-capacity-throughout-2024-and-2025/accessed November 20, 2024.

[3] Intan Murnira Ramli, "Blue Economy Initiates in South-East Asia: Challenges and Opportunities," ERIA, https://www.eria.org/uploads/Blue-Economy-Initiatives-in-South-East-Asia.pdf, accessed April 20, 2024.

万平方公里的专属经济区、80791 公里的海岸线,①足以见其蓝色经济潜力巨大。印度尼西亚的经济高度依赖海洋资源,与海洋相关的行业产值占到了该国 GDP 的 23% 和出口总额的 50%。2020 年,印尼的鱼类捕捞量总计 770 万吨,其中水产产品占渔业生产总量的 42%。而据该国海洋事务和渔业部估计,印尼蓝色经济的潜在价值约为 13340 亿美元。②

马来西亚 马来西亚海岸线长 4675 公里,③还拥有丰富的红树林生态系统和种类繁多的珊瑚礁。马来西亚的海洋经济对 GDP 的贡献率高达 23%。其中,该国航运和港口业对海洋经济的贡献最为显著,贡献率达到 39%。其次是渔业和水产养殖业,据马来西亚渔业部 2021 年的数据,渔业部门占到了该国农业部门生产总值的 11% 和 GDP 的 0.8%。④

缅甸 缅甸的海岸线长 3000 公里,涵盖了三个地区:与孟加拉湾接壤的若开邦沿海地区、塔宁塔依地区与安达曼海接壤的沿海地区以及位于两者之间的伊洛瓦底三角洲。⑤该国沿海地区人口约 2300 万人,占到了全国总人口的近 50%。海洋在缅甸经济发展中扮演着重要角色,不仅提供了丰富的传统海洋资源,同时也拥有丰富的未开发生态资源。据统计,渔业出口占缅甸农业出口总额的 1/3,而天然气和渔业出口合计则占到了该国国民收入

---

① Canyon Keanu Can and Teguh Dartanto, "Developing the Blue Economy in Indonesia," ERIA, https://www.eria.org/uploads/Developing-the-Blue-Economy-in-Indonesia.pdf, accessed June 3, 2024.

② "Regional State of Ocean and Coasts 2021: The East Asian Seas Region," PEMSEA, https://www.pemsea.org/sites/default/files/2023-11/Regional%20State%20of%20Ocean%20and%20Coasts%202021%20The%20East%20Asian%20Seas%20Region%20VOLUME%201.pdf, accessed April 20, 2024.

③ Abdul Hafizh Mohd Azam, Muhammad Rias K. V. Zainuddin, and Tamat Sarmidi, "Malaysia's Blue Economy: Position, Initiatives, and Challenges," ERIA, https://www.eria.org/uploads/Malaysia-Blue-Economy-Position-Initiatives-Challenges.pdf, accessed June 3, 2024.

④ "Regional State of Ocean and Coasts 2021: The East Asian Seas Region," PEMSEA, https://www.pemsea.org/sites/default/files/2023-11/Regional%20State%20of%20Ocean%20and%20Coasts%202021%20The%20East%20Asian%20Seas%20Region%20VOLUME%201.pdf, accessed April 20, 2024.

⑤ Zaw Oo and Ngu Wah Win, "Blue Economy in Myanmar," ERIA, https://www.eria.org/uploads/Blue-Economy-in-Myanmar.pdf, accessed June 3, 2024.

的1/3，这些都凸显了海洋资源对这个国家的重要性。①

新加坡 新加坡海岸线长193公里，其沿海和海洋承载了该国的多个重要产业，主要包括港口运营、造船和石化工业以及住宅开发等行业。与此同时，沿海水域也是该国唯一的海上垃圾填埋场和一些海水养殖场所在地。新加坡的海运业是该国经济的重要支柱，主要包括航运、港口、海事服务以及近海和海洋工程部门，这些部门拥有超过170000名员工，并为新加坡创造了7%的GDP值。除了海运业，其他行业如渔业和水产养殖、海洋和沿海旅游业、炼油厂以及石油和天然气也为新加坡的海洋经济作出了重要贡献。②

泰国 泰国海岸线长2624公里，海洋经济整体对其GDP的贡献率约为30%，该国有近25%的劳动力被雇用于海洋渔业和沿海旅游等传统行业。长期以来，泰国一直是全球最大的海洋渔业生产国和出口国之一，其大部分海洋捕捞产品用于国内消费，而水产养殖产品则主要用于出口。泰国沿海23个省份的渔业和水产养殖业产值达25亿美元，旅游业更是贡献了约240亿美元。旅游业还为沿海省份的酒店和餐饮业提供了820713个就业岗位。据估计，蓝色生态旅游约占泰国旅游总收入的25%。此外，海洋石油和天然气也是泰国海洋经济的主要贡献者，该行业为政府提供了38亿美元的收入，其中包括了特许权使用费、特殊薪酬福利和石油所得税等。③

东帝汶 东帝汶海岸线长730公里，海洋经济对其GDP的贡献率达到了87%左右。石油和天然气是该国海洋经济最重要的支柱行业，其余如旅游业、渔业和水产养殖也成为该国创造就业机会，维系环境可持续性和保障

---

① "Regional State of Ocean and Coasts 2021：The East Asian Seas Region，" PEMSEA，https：//www.pemsea.org/sites/default/files/2023-11/Regional%20State%20of%20Ocean%20and%20Coasts%202021%20The%20East%20Asian%20Seas%20Region%20VOLUME%201.pdf，accessed April 20，2024.

② "Blue Economy Growth：Singapore，" PEMSEA，https：//www.pemsea.org/sites/default/files/2023-12/NSOC_Singapore_2018_10212020.pdf，accessed April 20，2024.

③ "Blue Economy Growth：Thailand，" PEMSEA，https：//www.pemsea.org/sites/default/files/2023-12/NSOC%20Thailand%202018%20%28FINAL%29%2012032020.pdf，accessed April 20，2024.

粮食安全的主要推动力。其中，海运、港口和造船业占到了该国GDP的4%，而作为该国海洋经济第三大部门的旅游业仅占到东帝汶GDP的1%。就未来而言，东帝汶的海洋旅游具有很好的发展潜力，该国拥有壮观的生态旅游资源，如水肺潜水、休闲钓鱼、赏鲸和游船等活动。此外，2022年东帝汶政府也向旅游业拨款820万美元，其中约有200万美元将用于直接与蓝色经济相关的活动。[1]

表4 印度洋东南亚区域国家蓝色经济主要指标

国家	海岸线（公里）	专属经济区（万平方公里）	海洋经济/GDP(%)	海洋经济就业人数	渔业就业人数（万人）	渔业/GDP(%)
印度尼西亚	80791	300	23	—	525	2.60
马来西亚	4675	41.8	23	—	15	0.80
缅甸	3000	53.3	—	—	320	3.50
新加坡	193	0.1	7	170000	—	0.03
泰国	2624	29.9	30	9969331	65	1.50
东帝汶	730	7.2	87	—	0.76	1.40

资料来源：海岸线长度、渔业就业人数、渔业对GDP贡献的数据来自FAO和各国统计局；印度尼西亚海岸线、专属经济区、蓝色经济对GDP贡献的数据来源于Zoom Webinar, "Oceans for Prosperity: Reforms for a Blue Economy in Indonesia. Washington," The World Bank, https://openknowledge.worldbank.org/bitstream/handle/10986/35377/Oceans-for-Prosperity-Reforms-for-a-Blue-Economy-in-Indonesia.pdf?sequence=1&isAllowed=y；新加坡、泰国、缅甸的专属经济区数据来自各国统计局；蓝色经济对GDP贡献的数据来自"Regional State of Ocean and Coasts 2021: The East Asian Seas Region," PEMSEA, https://www.pemsea.org/sites/default/files/2023-11/Regional%20State%20of%20Ocean%20and%20Coasts%202021%20The%20East%20Asian%20Seas%20Region%20VOLUME%201.pdf，最后访问日期：2024年4月20日。

（二）印度洋南亚区域/国家蓝色经济发展现状

南亚区域没有构建如东盟那样的蓝色经济共同发展框架。总体而言，海洋经济对南亚区域国家的经济发展都非常重要，主要体现在渔业、沿海与海

---

[1] "Blue Economy Growth: Timor Leste," PEMSEA, https://www.pemsea.org/sites/default/files/2023-12/NSOC%20Timor%20Leste%202018%20%28FINAL%29%2010152020.pdf, accessed April 20, 2024.

洋旅游领域。该区域5个国家的沿海地区聚集了该地区约40%的经济活动，以及大部分的关键经济基础设施。① 这些国家的专属经济区内都蕴藏着石油、天然气和矿产等重要的非生物资源，目前只有少部分资源被商业开发和利用。在海洋商品、服务贸易，以及海洋矿产、能源产业等领域，除了印度的发展较好外，其余各国的情况都不算突出。

孟加拉国 通过《联合国海洋法公约》与缅甸和印度永久划定专属经济区边界之后，孟加拉国拥有了在118813平方公里范围内开采和勘探海洋资源的专有权。根据2018年世界银行的报告，海洋经济为孟加拉国贡献了62亿美元，即GDP的3%。此后，这一贡献率保持相对稳定。孟加拉国现有的海洋经济主要由以下几个部分组成：旅游和休闲业（占比25%）、海洋捕捞渔业和水产养殖业（占比22%）、运输业（占比22%）以及近海天然气和石油开采业（占比19%）。据估计，孟加拉国有3000万人依赖于海洋经济。其中，海洋捕捞渔业和水产养殖业为该国提供了超过130万个全职和兼职岗位，还有600万人从事海盐生产和拆船工作。②

印度 7000公里长的海岸线和200多万平方公里的专属经济区，为印度提供了丰富的生物和非生物资源，其中包括大量可开采的原油和天然气资源。与此同时，印度还对印度洋国际水域中75000平方公里和10000平方公里的多金属结核和多金属硫化物拥有专属勘探权。2019年印度政府公布了2030年新印度愿景，强调蓝色经济是该国增长的十个核心之一。据保守估计，印度蓝色经济的规模约占国内生产总值的4%，其沿海经济也支撑着400多万渔民和沿海社区的相关雇员的工作生活，此外该国有近95%的贸易量是通过海运中转。印度是世界上最早设立海洋发展部的国家之一。该国在沿海启动了诸如"深海任务"、"空间海洋学"和"数据浮标启动"新方

---

① "Policy Brief: Harnessing the Blue Economy," UNDP, https://www.undp.org/sites/g/files/zskgke326/files/2023-08/policy_brief_-_blue_economy_version_10_28-08-2023_web-only.pdf, accessed April 20, 2024.

② "Toward a Blue Economy: A Pathway for Sustainable Growth in Bangladesh," World Bank Group, https://documents1.worldbank.org/curated/en/857451527590649905/pdf/126654-REPL-PUBLIC-WBG-Blue-Economy-Report-Bangladesh-Nov2018.pdf, accessed April 20, 2024.

案，海洋科研取得了长足进步。此外，该国还加入了联合地球科学组织"清洁海洋方案"国家制定战略，以估算和减少海洋中的海洋垃圾/塑料。①

马尔代夫 马尔代夫290000平方公里的海域内散布着1190个珊瑚岛屿，该国近一半的人口和超过70%的关键基础设施位于距海岸线100米以内。由于毗邻海洋，马尔代夫海洋经济的重要性十分突出。2020年，该国的海洋经济对GDP的贡献率达到了36%。其中，旅游业占GDP的28%，渔业占GDP的6.4%。此外，渔业产品出口额占到了马尔代夫出口总额的98%。②

巴基斯坦 巴基斯坦拥有1046公里长的海岸线，这为该国发展蓝色经济提供了诸多机会。巴基斯坦的海洋资源非常丰富，主要包括生物多样性、碳氢化合物、稀有矿产、多种渔业资源等，其拥有的全球第六大红树林区年价值高达2000万美元。2023年，巴基斯坦的蓝色经济贡献估计为10亿美元，仅占该国GDP的0.5%。③

斯里兰卡 斯里兰卡拥有1770公里的海岸线、21500平方公里的领海面积和517000平方公里的专属经济区面积。斯里兰卡约有50%的动物蛋白来自鱼类，是全球平均水平的3倍左右。虽然根据FAO的数据，全球近50%的海鲜消费来自水产养殖，但斯里兰卡超过90%的海鲜仍是捕捞所得。渔业部门对GDP的贡献率为1.3%（其中海洋捕捞业为1.1%）。斯里兰卡的沿海和海洋渔业直接或间接为近100万人提供了全职或兼职的工作，并间接养活了360万斯里兰卡人。④

3. 印度洋中东和北非区域/国家蓝色经济发展现状

渔业是中东和北非地区沿海生计的重要来源，其中红海和亚丁湾是主要

---

① Swati Ganeshan, "India's Pathway to Sustainable, Secure, and Resilient Economy," Teri, teriin. org/sites/default/files/2022-07/Blue_ Economy_ Publication.pdf, accessed June 3, 2024.
② "Policy Brief: Harnessing the Blue Economy," UNDP, https：//www.undp.org/sites/g/files/zskgke326/files/ 2023-08/policy_brief_-_blue_economy_version_10_28-08-2023_web-only.pdf, accessed April 20, 2024.
③ "Policy Brief: Harnessing the Blue Economy," UNDP, https：//www.undp.org/sites/g/files/zskgke326/files/ 2023-08/policy_brief_-_blue_economy_version_10_28-08-2023_web-only.pdf, accessed April 20, 2024.
④ Rathnayake W., "Sri Lanka's Future: Towards a Blue Economy," VLIZ, https：//www.vliz.be/imisdocs/ publications/385968.pdf, accessed April 20, 2024.

渔区。当前，渔船队的大幅增加导致这些地区基本沿海栖息地退化，严重影响了鱼类的总体产量。如，沙特阿拉伯的鱼类产品国内需求每年约为282000吨，但产量仅有其需求的一半。除了渔区退化外，该地区还受到碳氢化合物泄漏的威胁、城市工业和旅游活动的污染以及气候变化的影响，所有这些都导致该地区沿海和海洋环境面临越来越大的压力。蓝色经济的概念为中东和北非地区提供了新的机遇。海洋环境及其生态系统在该区域经济中发挥着关键作用，不仅提供了重要的商品和服务，而且还支持着许多海洋经济活动，如捕捞渔业、海上运输和港口、沿海旅游和海上能源开发等。截至2023年底，区域内的主要国家如阿联酋、埃及、沙特阿拉伯、约旦和卡塔尔等先后加入了全球海洋联盟（一个旨在保护海洋的国际联盟）。在海洋科研领域，中东一些富裕石油国家走在了前列。如，阿联酋推出了该地区第一艘先进海洋研究船以研究和监测海洋环境和生物多样性。根据2050年国家气候中和目标，这艘实验船支持多项环保举措，包括监测海洋生物及其捕获的"蓝碳"。与此同时，阿联酋气候变化与环境部（MOCCAE）还启动了一项综合计划，主要内容是监测海洋和沿海环境中的塑料废物。此外，该地区的海洋保护工作也有所推进，迄今为止阿联酋已经拥有了16个海洋保护区，阿曼也建立了13个海洋保护区和保护区。除了开展天然和人工珊瑚礁、红树林保护项目，阿曼还建立了25个渔港来组织手工捕鱼业。此外，在2022年的COP27气候峰会上，埃及还宣布了埃及红海倡议（ERSI），美国国际开发署则承诺为此提供高达1500万美元的资金，用于应对气候变化及其对红海2000公里珊瑚礁的破坏性影响。①

4. 西印度洋区域/国家蓝色经济发展现状

西印度洋是联合国环境规划署（UNEP）确定的区域海洋之一，总面积约3000万平方公里，相当于全球海洋表面的8.1%。西印度洋地区的海岸线总长超过15000公里，专属经济区（EEZ）面积超过600万平方公里，海洋

---

① Darshana Baruah, "Mapping the Indian Ocean Region," Carnegie Endowment for International Peace, https://carnegieendowment.org/files/Baruah_IO_final_6-28.pdf, accessed April 20, 2024.

经济潜力巨大，具有相当大的财富总额，基金资产达到了3338亿美元。首先，该地区海洋经济最具生产力的组成部分之一是沿海地区的"邻近效益"，每年可收入146亿美元，主要包括沿海旅游、碳封存和沿海保护相关行业。其次是海洋经济领域的"直接产出"，如该地区的渔业和水产养殖业年收入约19亿美元。渔业产值占到了西印度洋地区海洋总产值的9%，其中87%来自大规模渔业及相关行业，13%来自手工或小规模渔业。虽然后者的产值仅占该地区海洋总产值的1%，但对于小岛屿国家来说却具有重要意义。值得一提的是，该地区的海水养殖仅占渔业总价值的1%，可见海洋捕鱼仍然是该地区渔业的绝对主体。此外，西印度洋的珊瑚礁、红树林和盐沼每年能够提供12亿美元的海岸保护经济价值。随着该地区沿海开发和城市化的不断推进，沿海财产和基础设施的价值也在迅速增长，这将进一步提升沿海保护的经济价值。[①]

5. 澳大利亚蓝色经济发展现状

2019年，澳大利亚政府发布了《澳大利亚蓝色经济国家战略》，并出台了一系列政策措施支持蓝色经济发展。澳大利亚的海岸线长达25760多公里，专属经济区（EEZ）面积约为1000万平方公里，海洋经济已经成为该国的重要支柱，在2020~2021年贡献了1185亿澳元的产出和1053亿澳元的增加值，相当于该国GDP的5.2%。澳大利亚海洋经济的主要行业包括天然气（437亿澳元）、国内旅游业（198亿澳元）、水上运输辅助服务业（97亿澳元）、国防（83亿澳元）、石油生产（77亿澳元），这五大行业占该国海洋经济总产出的76%。目前来看，澳大利亚海洋经济呈现"两极分化"的局面，一些行业蓬勃发展，而另一些行业则大幅下滑。与2018年相比，该国的国际海洋旅游、海洋商业捕捞、水上运输等产业收入大幅下滑，而海上天然气生产等领域则显著增长（比疫情前增长了11%）。在海洋可再生能

---

① "Reviving the Western Indian Ocean Economy: Actions for a Sustainable Future," WWF, https://www.wwf.ch/sites/default/files/doc-2017-10/2017-01-Summary%20Report-Reviving%20The%20Western%20Indian%20Ocean%20Economy.pdf, accessed April 20, 2024.

源领域，澳大利亚拥有全球最强的潮汐资源。西澳大利亚州的海峡潮汐能项目装机容量达到了1.2亿兆瓦，而塔斯马尼亚州的波浪能项目装机容量也有20兆瓦。此外，澳大利亚有几个海上风电项目正在建设或规划中，其中最大的项目装机容量达到了2.2吉瓦。[1]

四 印度洋地区蓝色经济发展的前景与挑战

印度洋协会（IOC）为该地区蓝色经济发展确定了六个优先领域：①渔业和水产养殖；②可再生海洋能源；③海港和航运；④近海碳氢化合物和海底矿产；⑤海洋生物技术研究与开发；⑥旅游业。[2] 从各领域发展现状与海洋资源开发潜力以及可利用的资金支持等方面来看，印度洋地区在蓝色经济的主要领域都有着较好的发展潜力与前景。

（一）印度洋地区发展蓝色经济的优势

第一，海洋资源的自然条件较好。蓝色经济将海洋作为可持续发展的空间，为人类的社会与经济福祉做出了巨大贡献。但是迄今为止，也仅有5%~7%的海洋空间得到了探索和开发，[3] 因此海洋领域的可持续发展潜力仍然巨大。印度洋是世界第三大洋，面积约占全球海洋面积的20%，且有着漫长的海岸线与广阔的专属经济区。印度洋拥有丰富的海洋资源。其中，印度洋渔业资源捕获量占全球的28%，这为该地区传统和新兴的海洋行业的蓝色增长提供了系列机会，因为在气候变化的大背景下，各国越来越认识到渔业和水产养殖对粮食安全、民众营养与就业的重要作用；印度洋结核区

---

[1] "The Aims Index of Marine Industry 2023," Australia Government, https://www.aims.gov.au/sites/default/files/2023-05/AIMS_IndexOfMarineIndustry_24May2023FINAL.pdf.

[2] Sinderpal Singh, "The Blue Economy in the Indo-Pacific Prospects and Challenges in the Indian Ocean Region," Friedrich-Ebert-Stiftung, https://library.fes.de/pdf-files/bueros/asia/19232.pdf, accessed May 3, 2024.

[3] Marta Fava, "Ocean Literacy Portal," UNESCO, https://oceanliteracy.unesco.org/ocean-exploration/accessed May 3, 2024.

（包含矿物、岩石或生物材料碎片的海底区域）面积达30万平方公里，蕴藏着14亿吨结核，矿藏富含铜、钴、镍、锌、金和稀土等元素，价值超过8万亿美元。与此同时，该地区所拥有已探明石油储量和天然气储量的全球份额也分别达到了50.7%和44.5%。[1] 2022年，IORA就与联合国国际海底管理局（ISA）签署了一份谅解备忘录，就该地区海底采矿的可持续发展进行合作。[2] 此外，印度洋在海洋生物多样性、海洋能源开发潜力等多方面也具有优势，印度洋地区的渔业和水产养殖业、沿海与海洋旅游业、海底矿产、海洋可再生能源、海洋生物技术，以及很难用货币衡量的，诸如红树林和珊瑚礁管理、蓝碳封存、虾生产遗传学等领域都有着巨大经济潜力。可以说，独特的地缘优势与丰富的海洋资源储备，为该地区发展蓝色经济提供了广阔的海洋空间。

第二，海洋经济发展有一定的经济基础支撑。2022年，印度洋地区的人口、GDP的全球份额分别达到了37.44%和13.52%。该地区拥有14500公里的通航水道和212个活跃港口（12个政府所有港口和200个直属和次要港口），[3] 商业和非商业航运、能源进口、贸易、旅游和渔业都严重依赖印度洋，这些港口成为发展蓝色经济的重要媒介与基建依托，在发展海洋蓝色经济产业中成为与世界其他地区交流与互动的重要载体。众多港口和重要海上通道为印度洋地区国家发展蓝色经济提供了便捷交通要道。

第三，印度洋地区发展蓝色经济获得了一定的资金支持。金融机构对蓝色经济表现出越来越大的兴趣，预计未来十年将投资数万亿美元用于海洋和沿海开发。一些印度洋国家已经提出了新的融资目标，包括协助本国发展蓝

---

[1] Darshana Baruah, "Mapping the Indian Ocean Region," Carnegie Endowment for International Peace, https://carnegieendowment.org/files/Baruah_IO_final_6-28.pdf, accessed June 15, 2023.

[2] Darshana Baruah, "Mapping the Indian Ocean Region," Carnegie Endowment for International Peace, https://carnegieendowment.org/files/Baruah_IO_final_6-28.pdf, accessed June 15, 2023.

[3] Darshana Baruah, "Mapping the Indian Ocean Region," Carnegie Endowment for International Peace, https://carnegieendowment.org/files/Baruah_IO_final_6-28.pdf, accessed June 15, 2023.

色债券市场、建立蓝色债券孵化器。如，肯尼亚、坦桑尼亚、毛里求斯和塞舌尔等西印度洋国家正在探索海洋保护的可持续融资机制，并通过一个名为"加强西印度洋经济体蓝色经济"的新项目以提高沿海地区的恢复能力。[①]又如，西南印度洋（SWIO）地区将资本流动转向可持续蓝色经济，该项目旨在确定主要融资者并进行政策评估分析。世界银行以及各类私募机构，也向塞舌尔等国发行10年期蓝色债券，以帮助这些国家的可持续渔业。[②]此外，欧盟也支持实施了一项促进可再生能源和能源效率的计划，该计划由欧盟第十届欧洲发展基金（EDF）提供1500万欧元资金，重点关注科摩罗、马达加斯加、毛里求斯和塞舌尔等国家。[③]

此外，海洋生物技术的应用可以促进海洋药物开发、提高海洋养殖效率，以及解决海洋污染问题。海洋信息技术可用于建立印度洋海洋预警系统，提升海洋灾害预警水平；同时，海洋导航系统技术可以提高海洋交通运输效率。开发海洋资源管理系统有助于提高海洋资源管理水平，实现海洋领域的可持续发展。

（二）印度洋地区蓝色经济发展的挑战

印太地区制造业和工业的增长持续推动了对各类商品的需求，进而使印度洋地区的贸易路线、关键水道和地理位置变得更为关键。随着经济地位的提升，该地区面临海上犯罪的风险也不断增加。同时，气候变化、海水污染等问题也给印度洋贸易带来了挑战。

第一，自然环境恶化。不断变化的环境和气候、日益严重的污染、资源

[①] "Strengthening the Western Indian Ocean's Blue Economy," The Nature Conservancy, https://www.nature.org/en-us/about-us/where-we-work/africa/stories-in-africa/western-indian-ocean-blue-economy/, accessed April 12, 2023.

[②] Muhammad Zubair Mumtaz, Zachary Alexander Smith, "Blue Economy and Blue Finance," ADB, https://www.adb.org/sites/default/files/publication/812076/blue-economy-and-blue-finance-web.pdf#page=95, accessed May 3, 2024.

[③] "Indian Ocean: A Regional Network to Measure Solar Potential," Campbell Scientific, https://s.campbellsci.com/documents/us/case-studies/indian-ocean-solar, accessed May 3, 2024.

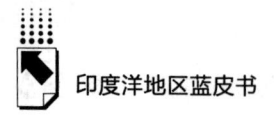

过度开发、海洋酸化及变暖等因素正在加剧印度洋生态系统的恶化。根据政府间气候变化专门委员会2021年的报告，印度洋的变暖速度超过了其他水域，预计气温升高和其他气候影响将导致海洋渔业产量下降，对那些高度依赖渔业却缺乏气候适应性能力的国家造成损害，如印度、印度尼西亚、马达加斯加、莫桑比克、巴基斯坦、斯里兰卡、坦桑尼亚和泰国。随着人口快速增长，加上海平面上升和热带气旋加剧，沿海地区的人类脆弱性和地区不安全性也将增加。[1] 到2030年，预计印度洋沿岸地区将成为全球人口密度最大的地区之一，约有3.4亿人生活在沿海高风险区。孟加拉湾地区飓风的死亡人数已占全球飓风死亡人数的80%以上，但该地区遭受的飓风袭击仅占全球飓风袭击的5%。此外，更频繁和更强烈的热浪将对人类健康产生重大影响。[2] 与此同时，印度洋岛国将气候变化视为国家安全的首要问题之一，因为这些岛屿易受洋流和气候变化的影响。随着气候变化持续，这些国家将不断遭受洪水、山体滑坡和农业损失，将加剧整个地区国家面临的环境安全挑战。此外，化学物质污染、石油泄漏和塑料污染也是印度洋地区蓝色经济发展所面临的显著风险，如果不及早采取行动加以解决，势必会带来更加严重的后果。

第二，海洋管理能力不足。受专属经济区面积大、人口少等因素制约，印度洋岛国在管理和保护海域方面能力有限，迫切需要信息、资源和能力援助以实现海域管理和保护目标。2022年，环印度洋协会（IORA）就曾指出，虽然一些成员国已投资并优先考虑海洋空间规划，但"它们不具备发

---

[1] "Ocean, Cryosphere and Sea Level Change," IPCC, https://www.ipcc.ch/report/ar6/wg1/downloads/report/ IPCC_AR6_WGI_Chapter09. pdf, accessed May 3, 2024; Lisa M. Beal, "A Roadmap to Sustained Observations of the Indian Ocean for 2020–2030," CLIVAR, https://www.clivar.org/sites/default/files/documents/IndOOS_report_small. pdf, accessed May 3, 2024.

[2] Sibi Arasu, "Heat Wave in Asia Made 30 Times More Likely Because of Climate Change, Scientists Say," AP News, https://apnews.com/article/climate-change-heat-wave-south-asia-india-bangladesh-laos-thailand-9343bb3fafbbd1ca737129d43a2574f6, accessed May 3, 2024.

展所需的工具，并且缺乏技术人力资源能力"。① 与此同时，印度洋地区是地理上的灾害多发地区，且救灾协调安排不完善，该地区面临着社区救灾参与能力不足的挑战因此灾害风险管理刻不容缓。除了资金、技术、人才不足之外，该地区无法很好地开展海洋管理的原因在于当下经济发展与海洋环境保护之间的矛盾仍然未能解决。在广泛且普遍的贫困下，印度洋各国的海洋保护与可持续发展更多时候都在为经济先行让路。

第三，海洋安全面临综合挑战。主要涉及非法捕捞、海盗活动、毒品走私以及地缘安全风险等方面。首先，非法捕捞问题。根据全球 IUU 捕捞指数，2019 年东印度洋是 IUU 捕捞表现最差的地区。此外，据粮农组织评估，印度洋有 30%的鱼类资源未达到生物可持续水平，且 16%~34%的渔获量是非法或未报告的。② 其次，海盗问题。进入 21 世纪以来，印度洋海盗问题经历了三个主要时期的转变。2009~2014 年，劫持拖船和驳船是区域海上犯罪的主要形式；2011~2017 年，石油货物被盗变得更加普遍；2016~2020 年，绑架船员勒索赎金成为主要的形式。再次，毒品走私与小型武器贩卖。毒品走私和小武器贩运是该地区普遍存在的海上犯罪活动之一。联合国毒品和犯罪问题办公室称，印度洋的毒品走私活动在"金新月"和"金三角"等地区频繁发生。其中，"金新月"区生产的海洛因主要通过阿拉伯海运往世界其他地区，而"金三角"生产的毒品则通过海上边境地区走私到南亚和东南亚。最后，地缘安全风险加剧。印度洋的海岸线和咽喉要道横跨非洲、中东和南亚，并拥有三个主要咽喉要道：马六甲海峡、霍尔木兹海峡和曼德海峡。印度洋在国际舞台上的经济、政治和安全重要性可能在未来几年和几十年内增加。域内外大国都在通过经济、政治和军事上不断对印度洋国家施加影响力，可能对该地区的传统、非传统安

---

① Darshana Baruah, "Mapping the Indian Ocean Region," Carnegie Endowment for International Peace, https://carnegieendowment.org/files/Baruah_IO_final_6-28.pdf, accessed June 15, 2023.

② "Unregulated Fishing on the High Seas in the Indian Ocean," WWF, https://wwfeu.awsassets.panda.org/downloads/wwftmt_unregulated_fishing_on_the_high_seas_of_the_indian_ocean_2020.pdf, accessed May 3, 2024.

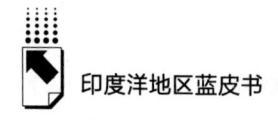

全产生深远的影响。

第四，区域协同发展水平不高。印度洋区域广阔、国家众多且发展水平各异，开展广泛的合作需要各区域行为体平衡各种优先事项和利益。尤其是在推动蓝色经济方面的区域合作时，更需要促进各区域/各国之间的贸易、经济、渔业、气候和天气信息共享，以及科研合作等方面的协调与合作。然而，现有印度洋区域合作一直都处于比较散漫的状态。首先，缺乏统一的海洋治理机制导致各国在海洋资源管理、海洋环境保护和海洋安全等方面存在分歧和争议。目前没有任何一个覆盖整个印度洋的区域安排协定，也缺乏针对各物种的保护合作。其次，在蓝色经济合作方面，印度洋地区缺乏相关的机构、财政和技术资源。例如，《南印度洋渔业协定》仅涉及8个国家，并且扩大成员的机会有限。其他类似的合作机制如印度洋金枪鱼委员会和南印度洋渔业委员会也存在着合作范围有限、内容单一等问题，无法有效满足整个印度洋地区的需求。再次，该地区各国之间的海洋信息共享不足，导致在海洋资源开发、海洋环境监测和海洋灾害预警等方面难以开展有效合作。同时，许多发展中国家和发展中小岛屿国家的海洋人才队伍建设不足，缺乏高素质的海洋管理人员和技术人员。最后，区域协同发展能力不足，也导致了该地区海洋资源开发缺乏统一规划和协调。这种情况容易导致海洋资源的浪费和过度开发，进而使得海洋环境保护合作难以有效开展，甚至可能加剧海洋环境的污染问题。

五 结论与展望

在本报告中，印度洋地区涵盖了36个国家，且大多数是发展中国家和最不发达国家（包括最不发达小岛屿国家）。经过研究，得出以下主要结论。第一，在蓝色经济对全球经济贡献度越来越高的背景下，印度洋地区国家普遍关注和主张发展蓝色经济。然而，大多数国家仍专注于传统海洋产业领域，如渔业、水产养殖业、沿海与海洋旅游业以及海运相关服务业。只有少数国家具备开发海洋矿产、海洋可再生能源以及开展更高端的海洋相关制造业与服务业活动所需的能力、资金和技术。特别是最不发达的小岛屿国家更加依赖于发达国家和国际组织的概念传授、知识认知、技术和资金扶持，几乎未能形成独立的蓝色经济发展能力。第二，印度洋地区各国的社会动员能力与经济实力各异，导致各自开展海洋经济活动的能力、条件存在很大差异。以海洋可再生能源为例，虽然各国都具备发展可再生能源的自然条件，但是由于资金与技术的缺乏，截至 2023 年底只有少数国家具备海上浮动太阳能发电的能力，仅有印度和澳大利亚具备一定的海上风能发电装机能力且尚未投入使用。鲜少有国家在海洋可再生能源领域实现新的技术突破，这也是该地区海洋可再生能源发电量几乎为零的主要原因。第三，印度洋地区蓝色经济的可持续发展较为脆弱。分析印度洋地区蓝色经济的发展可知，渔业部门、沿海与海洋旅游业仍是蓝色经济的核心经济部门，一直为域内数百万人提供着食物，是他们的生计来源。但是，印度洋地区国家，包括东南亚、南亚、中东、东非以及澳大利亚的沿海以及小岛屿发展中国家，都严重依赖蓝色资源和海洋经济、海洋资源。因此，气候变化、海洋暖化酸化、严重的塑料垃圾污染，以及地缘政治冲突、海上安全等问题都会对该地区的蓝色经济发展造成重大打击。第四，印度洋地区存在多边治理机制不足的问题，这阻碍了该区域通过合作模式来促进蓝色经济的增长。除了印度洋协会有共同倡议、发展框架和一些论坛之外，只有东南亚国家在东盟框架内有共同的蓝色经济合作，西印度洋国家的香草联盟（与海洋旅游相关）和一些渔业合作组织。由于涉及不同主权法律、区域安排和国际法的复杂监管环境，该地区迄今没有形成覆盖广泛且有实践合作的组织。例如，大多数印度洋国家制定了自己的渔业条例，但由于缺乏数据和能力，没有适当的标准、准则和执行机制。因此，当务之急是缩小治理薄弱、缺乏有效政策和执行措施以及非法捕捞等更大的安全困境方面的现有差距，以便在该区域培育可持续发展形式和蓝色增长。在这方面，确保在有效法律和政策的支持下对海洋生态系统进行适当的环境管理至关重要。

总之，印度洋地区拥有丰富的海洋资源，具备发展蓝色经济的巨大潜力和优势。同时，蓝色经济也为该地区经济增长、粮食安全以及海洋生物多样

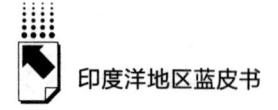

性保护等带来了巨大机遇。通过秉持可持续性、公平性、包容性和韧性的原则，印度洋地区各国可以充分利用蓝色经济的广阔机遇，同时保护海洋生态系统，造福后代。与此同时，该地区对全球海洋议程的影响力不断增强，为小岛屿发展中国家在蓝色经济、主权、气候变化、商业和海上通道保护等领域推动对话创造了机会。虽然岛国常被边缘化，但它们在海上对话中的作用和利益，以及关键地理位置，使其在一定程度上能够参与塑造印度洋地区的格局。未来几十年，印度洋地区将在地缘政治竞争中发挥关键作用，特别是在海事安全和地缘政治竞争方面。该地区的海上犯罪、非法捕鱼、毒品走私和人口贩运等安全问题越来越受到全球性关注，而气候变化、弹性基础设施、灾害应对和蓝色经济等问题也将为域内各国提供协作与合作的空间，同时也将塑造印度洋未来几十年的地缘政治竞争格局。然而，蓝色经济对海洋资源的可持续利用和海洋生态系统的保护提出了挑战，需要建立复杂的治理架构和国际合作机制。印度洋地区国家和各类组织都在努力加强蓝色经济的发展，但是存在着对蓝色经济的不同理解和定义，甚至缺乏较为统一的蓝色经济统计口径和具体产业细分。因此，对蓝色经济进行全面分析将有助于缩小数据差距、协调运作，并为政策制定者提供定量与定性的分析支持。在这种情况下，海洋区域主义将能够更好地定义印度洋地区的身份，更适合于追求地缘经济、环境和安全目标。总之，对蓝色经济的关注源于印度洋地区国家和岛屿对海洋环境与经济潜力日益深刻的认知，且各国都在制订计划以更好地管理和保护印度洋的丰富资源。因此，强调合作与协调是实现海洋经济可持续发展的关键。此外，印度洋地区各国的金融部门和企业需要携手合作以弥合海洋经济发展中的资金与技术缺口，推动商业驱动的解决方案，对该地区海洋经济活动产生正向影响。

国别报告

B.7
莫迪政府第二任期的变与不变：
印人党政府如何重塑印度社会[*]

杨怡爽[**]

摘　要： 综观莫迪政府的第二任期，尽管印度的关键性改革未能获得突破性成功，同时还遭遇了新冠疫情、地方动荡、国际形势风云变幻等挑战，但是其依然稳固了自己的执政基础。印人党政府在吸取了第一任期的经验教训之后，很快调整了策略，将危机和挑战转化为了机遇。尽管印人党稳固政权的手段也对印度社会造成了一系列的负面影响，但是从整体来看，其依然实现了几项主要政治目标。首先，通过打造莫迪本人的形象和"成就展示"，创建超越种姓、民族、语言乃至政党本身的"选举品牌"，印人党提升了莫迪在中间选民中的支持率；通过民粹主义、福利政策、"发展"议程、反向动员，以及与边缘社群和其他落后种姓加强关系等，印人党大大加强了在城

---

[*] 本报告是云南省哲学社会科学规划智库项目"泛安全化背景下中国-南亚地区非传统安全合作路径研究"（项目批准号"ZK2024YB07"）的阶段性研究成果。

[**] 杨怡爽，云南财经大学印度洋地区研究中心教授。

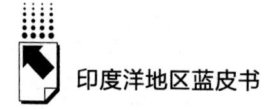

市工商阶层和高种姓传统选民之外的支持基础，将其从"婆罗门-巴尼亚"政党转化为"泛印度教族群"政党。其次，印人党实现了2019年的选举承诺，完成了印度教民族主义的几项重大议题后，随即转向"软印度教特性"，以更加隐蔽、灵活的方式，完成了对印度社会主流价值观和舆论环境的改造，向重塑国族认同的目标又迈进了一大步。最后，印人党通过在党内和政府层面加强中央集权，加强了组织度、行动力，并成功让国家机器为印人党的价值目标和选举目标而服务，削弱了印度联邦体制的地方赋权，弱化了地方党派对中央政府的牵制力。由此，尽管印人党政府目前依然难以做到动摇整个印度的国家框架与宪法体系，但是其对印度的掌控已经相当稳固。从这个角度来看，莫迪的第二任期对于印人党而言是成功的五年，其对印度社会、经济和政治格局的影响势必非常长远。

关键词： 印度选举　印度政党　印人党　印度联邦制　印度教特性

　　尽管在莫迪的第二任期里，印人党政府先后遭受了农民大规模抗议、新冠疫情、地方选举起伏的冲击，但在2024年大选前，莫迪及其印人党政府似乎正在达到其政治生涯的新高度。在印度国内，印人党再度巩固了其在印度北方的政治基盘，通过废除宪法第370条和重建阿约提亚罗摩庙等举措大幅提升了印度教民族主义的影响力，以"软印度教特性"改写了印度国内公共空间，吸引了更多来自低种姓、部落民和其他落后种姓（OBCs），扩大了自己的选举基础。在全球经济疲软的背景下，由于内需以及制造业和服务业的增长，印度经济也有着亮眼的增长率。在国际上，印度没有受到俄乌冲突和巴以冲突的严重影响，还通过供应链合作与双边合作吸引了来自国际上的投资，通过积极的外交政策加强了与邻国关系，成功举办了G20峰会等。这些举措使得印度以全球南方领导人自居，并且将莫迪的个人品牌、印人党政府和印度国际地位的提升绑定到一起。印人党政府还不断用有品牌价值的口号来包装和推销对外政策和对内政策，如"东进""西联""创业印度"

"数字印度""自力更生婆罗多"等。正因为这些成就，印人党在2024年大选前表露出对胜选的自信，甚至声称要在本次选举中一气拿下400个人民院席位。

然而，这并非意味着莫迪的五年任期都一路高歌猛进。新冠疫情再度暴露了印度治理方面的缺陷：印人党政府刻意忽略少数族群利益、推行侵略性的"印度教特性"政策，进一步分裂了印度社会；印人党目前进一步集权于莫迪，为未来的选举策略和党内组织埋下了隐患；印度的经济增长主要源自政府资本支出和公共投资，并没有解决就业停滞的问题；印人党与国内财阀的密切关系招来了质疑。

因此，有必要对莫迪和印人党政府五年来的政策和理念及其为印度带来的变化进行回顾和分析，剖析在国内外环境变化下印人党政府的策略和核心观念发生了哪些转变，有哪些不变；这些变与不变如何体现在政策走向、内部组织、选举基础与前景，并且如何深刻地影响印度的社会、经济和政治格局，使得莫迪政府第二任期在面对内外挑战的情况下拥有了更加稳固的选举基础。

一 经济政策：从亲市场的发展政策到民族主义亲商的民粹福利政策

莫迪政府一贯以"发展"（Vikas）作为口号，将经济发展、市场化改革作为其主要政治承诺，在2014~2019年莫迪政府的第一任期内也确实推出了多项改革，主要包括：在决策方面，在2015年撤销印度全国计划委员会，放弃"五年计划"规划体系，转而成立"国家转型委员会"（NITIAayog）执行经济政策的规划施行；在投资环境方面，简化投资审批程序、提高外资投资上限、改善营商环境；在要素市场改革方面，2015年修改土地征用法；在国企改革方面，积极推动国有或公有企业（Public Sector Undertakings，简称PSU）的重新整合，合并同类项的PSU，出售非核心资产，引入私营部门参与PSU的投资、运营和管理；在财政方面，2017年7

月推出了全国的商品和服务税（简称GST）统一改革；在市场管理规范方面，2016年通过《破产与清算法》（Insolvency and Bankruptcy Code），健全和精简以往烦琐漫长的破产程序；在产业发展方面，推出"印度制造"计划，旨在提高印度制造业的竞争力，提供税收优惠和补贴政策，设立"国家制造业投资区"，为企业提供优惠政策和便利条件；在劳工福利方面，提高了最低工资标准；等等。

总体来说，这些改革举措是朝着进一步开放市场、突破结构性和制度性瓶颈、实现要素市场改革的方向推进的。这些改革举措取得了一定的成效：印度制造业产值占GDP的比重从2014年的16%提高到2019年的18%；印度吸引外商直接投资额从2014年的262亿美元提高到2019年的642亿美元；印度政府通过出售PSU的非核心资产筹集了超过2万亿卢比；印度国有钢铁公司通过合并提高了竞争力，成为全球最大的钢铁生产商之一；印度在世界银行的"营商环境"排名中从2014年的第142位上升到2019年的第63位。

然而，这些改革举措在几个关键方面遇到了阻碍。在整体经济增长率方面，尽管莫迪政府鼓吹要打破辛格政府执政末期的发展停滞，但相对于辛格政府执政期间（2009~2014年）印度GDP7.3%的年平均增长率，莫迪政府2014~2019年的GDP年平均增长率下降为6.7%。在产业改革方面，制造业发展依然相对滞后，其发展慢于GDP增速，且增长主要由莫迪政府"印度制造"计划和其他政策所大力扶持的资本密集型和技术密集型产业（汽车、电子、化工等）所拉动，而相对能吸收更多劳动力的劳动密集型制造业（服装、皮革、家具等）占比则从2014年的40%下降至2019年的35%，增长率从2014年的8.2%下降至2019年4.2%的，总体发展后续乏力。在公有部门改革方面，PSU的合并过程缓慢，遭到了大量员工反对，重新整合缺乏透明度，公众对相关信息知之甚少，被认为普遍存在腐败或者贱卖公有资产的情况。在农村、农业方面，莫迪政府几无建树，印度农业生产效率低、农民收入水平低的情况没有得到根本改善。在社会方面，印度贫富差距不断扩大，基尼系数从2014年的0.339上升到2019年的

0.357。在财政方面，GST 的推行也为企业特别是小业主带来了诸多麻烦。在就业方面，印度失业率居高不下，2019 年为 7.83%，是 45 年来的最高水平，其中城市失业率为 8.98%，农村失业率为 6.13%，其中，受教育青年的失业率为 18.4%，是总体失业率的两倍多。[1] 结构性改革的滞后和就业机会的匮乏使得莫迪政府与印人党在 2019 年大选前一度受到了巨大的压力，甚至一度成为其选举动员中最为不利的因素。

因此，在 2019 年再度胜选之后，莫迪政府在经济政策上做出了若干调整，主要包括以下几个方面。

（一）实质性改革的停滞或推迟

2019 年之后，莫迪政府再度推出了一系列结构性的、事关要素市场的改革。其主要改革举措包括土地法改革、PSU 部门的进一步整合、所得税制改革、劳动法改革、新建产业园区、加大对国内产业贸易保护的力度、推行农业法改革、进一步促进制造业发展等[2]。尽管部分改革取得了一些成就，例如通过《税法（修订）条例》将公司税从 35% 的有效税率降低到更具竞争力的 25%，进一步改善了营商环境，但是几项结构性的重大改革遇到了阻碍，停滞不前或是被迫后退。

第一，土地法改革。2015 年，印度政府对 2013 年的土地征用法进行了修改，旨在简化土地征收程序并加快基础设施建设。修改后的土地征用法主要变化包括：放宽了对土地征收的限制、缩短了土地征收的审批时间；允许私人公司参与土地征收。到了 2019 年，印度政府发布了新的土地征用法草案，旨在进一步简化土地征收程序并提高土地征收的效率。该草案的主要变化包括：将土地征收的补偿标准与市场价格挂钩；允许征地者在征收土地后进行土地开发；建立土地征收争议解决机制；等等。然而，该草案在 2019

---

[1] 数据来源：印度统计局，https://theindicast.com/。
[2] 这些政策包括印度自力更生计划（Atmanirbhar Bharat）、生产关联激励计划（Production Linked Incentive，PLI）、国家电子政策（NEP）等。PLI 为该国扩大制造业的公司提供财政支持，从制药、电子和医疗设备这三个行业开始，然后扩展到更多行业。

年发布后引起了广泛争议,许多土地所有者是来自低种姓和少数群体的弱势群体,包括全国农民联合会(All India Kisan Sangharsh Coordination Committee)、土地权利论坛(Land Rights Forum)、印度人民权利论坛(People's Union for Civil Liberties)、全国土地权利运动(National Alliance of People's Movements)在内的社会组织担心该草案将进一步侵害他们的权利,争议点包括土地征收补偿标准过低、草案中提出的土地征收补偿标准与市场价格脱节、无法保障土地所有者的利益、土地征收的社会影响评估程序不完善,过于形式化,无法真正反映土地征收对当地社区的负面影响、土地所有者参与征地过程的权利受到限制;允许私人公司参与土地征收将导致土地被用于商业目的而非公共利益。尽管印人党政府承诺对该草案进行修改,但是莫迪政府考虑到继续推动土地征用改革会影响到地方选举中农民的支持率,以及2020年的新冠疫情和农民的大规模抗议等因素,所以截至目前,这一具有重大意义的改革依然止步不前。

第二,劳工法改革。2020年9月通过的关于劳动和就业法改革的议案将有关社会保障、工资、职业健康与安全以及劳资关系的二十九部劳工法合并为四部法律①,在工会谈判规则、劳资争端解决机制、用工合同期限、裁员规则和劳动时间方面极大地放松了对企业的强制性要求。因此,这次劳动法改革被认为确实使企业更容易雇用和解雇工人,提高了企业的灵活性,也创造了一定的就业机会,特别是制造业的就业机会有所增加,并且还提高了社会保障金的缴纳比例,为工人提供了更好的社会保障。然而,改革的反对者也认为新的劳动法导致了工人就业稳定性下降,解雇工人现象有所增加,必然加剧社会不平等,例如导致高技能工人和低技能工人的收入差距进一步扩大,一些企业也不愿意提高社会保障金的缴纳比例。最大的风险在于,新的劳动法中没有任何条款确保如何逐步规范劳动者的工作条件和环境,对目前占印度劳动力多数的非正规部门就业的劳动者非常

---

① 包括《社会保障法(2020)》、《职业安全、健康和工作条件法(2020)》、《劳资关系法(2020)》和2019年制定但将与其他三部法律同时生效的《工资法(2019年)》。

不利。地方上的劳动法改革同样推进不力，部分邦因为选举压力、对劳动法本身感到不满以及原有邦一级劳动立法过于烦琐等，一直未按照要求给出新劳工法的规则细则，因此，尽管根据议案通过时的计划，新的四部劳工法本应当于2022~2023财年开始实施，但截至本报告成文前没有给出明确的日期。

第三，2020年9月，印人党政府推出了三项新农业法，意图废除最低农业支持价格（MSP）下的政府收购机制，推动农产品的商业化进程，统一全国农产品市场。然而，新农法一经公布，立即遭到印度农民，特别是印度北方大旁遮普地区（包括旁遮普邦、哈里亚纳邦及北方邦部分地区）锡克教农民的强烈抗议，认为新农法的本质是要免除政府对农业和农民的责任，将农民利益出卖给大型私有企业。2021年11月19日，迫于即将到来的北方邦选举，莫迪在锡克教创始人生日那天撤回了农业法案。尽管如此，农会和农民领袖缇凯特等人依然声言将继续对政府施压，直到能够出现改善农民收入和整体处境的有效措施，内容包括提高农产品的最低价格、撤销对部分农民的法律诉讼，以及向数百名农民家属支付赔偿金。这被认为是对莫迪"改革发展强人"（Vikas Purusha）形象的一次重大打击。

这一系列关键改革的推迟和停滞，加上2019年大选前印人党支持率由于经济乏力而表现不佳的教训，莫迪政府不得不开始慎重考虑推进类似改革举措的必要性。除了改革本身必然遭到的巨大阻力和反对之外，印度结构性改革的主要问题在于，这种目标长远的改革难以在短期内迅速培养起来一个从结构变化中获益的群体，即通过改革来扩大支持改革者的规模。由于任何结构性改革的推进都必然导致社会上一部分人利益受到重大损害，而目前莫迪政府和印人党都还担负不起丧失如此众多选民的代价，莫迪政府不得不放缓了实质性改革的步伐。另外，由于改革停滞，印度经济的一系列问题持续存在，包括就业产出弹性下降、有组织部门内部非正规化程度高、高增长部门与就业之间增长不匹配、供给侧严重制约、劳动力市场供需方面存在结构性问题、非正规就业持续居高不下、受教育青年失业率居高不下等。[1] 为了维系政府形象和保证经济的持续增长，莫迪政府不得不转而求助于其他手段。

更关键的问题在于，现状已经证明，在不推进实质性改革的情况下，莫迪政府依然能够赢得选举。包括土地和劳动力在内的关键改革在扩大印人党的选举基础上存在滞后效应，很可能需要5~10年才能创造出继续支持这些领域改革的选民。反过来，这次选举已经说明印人党现有的选举基础并没有因为未能兑现"改革"承诺受到严重的影响。因此，印人党并不需要急着推进重大改革，而是会着眼于继续巩固现有的政治基础和加强现行政策（例如GST改革和私有化政策）的推行，那么其未来继续进行深层次改革的动力也是存疑的。

（二）加大政府资本支出，加大对基础设施的投资力度，以投资拉动经济增长

2019年之后，莫迪政府增加了国防、交通和住房方面的政府支出，特别是加大了对基础设施建设的投入力度。2019年8月，莫迪政府推出了"国家基础设施管道"（National Infrastructure Pipeline，NIP）项目。该项目2020年开始启动，总投资额约为1.4万亿美元，涵盖交通、能源、物流、水利等领域，目标是到2025年将印度的基础设施提升到世界一流水平，内容包括到2025年开发20万公里的国家高速公路网，并将机场扩大到220个。此外，该项目还包括到2030年开通23条水道，并开发35个多式联运物流园区。在道路交通方面，莫迪政府将之前的全国公路计划"升级"为"婆罗多马拉联通计划"（Bharatmala Pariyojana），重点开发34800公里的国家公路。该计划强调基于走廊的发展，预计2028年完成，覆盖31个邦/联邦直辖区和550多个地区。此外，原先的"海洋花环"（Sagarmala）、智慧城市等计划也在持续推动。2021年，莫迪政府推出了"总理加蒂沙克蒂国家总体规划"（PM Gati

---

[1] Amit Basole, "Structural Transformation and Employment Generation in India: Past Performance and the Way Forward," *The Indian Journal of Labour Economics*, Vol. 65, No. 2, 2022, pp. 295-320.

Shakti-National Master Plan for Multi-modal Connectivity，NMP）①，重点关注主要交通运输部门，以加强各个经济区的多式联运基础设施。它旨在将多个基础设施计划整合到一个数字平台，便利下一代基础设施项目的规划、设计和监控。根据其数据库，目前有15580个基建项目处于不同开发阶段，价值23889.3亿美元。

此外，莫迪政府还推动了一系列重大基础设施项目的实施。道路建设项目包括巴拉特普尔—德里高速公路（2020年1月开工）、孟买—纳格浦尔高速公路（2021年3月开工）、钦奈—孟加拉鲁高速公路（2022年2月开工）、德里—瓦拉纳西高速公路（2022年5月开工），孟买—艾哈迈达巴德高速铁路（2023年1月开工）、钦奈—班加罗尔高速铁路（2023年4月开工）、德里—加尔各答高速铁路（2023年7月开工）、孟买跨海大桥（2020年6月开工），钦奈地铁（2021年9月开工）、班加罗尔地铁（2022年12月开工），等等。机场建设项目包括莫迪纳格尔国际机场（2021年11月开工建设，预计2024年建成通航）、贾坎德邦国际机场（2019年12月开工建设，2023年建成通航）等。港口项目包括印度西部海岸的达荷尔港口（2020年1月开工，预计2025年建成）、维沙卡帕特南姆港口（2021年2月开工，预计2024年建成）、贾姆纳加尔港口（2019年5月开工）等。

根据印度财政部的数据，2019~2023年印度中央政府在基础设施领域的总投资额约为10万亿卢比（约合1.3万亿美元）。其中，交通运输领域投资额约为5万亿卢比，能源领域投资额约为2万亿卢比，其他领域投资额约为3万亿卢比。在基础设施领域的投资成为印度经济维系增长的主要因素之一。除此之外，建筑业也由此成为吸收劳动力的主要部门之一。根据印度统计局的数据，2019~2023年印度建筑业部门的就业工人数量从2019年的5700万增加到2023年的6200万，大量农村劳动力也通过非正式就业在建筑业部门找到了临时或季节性的工作，缓解了就业压力。因此在2023~2024

---

① 参见印度国家门户网站对该计划的说明，https：//www.india.gov.in/spotlight/pm-gati-shakti-national-master-plan-multi-modal-connectivity，最后访问时间：2024年3月21日。

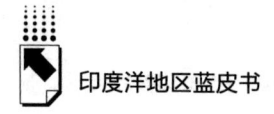

财年的临时预算中，印度政府再次指定近1340亿美元用于全国基础设施项目，比上一个财年同期增长约11%。

财政收入的增加使印度政府可以大举投入基础设施建设。2019~2023年，印度中央政府财政收入从15.6万亿卢比增长至22.8万亿卢比，年复合增长率为6.7%。其中，税收收入是中央政府财政收入的主要来源，2023年占比达到86.5%。2023年，印度中央政府税收收入为19.7万亿卢比，其中直接税收入为7.2万亿卢比，间接税收入为12.5万亿卢比，中央政府税收占GDP的比重也从2014年的10.3%上升到2023年的12.2%。税收增加的原因主要有以下几个方面。首先，由于印度政府对原先的财政联邦制度进行了改革，来自燃料税费和附加税的收入从地方转移至中央，中央税收占印度总体税收的比重迅猛增加，仅在2021~2022年便增加了34%，增幅甚至远超印度中央政府自己的预想，超过预算估计数5万亿卢比之多，增加了将近1/5；其次，GST改革为印度中央政府的财政作出了巨大贡献，GST系统也为报税征税和打击偷税漏税提供了便利。宽裕的财政使得印度政府有余力奉行扩张性的资本支出和投资计划。

此外，从表1数据上可以看出，印度中央政府的财政赤字在2014~2015财年至2017~2018财年总体呈现小幅上升趋势，但在2019~2020财年之后上升幅度加大。2020~2021财年，印度财政赤字大幅上升至9.54万亿卢比，占GDP的比重为4.6%，这主要是新冠疫情导致的经济衰退。2021~2022财年，印度财政赤字继续扩大，达到15.91万亿卢比，占GDP的比重为6.9%。2021~2022财年，印度政府资本支出有所上升，达到7.50万亿卢比，占GDP的比重为4.0%，印度政府的目标是在2025~2026财年将政府资本支出提高到GDP的5.0%。

表1 印度中央政府历年财政赤字与政府资本支出情况

财年	财政赤字（万亿卢比）	财政赤字占GDP比重（%）	政府资本支出（万亿卢比）	政府资本支出占GDP比重（%）
2014~2015	4.34	4.10	2.21	2.20
2015~2016	5.37	4.50	2.53	2.60
2016~2017	5.85	3.50	3.18	2.90

续表

财年	财政赤字（万亿卢比）	财政赤字占 GDP 比重(%)	政府资本支出（万亿卢比）	政府资本支出占 GDP 比重(%)
2017~2018	5.95	3.50	3.48	3.10
2018~2019	6.24	3.30	3.96	3.30
2019~2020	7.49	4.60	4.41	3.40
2020~2021	9.54	4.60	5.54	3.30
2021~2022	15.91	6.90	7.5	4.00
2022~2023（预算）	16.61	6.40	7.55	3.90

资料来源：根据印度财政部（https://www.finmin.nic.in/）和印度统计局（https://www.mospi.gov.in/）的数据整理。

与此同时，印度政府也依靠举债来维系扩张。在国大党联合政府执政期间，印度政府公共债务占 GDP 的比重在 2010~2011 财年跌至 66.4%的低点，但在莫迪政府第一任期最后一个财年（2018~2019 财年）上升至 70.4%，随即在 2019~2020 财年飙升至 75%，并在 2020~2021 财年达到峰值 88.5%，预计 2024~2025 财年，印度政府的公共债务将占 GDP 的 82.3%，远高于国大党联合政府执政期间和莫迪第一任期的占比。2023~2024 财年印度政府用于偿还债务的支出预计将增至总收入的 40%以上。国际货币基金组织预计，到 2028 财年，印度包括中央政府债务和邦政府债务在内的一般政府债务可能占 GDP 的 100%。[1]

（三）进一步加深与大财团的政商合作关系

印人党通常被称作一个婆罗门-巴尼亚（Brahmin-Bania）政党，指其思想根源和高层精英来自婆罗门，而社会支持则来自以巴尼亚种姓为代表的城市工商阶层。实际上，印人党在商界背后的主要支持者和资金来源是孟买-古吉拉特财团，这是一个由古吉拉特地区出生并在孟买从事主要商业活动的

---

[1] "Modi's Economic Hits and Misses before India's Last Budget ahead of Polls," Reuters, January 31, 2024, https://www.reuters.com/world/india/modis-economic-hits-misses-before-indias-last-budget-ahead-polls-2024-01-31/, accessed March 27, 2024.

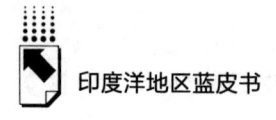

金融或工商业新贵巨头组成的利益集团。此集团涉足政治的历史悠久，也曾是萨达尔·瓦拉巴伊·帕特尔背后的支持势力。

从分析的角度，可以将印度政界与大资本集团的关系分为四类。第一类是传统的老牌工商业资本集团，例如塔塔、马恒达、JSW等。这些集团多集中在孟买，通常已经有几十年乃至上百年历史，多从事钢铁、汽车、化工等实业，它们会试图配合所有的执政党，通常会通过选举基金这种比较"正规"的方式来支持自己认为有望在选举中获胜或采取有利于自身政策的政党，以此来影响政局，但其根基雄厚，并不会表露出特定的意识形态或政治倾向，也不会特地支持隶属某个特定群体的政治领袖，因此和现任印度政府的关系不近不远。第二类是印度的"独角兽"企业。它们主要立足于班加罗尔、海得拉巴等新兴产业基地，从事电信、医药等产业，其中包括Infosys等著名企业，是印度20世纪90年代市场开放、服务外包和迎接全球化的产物，其竞争优势并不完全依赖于政府的政策倾斜，支持更加自由和开放的市场环境，也更反感规制，并不一定乐意全盘配合政府的政策方向，因此也不时被目前的印度政府"规训"和压制。第三类是完全依靠与地方政治势力的裙带关系成长起来的地方性集团。其产业包罗万象，企业本身多半由地方执政党或主要政党的亲朋好友经营，并借此获得垄断地位，例如泰米尔地区的太阳集团。有的商业集团甚至反过来可以决定地方的政治走向，其造成的严重贪腐、寻租问题，成为印人党政府攻击地方政党的有力武器。第四类就是上述的以孟买-古吉拉特为基地的"新兴"财团。20世纪80年代后，这一类财团从印度的市场开放和经济增长中获益，实力暴增，如今可以被认为是印度国内实业和金融业最主要的支配者。这一类财团的主要诉求是全面的私有化、自由化；保护印度国内市场；推动有利于大型企业和垄断企业的经济改革和产业政策。其影响印度政府政策的方式，除了常规的游说和政治献金外，也包括赤裸裸的财权交易，但其行事方式相比传统的"裙带资本主义"更隐蔽。在莫迪担任古吉拉特首席部长期间，就已经和此类财团建立了紧密的关系。而在莫迪政府的第二任期，印人党与此类财团的关系更是空前加强。莫迪政府内的几位代表人物，如国家安全顾问阿吉特·多瓦尔、外交部长苏杰生、财政部长西塔拉曼等，都直接或间接受到此类财团的影响。莫迪本人甚至也可被视作此类财团的政治代言人。

其中，阿达尼集团目前是印度最大的机场和港口运营管理企业，也涉及煤炭开采、发电和输电、天然气供应、仓储和数据中心等实业。其首脑和创始人阿达尼（Gautam Adani）来自古吉拉特邦，与莫迪个人关系密切，在2002年古吉拉特大屠杀后公开支持莫迪，2014年莫迪当选印度总理后也由阿达尼的私人飞机送往德里。其财富自印人党政府上台（2014年5月）以来增长了约340%，截至2021年1月达到约340亿美元。阿达尼集团已经成为印人党政府将机场港口等基础设施私有化进程中的最大受益者，2012年5月成为孟买贾特拉帕蒂·希瓦吉·马哈拉吉国际机场的单一最大股东，这些均得益于印人党政府特意放宽竞标规则。2022年，阿达尼集团旗下多家公司的股价出现了大幅上涨，其中阿达尼港口和特别经济区有限公司的股价涨幅超过了300%，这引起了投资者和媒体的广泛关注。随即，美国做空机构兴登堡研究（Hindenburg Research）发布了一份报告，指责阿达尼集团存在财务欺诈、操纵股价等行为。这次风波引发了市场对阿达尼集团的信任危机，导致阿达尼集团股票在2023年1月大幅下跌。之后在印度政府的保驾护航之下，尽管阿达尼集团的股价仍未恢复到做空风波前的水平，但有所回升。阿达尼集团还继续扩张其业务，特别是在可再生能源领域。2024年，阿达尼集团宣布了一系列新的可再生能源项目，总投资额超过1000亿美元。2024年3月，阿达尼集团成功发行了25亿美元的债券。

另一个与印度政府关系密切的财团是信实集团（RIL）。信实集团的核心是其4家上市公司（Reliance Infrastructure Limited、Reliance Capital Limited、Reliance Communications Limited 和 Reliance Power Limited），产业遍及实业、金融和媒体，是莫迪政府在工商界主要的支持者。其现任首脑安巴尼和包括莫迪在内的多位印人党实权人物过从甚密，在莫迪担任古吉拉特邦首席部长期间就已经与其建立私人联系。在能源领域，作为印度最大的石油和天然气生产商，信实集团长期与印度政府合作开发印度的石油和天然气资源，还参

201

与印度的核能项目，为印度的核电站提供燃料和设备。在通信领域，作为印度最大的电信运营商，信实集团与印度政府合作建设印度的 5G 网络，并参与印度的卫星通信项目。在基础设施领域，信实集团参与了大量道路、港口、铁路项目。此外，信实集团还通过智库为印人党提供舆论和智力支持，操纵新闻媒体或媒体集团①为印人党提供舆论支持。为回报信实集团支持，印人党政府在经济和政策领域为信实集团大开方便之门，给予特殊待遇。例如，通过印人党政府牵线搭桥，没有任何航空领域经验的信实集团在 2015 年取代 HAL 成为达索集团合作伙伴。此事随即在 2016 年曝出一系列丑闻，例如印度政府采购战斗机的价格比其他国家采购的价格高出约 50%，采购过程中没有进行公开招标，而是直接选择了达索航空公司，并且允许达索航空公司在印度进行生产。换言之，信实集团事实上成为印度政府购买法国阵风战斗机合同的最大受益者。此外，信实集团的电信部门 Jio 实质上已经造成印度电信行业寡头垄断。

莫迪政府加强与大财团合作的原因有以下几点。

首先，从合作基础来看，这些财团所涉行业多为资本密集型、技术密集型的产业，从港口、机场、钢铁、新能源到手机、电信等无所不包，而这些产业的共同特征是高门槛，如果凭借政治权力很容易建立垄断优势，别人难以与其竞争，从垄断中还能快速实现财富集聚。他们会要求政府打压国外竞争对手，保护国内市场，但并不赞成将印度和国际经济完全分割开来，因为他们同样也需要在国际市场上建立自身的竞争优势。而对于印度政府来说，在行政和立法领域中，"亲商"政策，特别是向大型私有企业倾斜的政策本身就说明了企业利益在政策考量中变得日益重要。这也就是为什么它们与目前的印人党政府能够建立最为紧密的关联，并有鲜明的"一荣俱荣、一损俱损"的利益关系。

其次，从印人党的选举和运营基础来看，2017 年莫迪政府推动施行的《财政法案 2017》（Finance Act 2017）实际上已经取消了对政治捐款上限和

---

① 其直接或间接控制的新闻企业包括 News Nation、India TV、News24 和 Network18 等。

对受捐方的披露要求。同年，印度政府发行了选举债券，这种债券由印度储备银行发行，可以在不透露捐助者身份的情况下购买并存入政党账户。虽然这些资金必须流经银行系统再转入政党账户，但企业没有义务披露其购买行为。在此情况下，捐献者、金额和走向将被保密。这加大了审视印人党及其资助者关系的困难程度，也方便了大型企业对政党的资助。在大财团支持下，印度人民党的资产和财富一路飙升，在2021~2022财年增长到了604亿卢比，较上一财年上升了21.17%，而主要反对党国大党则由于缺乏财团支持而远远落后，资产仅为80亿卢比。① 巨额的财富不仅让印人党的选举机器得以持续运作，也支持了它以国民志愿服务团（RSS）志愿者为基础的一系列民粹主义福利政策的持续推行。

再次，从莫迪政府政策执行的层面来看，从2019年第二届任期开始，莫迪政府进一步倾向于以政府支出、公共投资（特别是基础设施投资）拉动经济增长，同时其推行的制造业政策也进一步向资本密集型、技术密集型产业倾斜。与此同时，在扩大海外投资、确保其战略利益方面，印度也需要有效的执行者。然而，由于国有企业和公有企业的整合速度不尽如人意，其内部效率低下、腐败丛生的问题未能解决，与政府合作关系密切的大财团实际上取代国有企业和公有企业成为莫迪政府执行基建投资和产业升级的政策工具，也为莫迪政府提供了"绕过"低效官僚部门和公有企业达到目标的途径。大财团响应政府号召，配合政府的经济计划与战略目标，而印度政府则为其开政策绿灯，甚至按照财团需求设计政策和市场规则。因此，双方实际上的合作和利益交换关系超越了传统的利益输送，而是绑定在印度经济增长模式上，甚至上升到战略层面。例如，2021年，阿达尼集团与国有斯里兰卡港务局达成了7亿美元的开发和运营科伦坡港西部集装箱码头的协议，与此对应的是，斯里兰卡取消了中国在印度和斯里兰卡之间保克海峡岛屿上的太阳能项目。这个项目被认为是印度政府通过阿达尼集团实施的战略举措，

---

① Shemin Joy, "BJP Held Assets Worth Rs 6, 046.81 Cr in 21-22, Highest Among All Parties: ADR," *Deccan Herald*, September 4, 2023, https://www.deccanherald.com/india/political-parties-with-most-assets-richest-parties-in-india-2672149.

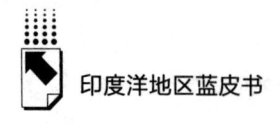

以确保自身在科伦坡新港口的立足点，美国政府国际开发金融公司（DFC）对该项目的融资也说明阿达尼集团已经成为印度政府通过商业项目实现战略目标举措中举足轻重的一环。

（四）政策重心向民粹色彩的福利计划倾斜

莫迪从其第一任期开始就推出了名目繁多的福利项目，如"免费煤气罐计划"（Pradhan Mantri Ujjwala Yojana），"国家健康保护计划"（Jan Arogya Yojana），"清洁印度"（Swachch Bharat）计划，政府普惠金融计划"总理人民财富计划"（Pradhan Mantri Jan Dhan Yojana），用于公共救济的"总理关怀"（PM Cares）基金，为农村地区所有未通电家庭和城市地区贫困家庭提供电力的幸运（Saubhagya）计划，等等。

在莫迪政府的第二任期，这种推行各类福利计划、各类福利项目的趋向更为明显，同时重心从制订各类福利计划再度向直接的现金补贴和转移支付倾斜。2019年印人党选举纲领"发展"一节就主要围绕福利和基础设施展开，表现出了更加明显的民粹主义和福利主义色彩。在2020年新冠疫情之后，尽管印度政府因为管治不善和治理缺陷备受诟病，但莫迪政府推出了大量冠以莫迪个人名义的福利计划进行补偿，例如为因新冠肺炎去世的人的家属提供养老金，并加强和放开保险补偿，因疫情而失去父母或监护人的儿童都将在"总理儿童关怀"（PM-CARES for Children）计划下得到每月津贴、免费教育和一次性补偿金等支持。在"总理贫困人群食品安全计划"（Pradhan Mantri Garib Anna Yojana，简称PMGKAY）下，印度政府向超过8亿配给卡持有人每月免费发放5公斤粮食。这些举措有效地拉回了民众对莫迪本人的支持率。除此之外，莫迪政府还推出了数百项福利政策，涵盖了社会和生活的各个方面，包括用电用水、粮食补贴、烹饪燃气、教育、住房和医疗等。目前从第二任期开始执行的比较重要的福利计划和举措如下。

1. "总理农民关怀计划"（Pradhan Mantri Kisan Samman Nidhi，PM-Kisan）

该计划于2019年2月24日启动，旨在向所有印度农民每年提供6000

卢比的收入支持。该计划的受益者包括所有拥有土地的农民，无论其土地面积大小。该计划的资金由中央政府和邦政府共同承担。

2. "阿塔尔复兴和城市转型使命2.0"（AMRUT 2.0）

AMRUT2.0 在 2021 年 10 月启动，将实施 5 年，直至 2025~2026 财年。AMRUT 2.0 是城市基建和环境计划，旨在确保每个家庭都能用上水龙头，保证供水和污水处理连接；发展绿化和维护良好的开放空间（例如公园）；通过改用公共交通或建设非机动交通设施（如步行道和自行车道）减少污染。

3. "总理人民健康计划"（Ayushman Bharat Pradhan Mantri Jan Arogya Yojana，PM-JAY）

该计划于 2018 年 9 月在卫生和家庭福利部（MoHFW）的支持下启动。包括两项举措：旨在为占印度人口底层 40% 的贫困和弱势家庭提供每年 50 万卢比的医疗保险，建立 15 万个健康和保健中心（HWC）。

4. "萨克蒂使命"（Mission Shakti）

"萨克蒂使命"是一项综合妇女赋权计划，作为妇女安全、保障和赋权的总括计划，从 2022 年 4 月起实施，包括保障女性安全的"支持"（Sambal）计划、"一站式"中心（OSC）、妇女帮助热线（WHL）、"能力"（Samarthya）子计划，贫困妇女燃气罐计划（Ujjwala）等、职业妇女旅馆计划、国家托儿所计划等。

5. "总理营养餐计划"（Pradhan Mantri Poshan Shakti Nirman，PM-POSHAN）

该计划旨在改善学生的营养状况并促进基础教育的普及。该计划还注重提高儿童的入学率、保留率和出勤率。1995 年印度政府推出的午餐计划（MDM）于 2021 年 9 月更名为"总理营养餐计划"，并自 2022 年扩展到由政府资助学前班的学生。

6. "农村用水使命"（Jal Jeevan Mission）

该计划 2019 年开始实施，目标为到 2024 年通过个人家庭水龙头连接向印度农村的所有家庭提供安全和充足的饮用水。

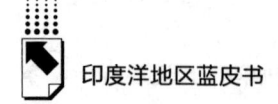

与此同时，莫迪政府财政预算中用于食物、化肥、燃料等居民的直接生活补贴占比再度大幅提高。从2013~2014财年至2018~2019财年，印度中央政府用于这三方面补贴的支出从2447.1亿卢比降至1967.7卢比，在GDP中的占比从近2.2%降至略高于1%。而到了2022~2023财年，这项指标升至5309.6亿卢比。这一方面是由于俄乌冲突造成的国际能源价格上涨和新冠疫情（2020~2021财年，印度的补贴总额曾飙升到7077.1亿卢比），另一方面也说明了莫迪政府福利政策方向的转变。

莫迪政府的福利政策有如下几个特点。首先，这些计划主要针对印度最贫困和边缘的社会群体，例如城镇和农村的赤贫阶层、妇女、低种姓和贱民等。其次，这些计划以直接转移支付为主，现金补贴常以电子方式存入居民账户进行发放。2019年和2020年的直接现金转移金额是莫迪上任前一年的28倍以上，同期受益人数量增长了6倍[1]。再次，许多计划都冠以莫迪个人的名义，甚至是从前国大党政府时期就开始长期执行的计划也会被改头换面，作为新的计划推出；实物补贴（例如燃气、疫苗、粮食等）甚至包装印有莫迪本人头像，并与印人党铺天盖地的宣传相互配合。最后，大量计划多为短期计划、阶段性计划，与国大党时期推出的长期性计划如由财政提供以工代赈的圣雄甘地国家农村就业保障计划（MGNREGS）相比，此类计划不占用财政预算的长期空间。

这些福利计划大大提高了印度民间，尤其是贫困阶层对莫迪的支持率。因为印人党已经观察到，作为一个精英型政党，在无法解决就业和贫困问题时，冠以"发展"之名的民粹主义福利政策能够扩大印人党的支持度，并且成为莫迪个人政治品牌包装的一部分，将其塑造为一个有能力的、关心贫困人群的"施惠者"形象。可以说，目前印人党在发展程度较低的印地语地带取得决定性胜利，在2023年邦选中横扫中央邦、拉贾斯坦邦和恰蒂斯加尔邦三个邦的关键原因就是其精心打造的福利主义。

---

[1] Sushmita Pathak, "Modi's Approach to Welfare Earns Him Votes, But Does It Help India?" Christian Science Monitor, March 20, 2024, https://www.csmonitor.com/World/Asia-South-Central/2024/0320/Modi-s-approach-to-welfare-earns-him-votes-but-does-it-help-India.

然而，莫迪政府的福利政策也并非全无问题。首先，这种通过直接转移支付实现的社会福利建立在这样一个基础上，即印度的经济增长与就业创造之间几乎不存在关系（甚至略有负向关系），但大部分非农就业岗位的创造还是在非正规、低工资的建筑行业。经济增长使大量人口摆脱了贫困，但大多数人（2022年为40%）生活在世界银行所说的"弱势群体"或中度贫困中，就业问题也得不到解决，贫富差距也在拉大。因此，社会福利政策会让穷人更加依赖于政府乃至莫迪本人的"恩惠"。然而，这种福利仅仅是直接补贴，实际上并没有增加多少对教育、医疗等方面的投资，也无法改善生产结构，没有提升就业率或创造更多的经济机会，并不具有真正的生产性，仅仅是授人以鱼，无法从根本上解决其长期的生计和个人发展问题。

其次，福利措施并没有改变印度政府治理水平较为低下和公共产品供给效率不足的根本问题。大量的福利计划之所以能够得到执行，主要得益于莫迪上台后推行的电子政务，以及印人党母体国民志愿服务团所拥有的庞大志愿者组织网络。凭借这两点，莫迪才能够直接绕过印度低效的官僚和公务员系统，直接与受惠者产生联系，加强"福利是总理个人礼物"的印象。然而，如果不能对官僚系统和治理能力做出全面的改革与提升，那么公共产品供应不足、效率低下的情况就会长期存在，普通人对莫迪"恩惠"福利的依赖也会加深。

最后，莫迪政府用于福利计划的财政资源主要来自财政改革后从地方转移至联邦中央政府的收入。一方面，莫迪和印人党实际上使用了政府的公共资源来为自己和自己的党派赢得选民、提高支持率；另一方面，这也给并非印人党执政的地方邦和地方党派造成了巨大的压力。为了赢得选举，许多地方政府和地方党派也不得不在财政入不敷出或举债的情况下也做出种种福利许诺，提高公共福利支出，例如免费用电、免费用水，提供现金或实物等。这种"竞争性福利主义"不仅恶化了地方邦的财政状况，还会进一步扭曲选民与政府之间的关系。如果说以往的"庇护主义"主要为地方实权人物通过提供资源和恩惠来换取选票和控制票仓的话，现在这种行为则已经上升到整个党派和国家的层面。

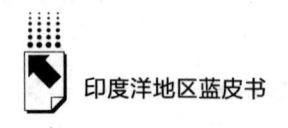

二 自我革新的印度教民族主义举措

推进印度教民族主义议程是印人党执政的主要社会目标和实现其重塑国族身份的主要手段。然而，在多年的选举和近年来的执政经验之中，印人党已经意识到，单纯地推崇原教旨式的印度教民族主义并不一定能够达到良好的效果。印人党的核心支持者主要是城市工商阶层和中产阶层，他们支持的主要是印人党的发展承诺、果断作风和市场政策，相信的是印人党提出的印度大国梦想，但不一定支持乃至认可印人党的极端社群主义或者国民志愿服务团等右翼组织的宗教狂热行为。过于荒诞和极端的行为可能导致选民反感，也可能导致投票基础被削弱，这类行径也容易招致国际上的批评。此外，一些较为具有争议性的议题（例如重建阿约提亚罗摩神庙、废除宪法第370条规定的克什米尔特殊地位、印巴冲突）等也已经逐渐"用完"，能够提供炒作的议题所剩不多。因此，2019年以来，莫迪政府逐步调整了其推进印度教民族主义议程的做法，从"硬"到"软"，从意识形态的强硬推行到潜移默化的经营，从主打安全牌到将民族自豪感与传统文化、经济发展和国际地位绑定，这些改变虽然并没有转变其印度教民族主义核心中的排外和沙文主义倾向，但手段更加灵活、更加隐蔽，实现方式更加多元化。

（一）在族群政治上，从安全议题为主转化为以身份政治为主，着力打压穆斯林群体

印人党在崛起和执政的过程之中，一直在刻意营造两种印象。首先，印度正在遭受"他者"的威胁，这个"他者"可能是其他国家对印度的外部安全威胁，也可能是内部"分裂"印度教族群和印度教传统与文化的威胁。其次，在这种"内外交困"的情况下，仅有印人党有充分的决心、能力和准备能够抵御这样的威胁，为印度教群体提供充分的保护，保卫其价值观和现实利益。印人党通过身份政治和社群政治对"他者"概念的塑造，在极端右翼群体之外的人群中营造焦虑和不确定性，与此同时又通过树立自身强硬、有力的"安全提供者、保卫者"形象，来争取缺乏安全感的各个群体的支持。这样，就算此类群体并不满意印人党的印度教民族主义作为或是其他社会、经济政策，依然会不得不为了"安全"为印人党买单。

然而，在2019年之后，印人党引入和炒作这类议题的方式也有了转变。在莫迪的第一任期，印人党和莫迪政府主要是将印度教民族主义和国家安全联系在一起，将印巴矛盾、反恐议题作为主要炒作对象，并将其日常化。这样做的结果是印巴关系日益疏远冷淡，许多在2014年缓和两国关系的努力陷于停滞甚至倒退。在2019年大选前，由于一系列政策失误或成效不明显，印人党的支持率有所下降，直到2019年2月14日发生了普尔瓦马（pulwama）袭击事件。此次袭击造成40名印度士兵死亡。2月26日，印度对巴基斯坦境内发动报复性的"外科手术"式袭击，并宣称获得重大胜利。尽管2月27日印度空军的一架战机被击落，飞行员被俘虏，但许多印度人依然为莫迪政府发动袭击的"果断"、"精确"和"勇气"所打动，莫迪和印人党支持率一路飙升，并最终在2019年的大选中大获全胜。随即，莫迪政府"乘胜追击"，于2019年7月通过印度议会将穆斯林中存在数百年的"即刻离婚"（三塔拉克法，talaq）行为定为犯罪，同年开始讨论统一民法典问题①；2019年8月5日，宣布废除印度宪法第370条，取消查谟和克什米尔邦的特殊地位；推动议会在2019年12月通过了《公民身份修正法案》，该法案规定，来自巴基斯坦、孟加拉国和阿富汗的非穆斯林移民，如果在2014年12月31日之前进入印度，可以获得印度公民身份；2019年11月9日，印度最高法院由5名法官组成的大法官委员会一致裁定，结束阿约提亚土地所有权案长达几十年的争议，将阿约提亚罗摩神庙争议土地分为三

---

① 印度独立后长期在婚姻、离婚、继承和财产等民事事项上适用不同的法律，取决于个人的宗教信仰。例如，印度教徒受印度教法管辖，穆斯林受穆斯林法管辖。"统一民法典"旨在为所有印度公民制定统一的民事法律，无论其宗教信仰如何。该法典的拥护者认为，它将促进性别平等、宗教平等和国家统一。反对者则认为，它将侵犯少数宗教群体的权利，并破坏印度的世俗主义。

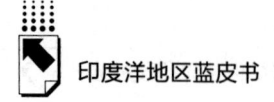

部分，将包括巴布里清真寺遗址在内的1.1公顷土地分配给印度教徒建造罗摩神庙，另外将郊区的0.9公顷土地分配给穆斯林建造清真寺，剩余土地将由政府管理，这是一个高度偏向印度教徒的决定。

至此，印度由宗教社群冲突引发的几大议题均被涉足，包括统一民法典、穆斯林移民身份、罗摩神庙争议等。克什米尔问题和印巴冲突虽然并非完全的社群冲突议题，但依然与其息息相关。由此可以观察到，印人党对巴基斯坦和恐怖主义的"外部威胁"炒作在降低，转而将视线转向了国内。一方面，这是由于在2019年印巴冲突后，印度经济和国力的持续增长和巴基斯坦相对印度的衰弱，巴基斯坦不再被认知为印度的头号外部威胁；另一方面，在印人党意识形态中，国内穆斯林群体并不将印度本身视作"圣地"家园，因此是威胁巨大的"他者""外来者"。如果巴基斯坦不能继续扮演最大的威胁，那么就有必要将国内穆斯林群体的"他者"身份再度提出、强调，并将其边缘化。

上述族群议题都曾经备受争议，在印度国内长期得不到解决，甚至在莫迪第一任期内都未能实现，而印人党之所以在2019年一年内"快刀斩乱麻"式地将其抛出和处理，主要原因有以下几个方面。首先，印人党急于兑现2019年选举时其纲领中的承诺，也完成对在大选中通过人力物力财力给予自身支持的包括国民服务志愿团在内的印度教右翼势力和组织的许诺。其次，印人党在2019年大选中成功实现单一政党票数过半，在印度议会（人民院和联邦院）均占据了极大优势，同时通过各种手段控制和削弱了印度法院系统的独立性，使得存在争议的法案、议案能够最终通过。再次，印人党为了最大化"异化他者"的效果，在各类相关政策中尽量拉拢其他"源于印度"的宗教群体，例如将耆那教、佛教、锡克教等，也定义为印度教的支流，仅仅将"外来的"穆斯林和基督徒排除在外。这点在《公民身份修正法案》中体现得尤为明显，因为这一政策甚至将基督徒和帕西人（拜火教徒）都纳入印度教徒，唯独排除了穆斯林。最后，尽管这些议题本身与其解决方式的争议性依旧巨大，但莫迪政府在处理这些议题时同样采取了一些圆滑的手段，在为自身的行为主张"正义性"与"合法性"时，不再如同之前那样寻求修改包括宪法在内的印度国家制度框架①，而是反过来将"进步性""宪法精神"套用在这些议题上，依靠法律技术细节来表达有"说服力"的政治立场。例如，废除三塔拉克法本身是符合社会进步、提高妇女地位的举措，能促进性别平等；统一民法典符合了印度宪法中"国家对一切宗教信仰保持等距离"的原则，能促进宗教平等和国家统一；废除查谟和克什米尔地区"特殊地位"有助于维系印度联邦的稳固和印度宪法平等的精神；等等。因此，当在这些议题中权利受到损害的包括穆斯林在内的少数族群试图为自己抗辩时，往往由于上述因素而被驳斥、否认。然而，这样的"进步性""对宪法的尊重"只是一种幌子，莫迪政府在完成这些议题的操作时，确实无视了少数族群的权利。例如，宪法第370条是维护查谟和克什米尔地区穆斯林人口权利的重要保障，其废除不仅大大加剧了该地区的紧张局势，还因为印度擅自将印巴、中印的争议领土放入自己的行政区划中而导致了印巴、中印局势进一步紧张；罗摩神庙虽然尘埃落定，但也再度加深了印度国内印度教徒和穆斯林之间的分裂；以宗教身份来决定是否能成为印度公民的《公民身份修正法案》更是将对特定宗教群体的歧视写入法律。

与此同时，印人党与国民志愿服务团也在试图分化印度穆斯林社群，这也就是国民志愿服务团拥有自己的穆斯林下属机构穆斯林国民阵线（Muslim Rashtriya Munch）的原因。一方面，这是为了从其意识形态的根本出发，区分"本土穆斯林"和"外来穆斯林"，即展现"印度并非不能接受穆斯林和伊斯兰，而是不能接受巴基斯坦化的穆斯林或者阿拉伯化的伊斯兰"的态

---

① 在 2019 年之前，印人党和国民志愿服务团对印度宪法始终持批评态度，瓦杰帕伊政府也成立了一个委员会来审查宪法的运作。然而，近年来，国民志愿服务团领袖巴格瓦特多次在演讲中提出，将宪法与国民志愿服务团的文化政治精神联系起来，并且声称国民志愿服务团的努力就是为了要实现印度的宪法理念。这种理念被称为"印度教特性宪政主义"。参见 Hilal Ahmed, "Indian Liberals Have No Strategy to Counter RSS' Own Brand of 'Hindutva Constitutionalism'," *The Print*, November 17, 2020, https://theprint.in/opinion/indian-liberals-no-strategy-to-counter-rss-hindutva-constitutionalism/545766/.

度，将民族主义考量放在宗教之上①；另一方面，印人党还有进一步的选举考量，如拉拢穆斯林低种姓社区并鼓励他们另立山头，有利于分化穆斯林的阵营和选票。例如，2022年7月，莫迪在海德拉巴表示支持穆斯林低种姓（Pasmanda）社区反对高种姓压迫的正义斗争，随后还要求印人党的OBCs组织要积极提拔穆斯林低种姓领导人；8月，巴格瓦特会见多位穆斯林知识分子，讨论了屠牛、社群冲突和私刑等比较敏感的问题。

（二）"软印度教特性"的推广与对印度公共话语与社会价值观的改造

在2019年一鼓作气将一系列涉及身份政治、族群政治的主要的措施推行完毕之后，莫迪政府又开始转向另一种模式，即从炒作"硬印度教民族主义"议题转向推动"软印度教特性"。一方面，这是因为主要的议题基本都已经被"解决完毕"，继续炒作缺少新意；另一方面，这也是由于印人党作为执政党，"印度教民族主义"本身是其获取政治利益的手段，而不是政策本身的指导原则，出于政策灵活性考虑，印人党和莫迪政府本身都不希望自己被更极端的印度教民族主义裹挟，而是希望成为这种政治信条的定义者、诠释者和引导者。因此，印人党通过身份政治、社群政治所炮制的都是"可控的危机议题"和"可控的冲突制造"，以此来营造自己"捍卫者"身份的合法性，其并不愿意真的看到社群冲突失控影响政权稳定，也并不愿意看到在持续炒作下其他右翼组织势力膨胀，成为话题的主要引领者，或是由于话题具有侵略性而影响印度与其他伊斯兰国家的关系。因此，在2022年6月，瓦拉纳西的金庙-加扬瓦皮（Gyanvapi）清真寺因为历史土地争议再一次引发舆论关注时，RSS的领袖巴格瓦特在那格浦尔发表演讲，要求印度教徒"不要在每一个清真寺里寻找湿婆林迦"。同一段时间，在印人党发言人努普尔·夏尔玛（Nupur Sharma）在宗教问题上对伊斯兰信仰出言不逊、造成外交风波之后，印人党也迅速撤掉了相

---

① 实际上，"印度教特性"的理论奠基人沙韦卡尔早就提出过只要穆斯林能够将印度视作圣地，那么他们就也是"好"印度人。这样的理论准备的历史记忆基础是，中世纪之后印度"本地"的、更苏菲化的穆斯林和精英的、外来的、波斯化的穆斯林之间曾经有长期冲突。

关责任人。因此，在莫迪政府第二任期，其推广印度教民族主义、推广"印度教特性"的做法和手段变得更加灵活、多变、隐蔽，尤其注重"软印度教特性"的实现。

所谓"软印度教特性"是英国社会和政治学家安德森提出的概念，他指出，可以将经过革新后的"印度教特性"意识形态和组织分为两类。"硬印度教特性"通常与宗教信仰、宗教组织有直接联系，强烈而直接地主张宣扬印度教沙文主义和文化民族主义，持"硬印度教特性"的组织和个人甚至经常批评印人党与国民志愿服务团在相关议题上不够积极主动；而"软印度教特性"则更加隐蔽、模糊，议题更加宽泛，更具包容性，通常并不直接与印度教宗教组织发生联系，而是更着重文化身份，许多与莫迪政府及国民志愿服务团联系紧密的智库是"软印度教特性"思想的贡献者和宣扬者。典型的"软印度教特性"宣传并不会直接将社群仇恨放在明面上，而是将其装扮为对民族和文化自豪感的宣扬与捍卫。例如，重新提起印度的"婆罗多"古名、重建新德里的中央行政区、在电影、电视和社交媒体上对"复兴印度教文化"的宣传等。然而，对"软印度教特性"的注重，不仅是出于其对于"软""硬"权力平衡的考量，更多来自莫迪政府的务实考虑。

第一，通过概念操作，软化"印度教特性"的政治性，构建一种将其与中立的"印度教性""印度性"等同和混淆的叙事。

近年来，莫迪和印人党很少直接讨论"印度教特性"一词。在印人党如今的党章中，"印度教特性"甚至已经不再是印人党官方哲学。然而，这并不意味着印人党放弃了印度教民族主义的意识形态。实际上，这更可能是因为印人党和莫迪在竭力掩饰乃至否认"印度教特性"本身的政治色彩。这样做的含义在于：一方面，如果不将其作为一种意识形态来看待，也就无从察知其内涵中的极端和沙文主义色彩；另一方面，一种政治理念、意识形态是可以被驳斥和否定的，然而如果将其转化为一种"生活方式"，则很难令人信服地对其进行批驳。正如阿德瓦尼所言："印度教主义……被错误地表述为一种政治方针。印度教是一种情感；它既不是选举口号，也不应该与宗教混淆。"① 与此对应的是，印人党和莫迪政府尽管避而不谈"印度教特性"，但是又通过潜移默化的宣传，将"印度教特性"直接等同于"印度教的"，甚至是"印度式"的。其理由是，根据1995年印度最高法院的判决，"印度教特性"被定义为"一种生活方式"②。以此，将右翼的"印度教特性"从意识形态粉饰为中立的"常识""传统"，并将其和印度传统文化、传统价值观、宗教等绑定在一起，就能以所谓的"印度教文艺复兴"的形式侵入教育、发展、环境、工业、文化和几乎所有其他方面的公共生活。③ 然而，印度教仪式和符号在公共领域的"复兴"并不来自宗教信仰本身的复兴，而是印人党政府为了自身政治利益而使用宣传、舆论等现代政治工具唤起的。需要注意的是，在印度，随着社交媒体和现代传媒的发展，印度教的内涵和外延都在变化。虽然"印度教特性"在政治话语里定义明确，但印度教本身则并不如此。由此，通过概念上的操作，"印度教特性"在大众话语和公共舆论中的沙文主义色彩被掩盖和遗忘，而是逐渐被理解成为指代一切与印度教或印度教社群相关的事物，从印度教特性转变为"印度教性"（Hinduness）或"印度性"（Indian ness），由此化为一种无可争议的、中立的和不言而喻的文化表达。④ 一方面，这种特意被宽泛化的定义扩大了"印度教特性"的外延，使得原本对印度教民族主义中较为激进那一部分内容并不赞同的中间人群开始接受自己所具有的"印度教特性"，加强了身份认知；另一方面，这将原本作为政治概念的"印度教特性"与宗教、信仰上

---

① Ravi Singh Chhikara, "A Narrative that Has Hurt the Religious Feelings of Hindus Who Believe in Hindutva," *The Times of India*, January 3, 2022, https://timesofindia.indiatimes.com/blogs/ravi-singh-chhikara-opines/a-narrative-that-has-hurt-the-religious-feelings-of-hindus-who-believe-in-hindutva/.
② 见印度高等法院的判决书："Moreshwar Save Vs. Dwarkadas Yashwantrao Pathrikar"，印度高等法院，December 11, 1995, https://main.sci.gov.in/jonew/judis/10200.pdf.
③ Edward Anderson & Arkotong Longkumer, "'Neo-Hindutva': Evolving Forms, Spaces, and Expressions of Hindu Nationalism," *Contemporary South Asia*, Vol. 26, No. 4, 2018, pp 371-377.
④ Hilal Ahmed, "'Yes to Hinduism, No to Hindutva' Is Lazy Liberal Response, and 3 Decades Late," *The Print*, November 26, 2021, https://theprint.in/opinion/yes-to-hinduism-no-to-hindutva-is-lazy-liberal-response-and-3-decades-late/771947/.

的"印度教"进行了绑定,加强了其合法性。正因如此,2021年美国雪城大学莫伊尼汉全球事务研究所召开的名为"拆解全球印度教特性"(Dismantling Global Hindutva)国际会议才会引发轩然大波。[1] 尽管会议的主题是讨论印度教民族主义的发展,但在刻意的引导和歪曲下,许多印度人认为这场会议是对印度教与印度教族群生活方式的攻击,对这次会议口诛笔伐。与之相对应的是,支持罗摩神庙开光仪式的许多印度民众并不一定支持"印度教特性"的政治理念,但却支持"民族宗教文化"的复兴,并将神庙重建视作提升民族自豪感和认同感的庆典,印人党与莫迪也从中获益颇丰。

第二,扩大印度教定义,将其与"印度文化""印度传统价值"等同;收窄印度教内涵,将其与"印人党版本"或"国民志愿服务团版本"的印度教等同。

印度原本是宗教和文化异彩纷呈、多种多样的国度,除了印度教之外,佛教、耆那教、锡克教、部族信仰等宗教和信仰都在次大陆上有一席之地,其理念、内核与以"吠陀"哲学体系为基础的印度教有着极大差异。外来宗教如基督教、拜火教和伊斯兰等,也在进入印度后发展出具有印度特色的文化。然而,RSS和印人党利用印度教外延模糊的特点,大肆宣传其他源自印度的宗教也都属于"印度教",例如把佛教和耆那教视作印度教分支[2],而所有多元化的文化、艺术、哲学等,也都被归为"印度教"的创造,从而将印度教与印度本土文化、本土传统和本土价值观完全等同,将印度教定义为印度文明的唯一且当然的代表。

与此同时,印人党也收窄了印度教的内涵。由于特殊的历史背景,印度教缺乏统一组织和最高权威。由于吸收了大量不同的宗教派别乃至民间信仰,宗教文献内容纷呈繁复,不同社群和地区的信仰对象、方式和理念千差

---

[1] "US Academic Conference on 'Hindutva' Targeted by Hindu Groups," Aljazeera, September 7, 2021, https://www.aljazeera.com/news/2021/9/7/us-academic-conference-dismantling-global-hindutva-hindu-right-wing-groups.

[2] Douglas Ober and David Geary, "Introduction: Placing the Past, Envisioning the Future: Buddhist Memory, Material Traces, and the Politics of Reinvention in Modern India," *Comparative Studies of South Asia, Africa and the Middle East*, Vol. 43, No. 1, 2023, pp. 3-9.

万别，呈现包罗万象之势。印人党鼓吹印度教民族主义的基本动机是使用印度教作为文化工具来统一和塑造印度的国族身份，并非对宗教本身的迷信乃至尊重，因此印度教内部的多样性与印度社会本身的多元性一样，也是印人党着力整治和统合的对象。印人党以印地语地区僵化、保守的婆罗门精英版本的印度教作为标准蓝本，重新"解读"和"构想"了一个单一的、模板化的印度教，将其规范和教条向全印推广，甚至为此否定和抹杀其他语种或其他地区流传已久的印度教宗教生活方式，例如：推出"标准"版本的《罗摩衍那》与《薄伽梵歌》，将其选段纳入中学和大学的学校课程；借用阿约提亚神庙重建引发的民族主义情绪，顺势推广罗摩崇拜；用印地语地区的"高级"素食饮食习惯，对孟加拉语地区和达罗毗荼文化地区的食鱼、食肉习俗进行攻击。这种"世俗"的印度教特性试图实现所谓的"印度化"，将其自身呈现为统一的、单调的印度文化，以同一种生活方式消解印度教内外的这些差异。这被称为"沙韦卡尔式印度教"（Savarkarite Hindutva）。

第三，通过与国民志愿服务团之间的"配合"加强政府对宗教事务的主导权。

这些年来尤其值得注意的一个变化还包括印人党与其母体组织国民志愿服务团的关系，以及印人党和更广泛的宗教事务之间的关系。

首先，国民志愿服务团的主要活动领域从社会向政治渗透，印人党与国民志愿服务团之间的配合和关系也变得更加密切。2014年以来，印人党的选举机器发动极其依赖于国民志愿服务团的志愿者网络，而国民志愿服务团的干部也大量地直接进入政府机关，典型代表就是印人党政府现任内政部长沙阿。这是由于国民志愿服务团改变了策略，认为通过掌握政权方式从上而下改变文化和社会更有效率，也愿意与印人党之间进行更密切的互动与合作。这与瓦杰帕伊政府时期印人党与国民志愿服务团及"团家族"之间存在巨大的公开分歧乃至矛盾的情况截然不同。因此，印人党的意识形态更加受到国民志愿服务团的掌控，例如大量国民志愿服务团的理论家被任命为研究和教育机构的掌舵人，以"重塑印度的思想"。国民志愿服务团也必须迎合印人党的执政要求,在更加保守的经济政策、外交政策方面做出更为实际的、现实主义的让步。

其次,印人党政府加强了对宗教事务的干预和引导。印度教右翼势力内部盘根错节,利益关系复杂,不同的右翼群体之间经常在意识形态、政治光谱和宗教信念方面存在巨大的差异。部分群体并不全盘认可国民志愿服务团和印人党对印度教的解读或宗教政治理念。相当一部分人认为,国家或政府应当彻底对宗教事务放权,政党和公共部门都不应当插足寺庙管理或宗教事务。然而,通过印人党政府推动阿约提亚庙寺之争尘埃落定、重建罗摩神庙、推动瓦拉纳西金庙走廊项目等行为,以及莫迪从泰米尔纳德邦宗教领袖手中接过象征神圣权力的权杖(sengol)、推动将印度改名"婆罗多"等行为,可以看出一个明确的趋势,那就是印人党并没有兴趣实现"国家不干预宗教""世俗权力不干预宗教事务",而是与此相反,要通过对宗教事务的推动和掌控,竭力成为印度教"神圣使命"在世俗生活中的最高执行者和管理者。为此,印人党与不同的印度教内部宗教组织也发生过矛盾。①

在构建、统合、整理印度教民族主义叙事的过程之中,印人党灵活运用多种宣传手段,实现润物细无声的价值观渗透,因此,通过"软""硬"兼施,印人党在莫迪政府第二任期内完成了对印度公共讨论的审查和对话语空间的改造,也就是杰夫洛特(Jaffrelot)所说的"公共领域的藏红花化"(Saffronization of the Public Sphere)。

首先,印人党政府通过"更温和"的印度教民族主义完成了对城市中产阶级的收编和对边缘种姓、族群的改造,使得印度教特性逐渐成为印度社会主流价值观。城市中产阶级、工商阶层虽然是印人党的传统支持者,但他

---

① 例如,许多印度教内部人士并不满意罗摩神庙开光仪式,认为莫迪政府所选择的开光日期与宗教仪轨不符,完全是为政治和选举服务的。因此,印度教内部一个主要派系十名教团(Daśanāmi Sampradaya)的几位主要宗教领袖没有参加开光仪式。参见Abhik Deb, "All Four Shankaracharyas to Skip Ram Temple Inauguration in Ayodhya," *The Scroll*, January 11, 2024, https://scroll.in/latest/1061960/all-four-shankaracharyas-to-skip-ram-temple-inauguration-in-ayodhya。

们对印人党的支持主要来自其强国梦想和自由主义市场承诺，并不热衷于极端的印度教民族主义思想，甚至反感其中反智、反现代的部分。然而，通过长期的耳濡目染，以及上述"温和"的印度教民族主义的规训，印度城市中产阶级逐渐将"软印度教特性"接纳为自己的主流价值观。这个"新的印度教同情者群体"并不一定认为自己在捍卫原教旨的印度教思想和信条，但是已经将其与印度的民族主义、民族自豪感、对传统文化和价值观的强调、对印度文明的骄傲绑定在一起，并将其视作印度教的正确解读方式；他们可能不一定支持阿约提亚庙寺之争导致的族群分裂，但矛盾的是，他们同样也在社交媒体和日常生活中大肆支持、庆祝和宣传罗摩神庙的重建和开光仪式。同样地，通过大量的民粹主义福利政策，莫迪政府也赢得了大量边缘种姓（多为其他落后种姓中的底层种姓和贱民种姓）与部落民对其的支持。这些族群原本有着与"婆罗门式"印度教截然不同的文化、宗教习俗和价值体系，然而近年来，其对自身"印度教徒"的身份认知却在提升，生活习惯也随之向"主流"靠拢。

其次，减少行政命令干预，通过法律、经济、舆论手段，迫使公共讨论、媒体舆论、学术界都进行自我审查。莫迪政府在第一任期，依然以政府身份主张和推动"藏红花化"或直接修改教科书等行政手段塑造社会氛围，但在第二任期，其措施就已经转变为主要以法律、经济、舆论手段来打压少数族权，鼓励民众和舆论完成自我审查和自发控制，以此避免舆论批评和执政成本上升。表面上来看，诸如"禁止屠牛"法令之类问题不再如此突出，然而整个印度社会的氛围变得更加极端、分化。一方面，印人党减少了直接行政干预，但又越来越多地利用法院来审议关键的"国家"问题，例如统一民法典、印度教徒皈依伊斯兰教等；另一方面，同样通过"合法"手段来压制反对言论，进一步加强对新闻报道的控制，起诉提供与官方立场不一致信息的记者和媒体，例如在2021年6月15日以"挑衅煽动骚乱"罪名起诉《华盛顿邮报》专栏作家拉娜·阿尤布（Rana Ayyub）、作家萨巴·纳克维（Saba Naqvi）和Alt新闻网站的创始人、著名媒体工作者穆罕默德·祖巴尔（Mohammed Zubair）等。此外，由于印人党政府与媒体背后的商业财团合作密切，对印人党和莫迪政府持批评态度的报纸和电视频道承受着巨大的经济和政治压力，以至于不得不进行自我审查。例如，与莫迪政府关系密切的信实集团操纵新闻媒体或媒体集团为印人党提供舆论支持，其直接或间接控制的新闻企业包括 News Nation、India TV、News24 和 Network18 等；而一贯持反对莫迪政府态度、立场"左倾"的重要媒体 NDTV，如今则被信实集团相关实体通过债转股和股权收购的方式逐步接管了控制权。此外，和莫迪意见相左的智库和独立研究机构要么在"接受外国来源资金"的审查中被解散或是停止运作，如著名的独立智库政策研究中心（Centre for Policy Research's，CPR），要么就被迫向政府靠拢。包括许多舆论领袖和电影明星在内的公众人物也被迫自我审查，即便莫迪政府并没有直接施压，但越来越多地成为恐吓、威胁的目标。这也导致 2021 年印度在经济学人智库发布的最新民主指数排名中下滑至第 53 位，被"自由之家"在其报告中从自由民主国家降级为"部分自由民主国家"，瑞典智库 V-Dem 甚至声称印度已经成为一个"选举专制国家"。

最后，打压了反对党的理论空间，瓦解了世俗主义的舆论阵线。印人党成体系的意识形态与整个印度社会的右倾，导致缺乏规范和信念的种姓党派、地方党派也不得不在原来的世俗主义原则上让步，不得不也将自己打扮成"印度教捍卫者"，按照"软印度教特性"、印度教民族主义的节奏来阐述自己的观点。这在缺乏底层政治逻辑和地方民族主义的印度北方地区和小型党派里表现得尤为突出和明显，其自身所秉承的"洛希亚式社会主义"①理论在种姓争斗、发展滞后的现实前日益缺乏战斗力，许多自称信奉"洛希亚式社会主义"的种姓政党领导人为了争取印度教选民支持同样从事宗教活动，宣称自己是虔诚信徒。然而，许多有影响力的大型党派同样如此，例如奥迪萨邦的执政党比朱人民党（Biju Janata Dal）在邦首府布巴内斯瓦

---

① 所谓"洛希亚式社会主义"是一种基于印度政治家洛希亚思想的政治哲学。洛希亚是一位社会主义者，他主张建立一个平等、公正和民主的社会，许多印度的地区和种姓政党（例如社会党、大众社会党等）都受到其理念影响，但其核心思想近年来逐渐被这些政党的种姓斗争所侵蚀。

尔围绕林迦之王（Lingaraja）神庙大兴土木，兴建所谓便利设施和古迹复兴行动（EKAMRA）[①]；曾经被认为是理性主义和世俗主义代表的德里首席部长阿尔文德·凯杰里瓦尔（Arvind Kejriwal）在德里组织了朗诵《罗摩衍那》的活动；达罗毗荼进步联盟虽然一直对"印度教特性"持批评态度，然而其自身也同样以保护泰米尔传统文化为理由，加强了与宗教事务的互动。主要的反对党国大党的领袖拉胡尔·甘地不仅多次公开进行宗教宣传，还曾经多次主张仁慈和包容的"好"印度教与侵略性的、排他的政治意识形态的"印度教特性"的差异，然而，他使用的这种叙事方式同样是在强调"印度教"本身的神圣性与合法性，与印人党落入了同一窠臼，本质上已经完全背离了国大党建立之初和尼赫鲁本人所主张与强调的世俗主义原则。

（三）将印度形象、地位的提升归功于莫迪政府，将国家命运的建构与莫迪政府绑定

首先，莫迪政府将印度经济、社会上的成就归功于自身，营造出一种印度能且仅能在莫迪政府和印人党的指引之下实现大国梦想的氛围。印度有相当强烈的发展意愿和发展决心，有改变现状的强烈欲望和动力，正是因为发展愿景已经成为印度上上下下的一项共识，印人党才会将"发展"（Vikas）打造为自身除了"印度教特性"之外的另一张牌，成为印人党自己写进纲领中的合法性的来源和基础。在过去几年中，莫迪政府不遗余力地鼓吹和宣传印度所达成的一系列成就，例如在2022年超越英国成为世界第五大经济体，在全球经济普遍不景气的情况下依然保持了6%以上的年均增长、吸收了更多的外商投资、贫困率有所下降、数字经济和基础设施有所进步等。尽管这些成就更多地来自外部因素和机缘巧合，并非都是来自莫迪政府的"良治"或有效的政策与计划执行，但这并不妨碍莫迪政府将其全然视作自

[①] Sujit Bisoyi, "Odisha CM Lays Foundation Stone for Redevelopment of Areas Around 11th Century Lingaraj Temple," *Indian Express*, June 29, 2023, https://indianexpress.com/article/india/odisha-cm-redevelopment-areas-lingaraj-temple-8691823.

己的政绩，打造出这些成就全都得益于印人党政府领导有方的叙事，迎合印度民众追求发展的心态，同时也以此进一步吸引盼望更多经济机会和发展机遇的中间选民。

其次，利用有利的国际环境，通过调停、多边会议和多边合作等方式，"展示印度在全球事务中的领导力和影响力"，体现出"印度国际地位的提升"，并将其作为政绩与莫迪政府挂钩。

在莫迪政府第二任期，印度的国际环境总体对其有利，中美战略竞争加剧、俄乌冲突等外部因素事实上为印度提供了更多的外交机遇，莫迪政府灵活地把控了这些机遇，在邻国外交、国际调停、全球及多边事务、双边机制合作等方面都更加活跃。

例如，俄乌冲突问题不但没有让印度夹在俄罗斯和西方之间左右为难，反而让其成功扮演了中立者、调停者的角色，使得自己成为被竞相拉拢的对象。为了让印度能够更加明确地表态，欧洲增加了与印度产生更加实质性相互接触的机遇，主动向印度伸出"橄榄枝"；美国并没有对印度在经济、军事上依然和俄罗斯保持接触和往来的事实对印度给出任何实质性的警告和"惩罚"，反而在通过军事合作与供应链多元化等方式"温和地"帮助印度与俄罗斯脱钩。而在全球治理等问题上，印度同样借助中国与美西方国家分歧加大的机遇，试图取而代之，展现自己作为"负责任大国"的形象，并将自己打扮为"全球南方领导人"和"发展中国家代言人"。例如，在气候问题上，一方面印度急于向全世界证明它已经是一个"负责任的大国"，有能力和意愿为全球公共产品做出有益的贡献，并多次鼓吹自己在能源转型等方面已经完成的成就；另一方面，印度又以"发展中国家领头人"自居，要求发达国家积极担负和履行历史责任，向包括印度在内的发展中国家提供足够援助以减少因气候变化影响而造成的损失。在2023年G20外长会议上，莫迪在发言中提出，"如果不听取那些受其决定影响最大的群体（即发展中国家）的意见，任何团体都不能声称具有全球领导地位"。这从表面看是试图重新拾起"南方国家对抗发达国家"的叙事，也在反对西方中心主义，但实际上也是质疑中国为发展中国家代言的代表性和合法性。而在多边机制上，作为一个从来都不是多边主义积极支持者的国家，印度一方面持续表达对全球治理和多边机制的不满，尤其是对于自身体量不足、对"中国对现存多边体系/组织的控制有增无减"的不满；另一方面却又在与美西方国家合作的小多边机制、双边合作上表现积极，例如加入了美印日澳构成的四方安全对话（Quad），印度、以色列、美国和阿联酋组成的四方组织（I2U2），印度、新加坡和印度尼西亚组成的三方海上安全合作机制，等等，还在推动非洲联盟进入（G20）方面起了重要作用。为了凸显印度的影响力，印度也在操办大型国际会议上不遗余力，例如将 G20 峰会视为一场"外交世界杯"，邀请了来自超过 125 个国家的约 10 万名代表参加在印度 60 多个城市举行的约 200 场会议，发布了《新德里宣言》，在 G20 国家之间达成了共识，以说明印度能够代替中国成为全球南方领袖，更好地扮演发展中国家与发达国家之间制衡者的角色。

莫迪政府将这些成就与自身牢牢绑定，将印度的所有外交机遇都打造成了展示自己的国际地位和国内成就的机会，甚至也将其用于了"软印度教特性"的宣传，例如 2023 年 G20 峰会标志就带有非常鲜明的印度教色彩。因此，这些努力也招致了一些批评，例如认为莫迪政府所有对"印度国际地位提升"的宣传是为了转移民众对其国内政治、社会和经济矛盾的注意力，通过"自豪感"和"成就感"弥补未能解决就业问题、疫情治理、少数族群人权恶化和政策失误造成的选票流失，同时，通过打造莫迪本人"世界领袖""南方国家领袖"的形象，进一步为其宣传、鼓吹。因此，印人党政府将印度国际地位的提升也营造成了自己的"成就展示"，更热衷于展示自己的成就和愿望，而不是真诚地试图提升对全球治理的参与度。

最后，扮演"世界导师"，强调和标榜印度文明与印度国际地位的"特殊性"。莫迪政府对于印度文化的国际宣传可谓不遗余力，例如举行国际瑜伽日，将印度传统医学阿育吠陀医学推向世界舞台，莫迪还将《薄伽梵歌》赠送给其他国家元首。此外，这类文化推广还通过海外印裔、智库、新闻媒体等渗透进美国、加拿大、欧盟等国家，鼓吹印度文化的"特殊性"，但这样的宣传目标并非仅仅是为了提升印度文化认知度和民族自豪感，其背后还有更加深远的政治目标。一方面，这是在鼓吹莫迪作为印度文化品牌推广人、文化大使的形象；另一方面，莫迪政府又在借此主张和宣扬印度拥有一种截然不同的、独立的价值体系，而自身则是这种价值观念理所当然的代言人。在莫迪政府鼓吹的这种价值观中，印度看重的首先是道德、文化上的优越性，而非物质、硬件上无可驳斥的优势，同时其评定标准也来自印度内部而非外界，因此印度的行事标准理应与欧美"主流"价值观有所区分。这种看似自相矛盾和含糊的追求，在莫迪政府按照印度哲学家辩喜的构想对印度"世界导师"的定位上体现得更加明显。这种标榜的目的有两个。首先，在印度的国力尚不足以支持其追求的实际地位的情况下，可以提前"预支"道德与文化声誉，打造其优越乃至超然的形象；其次，为了说明自己的立场与传统发达国家和西方价值观并不完全趋同，也是为了强调只有能够理解并表现出这些特殊性的印人党政府才能在让印度融入国际社会的同时还能保证"印度古老文明"的完整性。例如，2021年12月，莫迪应邀在线参加了美国总统拜登召开的所谓"民主峰会"，其在发言中不仅标榜印度不只是"世界上最大的民主国家"，有着极为古老的民主传统，还指出"世界上不同的国家走着不同的民主发展道路"，而印度走的道路则是以"民意""社会"为基础的。这不仅是为了强调印度的独特性，也是为了驳斥西方国家对其不够"民主"的批评。

然而，总体来说，莫迪政府的这一套组合拳是非常成功的。一方面，它大大提升了民众对莫迪政府的支持率。尽管印度社会中包括就业在内的许多现实问题并没有切实解决，但是印度"发展"和"地位提升"带来的自豪感令许多人相信莫迪政府的政治承诺，并愿意持续投票给他。另一方面，通过将国家命运与印人党政府的"成就"绑定，莫迪政府也进一步打压了反对派的空间。莫迪政府成功地构建了印人党的意志代表印度国家意志、印人党政府是印度国家利益当然的代理人的叙事，而对莫迪政府进行质疑的反对者则从原来的"巴基斯坦支持者"被进一步扣上"反国家"（anti-national）"反印度"（anti-indian）的帽子，从而加强了对印人党政府有利的舆论自我审查。印人党不但巩固了其选举和执政基础，甚至也加强了自身在"印度

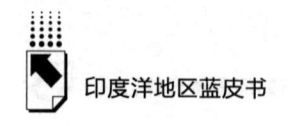

教特性"内部意识形态争斗上的主导权和话语权。通过多年的改造，目前整个印度社会的主流观念、舆论、讨论空间和社会事务，已经被印度教民族主义所主导，异议的空间则被不断压缩。

三 政治上的整合与扩张

2022年和2023年印人党在地方选举中的成功，反映的是莫迪政府和印人党应对2020年以来的各项国内挑战的政策调整上的成功。在经历过疫情冲击、农业改革被迫中止等一系列挑战之后，印人党之所以依然能够在地方选举中和国内政治上牢牢掌控局面，表明印人党目前对党内、地方层面的控制力依然是较强的。这种控制力主要体现在三个方面：首先，莫迪政府第二任期以来，印人党进一步加强了中央集权；其次，印人党政府对地方政府财政和政治的干预能力加强；第三，自发现"向南进发"的目标成效不如预期之后，印人党转而开始通过收编、拉拢其他落后种姓的方式扩展其政治基盘。从目前来看，这些举措相当成功，为2024年全国大选打下了稳固的基础。

（一）印人党的内部整合与集权

近年来，印人党内部的阶层与分工变得更加明确，无论是事实上的决策权力还是表面上的影响力都朝着莫迪集中。其他并非"莫迪派"的印人党领导人，如希夫拉吉·辛格·昌汉（Shivraj Singh Chauhan）和瓦桑达拉·拉杰·斯辛迪亚（Vasundhara Raje Scindia）等虽然依然有影响力，但都无法与莫迪形成竞争，并且不得不听命于其在党务和政务上的安排，并在选举中让位给莫迪-沙阿提名的人选。印人党的中央选举委员会的作用也逐渐减弱，不再由印人党高层领导人就每位候选人资格进行讨论，而是由莫迪与沙阿起草名单，并交由选举委员会批准。

莫迪权力的集中和提升来自两个因素。第一，印人党与国民志愿服务团的互动机制改变。在瓦杰帕伊政府时代，瓦杰帕伊-阿德瓦尼这对印人党的执政领袖为了确保印人党有一个相对"温和""世俗"的面貌参与到政治竞争中来，与国民志愿服务团保持了一定距离，两者之间后来甚至出现了尖锐的、公开的矛盾，瓦杰帕伊对该组织的一些极端思想和做法持批评态度，国民志愿服务团也曾经多次批评瓦杰帕伊政府的国内政策和经济政策。然而，在莫迪时代，印人党与国民志愿服务团之间达成了空前的一致，合作紧密无间，双方在必须由国家政府引领对印度内部的社会和政治从上至下地进行整合这一问题上达成了共识。因此，莫迪作为被推向前台的人物，也获得了国民志愿服务团至少是表面上的全力支持。这样的支持让莫迪不仅是在政府事务上，也在印人党内部和国民志愿服务团及"团家族"内部具有了前所未有的威望。第二，印人党将莫迪打造成了自身政治理念和意识形态的代言人，也让莫迪成了选举上印人党唯一的代言人。发展中社会研究中心（CSDS）的民意调查显示，如果莫迪不是总理候选人，那么2019年支持人民党的民众中有32%不会投票支持该党，这个数字在2014年为27%。换句话说，如果莫迪不是党的领导者，那么印人党在选举中就不会占多数。这种现象即所谓的"衣摆效应"（coattail effect），即在大选中，许多人实际上并不真正关心自己所在选区的议员候选人是谁，只是将票投给"莫迪所在的党"罢了。印人党为2024年选举设计的口号"Modi ko chunte hai"（让我们选择总理纳伦德拉·莫迪）也许最能说明这一现象，即在543个选区进行的选举中，印人党只有莫迪这个主要代言人，这是传达给民众与印人党自身成员的最重要的信息。同样，莫迪本人也经常会要求选民在选举日按下印人党的选举按钮，因为"aapka ek ha Modi ke khaate mein jaayega"（您的投票将直接给予莫迪）。也正因为莫迪的个人号召力如此巨大，印人党的选举机器才能够有效地集中力量在一个人身上。这种情况在印人党历史上前所未有。在瓦杰帕伊时代，瓦杰帕伊和阿德瓦尼在印人党内的地位和影响力几乎相等，同时两人之间存在意识形态上的分歧，阿德瓦尼较为激进和保守，而瓦杰帕伊则更注重世俗事务，形成分庭抗礼的态势。[1] 然而，在目前的莫

---

[1] Vinay Sitapati, *Jugalbandi: The BJP Before Modi*, Penguin Random House India Private Limited, 2020.

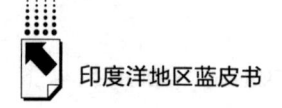

迪-沙阿组合中，莫迪占据无可争辩的领导地位，权力也向他一人集中。此外，莫迪和沙阿的政治理念基本相同，因此并不存在党内第二人分权的情况。

因此，印人党在地方选举中一改印度传统，不再依赖地方强人、地方政治明星，而是将莫迪打造为印人党唯一的选举招牌。受到政治环境和社会发展一系列因素的影响，传统上来讲，印度地方政治中强人政治、家族政治现象突出。自从20世纪80年代悬浮议会和联盟政治的时代开始以来，国大党和印人党这样的全国性政党想要赢得地方选举、掌握地方政治，往往也需要与地方实权人物合作，要么与其结盟，要么将其吸纳入党内，并许诺以首席部长等席位和政治利益。即便是在印人党内，如果地方政治人物本来就具有实力或政绩突出（例如前中央邦首席部长昌汉和莫迪本人担任古吉拉特邦首席部长时期），或是并非来自印人党内部的干部培训提拔机制（如北方邦首席部长约吉·阿迪蒂亚纳特），则中央政府和印人党内部也必须尊重其对地方的实际控制权，依靠其为政党提供资金和席位，而地方各党派领导人则培养对自己忠诚的干部。然而，目前印人党内部这种"封地"式的权力结构正在被瓦解。其一是原有的地方实权人物在印人党内部受到了一定程度的压制。2021年，原古吉拉特首席部长维杰·鲁帕尼（Vijay Rupani）被免职，印人党指派布彭德拉·帕特尔（Bhupendra Patel）在古吉拉特邦上台，尽管遭到抗议，但印人党不为所动。2020年之前，北方邦首席部长约吉·阿迪蒂亚纳特也曾凭借其极端作风风头一时无两，被认为是最有可能在印人党内竞争下一任领袖的角色，但在新冠疫情中的治理不善以及北方邦的经济发展和地方选举需要严重依赖于中央的事实，导致其后来不得不更加服从印人党中央的权威和指挥。其二是在地方选举中印人党也不再以地方政治明星作为招牌。例如，在2023年地方选举中，印人党甚至并未提前公布首席部长的人选，地方干部直接对莫迪负责，并受其指挥，而不再是像之前一样听命于地方实权人物。

然而，这种集中也意味着目前民众对印人党政治许诺的信任在很大程度上来自对莫迪个人的信任，莫迪的品牌形象已经成功超越了族群、种姓和阶层,甚至政党的分界。然而,在莫迪之后,印人党的领导层存在明显断层,目前暂时还没有其他印人党内部政治领导人具有莫迪这样的威信可以在其之后继续维系目前的模式,因此其政策的延续性依然值得观察。

(二)联邦集权的加强

尽管联邦制是印度独立建国之初就确立的体制,旨在满足异质性和多样化社会的需求,但为了确保统一和减少离心力,印度联邦制中的中央政府对地方各邦依然有着巨大的影响力和控制力。20世纪90年代之后,随着联盟政治兴起和地方党派的强大,联邦制度的集权程度降低。而近年来,莫迪政府对地方邦,特别是并非印人党执政的邦施行了一系列的措施,包括推进和追求"一国一选"、"一国一网格"、"一国一税"和"一国一配给卡",推进印地语教育等,使得中央对地方的限制和联邦集权进一步加强。这样的举措引发了一些反弹和争议,例如泰米尔纳德邦的首席部长 M. K. 斯大林(M. K. Stalin)多次强烈批评莫迪政府强制推行印地语,喀拉拉邦首席部长皮纳拉伊·维贾扬(Pinarayi Vijayan)批评"一国一选举"理念,称其破坏了议会联邦制度。但加强联邦集权既服务于印人党加强国族认同与加强从上至下垂直治理的目标,也有助于印人党选举和掌控地方权力,在印人党执政期间已经成为不可逆转的趋势。其做法是,逐步改变原来的"财政联邦主义"的权力平衡,削减地方邦财政自主权,将财权进一步收归中央。

印度联邦制通常被描述为合作联邦制,中央和各邦分享税收,并共同执行财政项目。然而,两个主要政府层级之间的征税权和支出责任的划分并不对称,中央政府通过税收调动资源的能力大于地方,但各邦财政支出的比例要高过可由各邦征收的税收占比。因此,印度设立了独立的财政委员会,每五年给出分配财政资源的建议,通过一系列措施将资源从中央下放到各州,其中包括税收收入中应当由地方分享的比例、向地方提供的弥补财政赤字的赠款和其他一系列可自由支配支出等。然而,在莫迪的第二任期内,财政上的权力平衡被打破,进一步向着中央政府倾斜。

首先,莫迪政府执行的商品和服务税制度虽然提升了印度中央政府的财政能力，但同时也侵蚀了各邦在税收关键领域的自主权。此类税收严格意义上并不适合联邦国家，因为其理念本身就违反了联邦原则。印人党政府虽然给出了在2017年7月至2022年6月的5年对商品和服务税预计收入缺口进行全额补偿的承诺，但5年的补偿期较短，难以全面覆盖地方财政收入的损失。

其次，印度中央政府不断提升税费和附加费比例，增加自身收入同时削减与各邦分享的税收收入比例。税费和附加费不属于所得税和公司税，因此不包含在中央政府和各邦分享的收入之中。2004年国大党联合政府成立时，税费和附加费收入占税收总收入的11.5%，其执政结束的2014年，税费和附加费占比升至12.4%。而2024年莫迪政府的税费和附加费比例超过20%。越来越多的税费和附加费被划拨中央政府所有，直接进入了联邦财政，这导致各邦的财政收入进一步减少。

再次，中央资助的发展计划也经历了集权化，各邦对核心目标的设计和计划实施的参与度降低，例如各邦医疗保健的"健康婆罗多计划"和支持农民的"总理农民关怀计划"，以及各类农作物保险计划、区域互联互通计划和"生产挂钩激励计划"等，都由中央政府完全控制，都直接绕过了邦政府执行。与此同时，印人党政府又提出了"双引擎"政府，即印人党执政的邦政府或是与印人党政府关系较好的邦政府能得到更多的资源倾斜。

最后，中央政府的福利政治加大了地方政府的支出压力。正如前文所述，莫迪政府所推行的福利政治模式造成了印人党与地方政党之间的激烈竞争，提供福利被视为赢得选民支持的最有效工具。由于难以创造就业机会，中央政府和地方邦政府都只能分配国家资源和公共产品，以此作为抵消经济困境的一种方式。执政地方邦的政党为了与印人党抗衡，只能通过制订自己的福利计划，大肆提供"免费赠品"，这破坏了印度整体宏观经济稳定的基本框架，扭曲了支出优先事项，也让邦政府背上了沉重的财政负担。而在收入减少、支出增加的情况下，邦政府如果遇上财政困难，除了举债之外就只能向中央政府求助，这也加强了中央对地方的控制。

（三）对地方执政的反对党的压制

尽管印人党在人民院中一党独大，但地区性政党在各邦的政治影响力并未消失，例如议会中按席位数量排列的第三大党就是在泰米尔纳德邦执政的达罗毗荼进步联盟（DMK）。尽管近年来，包括北方邦大众社会党等地区政党在过去的选举中为动员群众支持而滥用种姓、语言和种族等手段，被印人党的"发展"选举议程所击败，导致其急剧衰落，但在印度东部、南部以及少数北方的邦内，许多地方党派依然凭借强烈的地方民族主义或同样有力的发展议程保住了自己的地盘，构成了印人党扩张上的最主要的障碍。其中包括了西孟加拉邦的全印草根国大党（AITC）、奥迪萨邦的比朱人民党、泰米尔纳德邦的达罗毗荼进步联盟、安得拉邦的青年劳工农民国大党（YSRCP）、喀拉拉邦的印共（马）、旁遮普邦的普通人党（AAP）等。国大党也在卡纳塔克邦和特仑甘纳邦执政，这些反对党构成了目前印人党的主要反对党联盟全印发展包容联盟（I.N.D.I.A）。这些反对党在当地根基深厚，所执政的各邦经济较为发达，社会发展情况较好，同时也有强烈的语言文化民族主义意识，因此印人党的"发展"议程和以印地语为基础的印度教民族主义动员对这些地方邦缺乏足够的冲击力。

因此，印人党动用了大量其他的手段来对这些反对党执政的各邦进行"反在任"（Anit-incumbency）行动，即通过煽动反对党内部分裂、叛逃，以金钱和职位收买反对党议员、操纵中央调查局和执法局等中央机构来针对政治对手，破坏地方党派的执政，谋求取而代之。这也被称为"莲花行动"（Operation Lotus）。例如，2022年，印人党煽动了马哈拉施特拉邦执政党湿婆军的重要人物兼城市发展部长埃克纳特·辛德（Eknath Shinde）分裂了该党，转而与印人党结盟，导致湿婆军和当时的首席部长萨克雷（Uddhav Thackeray）失去了执政地位，马哈拉施特拉邦这一重要大邦也就此落入印人党手中；2024年2月初，比哈尔邦首席部长尼蒂什·库玛尔（Nitish Kumar）与他的政党人民党联合派（JD［U］）抛弃了其盟友全国人民党（RJD），在与印人党分道扬镳18个月之后再度转头加入了印人党所领导的

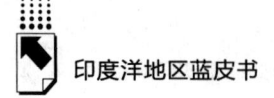

全国民主联盟（NDA）；2024年1月，贾坎德邦前首席部长、地方党派贾坎德解放阵线（JMM）领导人赫曼特·索伦（Hemant Soren）辞去职位后的当天，被控涉嫌土地诈骗有关的洗钱案，被执法局逮捕，并遭司法拘留；2024年3月21日，普通人党主席、德里首席部长阿尔温德·凯杰里瓦尔（Arvind Kejriwal）以在德里酒类消费税案（Liquor Policy Scam Case）中存在钱权交易的罪名被执法局（ED）逮捕，成为印度历史上第一位在任时遭逮捕的首席部长，这也使普通人党陷入领导危机，多名普通人党的议员在印人党的利诱下转而加入了印人党。此类"莲花行动"之所以总能获得成功，与印度政治中的贪腐和钱权交易盛行不无关系，但印人党政府依然是"公权私用"，利用了国家机构和公权力，以治理腐败为理由公开公然打击政治对手。

除此之外，印人党还利用了邦长（governor）制度，来对地方党执政的邦政府进行干扰。邦长由中央政府任命，仅为一邦的象征性元首，仅在任命大学校长等教育事务方面拥有实权。然而，邦长也能够搁置议案，阻碍立法程序正常进行，以拒绝批准法案的方式阻止邦政府通过立法议会设置和执行某些特定的政策。因此，在非印人党执政的喀拉拉邦、西孟加拉邦、特伦甘纳邦、泰米尔纳德邦等，邦长均与邦政府关系紧张。例如，喀拉拉邦的邦长阿里夫·穆罕默德·汗就多次在有争议的政治问题上与印共（马）政府发生冲突，利用邦长一职反对和压制喀拉拉邦对《公民身份修正法案》的决议，拒绝召开特别会议讨论农民抗议莫迪政府三项新农法。泰米尔纳德邦的达罗毗荼进步联盟与其邦长R. N. 拉维（R. N. Ravi）也处于长期冲突中。

通过上述措施，印人党有效地打压了地方党派，妨碍了反对党执政任期的正常完成，削弱了其执政的能力与执政成效。然而，这样的举措引发了不满和反弹。例如，湿婆军的盟友与印人党的关系逐渐恶化，而许多曾经有类似经历的地方党派拒绝与印人党结盟，包括印人党之前在泰米尔纳德邦的盟友全国安纳达罗毗荼进步联盟也已经与印人党断绝关系。2025年，印度即将再次对选区进行划分，反对党执政的各邦由于人口较少，被划分到的选区相对印人党控制的北方会相对减少，这也将进一步削弱地方邦对印人党政府的抗衡力量。

（四）对其他落后种姓的拉拢与收编

自 2019 年以来，印人党始终未能在邦一级选举中新拿下任何一个主要的南方大邦，甚至因为未能处理好与盟友关系而在 2023 年邦选中丢掉了唯一一个执政的南方大邦卡纳塔克邦。由于东部和南方各邦特殊的政治和社会条件，印人党在北方善用的一系列"社会工程"和动员手段难以见到成效。

因此，在莫迪政府第二任期特别是后半期，印人党改变了策略，对南方各邦由猛烈的进攻改为缓慢的渗透，与此同时将注意力放在了其控制地区的"内部"。如果说从莫迪政府第一任期至今，印人党都在一直关注加强达利特人和部落民等"边缘"族群对己身的支持的话，那么莫迪政府第二任期就尤为关注其他落后种姓。

其他落后种姓人口占印度总人口的一半以上，被认定为其他落后种姓的种姓超过 5000 个。大部分的其他落后种姓生活在农村，尽管经济水平、社会地位参差不齐，但普遍高于达利特人与部落民，许多其他落后种姓通过人口优势和对土地的占有甚至成了特定地区的主导种姓（Dominant caste）。其他落后种姓是许多地方党派、种姓党派的社会根基，因此其本身与身为"婆罗门-巴尼亚"政党的印人党存在矛盾关系。此外，其他落后种姓高度重视种姓身份，经济理念保守，也与印人党追求的"泛印度教社群"和市场化改革相悖，可称之为印人党的真正对手。尽管 2019 年其他落后种姓社群中有 37.4% 的选民支持印人党，但是这一比例依然低于高种姓的投票比例。自 2021 年至今，莫迪政府都拒绝进行人口普查和种姓普查，一个主要的原因就是不愿意加大其他落后种姓在预留制配额问题上与政府要价的筹码。

然而，近年来，印人党已经意识到，其他落后种姓已经成为其深化对印度社会改造与控制的最大阻碍。其他落后种姓势力盘根错节，人口众多，在改革受阻的情况下，其权力基础即依靠把持农村社会和土地而产生的社会经济基础仍然比较稳固。因此，在过去，印人党长期通过动员被其他落后种姓边缘化的其他族群来打压和控制其他落后种姓势力。然而，最近一段时间，印人党政府转而开始通过分化、收买、吸纳等方式，试图将其他落后种姓群体转化为自己的支持者。印人党意识到，在其他落后种姓势力盘根错节的地区，如果不能将其化为己用，则印人党也很难具备决定性的优势。除此之外，印人党长期关注社会分层两端的选民，即高种姓和达利特人等，但只有在将中间的其他落后种姓群体也吸纳的情况下，其选民基础才能够进一步扩大，也才能够将印人党转化为一个"泛印度教社群政党"。

因此，印人党在2015年设立了印人党内部的其他落后种姓分支，并开始大力笼络来自其他落后种姓群体的领导人和政治人物，有意识地摆脱印人党上层种姓政党的标签，加强对其他落后种姓阶层的印度教特性宣传。2023年9月，莫迪政府推出了"总理大匠计划"（PM Vishwakarma），支出1300亿卢比来支持工匠和手工艺人。由于其他落后种姓阶层中此类职业者为数众多，这一计划带有明显的向其他落后种姓群体示好色彩。此外，印人党政府还推出了以其他落后种姓渔民为目标的"渔业资产计划"（Matsya Sampada）和其他落后种姓风险投资基金计划，以此吸引不同职业和部门的其他落后种姓选民。莫迪本人则多次澄清和强调自己也出身其他落后种姓中的"Modh-Ghanchi"榨油人种姓。同时，印人党还在不断增加选举和政府公职人员中其他落后种姓群体的比例。根据印人党自己公布的数据，目前人民院303名印人党成员中，有85名来自其他落后种姓社区，占29%，全国邦立法议会的1358名印人党议员中有27%来自其他落后种姓社区。在2023年的中央邦选举胜选后，印人党任命了来自其他落后种姓的莫汉·亚达夫（Mohan Yadav）为首席部长，而在拉贾斯坦邦、恰蒂斯加尔邦和中央邦新任命的48名部长中，有20名来自其他落后种姓。除此之外，印人党还积极与一些小型其他落后种姓政党结盟，例如北方邦其他落后种姓中的农民种姓政党人民党（RLD）等。尽管印人党可能无法一时拉拢较大、较有势力的其他落后种姓群体（例如亚达夫种姓、库尔米［Kurmi］种姓），但通过首先动员较小的其他落后种姓群体，印人党也能逐步瓦解整个其他落后种姓组成的政治阵线。

结 论

综观莫迪政府的第二任期，尽管印度的关键性改革未能获得突破性成功，同时还遭遇了新冠疫情、地方动荡、国际形势风云变幻等挑战，但是其依然稳固了自己的执政基础。印人党与其政府在吸取了第一任期的经验教训之后，很快调整了策略，将危机和挑战转化为了机遇。尽管印人党稳固政权的手段也对印度社会造成了一系列的负面影响，但是从整体来看，其依然实现了几项主要政治目标。首先，通过打造莫迪本人的形象和"成就展示"，创建超越种姓、民族、语言乃至政党本身的"选举品牌"，印人党提升了莫迪在中间选民中的支持率；通过民粹主义、福利政策、"发展"议程、反向动员，以及与边缘社群和其他落后种姓群体加强关系等，印人党大大加强了在城市工商阶层和高种姓传统选民之外的支持基础，将其从"婆罗门-巴尼亚"政党转化为"泛印度教族群"政党。其次，印人党实现了2019年的选举承诺，完成了印度教民族主义的几项重大议题后，随即转向"软印度教特性"，以更加隐蔽、灵活的方式，完成了对印度社会主流价值观和舆论环境的改造，向重塑国族认同的目标又迈进了一大步。最后，印人党通过在内部和政府层面加强中央集权，加强了组织度、行动力，并成功让国家机器为印人党的价值目标和选举目标而服务，削弱了印度联邦体制的地方赋权，弱化了地方党派对中央政府的牵制力。

由此，尽管印人党政府目前依然难以做到动摇整个印度的国家框架与宪法体系，但是其对印度的掌控已经相当稳固，从这个角度来看，莫迪的第二任期对于印人党而言是成功的五年。在从一个地方性的、极端右翼的小众政党，向一个全国性的、"泛印度教"执政党演进的过程中，印人党及其政府组织严谨，调整灵活，对其目标和原则认知清晰，这是其取得成功和击败政治对手的主要原因。其采取的一系列措施，对印度的社会、经济和政治格局的影响势必非常长远。然而，也需要注意到，印人党为了赢得选举不顾一

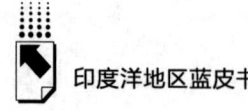

切、长于短期议题炒作而短于长期政策履行的性质并没有发生改变，其在执政过程中将矛盾引向外部的习惯性做法也不会改变。因此，依然应当对印人党策略调整、理念剖析和对整个印度社会的改变长期地进行追踪，预防其负面效应外溢，避免进一步对中印关系造成恶劣影响。

B.8
2024年印尼大选与新政府政策取向分析

李致斐[*]

摘　要： 2024年2月14日，号称"全球单日最大规模选举"的印度尼西亚大选落下帷幕，时任国防部长普拉博沃与竞选搭档佐科总统长子、现任梭罗市市长吉布兰赢得正副总统选举。第三次参选的普拉博沃一改此前的攻击性竞选策略，通过主打"延续"牌、利用新媒体重塑公众形象，笼络了不少年轻选民，赢得了大批佐科追随者支持。他承诺上台后推行独立积极的睦邻外交政策，在保持经济快速发展的基础上，健全公共服务体系、加快国防现代化建设，将印尼打造成为繁荣且充满活力的亚太强国。然而，普拉博沃要兑现竞选诺言仍面临诸多挑战，需要争取国会政党支持、建立稳固的执政联盟，统筹财政预算、填补施政计划资金缺口，在地区平衡与大国博弈之间寻找最佳定位、增进本国利益和声望。在普拉博沃任内，中国和印尼全面战略伙伴关系有望继续保持强劲发展势头。但印尼在海上安全、数字经济等领域加强与美、日等国的合作，可能加大维护中国与印尼关系稳定的成本与难度，中国需未雨绸缪，必要时采取有效的应对策略。

关键词： 印度尼西亚　2024年大选　佐科　普拉博沃　中国与印尼关系

2024年3月20日，印尼选举委员会正式公布"五合一"大选结果，2号候选人普拉博沃·苏比延多（Prabowo Subianto）与吉布兰·拉卡布明·拉卡（Gibran Rakabuming Raka）组合以58.5%的得票率胜出。另两组候选

---

[*] 李致斐，云南财经大学印度洋地区研究中心讲师，博士。

人——1号雅加达首都特区前首长阿尼斯·巴斯维丹（Anies Baswedan）与民族觉醒党（PKB）主席穆海明·伊斯坎德尔（Muhaimin Iskandar）组合，以及3号中爪哇省前省长甘贾尔·普拉诺沃（Ganjar Pranowo）与前任政治、法律和安全事务统筹部长穆罕默德·马赫福兹·马哈茂丁（Mohammad Mahfud Mahmodin）组合分别以24.9%和16.5%的得票率落败。① 除此之外，选举还产生了新一届印尼国会议员、地方代表理事会成员和地方议会议员。

印尼作为人口总量全球第四、世界上最大的群岛国家，近年来在佐科政府领导下经济发展势头强劲，社会秩序更加稳定，国家综合实力和国际影响力显著提升，成为亚太地区典型的中等强国。由于印尼宪法规定总统连任不得超过两届，所以谁将接替佐科带领印尼向着2045建国百年目标迈进引发世界广泛关注。与此同时，印尼作为21世纪海上丝绸之路首倡地，是中国推进高质量共建"一带一路"、建设周边命运共同体的重要伙伴和战略支点。近年印尼与中国互动频繁，尤其是蓝色伙伴、互联互通等领域合作达到新高度。2023年是"一带一路"倡议提出十周年，也是中国和印尼建立全面战略伙伴关系十周年，以此为契机，两国元首就持续深化中印尼全面战略伙伴关系和命运共同体建设达成重要共识。② 因此，新一届印尼政府的对华政策走向，将直接影响中国和印尼关系的发展。

普拉博沃作为印尼国会第三大党大印尼运动党（Gerindra）创始人兼主席，在2014年和2019年已两次参加总统选举角逐，但均败于佐科。今年普拉博沃第三次冲击总统宝座缘何能够成功？他提出了哪些施政理念、愿景和具体措施？而佐科任期内未完成的任务又将如何处置？本文试图通过对印尼2024年选情的分析，探究影响印尼发展的重要议题和关键因素，普拉博沃

---

① "BREAKING：KPU Confirms Prabowo's Landslide Win," *The Jakarta Post*, March 20, 2024, https://www.thejakartapost.com/indonesia/2024/03/20/breaking-kpu-confirms-prabowos-landslide-win.html, accessed March 30, 2024.

② 《中华人民共和国和印度尼西亚共和国关于深化全方位战略合作的联合声明（全文）》，中华人民共和国中央人民政府网站，2023年10月18日，https://www.gov.cn/yaowen/liebiao/202310/content_6909995.htm，最后访问日期：2024年11月22日。

的执政基础和政策取向，为我国回应印尼诉求、加强双方战略互信，持续深化中印尼全面战略伙伴关系和命运共同体建设提供助力。

一 普拉博沃的竞选策略与获胜原因

选举是政治博弈的一种重要形式，候选人需要根据选举规则、国内外政治环境、人口结构和社会思潮等的变化，适时调整竞选策略，以此指导开展竞选活动、争取选民支持，最终实现有利于自己的选举结果。在前两次大选中普拉博沃多以"军事强人"面貌示人，主张"印尼优先"，以身份政治牌谋求伊斯兰教极端派势力支持。[①] 然而，近年来印尼精英阶层逐渐意识到身份政治解构了社会团结和政治包容，容易造成严重的对立和撕裂，阻碍国家发展。所以，在2024年选举中普拉博沃也改变了强硬的攻击性竞选策略，转而采取更加温和、折中、务实的政治路线，着力打造亲民、开放、包容的政治家形象，通过广泛政治动员和舆论引导，在稳固自身基本盘的同时，吸引了更多中间选民，得票率显著提升。

（一）迎合选民期望延续佐科路线

印尼第七任总统佐科在发展经济、完善基础设施建设、惠民生等方面成绩突出，获得了坚实的民意基础，支持率长期走高。2023年11月的民调显示，佐科最后任期内的支持率仍保持在75%以上，被称为印尼历史上最受欢迎的总统。[②] 大多数印尼百姓期望新一届政府能够延续佐科稳经济、促发展的核心政策。这就意味着，哪位候选人若能继承佐科的"政治遗产"、将民众对佐科的高支持率转化为对自身的支持率，就会在大选中占有竞争优势。

在三组总统候选人中，普拉博沃和甘贾尔都曾被视为佐科的潜在"接

[①] 梁英明：《印度尼西亚2019年大选评析》，《东南亚研究》2019年第4期，第1~10页。
[②] "Jokowi's Approval Rating Hits 76% in LSI Survey," Jakarta Globe, December 10, 2023, https：//jakartaglobe.id/news/jokowis-approval-rating-hits-76-in-lsi-survey, accessed March 30, 2024.

班人"。时任中爪哇省省长甘贾尔作为佐科所在的国会第一大党——斗争民主党（PDIP）推举的候选人，有着和佐科相似的从政经历，曾在竞选初期众多民意调查结果中领跑。但外界认为佐科和斗争民主党领袖、前总统梅加瓦蒂在正副总统候选人组合上分歧较大，因此一直刻意和甘贾尔保持距离。随着2023年10月佐科之子吉布兰宣布退出斗争民主党，以副总统候选人身份成为普拉博沃竞选搭档，佐科家族和斗争民主党的矛盾进一步激化。个别斗争民主党元老批评佐科，认为依照印尼选举法规定，未满40岁的吉布兰本无资格参选，是印尼宪法法院首席大法官、佐科的妹夫安瓦尔·乌斯曼裁定担任过地方领导人就可不受年龄门槛限制，为吉布兰开了绿灯。① 虽然随着舆论持续发酵，宪法法院道德委员会以涉嫌违反职业道德操守为由，撤销了安瓦尔的职务，但同时，许多佐科追随者组成的民间社团放弃支持甘贾尔，宣布力挺普拉博沃和吉布兰，推高了普拉博沃的支持率。

虽然曾是针锋相对的"宿敌"，但在2019年败选后普拉博沃欣然接受了佐科递出的"橄榄枝"，带领大印尼运动党加入佐科执政联盟并担任印尼国防部长。双方"化干戈为玉帛"的举动不仅帮助佐科巩固了执政地位，也提升了普拉博沃的知名度和影响力。此后，普拉博沃在公开场合坚定拥护佐科的方针和政策。普拉博沃正式宣布2024年再次参选后，屡次表态继承佐科的执政纲领和国家发展战略。在选举投票前4天，普拉博沃更是在印尼全国性日报《罗盘报》上发表文章，标题即为《我是佐科总统团队的一员，将继续执行他的政策》。② 尽管最初部分媒体推测民众对佐科利用职权之便帮助吉布兰获得参选资格的做法可能拉低普拉博沃支持率，但民调显示，普拉博沃和吉布兰组合正式在选举委员会注册后，普拉博沃支持率飙升，成为

---

① "Hasto PDIP Soal Jokowi：Kami Mencintai Tapi Kami Ditinggalkan，" CNBC, October 29, 2023, https：//www.cnbcindonesia.com/news/20231029151957-4-484589/hasto-pdip-soal-jokowi-kami-mencintai-tapi-kami-ditinggalkan，accessed March 30, 2024.

② "Esai Prabowo Subianto：Saya adalah Tim Presiden Joko Widodo dan akan Lanjutkan Kebijakan Beliau," Kompas, February 10, 2024, https：//www.kompas.id/baca/adv_post/esai-prabowo-subianto-saya-adalah-tim-presiden-joko-widodo-dan-akan-melanjutkan-kebijakan-dan-prestasi-beliau，accessed March 30, 2024.

人气最高的候选人。首先，年轻的吉布兰在一定程度上帮72岁高龄的普拉博沃弥补了年龄劣势，吸引了更多年轻选民，尤其在26岁以下选民中普拉博沃支持率从38.1%跃升至52.4%。[1] 其次，中爪哇和东爪哇地区一向被视为斗争民主党的"铁票仓"，2014年和2019年大选中普拉博沃都在这两个省惨败。但吉布兰加入后，当地大量支持佐科的民众转投普拉博沃。[2] 最终，2024年选举结果显示普拉博沃在全国36个省赢得了多数选票，仅在亚齐省和西苏门答腊省败于阿尼斯。可见，与佐科建立紧密关联、赢得佐科支持者的青睐，是普拉博沃在此次大选中制胜的关键所在。

（二）玩转新媒体重塑公众形象

当前智能化、网络化和数字化已经成为现代社会发展的主流趋势，通过社交媒体进行影响力营销，已日益成为各国选举中开展政治动员必不可少的环节。特别是在选民结构年轻化的情况下，利用网络平台和流行文化元素与青年人进行互动、宣传符合他们期望的政策理念更加重要。社交媒体还有一个优势就是可以摆脱场地限制、扩大宣传动员范围。印尼地缘结构较为破碎，各岛屿被海洋分割、交通网络不甚发达，线下拉票活动很难做到完全覆盖。而通过社交媒体，候选人的形象能更加直观、生动地传递给偏远地区的选民。截至2024年初，印尼有近1.17亿Facebook用户、1.27亿TikTok用户、1.39亿YouTube用户，是全球移动互联网用户最多的国家之一。印尼选举委员会数据显示，此次大选中注册的选民52%在17~40岁，主要由"千禧一代"和"Z世代"组成，社交媒体是他们日常获取信息、参与时事讨论的主要渠道。[3] 因此，曾有人断言谁掌握了印尼社交媒体的宣传主动

---

[1] "The Prabowo-Gibran Pairing: Wise or Foolish?" Fulcrum, December 14, 2023, https://fulcrum.sg/the-prabowo-gibran-pairing-wise-or-foolish/, accessed March 30, 2024.

[2] "Real Count KPU: Prabowo Raup 37, 9 Juta Suara dari 3 Provinsi Ini," CNBC, March 4, 2024, https://www.cnbcindonesia.com/research/20240304140111-128-519455/real-count-kpu-prabowo-raup-379-juta-suara-dari-3-provinsi-ini, accessed March 30, 2024.

[3] "Demografi Pemilih 2024," Kompas, November 28, 2023, https://www.kompas.id/artikel/demografi-pemilih-2024, accessed March 30, 2024.

权，谁就会有更大概率赢得选举。

普拉博沃出身印尼政治世家，作为前总统苏哈托的女婿曾在部队中长期担任要职，指挥参与过印尼对东帝汶的军事行动和20世纪90年代对民主异见人士的暴力镇压。这些饱受争议的经历在崇尚自由民主的年轻选民眼中可能成为减分项，所以普拉博沃竞选团队的一项艰巨任务就是帮其打造符合年轻人偏好的新人设。为此，专业团队对普拉博沃言行举止和穿着打扮等都进行了精心设计包装，并在2020~2023年花费近86.7亿印尼盾（约54.4万美元）展开社交媒体造势。[1] 首先，基于对社交媒体上选民情绪的追踪结果，其团队利用人工智能技术生成了一个和蔼可亲的老爷爷，作为代表普拉博沃的卡通形象，精准投送给特定选民群体。其次，相比施政目标和工作重点等，普拉博沃更多在自己社交媒体上分享政治属性较弱的内容。他在集会上跳舞、在竞选辩论中落泪等富有"人情味"的短视频被广泛传播，洗刷了此前论及他参与军事独裁、侵犯人权等的负面报道，营造了于己有利的舆论环境。此外，在普拉博沃社交平台上还能看到他与华人社群互动的报道。人们普遍怀疑普拉博沃作为高级军官参与了1998年针对无辜华人的骚乱活动，因此许多年长的印尼华人对其持反对态度。但媒体注意到，年轻华人对这场悲剧的记忆似乎正在淡化，2024年大选中投票给普拉博沃的华人选民也不在少数。[2]

（三）利用国防政绩稳固传统票仓

在努力向佐科追随者和年轻选民示好的同时，普拉博沃也没有完全疏远自

---

[1] "Prabowo Subianto Outspends other Presidential Candidates on Social Media Ads: Meta," *The Jakarta Post*, November 1, 2023, https://www.thejakartapost.com/indonesia/2023/11/01/prabowo-subianto-outspends-other-presidential-candidates-on-social-media-ads-meta.html, accessed March 30, 2024.

[2] "Some Indonesian Chinese Wary of Prabowo Subianto amid Painful Memories of 1998 Riots," *South China Morning Post*, February 22, 2024, https://www.scmp.com/week-asia/politics/article/3252754/some-indonesian-chinese-wary-prabowo-subianto-amid-painful-memories-1998-riots, accessed March 30, 2024.

己的传统支持者。在前两次选举中普拉博沃在经济、外交、宗教等议题上坚持保守主义立场，以强硬作风和激烈的竞选语言，获得了不少民族主义者的支持。担任国防部长期间，普拉博沃利用社会中潜在的民族主义情绪，大力推动印尼国防现代化建设。斯德哥尔摩国际和平研究所（SIPRI）数据显示，长期以来，印尼的人均国防开支以及国防开支占国内生产总值的比重是东南亚六大新兴市场经济体中最低的。[1] 印尼国防实力与其广袤的领土和庞大的人口并不匹配。近年来，印尼国防开支持续增加，2023年国防开支总额上升至约88亿美元，在东南亚成了仅次于新加坡的第二大国防开支国。[2] 印尼国防预算中相当一部分被用于武器采购，尤其是海空军战斗机、无人机、巡逻艇、潜艇等硬件设备的更新换代。同时，普拉博沃努力拓展与英美法等军工大国的合作，达成了技术转让、联合研发、共同生产等一揽子协议。可见，印尼也意图建立更加完善的国防科技工业体系，提升自主研发与生产能力。

另外，作为国防部长的普拉博沃积极参与各类外交活动，在国际舞台上代表印尼发声。2023年第20届香格里拉对话会上，普拉博沃就俄乌冲突提出了敦促双方停火、建立非军事区、组织公投的和平计划，引发国际关注与讨论。尽管该计划被乌克兰政府拒绝，并受到不少西方政客和媒体批评，但一些印尼学者认为俄乌冲突外溢，使全球的经济、物价水平与供应链均遭到了严重冲击，劝和促谈不仅符合印尼与广大发展中国家的利益诉求，而且还展现了印尼坚持独立自主、不结盟的多边外交立场，以及作为中等强国主动参与国际秩序的构建与维护，扮演大国斡旋者、冲突调停者的信心与意愿。[3]

---

[1] "Indonesia Must Be Prudent with Military Spending, President Says," Reuters, October 5, 2023, https://www.reuters.com/world/asia-pacific/indonesia-must-be-prudent-with-military-spending-president-says-2023-10-05/, accessed March 30, 2024.

[2] "Indonesia Defense Market Report Overview," Global Data, September 14, 2023, https://www.globaldata.com/store/report/indonesia-defense-market-analysis/, accessed March 30, 2024.

[3] "Proposal Perundingan Prabowo Langkah Maju Diplomasi RI Tengahi Konflik Ukraina-Rusia," Media Indonesia, June 5, 2023, https://mediaindonesia.com/internasional/586731/proposal-perundingan-prabowo-langkah-maju-diplomasi-ri-tengahi-konflik-ukraina-rusia, accessed March 30, 2024.

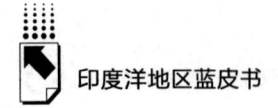

总之，普拉博沃通过开展国防建设、促成与国际伙伴的军购交易和联合演习等，增加了自身的媒体曝光率，树立了作为国防部长尽职尽责的公众形象，受到了印尼民众的赞赏。在大选中，部分选民表示就是因为普拉博沃作为国防部长"坚定、强硬、纪律严明"而投票给他。①

（四）建立政党联盟扩大阵营优势

2019年起印尼开始实行"五合一"选举制度，总统和人民代表会议（国会）选举同时举行，由选民分开投票。赢得总统大选的执政党或执政联盟并不一定在国会选举中获得多数议席。②印尼《选举法》还规定，拥有至少20%国会席位或在上届大选中得票率超过25%的政党才有资格在新一轮大选中提名总统候选人。可见，虽然印尼实行总统制，但国会多数党会在一定程度上对总统职权形成制约。所以，无论是在大选期间还是在选举结束后的组阁进程中，通过结盟争取更多议会政党支持对领导人而言尤为重要。佐科能在两次大选中胜出，并在执政后成功扭转"朝小野大"的不利局面，主要原因之一就是其顺应国内政党形势的变化，在权力分配时充分考虑、照顾到不同党派的利益诉求，建立了广泛的政治联盟。

在本届总统选举中，只有斗争民主党拥有独立提名权。所以，早在提名阶段，大印尼运动党就与民族觉醒党结成同盟，推举普拉博沃为候选人。此后，为了扩大阵营优势、确保以绝对多数票实现"一轮制胜"，普拉博沃利用自己丰富的政治经验和人脉资源四处游说更多政党加入联盟。尽管民族觉醒党主席穆海明最终接受了阿尼斯的邀请，成为其竞选搭档，于2023年9月退出普拉博沃的竞选联盟，但也未曾动摇普拉博沃的候选资格。因为普拉博沃还获得了专业集团党（Golkar）、民主党（PD）和国民使命党（PAN）

---

① 梁逸韬：《"连续性"或成为印尼未来政策基石》，《光明日报》2024年2月23日，第12版，https://epaper.gmw.cn/gmrb/html/2024-02/23/nw.D110000gmrb_20240223_1-12.html，最后访问日期：2024年3月30日。

② 潘玥：《佐科政权与印尼政党政治的发展——以处理美国自由港公司问题为例》，《东南亚研究》2019年第6期，第22~42页。

三个政党的支持,连同大印尼运动党一道,控制了近45%的国会议席。此外,不少地方性、非议会政党也纷纷站队普拉博沃,利用自己的基层组织在各地为他拉票助选。普拉博沃将其"大帐篷联盟"命名为"印尼前进联盟"(Koalisi Indonesia Maju),与佐科执政内阁同名。普拉博沃毫不避讳两者之间的延续性,在采访中被问及该名称由来时,明确表示"印尼前进联盟"中的多数政党来自佐科阵营,进一步彰显了自己的"继任者"定位。①

二 普拉博沃的内外政策取向

当下,印尼大选基本尘埃落定,普拉博沃上台后的政策走向成为国内外热议的话题。其实,在提交给印尼选举委员会的"使命文件"(Asta Cita)以及一系列竞选演讲中普拉博沃已大致公布了未来的施政目标。他希望通过优先落实经济发展、公共服务、腐败治理和国防安全四大领域的重点工作,实现"2045黄金印度尼西亚"愿景。

(一)加强宏观调控保持经济快速发展

总体而言,大多数印尼年轻选民对传统政治力量及其合法性的历史来源较为无感,更重视疫后经济复苏、就业与脱贫、教育与医保等民生议题。然而,在前两次大选中,普拉博沃都曾因在经济发展、改善民生相关议题上没有提出具有吸引力的政策措施而遭人诟病。所以,此次选举中他尤为重视选民诉求,把保障经济快速增长放在首要位置。普拉博沃承袭了具有新发展主义特征的"佐科经济学"(Jokowinomics),在充分发挥市场机制作用的同时加强政府宏观调控,加大吸引和利用外资力度、推进基础设施建设、引导农工商业协调发展,以增强印尼经济发展竞争力和持续力。

首先,普拉博沃承诺在未来4~5年将印尼的国内生产总值(GDP)年

---

① "Prabowo Ungkap Alasan Nama Koalisi Indonesia Maju: Kita Klubnya Jokowi," DetikNews, December 17, 2023, https://news.detik.com/pemilu/d-7094808/prabowo-ungkap-alasan-nama-koalisi-indonesia-maju-kita-klubnya-jokowi, accessed March 30, 2024.

均增长率提升至8%。① 2023年印尼GDP同比增长5.05%，虽然位居世界前列，但与普拉博沃的宏愿还有不小差距。为了保证经济持续快速增长，普拉博沃制订了如下计划。第一，提供更优质的营商环境、借助印尼丰富的天然资源和庞大的国内市场吸引投资者，促进外贸提质升级。第二，推动部分国有企业向私有化转型，通过市场化运作改善企业财务状况，提高企业经营决策的灵活性和效率，激发市场活力。第三，完善印尼各地区数字移动通信网络，构建更加安全、平等的数据网络环境，为产业链、供应链注入数字化动能，发挥数字技术对产业转型升级的拉动作用，提高产品附加值。② 第四，整合国家海洋政策和涉海经济活动，加强以海洋为载体和纽带的多方面合作，充分挖掘印尼的蓝色经济潜力，扩大海洋经济规模，支撑生态经济效益的和谐统一。

其次，普拉博沃上台后计划设立国家税收管理局，上调矿业出口税和粮食进口税。世界银行认为，一国政府税收总额在GDP中的占比超过15%才能维持经济增长，提供有效的公共服务。但截至2023年，印尼的税收占GDP的比重仅达10.8%，低于许多东南亚国家。因此，普拉博沃提出要将政府年度税收总额增加至900亿美元，占GDP的比重提升至16%。③ 普拉博沃认为，这些措施也有利于加强对印尼关键矿产的出口管制、培育国内加工产业，同时鼓励农业资源开发、基本实现大米和小麦等粮食生产的自给自足。

再次，印尼正进入人口红利期，拥有充足的劳动力资源，但当前经济发

---

① "Indonesia's Prabowo Subianto Vows to Boost Economic Growth to 8% Within Five Years," *Financial Times*, March 4, 2024, https://www.ft.com/content/4e09f403-0e17-47e6-96ec-00fe0cb6a5c1, accessed March 30, 2024.

② "Anies, Prabowo and Ganjar's Digital Economy Idea Contest, Who Does the Entrepreneur Like Most?" Kompas, November 11, 2023, https://www.kompas.id/baca/english/2023/11/28/en-adu-gagasan-ekonomi-digital-anies-prabowo-ganjar-siapa-paling-disukai-pengusaha, accessed March 30, 2024.

③ "Prabowo Seeks New Tax Chief to Achieve 16% Tax Ratio," Jakarta Globe, March 5, 2024, https://jakartaglobe.id/business/prabowo-seeks-new-tax-chief-to-achieve-16-tax-ratio, accessed March 30, 2024.

展水平有限无法为适龄人群提供多元的就业选择。许多印尼青壮年未受过系统教育和职业技能培训，缺乏高素质专业性的人才。普拉博沃计划通过建设更多优质综合学校、修复和改造老旧校舍、增设奖学金、减免费用等方式发展教育，加强人力资源开发，同时，发挥创业带动就业的效应，为年轻创业者和小微企业提供低息贷款等支持。

最后，基础设施建设是国家经济增长的重要支撑，能够带来乘数效应、提升竞争力、改善居民生活。佐科总统任内，印尼新建了16个机场、18个港口、36个大坝、2000公里高速路和东南亚第一条高铁——雅万高铁，并启动了努桑塔拉（Nusantara）迁都计划。[①] 印尼百姓普遍希望新政府能够进一步加快构建现代化基础设施体系，助推各地区、城乡协调发展。在总统竞选人中，只有普拉博沃明确保证继续推进迁都计划，并许诺对农村和边远地区的交通、教育、医疗等基础设施建设给予政策和资金倾斜。

（二）完善公共服务增进民生福祉

为回应民众在社会福利、公平正义等问题上的关切，竞选辩论中普拉博沃概述了他的"国家转型战略"，要在保持经济快速发展的基础上，健全公共服务体系，减少绝对贫困、缩小地区和社会阶层贫富差距。普拉博沃将施政重点放在解决饥饿、保障儿童健康、提供社会保障性住房和改善医疗卫生服务上。首先，最令人瞩目的当数其许诺在新政府中设立国家营养机构，负责为全国约8290万名中小学生、学龄前儿童提供免费午饭和牛奶。此言一出，不少支持者拍手叫好，认为该项目具有长远战略意义，有助于减轻贫困家庭负担、改善儿童营养、提升印尼人力资源质量。不过，这笔庞大的开支从何而来也引起了不少质疑。据悉，选举结束后不久，普拉博沃团队已开始在局部地区进行儿童免费午餐试运行，为此后全国推广做好前期调研与准

[①] "Indonesia's Jokowi Warns Successor Against 'Changing the Vision' on Infrastructure, Minerals for Future Growth," *South China Morning Post*, September 20, 2023, https://www.scmp.com/news/asia/southeast-asia/article/3235169/indonesias-jokowi-warns-successor-against-changing-vision-infrastructure-minerals-future-growth, accessed March 30, 2024.

备。其次，他还将建设社会保障性住房列入优先工作，计划在农村、城市和沿海地区建造300万套房屋①，为低收入家庭、刚刚步入社会的青年人等住房困难群体提供可负担的房屋选择。最后，为提高印尼医疗卫生服务能力，普拉博沃准备建设300所现代化医院，通过各地公共医疗中心为贫困人口提供免费体检。他还宣称会为医学生增设专门奖学金，加强卫生专业人员的培训，提高卫生工作者薪资，鼓励更多年轻人投身医学领域，以解决印尼医疗人员短缺、资源分配不均的问题。②

（三）推进法治改革加强腐败治理

进入21世纪后，虽然随着民主改革的推进，印尼对贪污腐败的惩治力度持续加大，但由于经济发展和技术进步，行贿受贿的手段更加复杂、多样，甚至涉及跨国、跨司法管辖区的情况。新型腐败和隐性腐败给印尼政府治理带来不少难题。2023年透明国际全球清廉指数排行榜（Corruption Perceptions Index）显示，印尼在全球180多个国家中排名第115名，已连续多年出现下滑。③ 可见，印尼反腐败斗争形势严峻，遏制贪腐已成为全社会、各党派和政府的普遍共识。普拉博沃认为防治腐败，必须通过制度改变腐败产生的土壤，否则任何严肃查处、教育宣传都是治标不治本的策略。所以，为提升腐败治理成效，首要任务就是加强法治建设，他准备在上任后设立新的法律审查机构，着力对现行法律框架下职务罪案调查存在的疏漏进行排查，为旧法条的修订和新条款的起草提供有益建议。其次，通过制度改革

---

① "Prabowo Promises to Build 3 Million Houses in Rural, Urban, Coastal Areas," ANTARA News, February 4, 2024, https：//en.antaranews.com/news/304998/prabowo-promises-to-build-3-mln-houses-in-rural-urban-coastal-areas, accessed March 30, 2024.
② "Prabowo Promises to Build 300 Medical Faculties, Scholarships for 10,000 Students in Fifth Presidential Debate," Tempo, February 4, 2024, https：//en.tempo.co/read/1829667/prabowo-promises-to-build-300-medical-faculties-scholarships-for-10000-students-in-fifth-presidential-debate, accessed March 30, 2024.
③ "Indonesia Ranks Sixth in ASEAN in 2023 Corruption Perception Index," Jakarta Globe, January 31, 2024, https：//jakartaglobe.id/news/indonesia-ranks-sixth-in-asean-in-2023-corruption-perception-index, accessed March 30, 2024.

消除司法腐败。2023年11月，印尼警方以涉嫌贪污和勒索为由，对国家肃贪委员会（KPK）主席菲尔利展开调查。这是印尼国家肃贪委员会成立20年来，负责人首次被警方指控涉及贪腐案，引起司法界震动。所以，三位总统候选人均提到有必要强化包括国家肃贪委员会、公安部、检察院和法院等系统工作者的管理、监督和问责制度，确保执法队伍的廉洁，消除妨碍司法独立的各种弊端，增加司法公正的透明度和可信度。最后，普拉博沃还提出要实施"高薪养廉"政策，在其任期内提高公务员薪资待遇，促使公务员自觉提高工作效率。①

（四）落实睦邻外交加强国防建设

普拉博沃是军人出身，又长期担任国防部长，被视为本届大选中最具外交知识和国际事务经验的总统候选人。在竞选辩论时，普拉博沃多次引用印尼前总统苏西洛的名言"一千个朋友太少，一个敌人太多"，表示将坚持自由、积极、不结盟的外交传统，推行睦邻友好（bertetangga baik）的外交政策。竞选辩论期间，普拉博沃曾说，他会尊重所有大国，"印尼中立的本质是我们不能也不威胁任何人"。在谈到主要大国时，他将美国描述为"曾在印尼独立斗争中支持印尼的国家"，将中国描述为"对印尼经济具有重要意义的国家"，将俄罗斯描述为"过去曾支持印尼的国家"，欧洲则是"印尼热爱的，但对印尼在贸易和环境问题上采取双重标准的一方"，显得"一碗水端平"之余，又在诸如棕榈油业等印尼重要产业的有关问题上显示出强硬的态度。② 同时，普拉博沃提到要以服务人民和经济为前提处理对外关系，通过引入国外资本、技术和管理经验等，大力发展基础设施，推动经济建设。另外，他还重申在当前大国战略竞争态势加剧

---

① "Prabowo Subianto, Structural Approach to Improve Law Enforcement," Kompas, December 19, 2023, https://www.kompas.id/baca/english/2023/12/18/en-prabowo-subianto-pendekatan-struktural-benahi-penegakan-hukum, accessed March 30, 2024.

② 《观察 | 延续"佐科经济学"的普拉博沃，如何继续寻求印尼外交平衡？》，新浪网，2024年2月24日，https://finance.sina.com.cn/jjxw/2024-02-24/doc-inakayws7218341.shtml，最后访问日期：2024年3月30日。

的背景下，印尼要支持东盟在不断演进的区域架构中继续发挥中心作用。因此，有学者猜测普拉博沃可能加大对东盟的战略投入，以巩固印尼作为东盟"领头羊"的地位。

普拉博沃在竞选活动中多次强调提升印尼国民军现代化水平和本土国防工业实力的重要性，反复提到印尼近年来国防预算占GDP的比重远低于全球平均水平。此前，印尼计划于2020~2044年投入1250亿美元购置新型装备，提升军队现代化能力。然而，从印尼的国防预算来看，上述草案很难得到充分落实。所以，普拉博沃宣布当选后将持续增加国防预算，支持印尼军事建设，加强对边境安全与领土主权的保护，以有效应对各种外部威胁。另外，印尼此前还曾提出"最低国防力量"概念，旨在2024年前组建一支由274艘舰艇、10个战斗机中队及12艘新型柴电潜艇组成的海军舰队。[1] 但由于国防工业基础薄弱和相关预算资金不足，该计划截至2023年12月底只完成了近60%的目标。为此，普拉博沃又提出了"最优基础力量"计划，此举被视为对"最低国防力量"的延续和发展。[2]

三 普拉博沃兑现竞选承诺的困难与挑战

在佐科总统任内，印尼社会经济建设取得了许多历史性成就，民众对国家的未来发展有了更高期待。而且普拉博沃在竞选期间提出了不少雄心勃勃的计划，这些具有一定难度的工作不可能一蹴而就，不仅要求广泛整合各种政治与经济力量，还需要时间循序渐进地落实。普拉博沃若想不负支持者期望、推动印尼实现跨越式发展，仍然面临诸多困难与挑战。

---

[1] 乃千：《印尼海军建设任重道远》，中国军网，2023年2月24日，http://www.81.cn/gfbmap/content/2023-02/24/ content_334364.htm，最后访问日期：2024年3月30日。

[2] "Prabowo Subianto, Penguatan Postur Pertahanan dan Stabilitas Kawasan," Kompas, December 27, 2023, https://www.kompas.id/baca/polhuk/2023/12/27/prabowo-subianto-penguatan-postur-pertahanan-dan-stabilitas-kawasan, accessed March 30, 2024.

（一）如何进行利益分配实现"政治统合"

在与总统大选同时进行的人民代表会议选举中，共有 8 个政党的得票率超过了 4%，获得国会席位。其中，斗争民主党以 16.7% 的得票率守住了国会最大党的地位。支持普拉博沃的专业集团党和大印尼党分别以 15.3% 和 13.2% 的得票率居于第二、第三位。如何处理议会中的党际关系，组建一个包容的执政联盟，在很大程度上决定了普拉博沃上任后能否有效推行政策。斗争民主党因吉布兰退党、跳转阵营等，一直与普拉博沃领导的联盟较为疏远，甚至明显表现出敌对态度。在总统大选中，斗争民主党推举的候选人甘贾尔得票率垫底，有消息称斗争民主党准备联合支持另一位候选人阿尼斯的政党，申请国会调查选举中的违规违法行为，并向最高法院提起诉讼。[①] 若坐实存在滥用职权或舞弊等情况，现任总统佐科可能面临弹劾，普拉博沃继位也会出现变数。另外，斗争民主党秘书长在接受采访时表示，斗争民主党目前没有与普拉博沃合作的计划，已准备好成为监督和制衡新政府的最大反对党。[②] 根据印尼法律，国会议长将由获得最多议席的斗争民主党推举产生，议长能够控制议会议程，或对普拉博沃未来施政形成牵制。但是，鉴于斗争民主党领袖梅加瓦蒂曾在 2009 年和普拉博沃搭档竞选正副总统，且佐科尚未与斗争民主党完全决裂，不能排除在各方力量"穿针引线"下，斗争民主党和普拉博沃最终握手言和的可能性。另外，"印尼前进联盟"中的四大政党在本次大选后仍占据着近 45% 的国会议席，如果此前与普拉博沃有过合作的民族觉醒党和繁荣公正党（PKS）也愿意"投诚"，那么"印尼前进联盟"将成为国会多数派，就能够对反对党形成有效压制。

可见，在党派力量较为分散、多方协商共治特点突出的情况下，普拉博

---

① 《阿尼斯和甘贾尔对总统选举结果提出上诉》，〔新加坡〕《联合早报》2024 年 3 月 24 日，https://www.zaobao.com/news/sea/story20240324-3209401，最后访问日期：2024 年 3 月 30 日。
② "PDI-P Ready to Take up Opposition Role," *The Jakarta Post*, February 17, 2024, https://www.thejakartapost.com/indonesia/2024/02/17/pdi-p-ready-to-take-up-opposition-role.html, accessed March 30, 2024.

沃的关键工作就是权衡如何"分蛋糕"，在维护联盟团结的同时，笼络更多中间势力。印尼宪法规定，总统具有组织新内阁的绝对权力，他人不得干涉。但和其他多党制国家情况相似，印尼总统组建政府时，一般会通过内阁部长名额和其他核心机关的领导职位分配来协调、满足政治盟友的利益诉求，弥合党派分歧。2024年2月，印尼网络上流出一份新政府内阁名单，除前总统苏西洛、时任总统佐科、经济统筹部长艾尔朗加以及能源、投资和环境部长埃里克等熟悉的名字外，普拉博沃的两个侄子也赫然在列。而工作业绩出众、广受百姓欢迎的时任财政部长丝莉·穆莉亚妮和外交部长蕾特诺·马尔苏迪却没有出现。①尽管普拉博沃团队否定了名单真实性，但仍在民间引发热烈讨论。人们一方面害怕普拉博沃内阁完全沦为其家族分利、政党分肥的工具，无法充分反映民意、为公共利益服务；另一方面担心内阁组成的派系力量过于复杂、臃肿，产生"悬挂政府"（hung government），这种政府中个别政党一旦利益受损，就可能变成事实上的反对党，未来因各方利益分歧容易出现内耗甚至分裂，严重影响政府执政能力。

再者，关于佐科可能协助普拉博沃进行内阁遴选、出任总统顾问委员会主席的传闻也引起不少争议。在大选结束后不久，佐科再次改组内阁，除提拔土地规划部长哈迪担任政治、法律与安全统筹部长外，还吸纳了反对派民主党主席阿古斯入阁。②佐科多次表示作为总统，自己始终保持中立、不为任何候选人背书，但此举仍被视为其对民主党支持普拉博沃-吉布兰组合的"嘉奖"。外界普遍认为普拉博沃和佐科之间已经形成了实质性结盟关系。这种情况虽然有利于在政权交接过程中维持内外政策的稳定性和延续性，但也进一步加剧了民众对庇护政治和裙带关系的担忧。在印尼历史发展进程中，家族庇护关系一直是政治博弈的重要筹码。印尼的政党多依托政治家族

---

① "Bocoran Kabinet Prabowo, Sri Mulyani & Retno Ramai Dibahas Netizen," CNBC, February 20, 2024, https://www.cnbcindonesia.com/tech/20240220110356-37-515913/bocoran-kabinet-prabowo-sri-mulyani-retno-ramai-dibahas-netizen, accessed March 30, 2024.

② "Cabinet Shake-up Poised to Strengthen Prabowo's Coalition," *The Jakarta Post*, February 26, 2024, https://www.thejakartapost.com/opinion/2024/02/26/analysis-cabinet-shake-up-poised-to-strengthen-prabowos-coalition.html, accessed March 30, 2024.

建立，历任总统和各大政党领导人多为名门之后，或有显赫的权贵阶层支持，或有强大的军方势力撑腰，普拉博沃就是其中的典型。而作为印尼首位平民总统，佐科在2014年胜选打破了家族势力对国家权力的垄断，被视为草根、清廉、变革的代表。不过在其执政期间，两个儿子、女婿、妹夫等家族成员相继步入政坛，佐科"政治王朝"持续壮大。如今佐科权力过于集中、试图通过和各方势力进行政治交易、寻求在卸任后延续自身政治影响力的做法遭到不少批评，甚至被一些知识分子视为印尼"民主衰退"的表现。①

（二）如何统筹财政资源稳增长保民生

在普拉博沃的优先执政事项中，加快新首都建设、发放免费午餐和推进国防现代化都是耗资巨大的工程，但具体融资计划尚未公布。印尼2023年国家预算出现盈余，国家预算赤字占GDP比重下降至1.65%。普拉博沃认为该比重低于世界主要经济体，因此，印尼可以适当提高政府负债率和财政赤字率，作为加大基建投入、促进经济发展、落实民生项目的必要手段。②但进行主权信用评级的国际机构警告，如果无法保持经济稳定增长、合理统筹利用财政资源，那么落实以上工程可能使印尼财政赤字大幅攀升，风险超出可控范围。

首先，努桑塔拉的开发预计耗资466万亿印尼盾（约300亿美元），其中20%的项目由国家预算资助，其余80%由国内外投资支持。截至2024年1月，新首都一期项目已完成70%的建设，收到实际投资约47.5万亿印尼盾（约30亿美元），这个数字仅达预期投资总额的1/10。若要保证项目建设的可持续性，普拉博沃领导的新班子在2024年要完成约55万亿印尼盾

---

① "Indonesia Election 2024: Students Protest Jokowi's Perceived Lack of Neutrality, but Will Movement Impact Voters?" *South China Morning Post*, February 10, 2024, https://www.scmp.com/week-asia/politics/article/3251616/indonesia-election-2024-students-protest-jokowis-perceived-lack-neutrality-will-movement-impact, accessed March 30, 2024.

② "Prabowo Wonders Whether Indonesia Needs to Keep Its 3% Deficit Cap," *The Jakarta Post*, March 5, 2024, https://www.thejakartapost.com/business/2024/03/05/prabowo-wonders-whether-indonesia-needs-to-keep-its-3-deficit-cap.html, accessed March 30, 2024.

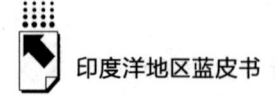

（约35亿美元）的融资目标①，且需要在未来数年保持招商引资的速度，确保资金"招得来，留得住"，否则印尼政府并没有雄厚的财力为努桑塔拉如此庞大的基建项目"兜底买单"。如果该项目不幸中断、沦为烂尾工程，不仅会严重损害印尼的国际声誉，还可能成为佐科追随者和反对派力量对普拉博沃展开"两面夹击"的话柄。

其次，免费午餐是贯穿普拉博沃整个竞选周期的主要政见。据估算，执行该项目每年将耗费450万亿印尼盾（约290亿美元），可能导致预算赤字扩大的幅度，相当于印尼2025年国内生产总值的0.33%②。有部分人士批评，免费午餐项目可行性很低，只是普拉博沃为了赢得选票而做出的民粹主义承诺。近期经济统筹部长艾尔朗加提出利用学校运营援助基金（BOS）来实施免费午餐计划，受到印尼教师协会等民间团队的抵制。③ BOS是由印尼中央与地方政府共同提供财政支持，组建的用于保障12年义务教育的专项经费。对许多偏远、落后的地区而言，BOS是用于维持学校基本运营、支付教师工资、资助贫困学生就学的唯一资金来源。人们担心，在基金总额不变的情况下，若要新增免费午餐的预算，可能挤占基层学校本就捉襟见肘的办学经费，影响义务教育质量。

最后，资金短缺已成为影响印尼国民军现代化进程和武器装备更新速度，阻碍印尼国防工业发展的关键因素。此前在执行武器采购合同的过程中，印尼已多次出现拖延付款情况。在与韩国共同研发KF-21战机的项目时，印尼一直拖欠资金，自2019年起已4年没有支付合作款。虽然2023年印尼政府承诺在6月公布付款时间表，但截至2023年11月韩国方面因迟迟未收到项目费

---

① "Investment Realization in Nusantara Reaches Rp47.5 Trillion：OIKN," ANTARA News, January 30, 2024, https：//en.antaranews.com/news/304422/investment-realization-in-nusantara-reaches-rp475-trillion-oikn, accessed March 30, 2024.
② "Prabowo's Free Lunch Plan Would Bite into Indonesia's Budget, Analysts Warn," NIKKEI Asia, March 1, 2024, https：//asia.nikkei.com/Politics/Indonesia-election/Prabowo-s-free-lunch-plan-would-bite-into-Indonesia-s-budget-analysts-warn, accessed March 30, 2024.
③ "BOS Fund Suggested to Finance Prabowo's Free Lunch Program," The Jakarta Post, March 13, 2024, https：//www.thejakartapost.com/opinion/2024/03/13/analysis-bos-fund-suggested-to-finance-prabowos-free-lunch-program.html, accessed March 30, 2024.

用，已开始寻找可以替代印尼的其他合作伙伴。① 另外，印尼从意大利购买贝尔加米尼级护卫舰、从法国引进"鲉鱼"级柴电潜艇、从美国购买"黑鹰"运输直升机等项目也存在不同程度的资金缺口，推进较为缓慢。普拉博沃提高国防预算的主张仍受到不少非议，异见人士认为他提出的国防现代化计划不够清晰，一味不计成本地花大价钱进口武器装备，可能使印尼背负更加沉重的债务。

（三）如何平衡大国关系实现既定战略目标

印尼"2045黄金愿景"要求在外交领域，落实"全球海洋支点"战略、维护东盟中心地位，构建开放、包容的区域秩序，将印尼打造成为在亚太地区具有较强影响力的国家。然而，随着国际力量对比发生深刻变化，中美战略博弈长期化、复杂化、多领域化，亚太地区地缘政治风险全面上升，中小国家选边站队的压力增大。在此背景下，普拉博沃政府要如何处理同中国、美国的关系，在满足本国安全和经济需求的同时，对大国竞争进行风险管控，将在很大程度上影响印尼未来的发展。

中国和印尼都是发展中大国和重要新兴市场国家，秉持以人民为中心的发展思想，共同利益广泛。近年来，在两国元首的战略引领下，双方积极推动"一带一路"倡议与"全球海洋支点"构想协同增效，中国和印尼全面战略伙伴关系蓬勃发展，成为全球南南合作的典范。尤其是两国贸易投资增长迅速，2022年《区域全面经济伙伴关系协定》（RCEP）全面生效后，中国和印尼双边贸易额持续冲高，贸易结构不断优化。2023年中印尼双边货物贸易总额达1271.2亿美元，中国已连续11年保持印尼最大贸易伙伴地位，也是仅次于新加坡的印尼第二大投资来源国。② 通过打造雅万高铁、推动"区域综合经济走廊"和"两国双园"等旗舰项目的建设，中国和印尼为深化地区互联

---

① "S. Korea Mulls Plan B as Indonesia Falls Behind on KF-21 Project Payments," *The Korean Economic Daily*, November 1, 2023, https：//www.kedglobal.com/aerospace_defense/newsView/ked202311010012, accessed March 30, 2024.

② 《印尼多举措扩大出口贸易》，光明网，2024年2月6日，https：//m.gmw.cn/2024-02/06/content_1303654600.htm，最后访问日期：2024年3月30日。

互通合作发挥了示范引领作用。印尼的东南亚秩序愿景与中国推动的亚太地区秩序转型的前景相兼容，两国都致力于维护东盟在区域架构中的中心地位。2023年印尼在担任东盟轮值主席国期间，与中国一道加强了"一带一路"倡议同东盟"印太展望"重点合作领域的对接。可见，中国和印尼的合作不仅造福了两国民众，还为周边地区和世界繁荣稳定注入了强劲动力。普拉博沃担任国防部长时，和中国打过多次交道，是两国关系快速发展的参与者和见证者。他曾在公开场合对中国发展成就表示赞赏，并呼吁各国对中国的正当崛起给予尊重。[1] 而且，普拉博沃计划继续实施服务国家发展大局的经济外交政策，在基础设施建设、推动科技创新、扶贫减贫等方面也需要与中国维持密切合作。2024年3月31日，普拉博沃以印尼当选总统、大印尼行动党总主席身份开启了对华为期3天的访问。普拉博沃将中国作为其正式宣布胜选后的首访国家，具有承前启后、继往开来的重要意义。在与中国国家主席习近平、总理李强举行会谈时，普拉博沃明确表示支持发展更加紧密的印尼同中国关系，愿学习借鉴中国共产党的经验，深化治国理政交流。而在与中国国防部长的会见中，普拉博沃也提到希望两国加强防务合作。中方表示中国军队愿与印尼军队巩固战略互信、深化联演联训、加强人员交流，推动两军务实合作迈上新台阶。[2] 总体看来，在普拉博沃任内，中国和印尼将继续保持政治、经济、安全等"多轮驱动"的合作格局，双边关系有望延续良好发展势头。

但回望过往，普拉博沃也曾为了迎合国内民族主义情绪，摆出对华强硬姿态。在2019年总统大选时，普拉博沃批评佐科政府在贸易投资方面过分倚重中国，扬言如若当选将重新评估"一带一路"合作项目。[3] 另外，虽然

---

[1] 《"中国的正当崛起，请尊重！"》，上观新闻，2022年6月13日，https://export.shobserver.com/baijiahao/html/497468.html，最后访问日期：2024年3月30日。
[2] 《董军同印度尼西亚当选总统、国防部长举行会见》，中国国防部网站，2024年4月2日，http://www.mod.gov.cn/gfbw/jswj/16298349.html，最后访问日期：2024年4月5日。
[3] "Indonesia to Review China's Belt and Road Projects if Prabowo Beats Widodo in Presidential Election," South China Morning Post, October 18, 2018, https://www.scmp.com/week-asia/geopolitics/article/2169455/indonesia-review-chinas-belt-and-road-projects-if-prabowo, accessed March 30, 2024.

印尼并非传统的南海争端方，但与中国在南海部分海域存在海洋权益主张重叠问题。一直以来，普拉博沃对两国在纳土纳群岛附近海域的纠纷持克制态度，在公开发言中强调中国始终是印尼的友好邻邦，呼吁双方通过对话协商妥善处理争端。不过，在本次竞选辩论中普拉博沃曾提到，南海问题是当前印尼面临的"主要安全威胁和重要战略挑战之一"，印尼需提升海上防御能力，以维护纳土纳北部海域的主权。因此，有观察人士猜测军人出身的普拉博沃上任后，可能重新调整对地区安全和南海问题的态度，通过渲染外部威胁来促使印尼当局加大对海洋国防建设的支持力度。[①]

普拉博沃曾因在东帝汶军事行动中的人权污点，遭到西方国家制裁，美国在2019年才解除了对普拉博沃的入境限制令。但作为一名务实、老练的政治家，这些经历似乎并未阻碍普拉博沃从国家利益出发，推动印尼与美国的军事安全合作。拜登上台执政后对特朗普的东南亚政策进行了修正，有意完善"印太战略"在该区域的伙伴网络，其中一项重要举措就是深化与印尼的关系。而印尼很早就对"印太"概念展现出兴趣，出台了自己的"印太政策"。佐科在"全球海洋支点"构想中也强调印尼连接太平洋与印度洋的特殊位置，意图利用本国地缘优势谋求更多战略收益。近年，印尼与美国的防务交流更加频繁、联合军演恢复并升级，美国对印尼的军售规模显著扩大。不过，美国和印尼在地区安全问题上也不乏分歧，最为突出的就是美日印澳"四方安全对话"（Quad）和"奥库斯"（AUKUS）在东南亚活跃度上升，一方面，可能助长周边国家的军备竞赛，使印尼面临增加安全支出的风险；另一方面，也对东南亚无核区造成冲击，使东盟在地区安全事务中被边缘化，这与印尼维护东盟团结与发展、弘扬开放的区域主义的外交宗旨相违背。同时，印尼与美国在俄乌冲突、巴以冲突等国际热点问题上存在明显的立场差异，两国还不时在民主制度、宗教议题上发生争执，在一定程度上阻碍了双方战略互信的提升。

---

① "Where Is Jakarta's South China Sea Policy Heading Under Prabowo?" Benar News, February 16, 2024, https://www.benarnews.org/english/news/indonesian/prabowo-scs-02162024031933.html, accessed March 30, 2024.

经济领域，虽然美国将印尼纳入"印太经济框架"（IPEF）、"公正能源转型伙伴关系"（JETP）等多边合作机制，并有计划地增加了对印尼的经济援助和投资，但两国经贸合作的成效仍然低于印尼预期。首先，美国和印尼尚未签署自由贸易协定，印尼对美国出口的商品通关流程烦琐、面临诸多贸易壁垒，在美国市场中竞争力较弱。2023年，佐科总统在与美国总统拜登、副总统哈里斯会晤时多次提出希望与美国就镍等关键矿物达成有限自由贸易协定，使印尼生产的电动汽车电池等产品获得美国《通胀削减法案》税收抵免。但美国政客和媒体却刻意炒作"中国垄断印尼矿业生产"等话题，阻碍美国与印尼就相关议题进行谈判。① 其次，2023年美国对印尼的直接投资总额仍在新加坡、中国和日本之下。美国也曾表示要通过"重建更美好世界"（B3W）计划对印尼基建工程注资，但实际投资却始终是"雷声大雨点小"。印尼大选结束后不久，美国宣布向努桑塔拉建设提供近250万美元的捐款，② 但这笔款项与印尼新首都项目巨大的融资缺口相比，无异于杯水车薪。也难怪有学者认为，2023年美国和印尼将双边关系提升为全面战略伙伴，象征意义远大于实际内容。③

结　语

2023年印尼走出新冠疫情阴霾，经济社会全面恢复常态化运行，基本抵御住了世界经济衰退和地缘政治冲突带来的不利影响，重回"发展快车道"。2024年初印尼全国大选顺利举行，不出意外的情况下，普拉博沃和佐

---

① "U. S. Senators Oppose Indonesia FTA That Paves Way for Nickel Subsidies," NIKKEI Asia, November 2, 2023, https://asia.nikkei.com/Spotlight/Supply-Chain/U. S. -senators-oppose-Indonesia-FTA-that-paves-way-for-nickel-subsidies, accessed March 30, 2024.

② "United States Announces New Support for Sustainable Development of Nusantara," US Embassy & Consulates in Indonesia, March 7, 2024, https://id.usembassy.gov/united-states-announces-new-support-for-sustainable-development-of-nusantara/, accessed March 30, 2024.

③ "Symbolism over Substance in US-Indonesia Partnership," East Asia Forum, January 30, 2024, https://eastasiaforum.org/2024/01/30/symbolism-over-substance-in-us-indonesia-partnership/, accessed March 30, 2024.

科两位新旧总统领导的班子将会有条不紊地完成权力交接。对普拉博沃而言，如何保持印尼经济可持续发展、增强百姓的获得感、创造良好的执政功绩，提升本国对东盟乃至广大发展中国家的号召力，扩大印尼作为中等强国的国际话语权，将是他面临的主要任务。外交是内政的延伸，为了服务国家内部建设、实现让经济增长率从5%提升至8%的宏伟目标，遵守大国平衡的外交原则、与各方势力维持良好关系仍是符合印尼国家利益的最佳生存策略。不过，独立自主、不结盟的平衡外交并非等距离外交，而是全方位、多层次，有重点的。在中美战略竞争态势全面凸显的当下，普拉博沃大概率将在经济领域继续强化与中国的合作，但为了降低"过度依赖中国的风险"，他可能以两强博弈作为筹码，争取美国加大对印尼的投资力度，以对冲中国快速上升的影响力。同时，印尼国内各政治派别、利益集团间的斗争关系错综复杂，中国合作建设的一些项目也可能受到干扰。所以，中国对印尼的投资布局也需审慎。政治安全领域，普拉博沃会加强与中国的政策互动、深化战略对接，谨慎处理两国的海洋权益之争、避免紧张局势，为经济合作营造和谐的政治氛围和良好的安全环境。然而，不能排除印尼新一届政府通过巩固与美国及其盟友的军事安全合作，借力牵制中国、缓解国内对华焦虑的可能性。对此，中国一方面需要保持战略定力，坚持亲诚惠容周边外交理念，围绕深化中印尼全面战略伙伴关系和命运共同体建设的主线，在凝聚两国高层共识中提升政治互信，在更高水平、更大范围推动中印尼经贸合作高质量发展的同时，深化全方位多领域合作，给两国人民带来更多实在的福利；另一方面，也要持续追踪印尼国内政治形势和社会舆情，关注普拉博沃政府的外交政策动向，深入分析其战略意图及行动逻辑，识别对华潜在风险，长远布局、精准施策。重点防范美日澳等国干扰普拉博沃政府在南海问题上的立场，尽快同包括印尼在内的东盟国家加强对话、全面落实《南海各方行为宣言》，共同推进"南海行为准则"早日落地，有效维护南海和平稳定，才能保证中国与印尼关系健康发展。

B.9
印度教民族主义强势崛起对印度内政外交的影响及发展趋势

钟 爱*

摘 要： 自2019年进入第二个任期以来，莫迪政府推进印度教民族主义议程的速度明显加快，不仅构建了"印度教至上"的话语体系，而且还以行政立法的方式在全国范围内推行"印度教特性"意识形态。受此影响，印度长期坚持的世俗主义逐渐褪色，印度教民族主义意识形态成为国内主流意识形态，对印度的政治生态与社会发展产生了复杂的影响。印度教民族主义的影响不仅限于国内政治层面，而且对印度的国际战略和外交行为模式产生了重要影响。随着废除印控克什米尔地区特殊地位、重建罗摩神庙和制定统一民法典这三项重大印度教民族主义议程的逐渐推进和完成，印人党的执政地位更加稳固。未来，印人党推进印度教民族主义议程的手段和方式将更为灵活多样，注重在意识形态上强调"世俗的印度教特性"的合理与合法性，这必将影响印度国内政治生态与社会形态，也将对印度的外交政策产生深远影响。

关键词： 印度教民族主义 莫迪政府 印人党 世俗主义

在印度人民党（以下简称"印人党"）过去十年的执政过程中，印度的政治和社会生活发生了根本性变化。印人党通过推进印度教民族主义议程在很大程度上改善了印度人民身份认同碎片化的问题，但也导致国内少数族

---

* 钟爱，博士，云南财经大学印度洋地区研究中心讲师。

群被极端边缘化，社会撕裂加剧。与此同时，印度经济增长进入快车道，当前特殊的国际政治环境赋予印度更多的战略投机空间，使得莫迪政府在内政外交上更加自信与强硬。2024年印度议会下院选举结束后，印人党获得240席，保持了第一大党的优势地位，主流观点认为，新政府在莫迪第三任期将会继续推进印度教民族主义议程，但由于印人党未能获得人民院单独超半数席位，在盟友的掣肘下，其政策推行的力度和手段可能有所缓和。本报告将在考察印度教民族主义当前发展态势的基础上，分析其对印度社会及政府内政外交的影响，并对印度教民族主义未来的发展趋势进行研判。

一 莫迪政府执政以来印度教民族主义发展态势

为了强调印度教主体民族的正统性以及印人党执政的合法性，并在全国范围内推行印度教民族的生活方式，莫迪政府通过将"世俗主义"再定义，以"维护公平"为名出台一系列印度教"多数主义"政策法规。这些法律法规对少数族群的宗教情感和日常生活产生了极大的负面影响。

（一）话语建构

塑造"印度教民族"的正统性与纯洁性一直是印度教民族主义者宣传话语中的核心内容。长期以来，印度教民族主义者认为印度教是诞生于南亚次大陆的本土宗教，代表了印度最根本的哲学思想；印度教徒作为雅利安人的后裔，天然享有原住民的正统性和纯洁性。在印度教民族主义者眼中，历史上印度没能有效应对穆斯林和西方殖民者入侵的主要原因在于印度教内涵的多元、松散和复杂性，导致印度教徒的力量无法凝聚共同对抗威胁。因此，印度教民族应该通过打造"印度教特性"（Hindutva），着力强调印度教徒的身份认同，最大限度地构建共同的、有组织的宗教信仰。进行"我者"与"他者"的划分、渲染"他者"的威胁，则成为达成上述目的的主要手段。1923年"印度教大斋会"领袖V. D. 萨瓦卡在《印度教特性》（*Hindutva*）一书中对"印度教民族"（我者）和"非印度教民族"（他者）做了经典论述。

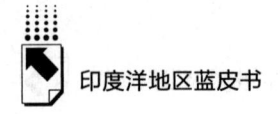

萨瓦卡认为，基于共同的宗教、文化、历史、种族和语言，印度教徒是一个同质的民族，而基督徒、穆斯林等被视为"不尊重印度教文化的另一类人"，他们的圣地不在印度。①

莫迪政府虽然没有像萨瓦卡这样以歧视性的口吻公开宣扬印度教徒和非印度教徒之间的区别，并且始终否认印度政府在执政期间有任何歧视少数族群的行为，②但包括国民志愿服务团（RSS）的喉舌媒体《组织者周刊》（*Organiser Weekly*）等在内的一些印度教右翼势力时常通过诱导性语言暗示和强调印度教民族的主体性和纯洁性，将外来势力描绘为导致印度社会不安的"污染源"。近年来，《组织者周刊》通过回顾印度教中的经典史诗和宗教典籍，以"人民"、"发展"和"环境"为主题发表了多篇文章。在这些文章中，印度被描绘为一个古老生态的印度教国家，印度教徒被刻画为一个根植于自然的民族，拥有保护地球母亲的光荣使命；印度河流和动物都被赋予了印度母亲的形象，而将穆斯林比作对印度自然和社会产生负面影响的污染源，摧毁了原本纯洁、有秩序和稳定的印度教社会。与此同时，印度总理莫迪被比喻为拯救印度社会的救世主，甚至能够从不安和灾难中拯救世界。③

印人党通过打造印度总理莫迪光辉的政治形象强化印人党执政的合理性与合法性。20世纪90年代以来，印度在经济上推行新自由主义政策，进行市场化和全球化改革。在此期间，虽然国家经济高速发展，但印度政府却忽略了经济发展中的结构失衡、社会不平等和政治腐败等问题，导致社会底层民粹主义情绪逐渐累积。印人党自2014年参加选举至今，一直都积极利用民粹主义动员策略打造莫迪"人民偶像"的政治形象。④莫迪在选举过程中强调自己"卖茶人"和印人党基层工作者的平民经历，凸显了拉胡尔·R.

---

① 朱明忠、尚会鹏：《印度教：宗教与社会》，世界知识出版社，2003，第144页、148页。
② 《被指涉及宗教歧视，印度总理莫迪矢口否认》，环球网，2023年6月23日，https：//m.huanqiu.com/article/4DQaf68TR1d。
③ Mukul Sharma, "Hindu Nationalism and Right-wing Econology: RSS, Modi and Motherland Post-2014," *Studies in Indian Politics*, Vol. II, No. I, 2023, p. 102.
④ 冯立冰：《莫迪时期印度民粹主义复兴的根源分析》，《世界民族》2023年第5期，第119页。

甘地（Rahul R. Gandhi）的精英背景，借此煽动民意以达到批判建制精英的目的。莫迪的政治形象具有两个重要特征：禁欲主义和父权主义。一般来说，西方的男子气概是以肉体力量为基础，而东方的男子气概则重视精神力量，尤其在印度教文化中这种精神力量体现在对身体欲望的自我控制，特别是对性和食物的完全克制。莫迪在公众面前把自己描绘成一个苦行僧——即自制力很强的人，高调展示自己的禁欲天性。比如他很早就宣布了自己严格素食的饮食习惯和婚姻状况，以彰显自己没有家庭的羁绊、不易腐败和愿意全心全意为国家服务的热情。此外，莫迪通过在大壶节进入恒河沐浴、乘坐LCA"光辉"战斗机，以及在印度拉克沙群岛浮潜等各类活动打造自己的亲民人设。在2024年印度大选中，年轻选民尤其是首次参与投票的年轻人数量激增，为了吸引这一部分选民，印人党频繁组织莫迪与年轻选民的线上见面会，同时开展了"我的第一票投给莫迪"（My First Vote For Modi）宣传活动。莫迪的政治形象为印人党在选举和执政过程中带来了巨大的优势。皮尤研究中心2023年的调查显示，大约80%的印度人对莫迪持好感态度，近七成的印度人认为自己国家近年来在全球的地位有所提高。[1]

（二）政策法规

印人党通过推进印度教民族主义议程，印度"世俗主义"在法律制度框架内被不断突破。虽然"世俗主义"原则存在于印度宪法中[2]，但是对于"世俗主义"究竟该在多大程度上覆盖人民的生活在印度国内一直存在怀疑和争论。假如印度要建立真正的政教分离国家，那就意味着国家不能合法地使用任何权力对宗教事务进行干预，包括废除种姓制度中的"不可接触制"等。而这却又与印度宪法第25条第2款相冲突，该条款允许国家干预有利

---

[1] Archis Mohan, "80% Indians Have Favourable View of PM Modi, Pew Survey," The Federal, August 30, 2023, https://thefederal.com/category/international/pew-survey-narendra-modi-popularity-95273.
[2] 1951年印度宪法的初始文本中未正式出现"世俗主义"一词，1976年宪法第42次修正案中"世俗的"（Secular）一词才写入序言："我们，印度人民决心建立一个主权的、社会主义的、世俗的和民主的共和国。"

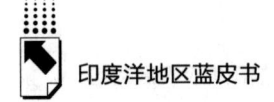

于社会改革的宗教相关事务。① 这就导致了矛盾的出现：一方面，印度的"世俗主义"明确肯定了国家和宗教的分离，任何宗教团体不得在各类政治过程中享有特权；另一方面，印度政府仍然能够以社会改革的方式构建国家与宗教之间的关系、制定法律来规范与宗教有关的"世俗"活动，如废除印度教中的传统陋习等。这一矛盾的存在使得印度从未真正实现政治与宗教的彻底分离。

在具体实践中，国大党的"世俗主义"一直都具有"软印度教特性"（Soft Hindutva），在国家与印度教身份、宗教间关系和穆斯林权利等问题上缺乏坚定和一以贯之的立场。一方面，国大党扶持在社会和教育领域处于落后地位的少数派宗教群体（主要是穆斯林）。例如，2023年5月国大党承诺，如果执政，将在卡纳塔克邦恢复已经被废除的为穆斯林在工作和教育方面提供4%的配额。② 另一方面，为了挽回选举中的不利局面，国大党在政治策略上越来越多地迎合印度教多数派。自2017年北方邦议会选举后，拉胡尔·甘地时常公开宣扬自己的婆罗门家庭背景以及自己对印度教的尊崇，并频繁参观印度教寺庙。2014年以来，国大党的"世俗主义"一直饱受印人党的攻击，尤其是20世纪70年代后期国大党在世俗主义路线上的机会主义策略成为印度教民族主义者攻击的重点。③ 莫迪认为国大党的"世俗主义"是对少数教派的同情和"绥靖"以及对印度教的仇恨④，而在莫迪口

---

① 印度宪法第25条第2款规定，国家有权指定法律"规范或限制任何可能与宗教活动有关的经济、财政、政治或其他世俗活动，向印度教社会各阶级提供社会福利，开放具有公共性质的宗教机构"。
② "Congress Promises to Restore Scrapped 4 Percent Quota for Muslims in Karnataka if It Comes to Power," The Times of India, March 26, 2023, https：//timesofindia.indiatimes.com/elections/assembly-elections/karnataka/news/congress-promises-to-restore-scrapped-4-per-cent-quota-for-muslims-in-karnataka-if-it-comes-to-power/articleshow/99009799.cms, accessed March 27, 2024.
③ 陈金英：《"世俗主义"变迁与印度人民党的印度教国家》，《南亚研究》2021年第1期，第60页。
④ Shamil Shames, "A Clear and Present Danger to India's Secularism," The Diplomat, June 10, 2014, https：//thediplomat.com/2014/06/a-clear-and-present-danger-to-indias-secularism/, accessed February 10, 2014.

中，印度的"世俗主义"就是印度第一。①

印人党在对国大党"世俗主义"污名化的同时，构建了印度教民族主义自己的世俗政治话语。首先，印人党指责国大党的"世俗主义"是毫无原则和机会主义的"伪世俗主义"（Pseudo-secularism），是基于选举需要而对少数宗教群体（主要指穆斯林）实行的"绥靖"政策。其次，印人党承认国家的本质是世俗的实体，其党章称："党将忠诚于宪法和社会主义、世俗主义和民主的原则，维护印度的主权、统一和完整。"② 2010 年，时任印人党主席的阿德瓦尼曾表示，"印度教特性和世俗主义是一样的"，"在印度教特性中能找到世俗主义的根源"。③ 时任马哈拉施特拉邦首席部长的德文德拉·法德纳维斯（Devendra Fadnavis）提出"世俗的印度教特性"（Secular Hindutva）。④ 最后，印人党提出"积极的世俗主义"（Positive Secularism）理念，其核心观点是国家和宗教并不完全分离，根据多元宗教宽容和共存原则，所有宗教平等发展。这就意味着，不论是宗教多数派还是少数派都不应获得特殊照顾，信仰任何宗教的公民都应获得平等的权利和机会。在此基础上，印人党以"维护公平"和"实践真正的世俗主义"为名，推行了一系列印度教民族主义政策法规。

2023 年 12 月 11 日，印度最高法院作出裁决，支持 2019 年 8 月莫迪政府废除关于"印控克什米尔特殊地位"的宪法第 370 条，并要求联邦政府

---

① "Secularism for Me Is India First! We Will Understand Its True Meaning then Votebank Politics Ends!" Narendra Modi, August 31, 2012, https：//www.narendramodi.in/secularism-for-me-is-india-first-we-will-understand-its-true-meaning-then-votebank-politics-ends-4695, accessed February 10, 2014.

② "Charter of Bharatiya Janata Party," Election Commission of India, http：//eci.gov.in/files/file/4929-bharatiya-janata-party/.

③ "Hindutva and Secularism Are the Same：Advani," *Times of India*, April 12, 2010, https：//timesofindia.indiatimes.com/india/hindutva-and-secularism-are-the-same-advani/articleshow/5785835.cms?from=mdr; "Secularism Has Its Roots in Hindutva：Advani," *The Indian Express*, April 12, 2010, https：//indianexpress.com/article/political-pulse/secularism-has-its-roots-in-hindutva-advani/, accessed February 10, 2024.

④ "Secular Hindutva," *The Statesman*, April 15, 2018, https：//www.thestatesman.com/opinion/secular-hindutva-1502622418.html, accessed February 10, 2024.

尽快恢复该地区的"地方邦"地位。虽然宪法第370条中"印控克什米尔特殊地位"的大部分效力早已形同虚设，但其具有的特殊象征意义对于印度教右翼人士而言，是其实现"统一印度教国家"的障碍，① 因此废除宪法第370条也成为印人党在2019年大选期间的重大承诺之一。宪法第370条被废除后，印控克区在金融和通信等多项事务上不再享有法定自主权，当地民众不再拥有双重国籍，其他邦的印度公民可以在该地区购买土地。2019年11月印度最高法院判决可以在阿约提亚有争议的土地上重建罗摩神庙，2024年1月22日印度总理莫迪出席印度教罗摩神庙的揭幕式，象征着这场持续了一个多世纪的清真寺-印度教寺庙之争最终以印度教徒取得最终胜利画上句号。对印度教右翼而言，罗摩神庙被穆斯林摧毁代表着古印度文明被穆斯林入侵的伤痛记忆，而重建罗摩神庙则代表着"印度教国家"的光复。因此，莫迪为罗摩庙揭幕的行为从短期看可以在很大程度上助力2024年4~5月举行的印度大选，从长期看则是印度教民族主义者对印度"世俗国家"的一次成功改造。

为了使印度教民族主义议程在推进过程中更加顺利与合理，印人党把印度教右翼意识形态与国家安全和经济发展等重大议题绑定。在国家安全问题上，莫迪政府一直在灌输一种观念：国家从根本上来说是不安全的，需要有强大的人来保护它；这种不安全不仅来自巴基斯坦等外部敌人，还来自国家内部的"敌人"。印度国内的非政府组织（NGO）就"不幸"成为印人党口中的内部"敌人"。长期以来，NGO在推动印度国内社会福利和倡导性别平等等方面发挥着重大作用。然而2014年以来，莫迪政府以"非政府组织会超越职权范围、威胁国家安全"为由对国内的NGO进行打压。② 莫迪政府根据《外国捐款监管法》（FCRA）取消了1.7万个接受外国捐款NGO的

---

① 杨怡爽：《莫迪政府第二任期的政策构架和行为逻辑》，载朱翠萍主编《印度洋地区发展报告（2021）》，社会科学文献出版社，2021，第140页。
② Komala Ramachandra, "The International Interest: India's Growing Suspicion of Foreign-funded NGOs Is Part of an Emerging Global Trend," *Caravan*, August 1, 2014, https://caravanmagazine.in/perspectives/international-interest, accessed March 27, 2024.

许可证。印度具有影响力的 NGO 往往十分依赖外国资金，因此许多有影响力的 NGO 均由于资金短缺而关闭。莫迪政府重点打压两类 NGO：一类是非印度教信仰的 NGO（如基督教慈善组织），理由是这类 NGO 会威胁印度教的生存和人口结构；另一类则是经常批判印人党并被印人党视为"政权威胁"的 NGO，例如与国大党关系密切，关注人权的"国际特赦组织"，该组织在印度教右翼组织的干涉下已经在 2020 年暂停了在印业务。另外，莫迪政府将发生在印控克什米尔的恐怖袭击与"伊斯兰恐怖主义"联系起来，并声称巴基斯坦领土被用于制造恐怖袭击，希望借此获得民众对其向印控克什米尔实施的高压政策的理解和支持。

在经济与发展问题上，莫迪政府将右翼意识形态嵌入"印度制造"和"自力更生"等倡议之中，以印度教民族主义的意识形态话语阐释印度的国家发展思路。近年来，在经济民族主义和对华"零和竞争"思维影响下，印度持续对华推动"经贸脱钩"并积极打造"对华产业替代"，宣称印度将替代中国成为全球制造业的目的地。新冠疫情和 2020 年加勒万河谷冲突发生以来，莫迪政府的对华外资政策发生了多重调整。首先，2020 年印度工商部发布"3 号通告"（Press Note No. 3），将直接或间接来自与印度陆地接壤国家的投资从之前适用于大部分行业的"自动路径"审批改为"政府路径"审批，[1] 且印度的"陆地接壤国"从 2017 年以来的两国（孟加拉国和巴基斯坦）扩大至包括中国在内的 7 个国家。其次，以维护印度国家安全为由，恶意封禁中国 App，延长中国商品清关时间并引导公众舆论抵制中国商品；通过收紧签证和税务稽查等方式，提高中企赴印投资经商门槛，不断滋扰中企正常经营。近年来，印度税务部门对包括小米、OPPO 和 vivo 等中企进行突击税务检查，并以"逃税"和"洗钱"等罪名要求企业补缴巨额罚款。实际上，印度税务机构和招商引资部门之间的政策失调才是赴印中企

---

[1] "Consolidated FDI Policy," Department for Promotion of Industry and Internal Trade, Ministry of Commerce & Industry, Government of India, October 15, 2020, p. 14, https://www.meity.gov.in/writereaddata/files/FDI-PolicyCircular-2020-29October2020_0.pdf, accessed May 7, 2024.

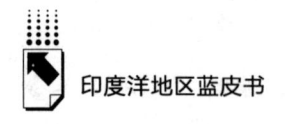

如今频遭"查税风暴"的根本原因。曾经在印度招商引资部门指导下的中企"合规"经营，如今却成为莫迪政府打击中企的"实锤"。①

（三）日常实践

莫迪政府执政以来，印度教民族主义意识形态以极快的速度从政治领域扩散至日常生活领域，对包括文化、教育、娱乐在内的各领域进行了不同程度的渗透，在很大程度上将当代印度的社会发展方向朝着"印度教特性"的生活方式推动。想要理解"印度教特性"文化或"印度教特性"生活方式，需要追溯到 V.D. 萨瓦卡对"印度教特性"做出的定义。萨瓦卡认为，"印度教特性"并不等于"印度教"，"印度教特性"的重点不是其宗教含义，而是体现民族的历史和文化等因素，即印度多元文化的一种生活方式。上述对"印度教特性"的理解看似淡化了"印度教特性"与印度教教派主义之间的联系，但其根本目的是弥合印度教徒内部的分歧，将"印度教特性"延展为所有印度教民族的身份标志，同时将穆斯林和其他非印度教徒划分为"不尊重印度教文化的另一类人"。这种"我者"和"他者"的二元划分，正是"印度教徒特性"的核心所在。2014 年以来，印人党推出的一系列具有"印度教特性"的政策法规，通过"软硬兼施"的手段，以制度规范的形式将印度教主体民族的日常生活方式强加给其他宗教少数群体。其中"硬性"手段包括推行禁屠牛令、统一民法典、反改宗法等；"软性"手段包括修改教科书和公共标识，在国内外推广瑜伽和印地语等，以达到潜移默化地影响民众认知和日常生活方式的目的。

屠牛问题是典型的同时涉及宗教情感、政治文化和经济民生的重大生活议题，历来备受争议。②印度独立后，虽然宪法中有保护牛类的指导原则，各邦也制定了宽严不一的禁止屠牛的法案，但并未在全国范围内形成统一的

---

① 胡仕胜：《印度对华产业替代的政策实践与底层逻辑》，中美聚焦，2024 年 1 月 8 日，https://cn.chinausfocus.com/finance-economy/20240108/43096.html，最后访问时间：2024 年 3 月 25 日。
② 吴晓黎：《解析印度禁屠牛令争议——有关宗教情感、经济理性与文化政治》，《世界民族》2016 年第 5 期，第 77~89 页。

禁屠牛令。莫迪执政后，关于禁止屠牛的立法在中央和各邦均有了实质性进展。随着通过禁屠牛令的邦的数量的不断增加、处罚范围和力度的不断加大，目前印度大多数邦均已在不同程度限制或禁止屠宰牛类。①

莫迪执政后一直在推动制定"统一民法典法案"（UCC），目前印人党领导的北阿坎德邦议会已经通过这一法案，并提交总理批准。② 由于目前印度没有适用于全国人民的婚姻家庭法典，而是根据宗教的不同以单行法规的形式对婚姻和财产继承进行规定。如印度教属人法中包括的《1955年印度教婚姻法》和《1956年印度教继承法》以及穆斯林属人法涵盖婚姻和继承问题的伊斯兰教法等。因此，这部法案将成为印度第一部统一民法典，将对印度人的结婚、离婚、收养和继承等问题做出统一的规定。应当承认的是，统一民法对根除一些较为落后的封建教法有进步意义，正如UCC的推动者所宣称的他们的目标是让世俗凌驾于宗教法之上，将赋予来自不同宗教群体的人们公平待遇。但也要看到莫迪政府利用"世俗主义"支持自己的立场，通过立法将部分穆斯林和基督教徒的行为方式和宗教法规"非法化"，这被认为侵犯了一个社群制定自己关于继承和婚姻等法律的权利，③ 而印度教内部许多落后的教条和习俗却未被触动。

反改宗法的推广是印度教右翼以立法的方式影响印度少数社群生活方式的另一重要案例。在2020年11月至2021年2月，印度北方邦颁布了《禁止非法改宗法令》（Prohibition of Unlawful Conversion of Religion Ordiance），通过了《禁止非法改宗议案》（Prohibition of Unlawful Conversion of Religion Bill）。该议案规定，除了禁止以强制和欺骗方式改变他人宗教，还特别禁止为了结

---

① 王凯：《莫迪执政以来印度教民族主义的日常化及影响》，《南亚东南亚研究》2023年第1期，第25页。
② 苑基荣：《"史无前例"！印度一邦通过"统一民法典法案"，严格措施引发争议》，环球网，2024年2月9日，https://world.huanqiu.com/article/4GVl6bKLpyB，最后访问日期：2024年3月21日。
③ Apoorna Sharma, "What's the Uniform Civil Code (UCC) and Controversises Around It," WION, February 7, 2024, https://www.wionews.com/india-news/whats-ucc-and-controversies-around-it-687913, accessed March 21, 2024.

婚而改宗的行为，并且在婚后希望改宗的人需要向当地政府提出申请。因此，这一议案也被称为"反'爱情圣战'法"。①自从反改宗法颁布后，该邦多人受到因以恋爱和结婚为目的而改宗的指控或逮捕，其中被告大多数为穆斯林，这也进一步加深了印度教徒和穆斯林之间的分裂。推动反改宗法的印度教民族主义者宣称，穆斯林社群人口的上升和印度教人口的下降将使印度教社群的财产和女人受到威胁。而实际上，在当代印度，改宗对于人口比例的影响十分微小，因此反改宗法的本质是政治宣传战，目的在于塑造保卫印度教身份的舆论和氛围；同时也是一种煽动印度教徒情感的选举动员策略。②

除了上述硬性法规措施，莫迪政府还通过各类软性措施强化印度教的生活方式。在莫迪政府的大力推广下，2016年瑜伽被列入联合国教科文组织非物质文化遗产，目前已经成为印度在国际上的文化标识。在一些邦，瑜伽被列入公立学校的必修科目。③瑜伽的"强势"推广引发了印度少数族群尤其是穆斯林群体的不满，穆斯林认为瑜伽作为一种印度教仪式，其大范围的推广导致非印度教徒被迫接受印度教的宗教文化和习惯。除此之外，2014年以来，莫迪政府在全国范围内尤其是非印地语地区大力推广印地语、将一些具有伊斯兰文化印记的城市、街道名称和公共标识改为与印度教历史文化相关的名称。在国内外公开场合，莫迪"以身作则"几乎只使用印地语发言，同时鼓励官员在通信、办公、日常交流和社交网站上使用印地语。④

---

① "Uttar Pradesh Legislative Assembly Passes 'Love Jihad' Bill Amidst Opposition Protest," *The Wire*, February 25, 2021, https://thewire.in/communalism/uttar-pradesh-legislative-assembly-passes-love-jihad-bill-amidst-opposition-protest, accessed March 23, 2024.
② 吴晓黎：《反改宗政治与"印度教国家"建设》，《世界民族》2022年第6期，第55页。
③ "Yogo Included in Governement School Curriculum from Classes 1 to 10 in Haryana: Khattar," *Times of India*, June 21, 2021, https://timesofindia.indiatimes.com/india/yoga-included-in-government-school-curriculum-from-classes-1-to-10-in-haryana-khattar/articleshow/83711212.cms, accessed March 23, 2024.
④ 《印度的"书同文"：印地语和梵文教育能重塑印度吗》，澎湃新闻，2019年6月11日，https://m.thepaper.cn/wifiKey_detail.jsp?contid=3644794&from=wifiKey#，最后访问日期：2024年3月24日。

二 印度教民族主义强势崛起产生的影响

虽然印度宪法确立的"世俗主义"原则在解决印度国家治理难题中还存在许多缺陷，但是总体上较好地维持了印度长期以来的多元文化和族群融合。然而，对于印度教民族主义者来说，在不同宗教相处问题上，"沙拉拼盘"不能产生凝聚力，"大熔炉"才行；在处理国家和宗教之间的关系时，印度教是印度国家身份的来源，印度教的传统文明即代表印度的本质特征，是印度教的情感和忠诚塑造了印度这个国家。他们的政治目标是在以印度教徒为多数人团结的基础上，建立一个"印度教化"的统一的印度，各类宗教需要在接受印度教作为印度国家政治和文化主导位置的前提下融入印度，因此，在"印度教至上"的政治环境下，宗教少数群体尤其是穆斯林的社会地位不断下降，不同民族和阶层的对立情绪加剧，暴力冲突和犯罪事件频发，对印度社会的稳定形成持续冲击。在国际和外交领域，虽然印度教民族主义思潮主要寻求在国内成为印度社会的主流意识形态，但是其对印度的国际战略、外交行为模式以及如何处理国家间关系产生了潜移默化的影响，尤其是对印度如何看待和处理印巴关系、中印关系以及印度与南亚其他国家间关系等产生了重要影响。印度教民族主义逐渐成为观察、理解和研判印度外交实践的重要视角。

（一）国内政治层面

宗教民族主义作为一种特殊的社会政治现象，是宗教认同和民族国家认同在特定情景中的结合。伴随着宗教与政治力量的结合，政治的动机和逻辑会改变宗教原本的面貌；[1] 政治势力为了谋求利益，会不同程度地利用宗教民族主义达到其目的。在复杂的政治动机的影响下，宗教民族主义往往呈现狭隘和非理性的特征，导致国家内部矛盾更加复杂尖锐。随着印度教民族主

---

[1] 〔英〕罗素：《西方哲学史》（上），何兆武、李约瑟译，商务印书馆，1988，第26页。

义成为印度社会主流意识形态，印度多元包容的文化传统和国家治理原则明显削弱，印度社会氛围整体趋于保守。

第一，在"多数主义"的统治下，印度教主体民族与少数族群的对立冲突不断加剧，印度社会撕裂程度进一步加深。印人党执政后，"护牛"行动①从民间行为上升为国策。随着印度大部分邦严格限制牛的屠宰和交易，大量穆斯林和达利特群体的生计受到了严重冲击。同时，严令禁止牛的屠宰导致印度国内流浪牛数量激增，造成交通阻塞和环境污染，对社会经济产生了消极影响。伴随着"护牛"运动而来的还有"圣牛保护者"对穆斯林群体滥用私刑行为的增加。根据路透社2017年11月的报道，在印度北部，一伙印度教右翼极端分子将一位运送奶牛的穆斯林村民拦截后，将其殴打致死。②而类似的暴力事件在2014年印人党执政后时有发生。穆斯林作为印度人口最多的少数族群，虽然人口数已达到亿量级，但如今其社会和经济地位与印度教徒有明显差距。盖勒普2020年发起的关于印度穆斯林生存状况的调查显示，32%的穆斯林受访者认为自己当前和未来5年的生活状况是艰难的，而只有23%的印度教徒有同样的感受。③

第二，随着印度教优先的价值观逐渐取代世俗主义成为印度国内主流意识形态，印度教民族主义"日常化"的广度和深度不断加强，印人党对国内极右保守政治力量活动的支持和默许致使印度整体社会氛围日趋保守，许多日常生活问题成为敏感的政治议题。当前，印度保守主义势力的活动主要呈现以下特点：将印度国内面临的许多问题归咎于巴基斯坦、恐怖主义和印度国内的穆斯林群体；相信对自己国家的爱高于人权与和平，

---

① 指一系列由印度教民族主义者推动、印度政府支持或默许的保护奶牛的行动，具体包括征收奶牛福利税、为奶牛修建庇护所和成立民间护牛组织等。
② "Emboldened by Modi's Ascent, India's Cow Vigilantes Deny Muslims Their Livelihood," Reuters, November 6, 2017, https://www.reuters.com/investigates/special-report/india-politics-religion-cows/, accessed March 23, 2024.
③ "Muslim in India: Confident in Democracy Despite Economic and Educational Challenges," Gallup, June 2, 2020, https://news.gallup.com/poll/157079/muslims-india-confident-democracy-despite-economic-educational-challenges.aspx, accessed March 23, 2024.

可以以爱国为理由实施暴力，即使是杀戮也是正当的；公开支持威权主义和独裁行为，认为只有强势的领导人才能带领印度走向"强大"；在社交媒体上鼓励民众信任和服从右翼政党领导人，认为领导人所做的一切都有利于印度国家利益的实现；无视民主和公正，用忠于莫迪政府的人员来填补司法职位的空缺，无论其能力如何；漠视世俗主义等宪法价值观；蔑视政治反对派和异见者，热衷于对反对派领导人和左翼社会活动家进行人身攻击；蔑视进步价值观；禁止不支持 RSS 意识形态的一切电影、书籍、喜剧和其他媒体节目，同时通过诽谤、恐吓、人身伤害等形式迫害作家、演员、电影制作人；等等。

2023 年 1 月，推特网红马赫什·维克拉姆·海格德（Mahesh Vikram Hegde）展示了一张与 ChatGPT 的聊天截图，其中显示了 ChatGPT 拿印度教神祇克里希那（Krishna）开玩笑的对话。对此，海格德表示："这是针对印度教的惊人仇恨！"在之后的一段时间里，在印度教民族主义评论家的推波助澜下，该事件被描绘为"针对印度教徒的国际阴谋"，并认定 ChatGPT 是专门在社交媒体上散布针对印度教徒仇恨言论的反印度聊天机器人。类似的事件还有很多。2020 年，印度珠宝著名品牌 Tanishq 的一则广告因为讲述了一个混合信仰家庭的故事，引发了网络抗议，该公司最后只能撤下广告。2021 年，印度服装品牌 Fabindia 使用乌尔都语（印度及巴基斯坦穆斯林常用语言）为排灯节服装进行宣传，遭到了网络抵制，大量网民发起了"抵制 Fabindia"活动，最终 Fabindia 只能撤下广告，并对服装进行重新命名。2023 年 1 月，印度政府动用"紧急权力"禁播了内容中涉及批评莫迪的BBC 纪录片《印度：莫迪问题》（*India: The Modi Question*）。2018~2023 年，莫迪政府根据印度《信息技术法》，以维护印主权完整和公共秩序为名，累计向 X（曾用名：推特）发出 13660 份封锁令。2024 年 2 月，印度杂志《大篷车》发表《陆军哨所传来的尖叫》文章，揭露印陆军虐杀平民，在印度信息和广播部（I&B）的要求下，《大篷车》撤下该报告。之后，印多家媒体向法院提交请愿书，质疑 I&B 强制要求删除网络平台信息的行为违背了新闻自由。除此之外，在中印人文和学术交流领域，也因为印度单方面的限制而阻碍重重。例如，2017年印度外交部削减知名印度涉华智库中国研究所（Institute for Chinese Studies，ICS）的资助；2022年印度外交部规定印度的大学等相关机构与孔子学院合作前需要获得批准，印度智库若要给中国学者团发出访问邀请也需要获得印度相关政府部门的批准。

（二）国际关系层面

首先，在国际层面，印度教民族主义的强势崛起对印度如何看待自身国际地位以及树立何种外交立场产生了一定影响。从伦理学角度看，民族主义是基于特殊主义（Particularism），依据本民族的独特性和特殊性进行社会动员。民族主义者认为民族间的差异性需要在政治上加以强调，不同特征的人群应该生活在不同的政治安排下，国际社会要尊重民族自决原则，保护人类社会多样性。① 再进一步看，民族主义如果朝着较为极端的方向发展则会产生例外主义（Exceptionalism）即认为自身比其他民族在价值理念和政策主张等方面更为进步，并且代表了普遍价值。在印度教民族主义意识形态的塑造和影响下，莫迪政府在国内强势的决策风格也促使其将"印度优先""领导型强国""世界领袖"等目标融入印度的外交战略，致使印度的外交政策立场日趋激进和强硬；进攻性和冒险性明显增强。有学者认为印度教婆罗门的等级世界观影响了印度对国际体系的认知，这一认知被投射到国际关系领域就是印度认为自己"一等大国"的地位是与生俱来的，其他国家都应该对印度的大国地位给予接受和尊重，② 这可以在一定程度解释莫迪政府在外交场合中时常不顾对方利益而单方面要求他国要优先照顾印度关切的行为。莫迪的公开发言经常带有印度教民族主义至上意味。例如，他多次在演讲中提到"婆罗多母亲必胜"（Bharat Mata ji Jai），③ 宣称印度的大国梦就是恢

---

① Terry Nardin, *Law, Morality, and the Relations of States*, Princeton：Princeton University Press, 1983.
② 王世达：《作为印度主流意识形态的印度教民族主义及其影响》，《世界宗教文化》2023年第6期，第33页。
③ "婆罗多母亲"是印度教民族主义者对其民族观的形象化表达；在印度教民族主义者心中，"婆罗多母亲"享有至高无上的地位，是国民志愿服务团入团誓词中被要求效忠的唯一对象。

复吠陀时代的历史地位，成为"世界领袖"。① 有研究认为，在印度教民族主义的思想中能够追溯到印度对其世界地位的愿景，即印度教代表了一条解决世界问题的高级精神之路，印度是世界的导师。在这个愿景中，印度的全球影响力不是建立在物质实力上，而是建立在文化和精神优势上，其他国家和民族将逐渐认识和接受这种优势。当然，这种精神上的优越感也被认为是由于印度在"物质性"上的竞争优势的欠缺导致印度更倾向于使用"精神的"价值观来描述自己的国家实力。②

其次，在地区层面，印度教民族主义者的"婆罗多"情怀的日益膨胀引发了南亚次大陆其他国家对国家主权的担忧。虽然印度想要更改国名的呼声在国内一直存在，但2023年9月印度总统以"婆罗多总统"的名义向参加G20新德里峰会的各国领导人发出邀请的行为让外界猜测印人党是否在更改国名问题上要"动真格"。结合"婆罗多"的含义以及印人党倾向更改国名的行动可以了解印人党对印度国家身份构想方式。与"印度"一词被认为带有殖民耻辱色彩相比，"婆罗多"体现印度的民族自尊。从地理、宗教文化和政治层面来看，"印度"代表现代世界体系中的政治实体，而"婆罗多"概念由于无法在政治实体和疆域上被界定，其含义更多的是体现在宗教和社会层面。假如按照RSS喉舌媒体《组织者》所说，"'婆罗多'代表印度教世界观的永恒性和连续性"，那么尝试用"婆罗多"代替"印度"就是在强调"印度是印度教的印度"。③ 印度教右翼分子还鼓吹"不可分割的婆罗多"（Akhand Bharat）概念，即要追求恢复包括阿富汗、巴基斯坦、斯里兰卡和尼泊尔等国在内的"大婆罗多"国家。2023年5月，印度新议会大厦内部出现了"不可分割的婆罗多"壁画，范围涉及从西部的巴基斯坦延伸至南部的孟加拉国；向东则包括尼泊尔和

---

① 王凯：《莫迪执政以来印度教民族主义的日常化及影响》，《南亚东南亚研究》2023年第1期，第23页。
② 〔印〕罗米拉·塔帕尔：《印度古代文明》，林太译，浙江人民出版社，1990，第3页。
③ 杨怡爽：《从印度到婆罗多：文字游戏还是政治野心?》《世界知识》2023年第20期，第33页。

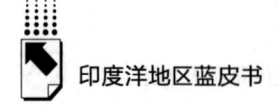

不丹,[1] 这被认为凸显了印度教极端主义者的地缘政治野心,引发了南亚次大陆诸多印度邻国的强烈不安。[2]

除了鼓吹"不可分割的婆罗多"概念,印度教民族主义团体还对印度周边国家施加了实质性的政治影响。就在上文提到的"壁画事件"发生的几周前,美国宣称印人党及其附属印度教民族主义团体支持尼泊尔印度教团体放弃尼泊尔世俗宪法并将其转变为印度教国家的要求。[3] 另外,美国在2023年5月发布的《2022年国际宗教自由报告:尼泊尔》(2022 Report on International Religious Freedom:Nepal)中还提到印人党及其他印度教团体不断向尼泊尔政界人士施压、向尼泊尔各党派有影响力的政治家和组织提供资金,倡导将尼泊尔转变成印度教国家。[4] 2024年2月22日,据尼泊尔《加德满都邮报》报道,以尼泊尔最大政党尼泊尔大会党为首的多个政党近期纷纷要求建立印度教国家,而位于尼泊尔和印度边境的远西省和马德西省的党代表在该党要求建立"印度教国家"事件中发挥了重要作用。

再次,在双边关系层面,印巴关系和中印关系是第一个受到印度教民族主义影响的双边关系。对于印巴关系,鉴于印度教民族主义者一贯的"反穆斯林"和"反巴基斯坦"的立场,莫迪政府对巴政策更为强硬,偶尔来自印方善意的表态也难掩两国强硬对抗的实质,未来印巴关系仍将长期处在持续紧张中。对于中印关系,印度教民族主义势力对华敌对态度有所增长,印方改善两国关系动力不足。在安全领域,印度信奉"风险越大,收益越

---

[1] "Mural in New Parliament Shows Ashoka Empire:Government," *The Hindu*, June 2, 2023, https://www.thehindu.com/news/national/india-downplays-issue-of-mural-in-new-parliament-building/article66924826.ece, accessed February 7, 2024.

[2] Rhea Mogul, "Why a Map in India's New Parliament Is Making Its Neighbors Nervous," CNN, June 13, 2023, https://edition.cnn.com/2023/06/13/india/india-akhand-bharat-map-parliament-intl-hnk/index.htm, accessed March 24, 2024.

[3] 《美国〈外交政策〉杂志:莫迪的外交正在伤害印度利益》,环球网,2023年9月1日,https://world.huanqiu.com/article/4EM8an85Vvf,最后访问日期:2024年3月24日。

[4] "2022 Report on International Religious Freedom:Nepal," Office of International Religious Freedom, U.S. Department of state, May 2022, https://www.state.gov/reports/2022-report-on-international-religious-freedom/nepal/, accessed February 7, 2024.

印度教民族主义强势崛起对印度内政外交的影响及发展趋势

大",认为为了获得更大的战略收益,印度必须准备承担更大风险,在对华政策上表现出强烈的冒险性和投机性;不忌惮,甚至热衷于使用武力或者威胁使用武力手段。例如,2019年印度国防部长拉杰纳特·辛格公开表示,"印度目前仍然采纳不首先使用核武器政策,但印度的核政策将取决于未来的情况",暗示印度在必要时刻可能放弃这一承诺。[①] 在经贸领域,莫迪政府大力推行"去中国化"政策,频繁对华进行经贸打压,通过封禁App、税务审查、限制投资等多手段寻求中印经济"脱钩"。随着印度教民族主义议程的不断推进,中印关系的不稳定与不确定性进一步加强。在意识形态方面,印人党将中印之间的历史遗留问题和客观存在的结构性矛盾意识形态化,将中国的行为污名化为"邪恶"和"不道德"的。例如《组织者》多次发表污蔑中国的评论文章,将中国描述为具有"扩张主义"的巨龙,在新冠疫情期间散播有关中国的不实谣言,等等。RSS主席莫汉·巴格瓦特曾在公开讲话中表示"中国、巴基斯坦、土耳其与阿富汗塔利班结成了邪恶联盟,对此印度需要加强边境的军事准备"。[②]

最后,印度外交系统的"藏红花化"速度加快。印度独立后其外交传统一直受第一任总理贾瓦哈拉尔·尼赫鲁的影响,其"印度理念"(Idea of India)的核心原则在印度外交界从未受过任何挑战。在尼赫鲁的影响下,70多年来,印度的外交实践一直代表一个多元的、世俗的、"左倾"的、国际主义的印度。2014年印人党上台后从根本上挑战了印度外交自建国以来的传统原则。2014年6月12日,莫迪以新当选总理的身份对印度外交部实习生发表讲话时将外国比作一个傲慢的阿姨,不像印度母亲那样值得外交官的忠诚:"你的母亲仍然是你的母亲,即使穿着破旧的衣服;而你的阿姨,

---

[①] "Hindutva's Realism in Modi's Foreign Policy," *The Diplomat*, January 1, 2021, https://thediplomat.com/2021/01/hindutvas-realism-in-modis-foreign-policy/, accessed February 12, 2024.

[②] "RSS Chief Calls for Strengthening Border, Cites China, Pak with Taliban," NDTV, October 15, 2021, https://www.ndtv.com/india-news/rss-chief-mohan-bhagwat-calls-for-strengthening-border-security-raises-concern-over-taliban-collusion-of-china-pak-2576154 accessed February 12, 2024.

即使穿着她最好的衣服，仍然是一个阿姨。"① 印度教民族主义的外交很少考虑"国际主义承诺"和"民族主义优先"之间的兼容性。对于国大党治下的外交官来说，世界主义意味着"全球公民身份"和对国家的忠诚不会相互排斥，外交官的优秀品质不应仅仅包括"爱国情怀"，还应该能够在一定程度上减弱对国家利益自私的追求，转而支持一种世界主义，这也正是尼赫鲁对国家利益的解读。而莫迪政府对世界主义和国家利益的追求是非此即彼、二元对立的，并且体现出对国家身份的强烈主张，是一种极度彰显印度文明身份和印度教的"外交"。例如，国大党时期，印度外交官会尽量避免其他国家将印度理解为一个印度教国家，若在使领馆招待印度教神职人员甚至还会受到上级的训斥。② 而如今，印人党在世界各地的印度使领馆举办的印度教宗教活动越来越多，比如庆祝大壶节（Kumbh Mela）等。莫迪出访时会选择具有印度教色彩的礼物，如将《薄伽梵歌》作为礼物送给对方政要，还时常将访问当地印度教和佛教寺庙作为其海外访问行程的一部分。例如，2024年2月13~14日访问阿联酋期间，莫迪会晤阿联酋总统穆罕默德·本·扎耶德·阿勒纳哈扬（Mohamed Bin Zayed Al-Nahyan）并主持印度教寺庙（The, BAPS Hindu Mandir）的落成仪式。

2019年莫迪连任后，印度外交的"藏红花化"速度加快的一个显著特征是印度自建国以来具有国际化和世俗主义特性的外交官地位受到强烈冲击。这种变化体现在代表着国际化的、世俗的、西化的、以英语为母语的外交官阶层逐渐被信奉印度教、尊崇印地语和怀揣狭隘的民族自豪感的"新印度精英阶层"所取代。传统西化的外交精英被印度教右翼势力批评为"印度内部强大的外国他者，是代表新殖民主义思维方式的伪世俗买办阶级和翻译阶级，他们与印度的外部敌人勾结，对印度的安全构成威胁"。③ 时

---

① Shashi Tharoor, *India Shastra: Reflections on the Nation in Our Time*, New Delhi: Aleph, 2014, p. 59.
② Kira Huju, "Saffronizing Diplomacy: The Indian Foreign Service under Hindu Nationalist Rule," *International Affairs*, Vol. 98, No. 2, 2022, pp. 427-428.
③ Thorsten Wojczewski, "Populism, Hindu Nationalism, and Froeign Policy in India: The Politics of 'Representing the People'," *International Studies Review*, Vol. 22, No. 3, 2020, p. 415.

任印人党总书记拉姆·马达夫（Ram Madhav）就把尼赫鲁和莫迪描绘成一个代表不同阶级利益的对立方。马达夫说，接受过英国哈罗公学和剑桥大学教育的尼赫鲁信奉的是"西方殖民者传播的"思想，而"印度的卑微的人民支持莫迪"，"印人民对一个看起来和听起来都很熟悉的政府感到放心"。①

三 印度教民族主义的发展趋势

莫迪政府第二任期以来强势推动印度教民族主义议程的行为招致了许多批评，在一定程度上损害了印人党在国内的形象以及印度的国际形象。然而通过观察可以发现，印度教民族主义者的行为并不总是强势的，许多案例表明，为了在各类复杂多元的社会环境中持续拓展"印度教特性"，印度教民族主义者对不适应环境的"印度教特性"进行了修正，使其受众面更广。另外，随着印人党执政地位持续趋稳，印度教民族主义世俗政治话语构建也日趋成熟。

（一）"新印度教特性"影响力增强

关于"印度教特性"概念的经典论述，萨瓦卡认为"印度教特性"要具备三个要素：一个共同的民族国家（Rashtra）、一个共同的种族（Jati）和一种共同的文明（Sanskriti）。② 这意味着印度对于印度教徒来说不仅是祖国也是信仰之地。而现实中，对于许多移居海外的印度教徒来说，他们仍然能够与当地的社会和政治环境相融合，在不违背当地法律和道德的情况下在意识形态和生活实践上展现印度教民族主义。③ 基于此观察，爱德华·安德

---

① Ram Madhav, "Coming Full Circle at 70," *Indian Express*, August 15, 2017, https://indianexpress.com/article/opinion/columns/independence-day-coming-full-circle-at-70-atal-bihari-vajpayee-hamid-ansari-muslims-india-insecure-modi-nehru-4796919/, accessed February 15, 2024.
② V. D. Savarkar, *Essentials of Hindutva*, New Delhi: Global Vision Publishing House, 2022, p. 44.
③ DeepaReddy, "Hindu Transnationalisms: Organisations, Ideologies, Network," in John Zavos, Pralay Kanungo, Deepa Reddy, Maya Warrier, and Raymond Brady Williams eds., *Public Hinduisms*, New Delih: Sage, 2012, pp. 209-323.

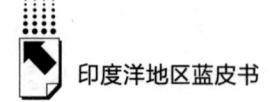

森（Edward Anderson）提出了"新印度教特性"概念，认为其是在 Rss"团家族"（Sangh Parivar）的制度和意识形态框架之外运作的印度教民族主义的特殊表达。① 这使得"新印度教特性"能以更加隐蔽和灵活的方式在"印度教特性"还未产生深刻影响的环境中发挥作用。与此同时，为了使"印度教特性"作为一种生活方式融入国内外不同地区的公共和私人生活空间，"新印度教特性"避免与印度教"多数主义"政治，尤其是避免与印度教的宗教因素联系在一起。② 许娟和张琳通过考察"印度教特性"是如何在泰米尔纳德邦实行灵活的拉拢政策后认为"新印度教特性"是"印度教特性"在经过本地化、现代化和日常化改造后，其内涵中与新环境和新时代相抵触的部分被削弱后形成的"印度教特性"的新形式。因此，"新印度教特性"能够顺应时代的变化、以灵活隐蔽的方式进行多样化的传播、在不同文化和多元信仰的地区持续发挥作用。③ 随着"新印度教特性"概念的提出和普及，越来越多的学者关注"新印度教特性"的实践者如何不断地自我调适，以相对温和且不易觉察的方式渗透到印度社会和政治发展中。

受地理文化因素的影响，虽然"印度教特性"一直未能深度影响印度东北部地区，但 RSS 在印度东北各邦有长期稳固的根基，并且在这些地方一直保持着"改革派"的形象，以契合地区部落的宗教文化和情感需求，而不是像在印度国内其他地方那样展示具有侵略性的印度教立场。在阿萨姆，早在 1946 年 RSS 高级宣传干事就抵达了，很快第二批宣传干事就在古瓦哈提、西隆（当时是阿萨姆的一部分）和迪布鲁格尔开设了沙卡集会（Shakhas），在这些地区默默推进印度教议程。他们的工作主要包括 1950 年

---

① Anderson Edward, "'Neo-Hindutva': The Asia House M. F. Husain Campaign and the Mainstreaming of Hindu Nationalist Rhetoric in Britain," *Contemporary South Asia*, Vol. 23, No. 1, 2015, pp. 45-66.

② EdwardAnderson, "'Neo-Hindutva': The Asia House M. F. Husain Campaign and the Mainstreaming of Hindu Nationalist Rhetoric in Britain," *Contemporary South Asia*, Vol. 23, No. 1, 2015, pp. 45-66.

③ 许娟、张琳：《"新印度教特性"的泛起、特点与发展困境——以印度人民党在泰米尔纳德邦的实践为例》，《南亚研究》2021 年第 4 期，第 88 页。

地震后在当地开展救援工作，通过 RSS 的教育分支机构印度教育研究所（Vidya Bharati）为当地提供教育资源，世界印度教大会（Vishwa Hindu Parishad）还为当地学生建造宿舍。RSS 的另外一个附属组织 Seva Bharati[①]在阿萨姆原住民占主导地位的地区为茶园和部落提供免费教育、医疗设施和职业培训。在超过 87% 的人口信仰基督教的那加兰邦，莫迪总理主持 2014年 12 月的犀鸟节开幕式的时候也并未使用印地语，而是身着当地传统服装，高喊"Kuknalim"（那加兰邦胜利）而不是惯用的"Jai Hind"（印度胜利）。[②] 与强行灌输印度教价值观不同，上述行动避免直接提到印度教的宗教属性，尊重当地民族文化习惯，并以帮助本地族群提高生活水平为由，间接推广印度教价值观，在一定程度上扩大了"印度教特性"在当地的受众，淡化了当地民族与印度教民族之间的分歧。

莫迪的社交媒体语言风格也体现了"新印度教特性"在网络空间的扩散。莫迪及其团队非常重视互联网在政治宣传上的重要性，并且将莫迪个人的社交平台作为印人党平衡其温和派选民和印度教右翼选民的工具。在社交媒体上，莫迪很少表现其右翼立场的强硬，通过塑造平和亲民的形象突出其世俗领导力，同时淡化印度教至上主义。可以观察到，莫迪的 X（原推特）账号的语言风格大多是模棱两可的，允许包括自由、温和和右翼意识形态的个人和组织按照他们认为合适的方式来解读。

（二）印度教民族主义世俗政治话语构建日趋成熟

印度教的宽容问题一直是宗教学和政治学研究的重要问题。长期以来，大量的印度教神职人员、政治家、学者和民众都认为"宽容"是印度教的最突出特征。[③] 印度教认为通往真理的道路有许多，不同的人会选择不同的

[①] 该组织主要致力于在经济、教育和健康等领域帮助印度国内的弱势群体。

[②] Kaveri Mishra, "The Bitter-Sweet Hindutva Experiment Deep In Tribal-Dominated Northeast India," *Outlook India*, May 30, 2022, https://www.outlookindia.com/national/the-bitter-sweet-hindutva-experiment-deep-in-tribal-dominated-northeast-india--news-199256, accessed March 17, 2024.

[③] 邱永辉：《印度教的宽容及其超越》，《南亚研究季刊》2015 年第 2 期，第 69 页。

路；世界各种宗教不是针锋相对和自相矛盾的，印度教应当尊重所有的宗教，消除人类所有不宽容的情感。然而，随着历史上伊斯兰教和基督教进入印度，并从根本上挑战了印度教在印度社会的主导地位后，以宽容著称的印度教开始变得"不宽容"。在印度教民族主义者眼中，伊斯兰教和基督教的入侵是"迫使"印度教改变其多元宽容特性的"元凶"。伊斯兰教和基督教进入印度后，大量低种姓印度教徒通过"改宗"和"叛教"摆脱其生活困境。面对这种情况，印度教组织一方面通过改革与其他教派竞争；另一方面发起"重回印度教"运动。与此同时，印度教组织认为，伊斯兰教和基督教通过"强迫"和"引诱"的方式使印度教徒脱离了印度教，因此自60年代起，印度几个邦陆续通过了基督教传教的法令。在意识到印度教的"宽容"理念在实践中的挑战后，印度独立时尼赫鲁等印度领导层建立了"世俗的"政治框架，以保障不同宗教能够"和谐共存"。

然而，在莫迪政府眼中，多元化的世俗主义应该是在接受印度教主体和中心地位的前提下各类宗教和谐相处，因此认为国大党的"世俗主义"是对宗教少数派的"绥靖"，是对印度教徒实施不公政策的遮羞布。2019年5月23日，莫迪在印人党总部演讲时批驳道："过去有个时髦的标签，戴上这个标签所有的罪过都会被洗掉，这个虚伪的标签就是世俗主义。"[①] 2014年以来，在教派主义的攻击下，国大党"世俗主义"不断褪色，而印人党却通过选择"恰当"的议题构建起一套基于印度教民族主义的"世俗"政治话语。

长期以来在印度国内并未出台禁止佩戴头巾的法律法规，穆斯林女性佩戴头巾的行为代表其宗教认同，也是其个人选择。然而自从2014年印人党执政后，印度国内关于是否应该在公共场合限制佩戴头巾逐渐成为争议的热点。2022年以来，卡纳塔克邦不断有学校出台针对佩戴头巾的禁令，同时针对这一禁令的冲突和抗议也在加剧。对于穆斯林师生来说，这不仅是对印

---

① "Full Text of Modi's First Speech After Historic Election Victory," *Business Insider*, May 26, 2019.

度世俗宪法规定的违背,也是对个人宗教信仰自由的侵犯。经过一段时间的抗争后,穆斯林少数群体还是在这场纷争中败下阵来。2022年3月15日,卡纳塔克邦高等法院宣布维持头巾禁令,禁止在教室内佩戴头巾。① 在这场争议中,问题的焦点在于:佩戴头巾是不是穆斯林女性宗教习俗的"固有"部分,世俗国家的教育环境中是否允许穿着宗教服饰。印度教徒认为,在"世俗的"教育环境中不应该穿着宗教服饰,而在这场争议中,头巾被认为是宗教服饰的象征。然而诡异的是,为什么印度教服饰和画在印度教徒身体上的某些标记如额心的红点(Tilak)、抹在额头的圣灰(Vibhuti)以及绑在手腕上的仪式线似乎却不被印度教民族主义者认为具有宗教含义?也就是说,额头上点着印度教宗教符号的老师可以入校上课,而佩戴头巾的穆斯林学生却要被拒之门外。

在这场争议中,印度教民族主义者"巧妙地"利用了印度教和世俗主义之间模糊的边界获得了胜利。印度教民族主义者依托1996年印度最高法院作出的一系列"印度教特性判决",以及印度国内多位持不同意识形态的杰出人物对"印度教特性"的解读,即印度教特性被认为是一种生活方式或精神状态,② 将印度教的服装和配饰默认为印度人民世俗生活的一部分,而抨击穆斯林群体的宗教习惯是与世俗主义相违背的不和谐因素。

印度教右翼保守派对同性恋平权的支持是印度教民族主义者筛选特定议题并选择性利用世俗主义概念证明自身"进步性"的又一案例。2018年9月,印度宣判了一项有关印度同性恋群体的新裁决,认为印度

---

① Niha Masih and Gerry Shih, "Muslim Headscarf in Classrooms in Karnataka State amid Religious Tensions," *The Washington Post*, March 15, 2022, https://www.washingtonpost.com/world/2022/03/15/india-hijab-ban/, accessed March 16, 2024.

② "Dr. Ramesh Yeshwant Prabhoo Vs. Shri Prabhakar Kashinath Kunte & Others," Indian Kanoon, December 11, 1995, https://indiankanoon.org/doc/925631/, accessed March 16 2024; Sadhguru, "Why Hinduism Isn't an 'ism' But a Way of Life," Isha, October 14, 2014, https://isha.sadhguru.org/en/wisdom/article/hinduism-not-religion, accessed 16 March 2024.

刑法中的377条背离了个人自由、隐私与人人平等的原则,从此不再具备效力。① 刑法第377条的废除被认为是"自由"战胜了"保守",向来被认为是保守右翼的莫迪政府对同性恋平权的支持出乎意料。莫迪政府还借此机会给其对手——主要是穆斯林和基督教群体贴上了"保守"和"阻碍性别平等"的标签,给自己营造了"进步力量"的形象。实际上,印度保守右翼选择同性恋平权议题作为凸显其"进步性"和"世俗性"的原因是相比其他议题,同性恋问题历来不是印度教右翼重点关注和反对的问题,在印度历史上不仅很难找到印度教大规模"迫害"同性恋的历史,一些印度文学研究者甚至还表示历史上印度社会是支持同性情欲合法性的。例如《罗摩衍那》和《摩诃婆罗多》都体现了对同性的"包容性"。② 因此,印度教民族主义者表示,是穆斯林统治者的入侵破坏了这种和谐,印度社会的"恐同情结"是殖民者带来的西方现代产物。

结　语

2014年印人党执政以来,印度教民族主义从社会边缘走向主流。随着印度教民族主义议程的推进,印度社会思潮剧烈变化。在国内,印度的民主逐渐让位于"多数主义"的统治,多元并存的世俗主义原则也被"世俗的印度教特性"打破;在国际上,印度的大国意识上升,追求政治文化独立,试图摆脱西方的影响。在此背景下,印度的"婆罗多"情结上涌,国家行为呈现泛政治化和泛安全化的特点。尽管国内外舆论对莫迪政府的批评不绝

---

① Arun Nair, "Section 377 Verdict Live Updates: History Owes an Apology to the LGBT Community, Says Supreme Court," NDTV, September 17, 2018, https://www.ndtv.com/india-news/section-377-verdict-live-updates-supreme-court-to-deliver-judgment-today-1912100, accessed March 16, 2024.

② Nandita Singh and Nikhil Rampal, "India's First and Oldest Gay Rights Activist Is Also on the Extreme Right of RSS," The Print, July 21, 2018, https://theprint.in/politics/indias-first-and-oldest-gay-activist-uses-a-brand-of-hindutva-to-fight-377/85919/, accessed March 16, 2024.

于耳，但鉴于美西方国家对印度的"包容"，以及当前民族主义、民粹主义和保护主义盛行的时代背景，莫迪政府滥用民族主义和民粹主义的行为并未减少。需要看到，虽然莫迪政府的执政地位进一步稳固，2024年大选后将迎来其第三个总理任期，但印度的国家发展仍暗藏诸多风险。例如海外锡克教移民的反莫迪活动以及数起疑似印度情报机构刺杀境外锡克教头目的事件冲击了印度与西方国家的共同价值观基础；大选前夕大规模的农民抗议、德里首席部长阿尔温德·凯吉里瓦尔（Arvind Kejriwal）被捕事件使印度社会处于紧张不安的状态。这些都将给印度国家的长远发展带来不利影响。

附　录
印度洋地区大事记
（2023年6月~2024年5月）

胡文远*

2023年6月

4日　由沙特阿拉伯苏尔坦亲王大学和深圳大学共建的苏尔坦亲王大学孔子学院在沙特首都利雅得举行揭牌仪式，标志着沙特第一所正式挂牌的孔子学院投入运转。中国驻沙特大使馆临时代办殷立军同苏尔坦亲王大学校长艾哈迈德出席活动并为该校孔院揭牌。

5日　东帝汶上诉法院在首都帝力宣布，由前总理夏纳纳·古斯芒领导的东帝汶重建全国大会党赢得东帝汶议会选举。

6日　伊朗驻沙特阿拉伯大使馆举行重新开馆仪式，伊朗副外长比格德利、沙特副外交大臣优素福等两国官员出席。

11日　中阿合作论坛第十届企业家大会暨第八届投资研讨会在沙特阿拉伯首都利雅得举行，来自20余个国家的逾3000名代表参会，会议主题为"中阿携手、共创繁荣"。

20日　印度总理莫迪对美国进行正式国事访问前夕接受《华尔街日报》采访时表示，印中边境地区的和平与安宁对"印度与中国的正常双边关系"

---

* 胡文远，云南财经大学印度洋地区研究中心讲师。

来说至关重要。莫迪称，印度的核心信念是尊重主权和领土完整，遵守法制以及和平解决分歧和争端。与此同时印度已做好充分准备，并致力于维护其主权和国家尊严。

22日 雅万高铁联调联试综合检测列车运行时速首次达到350公里，标志着雅万高铁已达到设计速度标准，实现了联调联试阶段性任务目标。

25日 埃及总统府发表声明，埃及总统塞西和来访的印度总理莫迪当天签署联合声明，将两国关系提升为战略伙伴关系。

2023年7月

4日 国家主席习近平在北京以视频方式出席上海合作组织成员国元首理事会第二十三次会议并发表题为《牢记初心使命　坚持团结协作　实现更大发展》的重要讲话。

4日 土耳其和埃及发表联合声明，宣布两国外交关系恢复到大使级。

4日 上海合作组织成员国元首理事会第二十三次会议正式接收伊朗为成员国。至此，上海合作组织成员国增至9个。

11日 泰国总理巴育宣布结束政治生涯，并退出他所在的泰国人团结建国党。

13日 中央外办主任王毅在雅加达出席中国-东盟（10+1）外长会，王毅说，将按照习近平主席提出的亲诚惠容理念，共同推动中国东盟全面战略伙伴关系不断向前发展，为本地区和平繁荣作出新的贡献。会议通过了关于中国加入《东南亚友好合作条约》20周年纪念联合声明和加快达成"南海行为准则"指针文件。

13日 中国海关发布数据显示，2023年上半年中国对印度出口总额为565.3亿美元，相较2022年的575.1亿美元，下降了1.7%。同期印度对华出口总额为94.9亿美元，而2022年为95.7亿美元。印度对华贸易逆差也从2022年同期的670.8亿美元（据印度商工部数据，此处正确数值应为479.4亿美元）减少至470.4亿美元。据悉，这是多年来中印贸易关系发展

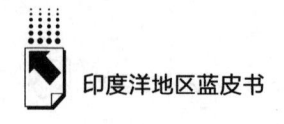

首次出现放缓迹象。

13日 由中国企业承建的孟加拉国达舍尔甘地污水处理厂举行竣工典礼。这是孟加拉国首座现代化大型污水处理厂。

14日 中共中央政治局委员、中央外办主任王毅在雅加达出席第13届东亚峰会外长会。中方提出三点主张。一是切实支持东盟中心地位，筑牢和平根基。二是携手打造地区增长中心，促进共同发展。三是坚持真正的多边主义，加强良性互动。

20日 印度政府宣布，为保障国内市场供应，印度将禁止除蒸谷米和印度香米外的大米出口，即日生效。此举引发市场对全球食品通胀进一步加剧的担忧。

24日 中共中央政治局委员、中央外办主任王毅在约翰内斯堡出席"金砖国家安全事务高级代表之友"会议。王毅表示，网络安全是国家安全的重要基石。王毅就维护网络安全提出四点建议。一是建设公平合理的网络空间。二是建设开放包容的网络空间。三是建设安全稳定的网络空间。四是建设富有生机活力的网络空间。

25日 中国驻缅甸大使陈海在内比都会见缅甸外长丹穗，双方就中缅合力打击缅境内电诈网赌等犯罪活动进行专题协调。

27日 中国国家主席习近平在成都会见来华出席第31届世界大学生夏季运动会开幕式并访华的印度尼西亚总统佐科。习近平主席指出，中方愿以今年两国建立全面战略伙伴关系10周年为契机，同印尼深化战略合作，打造发展中国家命运与共、团结合作、共促发展的典范，为地区和世界注入更多确定性和正能量。

31日 中国国家主席习近平致信祝贺中巴经济走廊启动10周年庆祝活动在巴基斯坦伊斯兰堡举行。习近平主席强调，不论国际风云如何变幻，中方将始终同巴方坚定站在一起，携手同心、砥砺前行，弘扬好"铁杆"友谊，统筹发展与安全，开展更高水平、更广范围、更深层次的合作，推动中巴全天候战略合作伙伴关系迈上新的台阶，为两国乃至地区的和平繁荣作出更大贡献。

附　录　印度洋地区大事记（2023年6月~2024年5月）

2023年8月

5日　巴基斯坦首都伊斯兰堡地方法院以腐败为由对该国前总理、正义运动党主席伊姆兰·汗判处3年监禁。

10日　巴基斯坦央行发布公告称，10年来，中巴经济走廊为巴基斯坦基础设施建设和经济发展作出巨大贡献，为纪念中巴经济走廊启动10周年，巴政府决定发行面值为100卢比的纪念币。纪念币正面有英文"庆祝中巴经济走廊10周年"字样，背面不仅有英文"从愿景到现实"字样，还有乌尔都文、中文和英文"中国巴基斯坦经济走廊"字样。

14日　中阿（联酋）产能合作示范园无锡专场投促交流会在阿联酋首都阿布扎比举行。作为中国首家"一带一路"产能合作园区，中阿（联酋）产能合作示范园立足阿布扎比资源禀赋和市场要素，重点发展新能源、机械制造、金属加工、生物医药、精细化工、石油装备等产业，以区位优势突出、物流运输便利、成本具备优势、产业特色显著、配套服务齐全等优势吸引企业落户。经过5年的努力，示范园基础设施建设基本完成，正在转入运营管理阶段。

19日　中国国家主席习近平复信南非德班理工大学孔子学院师生，鼓励他们学好中文，为传承发展中南两国友好事业、促进中非友谊合作贡献力量。习近平主席强调，中国和南非都是重要的发展中大国，两国有着同志加兄弟的特殊友谊，学习了解彼此的语言文化，有助于推动两国人民相知相亲、世代友好。

21日　中国国家主席习近平抵达约翰内斯堡，出席金砖国家领导人第十五次会晤并对南非进行国事访问。习近平主席强调，今年是中南建交25周年，中南全面战略伙伴关系步入崭新阶段。习近平主席指出，作为新兴市场国家和发展中大国的重要合作平台，金砖合作机制已经成为促进世界经济增长、完善全球治理、推动国际关系民主化的建设性力量。

22日　泰国国会副主席蓬佩宣布，为泰党提名的总理候选人赛塔·他

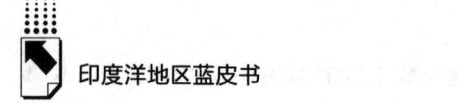

威信在当天举行的上下两院联席会议投票中获得过半数议员支持，当选新一任泰国总理。

23 日 中国国家主席习近平在约翰内斯堡出席金砖国家领导人会晤期间会见孟加拉国总理哈西娜。习近平主席指出，当前，中孟两国都处在各自发展振兴的关键阶段。中方愿同孟方加强发展战略对接，深化各领域务实合作，推动中孟战略合作伙伴关系迈上新台阶，给两国人民带来更多福祉。要推进高质量共建"一带一路"，充分发挥两国经济互补优势，加强基础设施、信息技术、新能源、农业等领域合作。哈西娜祝贺习近平主席提出"一带一路"倡议十周年，表示共建"一带一路"为孟加拉国打开了发展的新的大门。

23 日 印度空间研究组织发表声明，印度月球探测器"月船3号"所携带的着陆器当天成功在月球南极着陆。印度成为继苏联、美国和中国之后第四个实现探测器登月的国家。

24 日 中国国家主席习近平在约翰内斯堡出席金砖国家领导人会晤期间会见坦桑尼亚总统哈桑。习近平主席指出，中坦合作一直走在中非合作的前列，坦赞铁路是两国人民的共同美好记忆。明年是中坦建交60周年，中方愿以共同庆祝建交60周年为契机，同坦方继续坚定支持彼此核心利益和重大关切，深化战略合作。哈桑表示，坦方高度赞赏中方为发展中国家发展提供宝贵支持和帮助，坦桑等发展中国家都从习近平主席提出的共建"一带一路"等重大倡议中获益良多。

24 日 阿根廷、埃及、埃塞俄比亚、伊朗、沙特阿拉伯、阿联酋获邀加入金砖国家合作机制。

2023年9月

2 日 印度空间研究组织发表声明，该国首个太阳探测器"日地L1点太阳"号当天从斯里赫里戈达岛的航天中心发射升空。

6 日 中国国务院总理李强在印度尼西亚雅加达出席第26次中国-东盟

（10+1）领导人会议。李强就构建更为紧密的中国-东盟命运共同体提出四点建议。一是携手打造经济增长中心，加强互联互通，深化产业链供应链合作。二是携手推进新兴产业合作，加强新能源汽车、光伏、人工智能等领域合作。三是携手维护地区和平安宁，积极推进"南海行为准则"案文磋商，开展打击电信网络诈骗等合作。四是携手扩大人文交流，进一步加强文化、旅游、培训、青年等领域合作。

6日 首届非洲气候峰会在肯尼亚首都内罗毕闭幕，会议通过《非洲领导人关于气候变化的内罗毕宣言及行动呼吁》。

6日 中国新加坡"合作-2023"陆军联合训练开始仪式在新加坡陆军第3师裕廊营区举行，中新两军280余名官兵参加仪式。这是继2019年后中新两国陆军时隔4年再次组织"合作"系列联合训练。

7日 中国国务院总理李强在印度尼西亚雅加达出席第18届东亚峰会。李强指出，面对新形势新挑战，东亚峰会应继续坚持自身定位，为实现地区长期稳定和持久繁荣发挥更大作用。一是更好地发挥促进发展作用，激发区域增长活力。二是更好地发挥战略对话作用，增进各方相知互信。三是更好地发挥东盟主导作用，共促包容互利合作。

9日 中国国务院总理李强在印度新德里出席二十国集团领导人第十八次峰会第一阶段会议并发表讲话。李强指出，二十国集团成员应当坚守团结合作初心，扛起和平与发展的时代责任。我们要切实加强宏观经济政策协调；我们要坚定推进经济全球化；我们要共同守护地球绿色家园；我们要团结不要分裂。

11日 以色列政府官员组成的一个代表团在沙特阿拉伯出席联合国教科文组织世界遗产大会。这是以色列官方代表团首次公开到访沙特。

12日 印度财政部官方公告称，印度决定继续对来自中国的平底钢轮征收每吨613美元，且为期5年的反倾销税。

13日 中国国家副主席韩正在京会见阿联酋联邦国民议会议长萨格尔。

14日 新加坡总统尚达曼在总统府宣誓就职。

21日 印度外交部宣布，由于印度驻加拿大使领馆工作人员遭遇"安

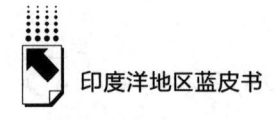

全威胁",印度暂停对加拿大公民的签证业务。

23日 伊朗和马尔代夫宣布,两国已决定恢复外交关系。

23日 中国国家主席习近平在杭州西湖国宾馆会见来华出席第19届亚洲运动会开幕式的东帝汶总理夏纳纳。两国领导人共同宣布将中国和东帝汶关系提升为全面战略伙伴关系。

30日 根据马尔代夫选举委员会公布的结果,进步大会联盟候选人、马累市市长穆罕默德·穆伊兹在当天举行的总统选举第二轮投票中获胜,当选马尔代夫新一任总统。

2023年10月

2日 印度尼西亚总统佐科在印尼首都雅加达哈利姆高铁站宣布雅万高铁正式启用。雅万高铁是中国共建"一带一路"倡议和印尼"全球海洋支点"构想对接、中印尼两国务实合作的标志性项目,连接印尼首都雅加达和第四大城市万隆,全长142公里,是中国高铁首次全系统、全要素、全产业链在海外落地。

9日 苏丹外交部宣布,在断交7年多后,苏丹与伊朗决定恢复外交关系。

9日 中印两军在莫尔多/楚舒勒会晤点印方一侧举行第二十轮军长级会谈。

15日 缅甸全国停火协议签署8周年纪念活动在内比都举行。来自缅甸国家管理委员会、国防军、联邦政府、民族地方武装(民地武)、缅甸政党及外交官代表等出席活动。

17日 中国国家主席习近平在人民大会堂同来华出席第三届"一带一路"国际合作高峰论坛并进行国事访问的印度尼西亚总统佐科举行会谈。习近平主席指出,10年春华秋实,中印尼坚持共商共建共享,优势互补,共促发展,给两国人民带来巨大福祉,成为共建"一带一路"国际合作的重要样板。中方愿继续同印尼在实现现代化和民族复兴道路上相互支持,以共建中印尼命运共同体引领双边关系长期稳定发展，为彼此发展振兴提供更大助力，为国际和地区和平与繁荣注入不竭动力。

18日 中国国家主席习近平在人民大会堂出席第三届"一带一路"国际合作高峰论坛开幕式并发表题为《建设开放包容、互联互通、共同发展的世界》的主旨演讲。

18日 中国国家主席习近平在人民大会堂会见来华出席第三届"一带一路"国际合作高峰论坛的肯尼亚总统鲁托。习近平主席指出，近年来，中肯合作实施了蒙内铁路、蒙巴萨油码头等一大批项目，共建"一带一路"倡议在肯尼亚开花结果，让两国人民增强了获得感。中方从战略高度和长远角度看待中肯关系，愿同肯方一道，推动两国全面战略合作伙伴关系不断发展。

19日 中国国家主席习近平在人民大会堂会见来华出席第三届"一带一路"国际合作高峰论坛的埃及总理马德布利。习近平主席指出，10年来，中埃在共建"一带一路"框架内开展了卓有成效的合作。中方愿同埃方落实好第三届"一带一路"国际合作高峰论坛成果，加强基础设施、农业技术、可再生能源等领域合作，扩大人文交流合作，不断推动中埃全面战略伙伴关系发展。

19日 中国国家主席习近平在人民大会堂会见来华出席第三届"一带一路"国际合作高峰论坛并进行正式访问的泰国总理赛塔。习近平主席强调，中泰要做高质量共建"一带一路"的排头兵，加快中泰铁路建设，拓展数字经济、绿色发展、新能源等领域合作，扩大人文交流。赛塔表示，祝贺"一带一路"倡议提出10周年以及第三届"一带一路"国际合作高峰论坛成功举办。泰方将认真落实去年11月习近平主席访泰重要成果，同中方一道构建更加稳定、更加繁荣、更可持续的泰中命运共同体。

19日 中国国家主席习近平在人民大会堂会见来华出席第三届"一带一路"国际合作高峰论坛的莫桑比克总理马莱阿内。习近平主席指出，中莫是风雨同舟、患难与共的真朋友、真兄弟。中方愿同莫桑比克等非洲国家高质量共建"一带一路"，促进"支持非洲工业化倡议""中国助力非洲农业现代化计划""中非人才培养合作计划"三项合作举措落地实施,加强政策对接和合作规划,分享发展机遇、共享发展成果,助力非洲国家加快现代化进程。

19日 中国国家主席习近平在人民大会堂会见来华出席第三届"一带一路"国际合作高峰论坛的巴基斯坦总理卡卡尔。习近平主席指出,中国和巴基斯坦是全天候战略合作伙伴和铁杆朋友,巴历届政府都积极支持和参与"一带一路"合作。10年来,中巴经济走廊取得丰硕成果,有力推动巴基斯坦经济社会发展,成为共建"一带一路"的重要标志性工程。中方愿同巴方弘扬传统友谊,深化互利合作,加快构建新时代更加紧密的中巴命运共同体。

20日 中国国家主席习近平在人民大会堂会见来华出席第三届"一带一路"国际合作高峰论坛的斯里兰卡总统维克拉马辛哈。习近平主席指出,中国和斯里兰卡人民长期友好、互学互鉴、守望相助、联合自强。斯里兰卡是最早欢迎并加入"一带一路"倡议的国家之一。中方高度重视中斯关系发展,愿同斯方巩固政治互信,高质量共建"一带一路",推动中斯真诚互助、世代友好的战略合作伙伴关系不断取得新进展,更好造福两国人民。

24日 中国海军第44批护航编队抵达卡塔尔首都多哈,开始对卡塔尔进行为期5天的友好访问。

26日 "中缅共建'一带一路' 携手共享发展繁荣"研讨会在缅甸仰光举行,向缅甸各界宣介第三届"一带一路"国际合作高峰论坛成果,共商中缅"一带一路"合作。中国驻缅甸大使陈海、缅甸联邦政府第一办公厅联邦部长昂乃乌,中资企业代表、缅甸工商联合会代表等中缅各界人士100余人参加此次研讨会。

27日 巴基斯坦人民币清算行开业仪式在巴基斯坦首都伊斯兰堡举行,这标志着巴基斯坦人民币清算行业务正式启动。巴基斯坦看守政府财政部长沙姆沙德·阿赫塔尔在致辞中表示,巴基斯坦希望增加人民币在贸易和投资中的使用,人民币清算行的建立将便利贸易和投资领域的跨境交易,满足两国融资需求。

28日 由中国交通建设股份有限公司承建、中国路桥工程有限责任公司负责实施的南亚地区首条水下隧道——孟加拉国卡纳普里河底隧道项目正式通车。卡纳普里河底隧道项目于2017年12月5日开工建设，是中国企业承建的首个海外大直径水下盾构隧道项目。项目位于吉大港市卡纳普里河入海口，连接东西河岸，全长9.3公里。其中，盾构隧道段为设计时速80公里的双洞四车道，长2450米，直径11.8米。

30日 中国国家开发银行成功完成与埃及中央银行70亿元人民币贷款协议的全额发放工作。这是该行落实第三届"一带一路"国际合作高峰论坛合作成果，助力推动中非合作论坛"九项工程"的一项具体举措。

2023年11月

6日 中国国家主席习近平在人民大会堂会见南非副总统马沙蒂莱。习近平强调，中方愿同南非等非洲国家一道，落实中国支持非洲工业化、农业现代化、人才培养三项举措以及高质量共建"一带一路"的八项行动，打造一批高标准、惠民生、可持续的合作项目，提升中非合作的战略性和可持续性，推动构建高水平中非命运共同体。双方应继续密切在金砖国家机制内合作，加强发展中国家团结合作，推动全球治理体系朝着有利于发展中国家的方向发展。

8日 中国国家副主席韩正出席在新加坡举行的第六届创新经济论坛开幕式并发表主旨演讲。韩正提出三点倡议。一是坚持以开放促合作。二是坚持以创新谋动力。三是坚持以和平促发展。

11日 由中国企业参与承建的孟加拉国多哈扎里至科克斯巴扎尔铁路举行通车仪式。孟加拉国总理哈西娜、中国驻孟加拉国大使姚文、孟铁道部长努如尔·伊斯拉姆·苏简及中企代表等出席仪式。

12日 由中企参与承建的孟加拉国古拉绍-布拉什化肥厂举行项目落成仪式，成为该国首个可回收利用二氧化碳的绿色化肥厂。孟加拉国总理哈西娜在仪式致辞时表示，该项目由中国化学工程第七建设有限公司（七化建）

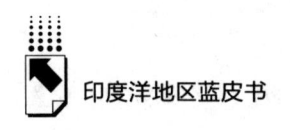

和日本三菱重工联合承建，将使孟加拉国尿素产量增加10%，创造更多就业机会。

14日 由中国石油管道局工程有限公司承建的孟加拉国首个海陆一体化超大型石油储运工程——单点系泊及双线管道工程在孟加拉湾东部吉大港举行落成仪式。该项目是孟中双方推进共建"一带一路"中重要的能源储运项目，由中国政府提供优惠贷款、中国进出口银行提供融资，于2019年开工建设。项目建成投产后将极大缓解孟加拉国能源紧张局面，成为孟加拉国新的能源大动脉，预计每年可节约原油运输成本1.28亿美元。

14日 伊拉克联邦最高法院裁定，因伊国民议会议长穆罕默德·哈布希存在违法行为，终止其议员资格。

17日 应马尔代夫总统穆伊兹邀请，习近平主席特使、国务委员谌贻琴在马首都马累出席穆伊兹总统就职仪式。

19日 伊朗伊斯兰共和国通讯社报道，伊朗伊斯兰革命卫队公布了新的国产高超音速弹道导弹"征服者-2"。

25日 中巴两国联合举办的第七届巴基斯坦工业展在巴基斯坦第二大城市——拉合尔开幕。本次中国企业组团出海，共吸引来自山东、河南、河北、湖南等地的130多家制造企业参展，展出面积超过8000平方米，成为拉合尔会展中心的焦点。今年是中巴经济走廊启动十周年，至今已连续举办七届的巴基斯坦工业展，正是在中巴经济走廊框架下结出的硕果。展会的举办为巴基斯坦带来了先进的中国制造，将进一步促进当地工业发展，提高巴基斯坦工业化水平。

25日 伊拉克-中国商会成立仪式在伊首都巴格达举行。

30日 中印举行边境事务磋商和协调工作机制第28次会议，双方一致同意尽早举行第21轮军长级会谈。

2023年12月

4日 中国在酒泉卫星发射中心用长征二号丙运载火箭，成功将埃及二号卫星发射升空。卫星顺利进入预定轨道，发射任务获得圆满成功，这标志着埃及成为第一个具有完备卫星总装集成测试能力的非洲国家。

5日 中国国家主席习近平致电安德里·尼里纳·拉乔利纳，祝贺他当选连任马达加斯加共和国总统。习近平主席指出，中国同马达加斯加传统友好。近年来，在我们共同引领下，两国关系加速发展，各领域交流合作成果丰硕，双方在涉及彼此核心利益和重大关切问题上坚定相互支持。我高度重视中马关系发展，愿同拉乔利纳总统一道努力，继续推动中马全面合作伙伴关系取得更大发展，更好造福两国人民。

6日 伊朗成功将一个可搭载生物的太空舱送入预定轨道，标志着伊朗完成载人航天任务的重要一步。

12日 中国驻南非大使馆举行庆祝中国和南非建交25周年招待会。

14日 中国国家主席习近平同肯尼亚总统鲁托互致贺电，庆祝两国建交60周年。习近平主席指出，建交60年来，中肯两国始终并肩合作、携手发展，成为政治上彼此信赖的好朋友，经济上合作共赢的好伙伴。近年来，两国高层交往频繁，政治互信持续深化，共建"一带一路"合作成果丰硕，走在中非合作前列，不仅为两国人民带来了福祉，更为中非合作树立了典范。今年10月，鲁托总统来华出席第三届"一带一路"国际合作高峰论坛，我们就两国关系未来发展达成了重要共识。鲁托表示，肯方愿同中方共同落实好第三届"一带一路"国际合作高峰论坛和约翰内斯堡中非领导人对话会成果，使两国关系迎来持续发展、繁荣友好、共同进步的美好未来。

15日 中沙伊三方联合委员会首次会议在北京闭幕。会议回顾了沙特阿拉伯王国和伊朗伊斯兰共和国在中华人民共和国支持下于今年3月达成《北京协议》以来，两国关系在协议引领下取得的积极成果，包括在利雅得和德黑兰重开两国使馆、两国外长互访和会晤。沙伊双方均对中方在其中发挥的重要作用，以及主办此次会议表示赞赏。

15日 印度向斯里兰卡、马尔代夫施压，要求两国"不得批准中国科考船的停靠补给申请"。

15日 中企承建的肯尼亚首都内罗毕市里鲁塔区至卡贾多郡恩贡镇通

勤米轨铁路项目正式启动。肯尼亚总统鲁托在项目开工仪式上表示，该项目是肯尼亚一大民生工程，建成后将大幅缓解内罗毕西南部交通拥堵问题，为沿线居民日常通勤提供极大便利，有助于全面降低民众生活成本。该项目是中国路桥工程有限责任公司在肯尼亚承建的首条城市通勤铁路项目。项目线路共设计四个车站，线路正线长约12.15铺轨公里，站线长约2.42公里，项目合同工期24个月。

17日 中国国家主席习近平致电科威特新任埃米尔米沙勒，祝贺他继任科威特埃米尔。习近平主席指出，中科两国传统友谊深厚，建交50多年来，双边关系取得长足发展。中科双方在涉及彼此核心利益问题上始终相互坚定支持，两国各领域交流合作取得积极进展，两国人民友谊不断巩固深化。我高度重视中科关系发展，愿同米沙勒埃米尔一道努力，推动中科战略伙伴关系向更高水平迈进，更好造福两国人民。

19日 中国国家主席习近平致电阿卜杜勒·法塔赫·塞西，祝贺他当选连任阿拉伯埃及共和国总统。习近平主席指出，中国和埃及是志同道合、彼此信任的好朋友，也是携手发展、共同繁荣的好伙伴。近年来，中埃关系蓬勃发展，各领域务实合作成果丰硕，两国人民友谊不断加深。我高度重视中埃关系发展，愿同塞西总统一道努力，继续坚定相互支持，推进中埃共建"一带一路"合作，携手捍卫发展中国家共同利益，推动中埃全面战略伙伴关系不断迈上新台阶，更好造福两国人民。

19日 中巴经济走廊框架下的巴基斯坦辣椒种植农业产业示范与推广项目，首批出口中国干辣椒启运仪式在巴南部城市卡拉奇举行。

19日 中企承建的泰国500千伏童颂—宋卡输电线路项目举行竣工仪式。该项目由国家电网河南送变电建设有限公司承建，途经泰国南部那空是贪玛叻府与博他仑府，总长105公里。

22日 马来西亚汉文化中文学习测试中心在吉隆坡揭牌，成为马来西亚首家中文学习测试中心。

24日 中印尼共建"一带一路"合作旗舰项目雅万高铁累计发送旅客突破100万人次。雅万高铁于2023年10月17日正式开通运营。中印尼铁路部门携手合作，为沿线民众提供安全便捷舒适的出行体验，客流保持高位增长态势。雅万高铁是共建"一带一路"倡议和印尼"全球海洋支点"构想对接、中印尼两国务实合作的标志性项目，连接雅加达和印尼第四大城市万隆，全长142公里，是中国高铁首次全系统、全要素、全产业链在海外落地。

27日 埃及总统塞西在首都开罗与到访的约旦国王阿卜杜拉二世举行会谈，双方讨论了两国关系和巴以冲突等问题。

2024年1月

1日 沙特、埃及、阿联酋、伊朗、埃塞俄比亚成为金砖国家正式成员，金砖成员国数量从5个增加到10个。

2日 以色列汽车进口商协会发布数据显示，中国汽车企业比亚迪和吉利汽车集团分别夺得2023年以色列电动汽车销量冠亚军。

4日 科威特埃米尔任命新首相。科威特埃米尔米沙勒颁布埃米尔令，任命穆罕默德·萨巴赫为新首相，并组建内阁。

9日 由中国港湾工程有限责任公司承建的埃及阿布基尔集装箱码头项目已完成的600米码头岸线正式开港运营。该项目施工至今已累计为当地提供直接就业岗位超2000个。码头全面开港运营后，年吞吐能力有望达200万标准集装箱，将有效增加当地就业，促进埃及海运贸易业发展。

10日 中国国家主席习近平在人民大会堂同来华进行国事访问的马尔代夫总统穆伊兹举行会谈。两国元首宣布，将中马关系提升为全面战略合作伙伴关系。习近平主席指出，中国和马尔代夫是传统友好近邻，两国人民通过古代海上丝绸之路建立友好联系。近年来，两国关系深入发展，共建"一带一路"和各领域交流合作取得丰硕成果。中方愿同马方一道，不断拓展各领域交流合作，共同致力于打造中马命运共同体。

11日 中国国家主席习近平致电谢赫·哈西娜，祝贺她当选连任孟加拉人民共和国总理。习近平主席指出，建交49年来，两国始终相互尊重、平等相待、互利共赢，给两国人民带来实实在在的福祉。希望中孟双方共同努力，加强发展战略对接，高质量共建"一带一路"，推动中孟战略合作伙伴关系不断迈上新台阶。

17日 中国国家主席习近平复信北京交通大学肯尼亚留学生及校友代表，鼓励他们继续为中肯和中非友好事业发光发热，在北京交通大学肯尼亚留学生及校友代表中引发强烈反响。习近平主席指出，中肯友谊源远流长。

26日 伊朗外交部南亚总司长穆萨维宣布，伊朗和巴基斯坦大使恢复外交使命。

26日 中国新能源企业北京明阳氢能科技有限公司与泰国液化天然气经销商IBCLNG有限公司在曼谷签署合作协议，打造泰国首个商业绿氢项目。中方将向泰方提供技术及人员支持，在泰构建绿氢"制、储、用"场景，助力泰国绿色低碳转型。

28日 中国国家主席习近平致电阿扎利·阿苏马尼，祝贺他当选连任科摩罗联盟总统。习近平主席指出，中科是真诚友好、相互信赖的好朋友、好伙伴、好兄弟，近年来两国关系快速发展，各领域务实合作成果丰硕……愿同阿扎利总统一道努力，推动两国关系不断迈上新台阶，更好造福两国人民。

28日 中国与泰国在泰国曼谷签署互免签证协定。该协定将从3月1日起生效。

31日 中国国家主席习近平致电易卜拉欣·伊斯干达，祝贺他就任马来西亚最高元首。习近平主席指出，2024年是中马建交50周年暨"中马友好年"，马来西亚将接任中国-东盟关系协调国，中马关系发展面临新的重要契机。我愿同易卜拉欣最高元首开展友好交往，引领中马命运共同体建设不断取得新成果，为两国人民带来更多福祉，为地区繁荣稳定作出更大贡献。

31日 由中土东非有限公司承建的坦桑尼亚桑给巴尔100公里市政道路升级改造项目1号路日前举行开通仪式。坦桑尼亚桑给巴尔总统姆维尼表示，该项目是桑给巴尔历史上最大的公路项目，建成后将进一步促进当地道路设施联通，极大缓解城区交通拥堵问题，尤其是1号路主体工程提前完成，极大改善了当地城市面貌，将促进桑给巴尔旅游业和贸易的蓬勃发展。

2024年2月

21日 "心联通 云南行"缅甸仰光达吉达镇太阳能路灯项目启动仪式在仰光举行。"心联通 云南行"是云南省人民对外友好协会在周边国家实施的一系列"小而美"公益民生项目。2024年，该项目将为仰光达吉达镇道路安装40套太阳能路灯，改善当地公共场所夜间照明条件，节约市政电费、推动社区绿色发展。2022~2023年，云南省人民对外友好协会的92个"心联通 云南行"项目共惠及17个国家48个社区、村寨、153所大、中、小学，直接或间接受益人群达260多万人。

23日 由中国港湾投资承建、中交四航局负责施工的斯里兰卡科伦坡港口城一期市政和绿化项目顺利完成机电安装施工，为未来科伦坡港口城项目的施工和土地二级开发奠定坚实基础。科伦坡港口城是斯里兰卡与中国共建"一带一路"重点合作项目，将通过填海造地方式在科伦坡核心区建造一座现代服务业新城，项目于2014年9月开工，目前已完成填海造地工作，进入二级开发。

27日 中国—阿联酋经贸联委会第八次会议在阿联酋首都阿布扎比召开。会议由中国商务部部长王文涛与阿联酋经济部部长玛尔伊共同主持。双方就加快落实两国元首达成的重要共识，共同推动中阿高质量共建"一带一路"深入交换意见。会后，双方共同签署会议纪要和数字经济领域投资合作文件。

2024年3月

3日 中国国家主席习近平致电夏巴兹·谢里夫，祝贺他当选巴基斯坦伊斯兰共和国总理。习近平主席强调，中巴两国要赓续传统友谊，加强各领域交流合作，共同打造中巴经济走廊建设升级版，持续深化中巴全天候战略合作伙伴关系，构建新时代更加紧密的中巴命运共同体，为两国人民创造更多福祉。

10日 中国国家主席习近平致电阿西夫·扎尔达里，祝贺他当选巴基斯坦总统。习近平主席指出，中国和巴基斯坦是好邻居、好朋友、好伙伴、好兄弟，两国"铁杆"友谊是历史的选择，是属于两国人民的宝贵财富。习近平主席强调，当前世界百年变局加速演进，中巴关系的战略意义更加突出。我高度重视中巴关系发展，愿同扎尔达里总统一道努力，弘扬中巴传统友谊，推进各领域务实合作，推动中巴全天候战略合作伙伴关系取得更大发展，加快构建新时代更加紧密的中巴命运共同体，更好造福两国人民。

16日 中企承建的孟加拉国单点系泊及双线管道工程输送首批柴油和原油，正式开始商业运营。作为"一带一路"倡议在孟加拉国首批落地的重要油气储运项目，其在建设过程中为孟加拉国创造了近4000人次的就业岗位，成为孟新的能源大动脉，将极大缓解孟能源紧张局面。

20日 中国国家主席习近平致电普拉博沃·苏比延多，祝贺他当选印度尼西亚共和国总统。

27日 中国国家主席习近平在人民大会堂会见来华进行正式访问的斯里兰卡总理古纳瓦德纳。习近平主席强调，双方要共同努力，推进高质量共建"一带一路"，特别是科伦坡港口城和汉班托塔综合开发两大旗舰项目，深化物流、能源、产业合作，加强数字经济、绿色经济、清洁能源、文化旅游、海洋经济等领域交流合作。

2024年4月

1日 中国国家主席习近平在北京人民大会堂同印尼当选总统普拉博沃举行会谈。习近平主席强调，中印尼关系取得宝贵成就，关键在于坚持战略自主、坚持互信互助、坚持合作共赢、坚持公平正义。中国和印尼同为发展中大国和新兴市场国家代表……中方愿同印尼保持密切交往，交流治国理政经验，加强发展战略对接，深入推进"两国双园"和"区域综合经济走廊"项目，持续深化海上合作。

7日 第21届中国—东盟博览会特邀合作伙伴由阿拉伯联合酋长国担任。这是海湾国家首次出任东博会特邀合作伙伴，东博会"朋友圈"再次扩容。

26日 中国国家主席习近平同坦桑尼亚总统哈桑互致贺电，庆祝两国建交60周年。习近平主席指出，中坦传统友谊由两国老一辈领导人缔造。建交60年来，中坦关系历经国际风云变幻考验，历久弥坚。近年来，两国政治互信持续巩固，各领域合作成果丰硕，成为南南合作的典范。站在新的历史起点上，我愿同总统女士一道努力，赓续中坦传统友谊，让中坦两国发展振兴的共同梦想和共建"一带一路"的壮丽画卷变为现实，不断丰富两国全面战略合作伙伴关系内涵，为构建高水平中非命运共同体作出更大贡献。

2024年5月

6日 博鳌亚洲论坛利雅得会议在沙特阿拉伯首都利雅得举行，大会主题聚焦"可持续发展目标下的能源转型"。

21日 中共中央政治局委员、外交部长王毅在阿斯塔纳出席上海合作组织成员国外长理事会会议。王毅提出四点建议。一要坚持战略自主，保持团结协作。二要坚持安危共担，提升协作水平。三要坚持普惠共赢，赋能合作发展。四要坚持开放包容，深化交流互鉴。

25日 庆祝中国和马来西亚建交50周年联合音乐会在马来西亚首都吉隆坡举办。

23日 中国国家主席习近平向中国-海合会国家产业与投资合作论坛致贺信。习近平主席指出，中国同海合会国家友好交往跨越千年，源远流长。2022年，首届中海峰会成功举行，开创了中国与海合会国家深化合作新局面。中国同海合会国家深化产业与投资合作，有利于加强共建"一带一路"

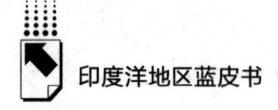

倡议同海合会国家发展战略和愿景规划对接，发挥互补优势，共同培育发展新动能，促进双方繁荣发展。中国愿同海合会国家共促团结、共谋合作，谱写中海关系新篇章。

29日 中国国家主席习近平在北京人民大会堂同来华进行国事访问的埃及总统塞西举行会谈。会谈后，两国元首共同见证签署关于推进共建"一带一路"合作规划、科技创新、投资和经济合作、检疫等领域多项双边合作文件。

Abstract

The global economy is currently in a state of turmoil, and the complexity and scope of conflicts in world politics have reached their highest point since the end of the Cold War, with new conflicts and problems arising constantly, and obvious increases in various forms of uncertainty. Not only the decrease strategically of the United States in the Middle East, the United States' reliance on India to play a balancing role against China in the Indian Ocean, the "bottleneck period" of US hegemony maintenance, etc., have led to the intensification of strategic competition among major powers in the Indian Ocean. Meanwhile, the escalation of the security situation caused by the Russia-Ukraine conflict and the new round of Palestinian-Israeli conflict has also become an accelerator of the evolution of the political and economic landscape in the Indian Ocean region. In particular, the new round of Palestinian-Israeli conflict not only reflects the intensifying power game in the Middle East, but also includes the involvement of the United States, Russia and India to different degrees and in different ways, which will bring multiple challenges to the security of the Middle East and accelerate the evolution of the power pattern in the Indian Ocean region.

2024 is the year of the global election. From a global perspective, the US election gets the most attention. In the Indian Ocean region, Indonesia, Southeast Asia's largest country, held a presidential election. In South Asia, many countries, including Bhutan, Bangladesh, Pakistan, Sri Lanka, and India, have held elections, and it is obvious that the world's most populous country, India, has attracted the most attention. At present, a series of elections have not only triggered political turmoil in some countries, but also intensified the instability of political and economic situation when extended to the international political field, and also led to the uncertainty of inter-state relations. The superposition of electoral politics and power politics has further spawned the phenomenon of political polarization in some countries, and also promoted the potential geopolitical risks to expand. Moreover, due to the return of traditional geopolitics and the influence of the classical realist power politics thinking of the United States and the West, economic interdependence dominated by trade cooperation and mutual investment can not only not constitute constraints on inter-state conflicts, but also hardly become the "ballast stone" of inter-state political relations. This makes economic sanctions an important tool of foreign policy, security generalization a major issue in geopolitical games, and power an important means to seek economic interests. In the Indian Ocean region, the characteristics of "economic politicization" in the policies of India and Australia towards China are particularly prominent. In essence, "economic politicization" is not only an economic means to achieve political goals, but also a concrete expression of strategic anxiety under the pressure of the system.

It is worth noting that the United States continues to balance China with its "Indo-Pacific strategy" in order to play India's role in balancing China in the Indian Ocean. From the current perspective, the impact of the US Indo-Pacific Strategy on China is reflected in at least four aspects. First, the "Indo-Pacific Strategy" not only elevates India's role in the Indian Ocean, but also reignites and even further inspires India's ambition to make the Indian Ocean an "India' Ocean". India has a stronger will to hedge China's influence in the Indian Ocean with the help of its favorable international environment, and its strategic confidence in carrying out its ambition in the Indian Ocean is firmer. China faces more challenges in expanding its overseas interests in the Indian Ocean. Second, the "Indo-Pacific Strategy" led by the United States has helped change India's strategic view of the Indian Ocean, which has made the Indian Ocean issue more prominent in China-India relations. The "Indo-Pacific Strategy" not only empowers India to make the trend of India-US joint control of China more obvious, but also promotes India to adopt "non-cooperation" or even offensive strategies against China, and the momentum for the normalization of China-India relations is still insufficient. Third, in the context of the "Indo-Pacific Strategy",

Abstract

not only the pressure of neighboring countries to choose sides between China and the United States is rising, but also the major actors in the Indian Ocean region (especially the South Asian countries) are also taking "sitting on the fence" between China and India, which not only increases the transaction cost of cooperation between countries, but also the politicization of investment also increases the economic cost and uncertainty of China's investment in South Asian projects. Fourth, the IPEF may have a negative impact on regional supply chain Security.

Looking ahead, the situation in the Indian Ocean region is likely to evolve in the following three trends. First, the strategic contraction of the United States in the Middle East not only leads to more intense power competition in the Middle East, but also the increasingly blurred boundaries of traditional security and non-traditional security in the region and their interweaving and even mutual means will further aggravate the instability of the security situation in the Indian Ocean. Second, India's strategic thinking and strategic choice in the Indian Ocean have positive or negative impacts on the evolution of the Indian Ocean regional order, but Sino-US strategic competition and the trend of Sino-US relations are undoubtedly an important factor affecting the evolution of the Indian Ocean regional order. Although India and the United States have the same strategic aspirations to jointly balance China, the strategic differences between the two countries are also expanding. Third, the situation in the Indian Ocean will increasingly become an important factor affecting India's policy toward China and the trend of China-India relations. Although limited by its strength, India needs to accept the presence of the United States in the Indian Ocean, but India is not willing to accept another strategic competitor in the Indian Ocean in addition to the United States. Thus, the trend of India's counterbalance to China's rising influence in the Indian Ocean remains unchanged. Of course, China has legitimate interests in the Indian Ocean, and India cannot stop China from deepening cooperation with Indian Ocean countries.

Keyword: Indian Ocean; "Indo-Pacific Strategy"; Competition Among Great Powers; Sino-Indian Relations

Contents

I General Report

B.1 The Situation in the Middle East and the New Trend of Great Powers' Strategic Game in the Indian Ocean
Zhu Cuiping / 001

Abstract: The Russia-Ukraine conflict, which has been protracted since February 2022, has not only caused an unprecedented impact on the international security situation, but also had a profound influence on both the game of great powers and international relations. Among them, India's foreign policy choice between the US and Russia is particularly eye-catching. Coincidentally, the outbreak of the conflict between Hamas of the Palestine and Israeli in October 2023 has injected new uncertainties into the strategic competition among major powers in the Indian Ocean and triggered the instability of the Indian Ocean security situation. Further, The Red Sea crisis caused by the new round of Palestinian-Israeli conflict not only has an impact on the global trade and supply chain security that relies on the sea transport channel, but also the power competition together with the increasing spilt of security risks is accelerating the return of traditional geopolitics. To some extent, changing geostrategic situation will become the accelerator of the decline of the American hegemony in the Indian Ocean. At the same time, 2024 is the year of the global election, not only the undercurrent of populist trends, but also the phenomena including "political polarization", "economic politicization" and "security generalization" make the political, economic and security issues interweave with each other, the international pattern is showing more diversified and complicated characteristics. At present, although the trend of the Palestinian-Israeli conflict is difficult to accurately predict and the spillover effect on the security situation in the Middle East is also not easy to estimate, the boundary between traditional security threats and non-traditional security threats in the Middle East is more blurred due to the conflict, and the two are intertwined and even mutually reinforcing, which will inevitably aggravate the geopolitical polarization. At the same time, terrorist organizations such as Al Qaeda and ISIS may rise, which not only makes the regional situation face new challenges, but also increases the uncertainties of the security situation in the Indian Ocean. Obviously, these new changes not only greatly affect the security cooperation in the Indian Ocean, but also accelerate the evolution of the international system and the profound adjustment of the international order. Although the order in the Indian Ocean region under the leadership of the United States has not changed fundamentally, the strategic choices of major actors and the direction of the security situation in the Indian Ocean region under the uncertainty will become a window to observe the evolution of the international system and the direction of the world pattern.

Keywords: The Indian Ocean; The Middle East; Strategic Competition; "Economic Politicization"

B.2 A Reassessment of India's Economic Achievements and Its Prospects: With a Discussion on the Psychological Motives Behind India's Economic Policies Toward China

Ye Hailin, Wu Jun and Zhang Zhanyu / 046

Abstract: In recent years, western public opinion has over-hyped the prospects of the Indian economy based on the growth rate of India's GDP and its rise to the fifthlargest economy in the world. However, from the perspective of horizontal changes such as the share of global GDP, the share of global wealth, and the GDP growth rate of China, the theory of "Indian economic rise" lacks sufficient evidence, especially in the case of the slowdown of economic growth in countries such as the UK and France. Though India's economic aggregate has been climbing, the scale and quality of the increase is not significant. India's economic development faces three severe constraints that are difficult to overcome: the problem of the plutocrats under the capitalist economic system, the depletion of the demographic dividend under the advancement of unmanned technology, and the global economic downturn. In order to cope with economic challenges and maintain growth rate, in the context of Sino-Indian tensions and the reshaping of industrial chain and supply chain by the U.S. and the West, India increasingly regards China as a "tool" to be exploited and utilized, a "competitor" and "target" in its domestic market, and an "alternative" in the global industrial chain and supply chain. Driven by multiple policy objectives, India has been actively promoting a substitution policy in recent years that aims to take advantage of China in the short-term while gradually decoupling from China and aligning with the U.S. and the West in the long term. However, due to a logical paradox, the long-term effect of this strategy will not meet India's expectations. Moreover, "Make in India" replacing "Made in China" is a false proposition within a foreseeable time.

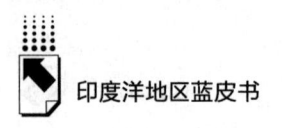

Keywords: Indian Economy; Make in India; China-India Economic Relations; Industrial Policy of India

II Special Reports

B.3 India's Immediate Neighbourhood Policy and Its Limits from the Perspective of Strategic Culture   *Lou Chunhao* / 073

Abstract: Successive Indian governments have attached great importance towards the South Asian neighbourhood, and the Modi government has put forward the "neighbourhood first" policy. The Modi government's "neighbourhood first" policy has made much progress, but it also faces obvious limits. This limitation is mainly reflected as three dilemmas, which are the "community dilemma" caused by the lack of mutual trust with neighboring countries, the "integration dilemma" caused by the failure to effectively promote regional integration, and the "block-politics dilemma" caused by convergence with the United States to contain China in South Asia. From the perspective of strategic culture, the main reasons leading to the above dilemmas are the hierarchical order concept of "India first", the absolute security concept of pursuing the scientific frontier, and the wrong concept of friend and foe that regards China as an adversary. South Asia is the "shared neighborhood" of China and India, and it is necessary for India to join hands with China to promote "China-India +" cooperation in South Asia, so as to build South Asia into a strategic support for India's rise.

Keywords: Neighbor First; Strategic Culture; Sino-Indian Relations

B.4 The Change, Motivation and Influence of India's Strategy to Deal with the Difference of Values between India and the U. S. *Xie Chao* / 097

Abstract: India is a multi-ethnic state, the relationship between Hindus, the dominant ethnic group and other minority ethnic groups is complicated and conflicts occur frequently. Western countries led by the U. S. have long been involved in the issue of minority ethnic groups in India. Since Modi came to power, his harsh ethnic policies have intensified the inherent ethnic contradictions. Spurred by favorable factors such as the Modi government's intensified domestic and international mobilization of Hindu nationalism, and the U. S. suppression of concerns about India's human rights issues in order to attract India's support for its "Indo-Pacific" strategy, the Modi government has changed its strategy to deal with value differences between India and the U. S. , which presents three characteristics: creating a sovereignty narrative to counter the U. S. and Western human rights narratives, promoting the mobilization of Hindu nationalism overseas, and strengthening the overseas actions by Indian intelligence. The Modi government has systematically strengthened its overseas penetration and interference offensive, and the Indian intelligence has become increasingly bold and radical in its overseas penetration and interference operations, beginning to carry out assassination activities in the U. S. and its allies, and eventually touching the sovereignty issue of the U. S. -led Western countries. With the U. S. counteraction and exposure of overseas assassinations by Indian intelligence, the Modi government was forced to temporarily scale back its overseas infiltration and interference activities in the U. S. and Western countries. The subtle shift in U. S. policy towards India has prompted its Western allies to stop suppressing concerns about human rights in India. The rising divergence between India and Western countries on human rights issues shows the inherent limitations of the U. S. strategy of building so-called democratic alliances. As India-U. S. relations return to the path of competition, the trend of increasing differences in values and conflicts between India and the U. S. will remain unchanged for some time, and India's interaction with the U. S. and its allies will become more complicated.

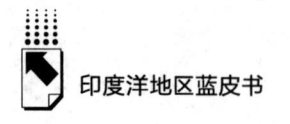

Keywords: India-U. S. Relations; Value Difference; Human Right Isssues; Hindu Nationalism

B . 5 The Transformation of Indian Ocean Regional Order in the Context of Major Power Strategic Interations: Current Status, Characteristics, and Trends *Li Hongmei* / 122

Abstract: Currently, the global order is undergoing a profound transformation, regional order is also facing a new round of restructuring. This report finds that, in the context of major power strategic interactions, the order in the Indian Ocean region has shifted from a hegemonic unipolar dominance to a more multipolar distribution of power, with India's dominance over regional mechanisms increasing. The United States, on one hand, acknowledges India's regional leadership while adjusting its engagement strategy with the island nations in the Indian Ocean. Countries like France, Australia, and Japan are actively aligning strategically with the U. S. The Indian Ocean exhibits characteristics of revived major power geopolitical competition and the development of "bloc formation." In addressing regional issues, there is an overlap of regional governance mechanisms as well as a governance deficit. Technological nationalism has emerged as a new feature of this regional order, posing challenges to the rapidly developing regionalism under the trend of de-globalization. In the future, competition for the island nations in the Indian Ocean region may intensify, and geopolitical competition will manifest in other forms. Artificial intelligence is likely to become a key factor driving the next round of regional order transformation, having a disruptive impact on inter-state power relations and social life. The report suggests that China should maintain strategic initiative, leverage its governance advantages, and pay attention to the significance of artificial intelligence in the transformation of regional order.

Keywords: Major Power Strategic Interaction; Indian Ocean Region; Multi-Polarization; Artificial Intelligence

B.6 Development, Prospects, and Challenges of the Blue Economy in the Indian Ocean Region

Li Yanfang, Zhang Linqi / 154

Abstract: With the deepening of globalization and increasing concerns over issues such as extreme climate events, resource scarcity, and ecosystem degradation, the blue economy model is being highly anticipated and is becoming a crucial engine supporting the sustainable development of human economy and society. In the Indian Ocean region, the development and practice of the blue economy model holds special and urgent significance. The Indian Ocean connects important maritime areas of Asia, Africa, and Oceania, serving as a vital trade and energy transportation route globally. This region not only boasts rich biodiversity and a thriving maritime industry, but also sees a growing geopolitical importance. However, the development and challenges faced by the blue economy in the Indian Ocean region are equally complex. From the vulnerability of marine environments to regional political and economic turbulence and socio-economic factors, various elements pose challenges to implementing blue economy strategies in this region. This study aims to explore the dynamic development of the blue economy in the Indian Ocean region, analyze existing opportunities and challenges, and assess its development prospects, with the hope of providing insights into the protection of marine resources and environments, as well as promoting sustainable maritime economic models globally.

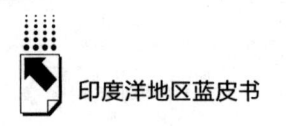

Keywords: Indian Ocean; Blue Economy; Ocean Economy; Sustainable Development

Ⅲ Countries Reports

B.7 What Will Change in the Second Term of the Modi Government: How Will the BJP Government Reshape Indian Society   *Yang Yishuang* / 189

Abstract: During its second term, the Modi government has consolidated its power despite the challenges faced by India's key reforms, the onset of a new pandemic, local unrest, and a shifting international landscape. Drawing from the lessons of its first term, BJP government swiftly adapted strategies to turn crises into opportunities. While the party's approach to maintaining power has had negative impacts on Indian society, it has largely achieved its main political objectives: first, by cultivating Modi's image and showcasing achievements, it has created an electoral brand that transcends caste, ethnicity, language, and even the party itself, bolstering support among middle-income voters. Second, it has broadened support beyond its traditional urban business and high-caste voter base through populism, welfare policies, a development agenda, reverse mobilization, and stronger ties with marginalized communities and Other Backward Classes (OBCs). After fulfilling its 2019 election promises and advancing major issues of Hindu nationalism, the government shifted towards a more subtle and adaptable approach to shaping mainstream values and public opinion, furthering the goal of reshaping national identity. Additionally, by centralizing power within the ruling party and government, it has strengthened organizational cohesion, enhanced its capacity to act, and made the state apparatus work towards its value goals and electoral objectives. This has weakened local empowerment within India's federal system and curtailed the power of regional parties to check the central government. While the Modi government has faced challenges in altering the Indian national framework and constitutional system, its grip on power has remained solid, marking a successful five years. Its impact on India's social, economic, and political landscape is poised to be long-lasting.

Keywords: Indian Elections; Indian Political Parties; BJP; Indian Federalism; Hindutva

B.8 Indonesia's General Election and the Policy Directions of the New Government　　　　　　　　　　*Li Zhifei* / 235

Abstract: On February 14, 2024, Indonesia's Defense Minister Prabowo Subianto and his vice presidential running mate, Gibran Rakabuming Raka, won a majority of votes in general election, and have been selected to be the president and vice president. Prabowo, who is running for the third time, changed his campaign strategy and won over a large number of young voters and Jokowi's followers by rebuilding a new public image. Prabowo promised to implement the independent foreign policy, and build a prosperous and dynamic Indonesia by maintaining rapid economic development, improving the public service system, and accelerating the modernization of the national defense. Butto fulfill the campaign promises, Prabowo still faces various challenges. During Prabowo's tenure, the comprehensive strategic partnership between China and Indonesia is expected to maintain strong momentum. However, Indonesia promotes the cooperation with the United States and Japan may increase the cost and difficulty of maintaining the stability of China-Indonesia relations.

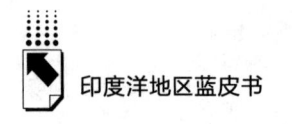

Keywords: Indonesia; 2024 Election; Jokowi; Prabowo; China-Indonesia Relations

B.9 The Influence and Trend of the Strong Rise of Hindu Nationalism
Zhong Ai / 258

Abstract: Modi government has advanced its Hindu nationalism agenda since its second term in 2019. By constructing the discourse of the supremacy of Hinduism, and legislation, Hindutva has been promoted throughout the country. As a result, India's long-held secularism gradually faded, and Hindu nationalism ideology became the mainstream ideology in the country. The influence of Hindu nationalism is not limited to domestic politics, but is already having an important impact on India's international strategy and its diplomatic behavior. With the advancement of three major Hindu nationalism agendas, the Bharatiya Janata Party (BJP) has become more secure in power. In the future, the approach and methods for BJP to promote the Hindu nationalism agenda will be more flexible.

Keywords: Hindu Nationalism; Modi Government; BJP; Secularism

权威报告·连续出版·独家资源

皮书数据库
ANNUAL REPORT(YEARBOOK) DATABASE

分析解读当下中国发展变迁的高端智库平台

所获荣誉

- 2022年,入选技术赋能"新闻+"推荐案例
- 2020年,入选全国新闻出版深度融合发展创新案例
- 2019年,入选国家新闻出版署数字出版精品遴选推荐计划
- 2016年,入选"十三五"国家重点电子出版物出版规划骨干工程
- 2013年,荣获"中国出版政府奖·网络出版物奖"提名奖

皮书数据库　"社科数托邦"微信公众号

成为用户

登录网址www.pishu.com.cn访问皮书数据库网站或下载皮书数据库APP,通过手机号码验证或邮箱验证即可成为皮书数据库用户。

用户福利

- 已注册用户购书后可免费获赠100元皮书数据库充值卡。刮开充值卡涂层获取充值密码,登录并进入"会员中心"—"在线充值"—"充值卡充值",充值成功即可购买和查看数据库内容。
- 用户福利最终解释权归社会科学文献出版社所有。

数据库服务热线:010-59367265
数据库服务QQ:2475522410
数据库服务邮箱:database@ssap.cn
图书销售热线:010-59367070/7028
图书服务QQ:1265056568
图书服务邮箱:duzhe@ssap.cn

社会科学文献出版社 皮书系列
卡号:236464562192
密码:

S 基本子库
SUB DATABASE

中国社会发展数据库（下设12个专题子库）

紧扣人口、政治、外交、法律、教育、医疗卫生、资源环境等12个社会发展领域的前沿和热点，全面整合专业著作、智库报告、学术资讯、调研数据等类型资源，帮助用户追踪中国社会发展动态、研究社会发展战略与政策、了解社会热点问题、分析社会发展趋势。

中国经济发展数据库（下设12专题子库）

内容涵盖宏观经济、产业经济、工业经济、农业经济、财政金融、房地产经济、城市经济、商业贸易等12个重点经济领域，为把握经济运行态势、洞察经济发展规律、研判经济发展趋势、进行经济调控决策提供参考和依据。

中国行业发展数据库（下设17个专题子库）

以中国国民经济行业分类为依据，覆盖金融业、旅游业、交通运输业、能源矿产业、制造业等100多个行业，跟踪分析国民经济相关行业市场运行状况和政策导向，汇集行业发展前沿资讯，为投资、从业及各种经济决策提供理论支撑和实践指导。

中国区域发展数据库（下设4个专题子库）

对中国特定区域内的经济、社会、文化等领域现状与发展情况进行深度分析和预测，涉及省级行政区、城市群、城市、农村等不同维度，研究层级至县及县以下行政区，为学者研究地方经济社会宏观态势、经验模式、发展案例提供支撑，为地方政府决策提供参考。

中国文化传媒数据库（下设18个专题子库）

内容覆盖文化产业、新闻传播、电影娱乐、文学艺术、群众文化、图书情报等18个重点研究领域，聚焦文化传媒领域发展前沿、热点话题、行业实践，服务用户的教学科研、文化投资、企业规划等需要。

世界经济与国际关系数据库（下设6个专题子库）

整合世界经济、国际政治、世界文化与科技、全球性问题、国际组织与国际法、区域研究6大领域研究成果，对世界经济形势、国际形势进行连续性深度分析，对年度热点问题进行专题解读，为研判全球发展趋势提供事实和数据支持。

法律声明

"皮书系列"（含蓝皮书、绿皮书、黄皮书）之品牌由社会科学文献出版社最早使用并持续至今，现已被中国图书行业所熟知。"皮书系列"的相关商标已在国家商标管理部门商标局注册，包括但不限于LOGO（ ）、皮书、Pishu、经济蓝皮书、社会蓝皮书等。"皮书系列"图书的注册商标专用权及封面设计、版式设计的著作权均为社会科学文献出版社所有。未经社会科学文献出版社书面授权许可，任何使用与"皮书系列"图书注册商标、封面设计、版式设计相同或者近似的文字、图形或其组合的行为均系侵权行为。

经作者授权，本书的专有出版权及信息网络传播权等为社会科学文献出版社享有。未经社会科学文献出版社书面授权许可，任何就本书内容的复制、发行或以数字形式进行网络传播的行为均系侵权行为。

社会科学文献出版社将通过法律途径追究上述侵权行为的法律责任，维护自身合法权益。

欢迎社会各界人士对侵犯社会科学文献出版社上述权利的侵权行为进行举报。电话：010-59367121，电子邮箱：fawubu@ssap.cn。

社会科学文献出版社